LOTHAR MAYER

Ein System siegt sich zu Tode

Der Kapitalismus
frißt seine Kinder

Zur Diskussion gestellt von der
E.-F.-Schumacher-Gesellschaft
für Politische Ökologie

Publik-Forum
Zeitung kritischer Christen

DOKUMENTATION

EIN SYSTEM SIEGT SICH ZU TODE

With luck ..., this book may be wrong
(Tim Radford)

EIN SYSTEM SIEGT SICH ZU TODE

Vorbemerkung

Wer den folgenden Essay und das anschließende „Lesebuch" liest, setzt sich einer Provokation aus. Der Autor macht es dem Leser nicht leicht. Das gilt einmal für die Sprache, mit ihren Anleihen bei Marx, Systemtheorie und Physik, und noch mehr für den Inhalt. Seite für Seite steigt der Adrenalinspiegel, wächst die innere Aggression gegen das Buch (oder gegen die ganze Welt) angesichts der Konsequenz, mit der der Verfasser die unausweichlich zerstörerischen Kräfte des kapitalistischen Systems analysiert. Kann man, trotz der inneren Widerstände, der zwingenden Argumentation folgen, dürfte die beschriebene kapitalistische Zerstörungswut keinen Leser kalt lassen. Sie weckt Emotionen: So schlimm kann es doch wohl nicht sein? Sie weckt Widerspruch: Sind die Kapitalisten so dumm, daß sie sich selbst zerstören? Doch genau diese Emotionen, diese Widersprüche, die das Buch weckt, sind ein Beweis für seine Qualität. Denn wer wirklich an der Zukunft des Planeten, an einer echten Versöhnung von Ökonomie und Ökologie interessiert ist - der wird an den Mechanismen, die dieses Buch beschreibt, nicht vorbeikommen - ja, mehr noch: er wird sich an ihnen abarbeiten müssen. Aus diesem Grund stellt der Publik Forum Verlag dieses Buch vor.

Wolfgang Kessler

EIN SYSTEM SIEGT SICH ZU TODE

Hinweis an die Leserin/den Leser (Gebrauchsanweisung)

Die Spezies Mensch hat das Projekt, sich die Erde untertan zu machen, fast abgeschlossen - mit überwältigendem Erfolg. Es gibt keinen Fleck der Biosphäre, dem sie nicht - sei es in Form winziger Spuren ihrer künstlichen Produkte - ihren Stempel aufgedrückt hätte. Sie verändert die Biosphäre zugunsten ihrer weiteren Expansionsfähigkeit so durchschlagend erfolgreich, daß sie dabei ist, ihre eigene Lebensgrundlage zu zerstören.

Angesichts dieses Paradoxons gehe ich der Frage nach, wo der Anpassungsfehler unserer Kultur liegt, der uns daran hindert, von unserem selbstmörderischen Erfolgskurs wegzukommen.

Ich habe mir damit ziemlich viel vorgenommen - vielleicht zuviel. Aber selbst wenn es mir gelungen sein sollte, eine Antwort zu skizzieren, bleibt als zweite Schwierigkeit die, sie dem Leser einsichtig zu machen. Denn: unsere mangelhafte Wahrnehmung ist ein wesentlicher Teil des Problems. Wir kennen uns blendend mit den kleinsten Details unseres Fachgebiets, unserer beruflichen Aufgabe, unserer unmittelbaren Umgebung aus. Aber wir haben einen sehr verkümmerten Sinn für das Ganze.

Dies ist der Grund, weshalb ich für dieses Buch eine so ungewöhnliche Form gewählt habe. Um dem Leser zu helfen, trotz der unendlich vielen Bäume den Wald zu sehen, also den Systemzusammenhang im Auge zu behalten, habe ich meine Analyse zu einem kurzen, knapp gehaltenen Esssay zusammengefaßt.

Dieser Gedankengang ist in sich geschlossen, aber er bleibt sehr abstrakt, wenn man ihm zu folgen versucht, ohne den Hintergrund im Auge zu haben, der im zweiten Teil ('Lesebuch') skizziert wird. Andererseits: wenn ich all die Hintergundinformationen, die der zweite Teil bietet, mit eingebaut hätte, wäre der Überblick verloren gegangen.

Dazu kommt, daß die ergänzenden Artikel nicht für jeden gleich notwendig sind; der Leser/die Leserin kann sich also im zweiten Teil je nach Vertrautheit mit dem Thema, Informationsstand und schließlich auch verfügbarer Zeit nach seinen/ihren eigenen Bedürfnissen bedienen.

EIN SYSTEM SIEGT SICH ZU TODE

Auf die Artikel im zweiten Teil („Lesebuch") wird mit K+Ziffer (K1.1, K2.13 usw.) verwiesen, wobei sich die Nummer jeweils von dem Kapitel herleitet, in dem das betreffende Thema zum ersten mal angesprochen wird oder im Mittelpunkt steht. Auf zitierte Literaturstellen wird mit einer Buchstabenkombination + Seitenzahl (z. B. csgn17 = Christian Schütze, Das Grundgesetz vom Niedergang, Seite 17), auf andere Quellen (Zeitungen und Zeitschriften), die in einem Quellenverzeichnis am Ende des Buches aufgeführt sind, wird mit Q+Ziffer (Q1, Q40 usw.) verwiesen.

EIN SYSTEM SIEGT SICH ZU TODE

Vorrede für einen Freund

Von Carl Amery

GOOD LUCK BOYS!

So stand es auf der Titelseite eines britischen Massenblattes zu lesen, als der Schießkrieg am Golf begann - über einem farbigen Konterfei des britischen Kriegers und dem Union Jack als Hintergrund. Die Liquidation der Zweiten Welt, die Wiedervereinigung Deutschlands hatten uns schon auf den Bewußtseinsstand von 1932 zurückgeworfen - jetzt stand, das war klar, 1914 ins Haus. (Zu den Balkankriegen war es nicht mehr weit - im Sommer 1991 hatten sie sich prompt eingefunden).

Diese unglaubliche Regression der Welt-Thematik ist, soviel ist klar, der tiefinnerste Grund für die Erschütterung, die hinter diesem Buch, hinter jeder seiner Seiten spürbar ist. Ich kenne und schätze Lothar Mayer seit über einem Jahrzehnt als selbstlosen Streiter für die überwölbende planetarische Vernunft. Die An- und Einsichten, von denen wir beide ausgehen, haben sich durch die Ereignisse der letzten paar Jahre nicht im mindesten verändert; ja, sie haben sich leider aufs eindringlichste bestätigt. Da dieses Buch die Evidenz des Golfkrieges noch nicht einbezieht, sei es dem Vorredner erlaubt, sie wenigstens anzudeuten: der biosphärische Schaden, den diese High-Tech-Kampagne ausgelöst hat, ist überhaupt noch nicht abzuschätzen, während die menschliche Kosten-Nutzen-Rechnung, der *body-count*, auf das wahnwitzige Verhältnis von Eins zu Tausend (oder vielleicht auch 'nur' zweihundert) hinaufgeschraubt wurde. Unberücksichtigt blieb der Anfall von politischem, psychologischem, sozialem, biosphärischem Abraum, der, wie im High-Tech-Zeitalter üblich, seit dem Ersten Weltkrieg in steter geometrischer Progression anwächst. *Verblendung* ist der einzige Terminus, der sich für den Bewußtseinszustand hinter den Konfetti-Paraden anbietet.

Zum Tatbestand der Verblendung gehört natürlich, daß der Unheilsprophetin Kassandra nicht geglaubt wird. Lothar Mayer spielt notgedrungen Kassandra; und er spielt sie auf einem Schachbrett, das die Welt der Verblendung einfach nicht zur Kenntnis nehmen oder mit zweitrangigen Phrasen wie *Umweltschutz* besetzen möchte.

Nun, es ist unser Schicksal, seines und meines, daß wir dennoch hoffen: auf den letzten Seiten seines Essays scheint das durch. Wir hoffen, weil es neben dem Kassandra-Typus des Unheilspropheten noch den alttestamentarischen Typus gibt;

EIN SYSTEM SIEGT SICH ZU TODE

den Typus, der von Gott als Figur im Spiel um mögliche (wenn auch noch so unwahrscheinliche) Umkehr eingesetzt wird. Aber diese Hoffnung ist, so muß man betonen, von vornherein eitel, wenn sie von den Angesprochenen (hier: von der industriell-kapitalistischen Weltgesellschaft) sofort und von vornherein als Augurenlächeln bewertet wird: nana, Carl, Lothar, so schlimm wirds wohl nicht kommen.

Wer das sagt, wer so blinzelt, der sorgt dafür, daß es so schlimm kommt - und noch schlimmer. Ich wünsche deshalb jedem Leser dieses Essays und des Lesebuchs eine heillose Todesangst. Nur wenn sie heillos genug ist; das heißt, wenn sie zum panischen Abbruch des ganzen „Fortschritts"-Theaters führt, ist sie heilsam.

Das will Lothar Mayer.

GOOD LUCK, LOTHAR.

INHALT

Vorrede — 7

Prolog — 13

1 - Argument: — 17
Wirtschaft und Thermodynamik

2 - Systembetrachtung I — 22
Funktionsprinzipien des modernen Industriekapitalismus

    2.1 Mehrwert, Akkumulation, Verwertung, Aneignung — 22
    2.2 Markt, Wettbewerb, Allokation — 25
    2.3 Weltwirtschaftsordnung — 26
    2.4 Die technisch-naturwissenschaftliche Explosion — 27
    2.5 Selbstverstärkung — 28
    2.6 Anpassungsfähigkeit — 30
    2.7 Komplizität — 32

3 - Systembetrachtung II — 33
Randbedingungen

    3.1 Bevölkerungsexplosion — 33
    3.2 Offene Gesellschaft — 34
    3.3 Wohlstandsfalle — 35
    3.4 Global Village - Totale Kommunikation — 36

4 - Der physisch existierende Kapitalismus — 37

5 - Der Ausstieg aus der Verantwortung — 41

    5.1 Markt statt Moral — 42
    5.2 Die Antiquiertheit der Verantwortung — 44
    5.3 Geldwirtschaft und Arbeitsteilung — 45

    Widerspruch — 50

6 - Die letzte Mutation — 53

EIN SYSTEM SIEGT SICH ZU TODE

	Zwischenruf	55
7 -	Die Rache des Systems	59
8 -	Das Ende der Geschichte	65
9 -	Die Überlistung der Entropie	69
10 -	Postscriptum - Der Traum der Evolution	72

Lesebuch	81
Literaturvorschläge	255
Quellennachweise	256
Anmerkungen	261
Stichwortverzeichnis	266

EIN SYSTEM SIEGT SICH ZU TODE

Ich danke

Alain, Amando, Angelika, Anne, Annette, Barbara, Christian,
Christiane, Dieter, Eva, Freda, Gabriele, Gerd, Günther, Gustav,
Hans-Peter, Harald, Hartwig, Heribert, Ilya, Ingeburg, Joanna, John,
Jürgen, Karin, Klaus, Li, Magdalena, Mario, Marlies, Marten,
Martha, Nicola, Paul, Peter, Petra, Sabine, Sarah, Sebastian, Stefan,
Susan, Tamara, Teddy, Traudi, Wolfgang, Wolfram

und den vielen anderen, die mir ein Licht aufgesteckt haben.

EIN SYSTEM SIEGT SICH ZU TODE

PROLOG

Der Jubel über den Sieg der Freiheit in den osteuropäischen Ländern wird dem Jahr 1989 seinen geschichtlichen Glanz verleihen. Gleichzeitig wird der Triumph des Kapitalismus über den Sozialismus das aufkeimende Bewußtsein niederwalzen, daß das westliche Industriesystem nicht weniger als das östliche auf die Verwüstung der Welt programmiert ist. Wenn es der Sowjetunion gelingt, die anstehenden wirtschaftlichen, gesellschaftlichen und kulturellen Umwälzungen friedlich zu überstehen, wird die Öffnung der osteuropäischen Länder für die westliche Wirtschaftsdynamik den industrialisierten Norden in eine neue Expansionsphase treiben, die das explosive Gefälle zum verelendeten Süden weiter verstärken wird.

Daß sich uns ein Land wie die DDR[1], mit derselben Geschichte, mit dem gleichen Bildungsniveau, mit dem gleichen arbeitsamen Menschenschlag wie das westliche Deutschland in der trostlosen Stagnation eines Entwicklungslandes präsentiert, macht verständlich, daß sich im Westen eine lange nicht mehr erlebte Euphorie ausbreitet: das berauschende Gefühl, daß wir auf der richtigen Seite sind - und immer waren.

Die wilde, unaufhaltsame Flucht aus den sozialistischen Gefängnissen in die versprochenen Paradiese der Marktwirtschaft, der Jubel über den Zerfall des real existierenden Sozialismus, die propagandistische Ausschlachtung des „Sieges des Kapitalismus" könnte dazu führen, daß wir eine vielleicht für dieses Jahrhundert einmalige Chance verpassen. Der Wegfall der Konfrontation, der „Lager"politik, eröffnet die Aussicht, daß eine schonungslose Analyse unseres Wirtschafts- und Gesellschaftssystems, der kapitalistischen Industriegesellschaft, nicht mehr als Angriff aus dem anderen Lager abgetan, ideologisch abgestempelt und damit unschädlich und unfruchtbar gemacht wird. Das Absterben des real existierenden Sozialismus gibt uns die Chance, den Kapitalismus nicht als Klassen-, sondern als Gattungsfrage zu diskutieren und daher die gesträubten Haare und die gefletschten Zähne zu vermeiden, die das Aufwerfen von Klassenfragen unvermeidlich provoziert. Wir (Kapitalisten) haben uns so gründlich durchgesetzt, so total gesiegt, daß wir nun fast allein sind: wir brauchen vor systemkritischen Angriffen keine Angst mehr zu haben, wir brauchen nicht mehr unseren inneren Verfassungsschutz gegen ihre existenzbedrohenden Intentionen anzurufen. Wir können es uns, als Sieger auf der ganzen Linie, erlauben, gelassen zuzuhören.

EIN SYSTEM SIEGT SICH ZU TODE

Hinter dem scheinbaren Happy End des Systemkonflikts droht sonst eine Entwicklung zu verschwinden, die für das Schicksal der Menschheit weit wichtiger ist als der ideologisch eskalierte Gegensatz zwischen Kapitalismus und Sozialismus. In diesem historischen Augenblick, in dem der Sowjetstaat, in dem das ganze östliche Imperium mit einer jahrzehntelang verteidigten Ideologie bricht und versucht, seine verrotteten Volkswirtschaften auf den westlichen Kurs zu bringen, hatte in den westlichen Industrieländern die beklemmende Einsicht zu keimen begonnen, daß ihr gesellschaftlicher Entwurf von seinen eigenen Siegen verschlungen wird.

Von den Menschen in der DDR, oder überhaupt im ganzen ehemaligen Ostblock, die jahrzehntelang Mangel und Einförmigkeit erdulden mußten, hieße es das Menschenunmögliche verlangen, wollte man ihnen die Einsicht vermitteln, daß der schmerzliche und entbehrungsreiche Umbau ihrer Volkswirtschaften zum Kapitalismus darauf hinausläuft, von einem verfaulten Floß auf einen sinkenden Luxusdampfer umzusteigen. Speziell die Mehrheit in der DDR, mit ihrer alternativlosen Fixierung auf den Lebensstil der BRD, müßte damit zu dem unerträglichen Schluß kommen, daß auf die verlorenen Lebensjahre der Vergangenheit die zum Scheitern verurteilten der Zukunft folgen.

Dagegen müßten die Menschen in den westlichen Industrieländern nach den Jahrzehnten des immer weiter wachsenden Wohlstands eher fähig sein, sich Gedanken zu machen über den Preis dieser Entwicklung, der sich in Form von Luftverschmutzung, Waldsterben, Meeresverschmutzung, Ozonloch und Treibhauseffekt anzukündigen beginnt, und ihn ins Verhältnis zu setzen zu dem Lustgewinn, den eine weitere Wohlstandsvermehrung noch bringen kann.

Es besteht deutlich sichtbar die Gefahr, daß diese beginnende Einsicht vom Taumel des Erfolgs, von der Woge der Selbstbestätigung erstickt wird, die der spektakuläre Bankrott des Sozialismus bei uns ausgelöst hat.

Tief innen wissen wir alle, daß wir am Ende sind. Die einzigen, die immer noch nicht begriffen haben, daß sie die Rechnung ohne den Wirt gemacht haben, sind die selbsternannten Realisten, die wir mit unserer Führung in Staat und Wirtschaft betraut haben. Sie können die Zukunft unerschüttert mit einem kernigen „Weiter so" beschreiben; triumphierend verkünden sie ihre Rekordgewinne (1990: Daimler-Benz 1,8 Milliarden, VW 1,1 Milliarden, Siemens 1,7 Milliarden, Bayer 1,9 Milliarden, Hoechst 1,7 Milliarden), als wüßten sie nicht, daß ihre Milliarden, Mark für Mark, ein verläßlicher Maßstab für das Sterben der Wälder und die Verwüstung der Nordsee sind. Es sind diese vermeintlichen Realisten in Wirtschaft und Politik, die am längsten und unerschütterlichsten an das Märchen vom Tischlein-deck-dich glauben.

EIN SYSTEM SIEGT SICH ZU TODE

Demjenigen, der sich erlaubt, sich aus dem Definitionsgefüge des kapitalistischen Wirtschaftssystems abzuseilen, einige Schritte zurückzutreten und es von außen zu betrachten, offenbart sich dieses System als die gigantischste Betrugsaffaire aller Zeiten. Ein Patentrezept zum schnellen Reichwerden, das auf dem simplen, uralten Trick beruht, üppige Dividenden auf geliehenes Geld auszuschütten - und diese Dividenden mit immer neuem geliehenem Geld zu finanzieren.

> Mögen die Bilanzen unserer Generation auch noch Gewinne ausweisen
> - unseren Kindern werden wir die Verluste hinterlassen
> *(Brundtland-Bericht, brundt9).*

Um diese Perspektive zu gewinnen, muß man den Industriekapitalismus nicht nur als gesellschaftliches Transaktionssystem, sondern als einen physikalischen Prozeß betrachten.

EIN SYSTEM SIEGT SICH ZU TODE

1 - ARGUMENT:
WIRTSCHAFT UND THERMODYNAMIK

Die *physikalische* Betrachtung des Wirtschaftens wurde erstaunlicherweise erst vor wenigen Jahrzehnten zum erstenmal versucht, als Nicolas Georgescu-Roegen den zweiten Hauptsatz der Thermodynamik auf die Wirtschaft anwandte. Dieser revolutionäre Ansatz blieb die Tat eines Einzelgängers - die etablierten Wirtschafts- und Sozialwissenschaften nahmen davon keine Notiz. Ein Tatbestand, der sich auch mit dem Wort „Fachidiotie" nur ungenügend charakterisieren läßt. Wie kann eine Wissenschaft, die sich der intellektuellen Durchdringung einer Sozialtechnik verschrieben hat, die die physische Welt bis zur Unkenntlichkeit verändert, sich vor der Einsicht verschließen, daß ihre Handlungen den Gesetzen der Physik unterworfen sind? Georgescu-Roegen machte auf die wahrhaft banale Tatsache aufmerksam, daß wirtschaftliches Handeln den Entropiegesetzen unterliegt.

Der erste Hauptsatz der Thermodynamik lautet: Die Summe der Energie in einem geschlossenen System bleibt immer gleich. Energie kann weder vermehrt noch vernichtet werden. Der zweite Hauptsatz der Thermodynamik besagt, daß bei jedem „Verbrauch" von Energie, d. h. wenn in irgendeiner Form Arbeit geleistet wird, Energie von einer höherwertigen zu einer niederwertigen Form umgewandelt wird, und daß sie damit diese Arbeit nur einmal leisten kann. Am besten läßt sich dieses Prinzip mit dem Wasser in einem hochgelegenen Reservoir vergleichen, das ohne äußeres Zutun nur abwärts fließen kann; die Menge des Wassers verändert sich bei diesem Vorgang nicht; aber die in dem Wasser gespeicherte Fähigkeit zur Arbeitsleistung ist unwiederbringlich verbraucht. Sie hat sich auf dem Weg ins Tal in Abwärme verwandelt. Um es von dem tiefsten Punkt, den es von selbst erreicht, wieder auf ein höheres Niveau zu bringen, muß man Energie aufwenden (wie z. B. die Sonnenenergie, die es verdunsten und aufsteigen läßt). Nun kann man das Wasser auf seinem Weg nach unten durch Röhren und Turbinen leiten und dabei Strom erzeugen; diesen Strom könnte man jetzt verwenden, um das Wasser wieder in sein ursprüngliches Reservoir zu pumpen. Dabei stellt sich jedoch heraus, daß der erzeugte Strom dafür nicht ausreicht: Bei jedem Energieumwandlungsprozeß entsteht Abwärme (das ist gleichmäßig in die Umgebung verteilte Wärme, die nicht mehr in Arbeit umgesetzt werden kann), so daß jetzt zusätzliche höherwertige Energie nötig wäre, um das gesamte Wasser wieder in das hochgelegene Reservoir zu pumpen. Aufgrund dieser Gesetzmäßigkeit gibt es auch kein Perpetuum mobile, also keine Maschine, die ohne äußere Energiezufuhr ewig weiterlaufen kann (weitere Erläuterungen zum Entropiegesetz in dem nebenstehenden Kasten sowie in K1.1).

EIN SYSTEM SIEGT SICH ZU TODE

1. Hauptsatz der Thermodynamik (Erhaltungssatz)
Die Summe der Energie in einem geschlossenen System bleibt immer gleich. (Energie kann weder erzeugt, noch vernichtet werden).

2. Hauptsatz der Thermodynamik (Entropiegesetz)
Der Zustand größter Unordnung hat die größte Wahrscheinlichkeit. Daher muß die Entropie in geschlossenen Systemen bei allen Umwandlungsprozessen wachsen.

Entropie ist das Maß der nicht arbeitsfähigen oder nicht mehr verfügbaren Energie in einem geschlossenen System.

Ein Beispiel für die Wirkungsweise des Entropiegesetzes: Wenn man einen Tropfen Tinte in ein Glas Wasser fallen läßt, verteilt sich die Tinte im Lauf der Zeit ohne äußeres Zutun gleichmäßig über die ganze Wassermenge: Aus Ordnung (hier Tinte, dort Wasser) ist Unordnung entstanden. Ohne äußeres Zutun wird sich die Tinte nie wieder von selbst in einem Tropfen versammeln.

Eine nicht ganz so strenge, aber dafür umso amüsantere Illustration des Entropieprinzips hat Grigorij Jawlinsky, einer der Wirtschaftsberater Gorbatschows, nebenbei geliefert, als er die Chancen einer Wirtschaftsreform in der Sowjetunion beschrieb: Es sei leicht, aus dem Inhalt eines Aquariums eine Fischsuppe zu machen - man müsse das Ganze bloß zum Kochen bringen -, weitaus schwieriger jedoch, den umgekehrten Prozeß herbeizuführen (Q51).

EIN SYSTEM SIEGT SICH ZU TODE

Das Verdienst Georgescu-Roegens war es, aufzuzeigen, daß der Wirtschaftsprozeß Entropievermehrung in ihrer reinsten Form ist. Ob die gespeicherte Energie fossiler Brennstoffe - Kohle, Erdöl - verfeuert und in Form von Abwärme, Kohlendioxid und Schwefelsäure in die Umwelt verteilt werden, ob Metalle aus ihrer konzentrierten Form als Bodenschätze abgebaut, zu Maschinen und Konsumprodukten verarbeitet, schließlich verschrottet oder weggeworfen und damit unwiederbringlich in die Umwelt verteilt werden - jede wirtschaftliche Tätigkeit, die darin besteht, in der Natur vorgefundene Stoffe zu trennen, zu verbinden, umzuformen, vermehrt die nicht mehr verfügbare Energie, also die Entropie. „Wirtschaftliches Handeln, also die Extraktion von Ressourcen, deren Prozessierung (d. h. Weiterverarbeitung) in der Produktion und Konsumtion, der Tausch und die Distribution von Waren und Dienstleistungen und Geld, kann ohne die Transformation von Energie und Materie ... noch nicht einmal gedacht werden" (Altvater, eazm93).

„Die Entropievermehrung ist durch den Wirtschaftsprozeß ungeheuer beschleunigt; der soziale Fortschritt besteht darin, daß immer mehr Maschinen entstehen, mit deren Hilfe Rohstoffe in Abfall und Energie in Abwärme verwandelt werden. Wirtschaftswachstum, durch die Brille des Thermodynamikers gesehen, ist nichts anderes als ein Wettlauf um die Reste von niedriger Entropie, damit diese so schnell wie möglich in Entropie, also in Wertloses, umgesetzt werden können" (Schütze, Q31) (s. a. K1.1).

Entropie - ein Beispiel aus dem täglichen Leben

In einem modernen Haushalt wird eine Tasse Kaffee gekocht; eine einfache Sache. Doch dazu sind viele Umwandlungsprozesse nötig. Im Bergwerk wird Kohle gefördert, sie wird zum Kraftwerk gefahren und verfeuert. Von ihrem theoretischen Energiegehalt werden allerdings nur zwischen 30 und 40 Prozent zu Strom, je nach Qualität des Kraftwerks. Der Rest der Energie verschwindet durch den Kühlturm oder im Fluß als Abwärme in der Umwelt. Ein Teil des Stromes fließt zurück ins Bergwerk zur Förderung weiterer Kohle. Einen anderen Teil verbraucht die Lokomotive, die Kohle zum Kraftwerk transportiert. Sie wandelt elektrische in mechanische Energie um. Beim Anfahren und Bremsen verschwindet diese Energie als Abwärme. Ehe der Strom zum Elektrokochtopf gelangt, mußte er Widerstände in Freileitungen und Transformatoren überwinden; dabei ging von der erwünschten Energie Elektrizität wiederum ein Teil als unnütze Abwärme verloren.

Nun erhitzt der Strom das Wasser auf 100 Grad. Es wir über das Kaffeepulver gegossen, der heiße Topf bleibt zurück und kühlt langsam aus. Viel

EIN SYSTEM SIEGT SICH ZU TODE

> Energie war nötig, bis dieses Pulver endlich auf dem Filterpapier liegt: Strom für Stickstoffdünger, Dieselöl für Transporte, Strom für das Rösten und Mahlen. Das bißchen Sonnenenergie für das Reifen der Kaffeebohnen ist kaum der Rede wert, auch wenn die Fernsehwerbung wegen des Aromas viel Aufhebens davon macht. Nun kommt die Tasse Kafee auf den Tisch. Aber in diesem Augenblick klingelt das Telefon. Nach zehn Minuten ist das Gespräch zu Ende, und der Kaffee ist kalt. Die in ihm enthaltene Wärme war über eine Kaskade verlustreicher Umwandlungsprozesse erzeugt worden: Chemische Energie (Kohle) wurde zu hochkonzentrierter thermischer Energie (überhitzter Dampf im Kraftwerk), dann über die mechanische Energie in der Kraftwerksturbine zu Strom, dann wieder zu Wärme von hoher Temperatur, schließlich zu Niedertemperaturwärme. Nun hat der Kaffee Zimmertemperatur angenommen, nicht aber das Zimmer die Temperatur des Kaffees. Die Wärme des Kaffees ist in die kältere Umgebung ausgewandert. Das Zimmer wurde um einen winzigen Bruchteil wärmer, doch dieser Energiezuwachs ist wegen der unterschiedlichen Dimensionen kaum spürbar und wertlos. Aber selbst wenn die Kaffeetasse denselben Rauminhalt hätte wie das umgebende Zimmer, so wäre dies nach dem Abfließen der Wärme aus dem Kaffee zwar merklich wärmer, aber es wäre niemals möglich, diese Wärme in den Kaffee zurückzutransportieren. Noch niemals ist es gelungen, eine Tasse Kaffee durch Zimmerwärme wieder aufzuheizen. Der Zweite Hauptsatz steht dagegen, der feststellt, daß Wärme immer nur vom wärmeren in den kälteren Körper fließt, niemals umgekehrt.
>
> Die Energie, die nötig war für diese Tasse Kaffee, ist allerdings nicht verschwunden. Der Erste Hauptsatz der Thermodynamik hält fest, daß Energie weder geschaffen noch zerstört, sondern nur umgewandelt werden kann. Das geschieht in der Natur ebenso wie in der Technik. Und bei all diesen Umwandlungsprozessen nimmt die Energie - auch wenn sie Umwege macht - immer nur eine Richtung und endet schließlich als Niedertemperaturwärme, die nicht mehr nutzbar ist (aus Christian Schütze, csgn12).

Es leuchtet wohl auf den ersten Blick ein, daß technische Einrichtungen und Maschinen Entropieverstärker von einer revolutionären Potenz sind. Was ein Mensch in einer einzigen Stunde mit den Glühbirnen seiner Wohnung, mit der Ölheizung in seinem Keller, mit seiner elektrischen Kreissäge, mit seinem Rasenmäher, mit seinem Auto, mit einem 40-Tonnen-Laster, mit einem Jumbo an Entropievermehrung leisten kann, das könnte er mit nackten Händen in einem ganzen Leben nicht zustande bringen, auch wenn er Tag und Nacht arbeiten würde.

Obwohl dieser technische Verstärkereffekt, der durch die Zähmung des Feuers und die Erfindung und Benutzung von Werkzeugen ermöglicht wurde, schon in

EIN SYSTEM SIEGT SICH ZU TODE

prähistorischer Zeit feststellbare Auswirkungen auf die Ökosphäre hatte, bewegten diese sich innerhalb der Grenzen dessen, was die Elastizität der Biosphäre an Störungen ausgleichen kann. Als linearer Verstärker ist er von einer vernachlässigbaren Harmlosigkeit im Vergleich zu der Dynamik, die der Kapitalismus über ein System von Rückkopplungsschleifen ins Spiel bringt.

Eine moderne kapitalistische Volkswirtschaft ist ein dynamisches System, das durch das definierte Zusammenwirken von Kräften, Prinzipien und Regeln (Ordnungsmerkmalen) wie

- Mehrwert, Akkumulation, Verwertung, Aneignung
- Markt, Wettbewerb, Arbeitsteilung, Allokation
- Integration mit Wissenschaft und Technik

gekennzeichnet ist und durch weitere Systemkomponenten und -eigenschaften wie

- Weltwirtschaftsordnung
- Technisch-wissenschaftliche Explosion
- Selbstverstärkung
- Anpassungsfähigkeit
- Komplizität

vorwärtsgetrieben bzw. stabilisiert wird.

Darüber hinaus setzt das System bei der Gesellschaft, die es trägt und in die Wirklichkeit umsetzt, eine bestimmte Wertordnung voraus (mit Positionen wie Materialismus, Leistungsbereitschaft, Genußaufschub, gesellschaftlich sanktionierte Gier, etc.), die in diesen Betrachtungen nicht thematisiert werden.

2 - SYSTEMBETRACHTUNG I FUNKTIONSPRINZIPIEN DES MODERNEN INDUSTRIEKAPITALISMUS

2.1.1 Mehrwert und Akkumulation, Verwertungszwang

Der Motor des kapitalistischen Wirtschaftssystems wird angetrieben von dem Mehrwert, den das eingesetzte Kapital erwirtschaften kann.

Mehrwert ist der überschießende Betrag, den der Hersteller über die Herstellungskosten eines Produkts hinaus auf dem Markt erlösen kann.

Der Begriff der Akkumulation beschreibt die Eigenart des kapitalistischen Wirtschaftssystems, daß der realisierte Mehrwert in eine Erweiterung oder Verbesserung der Produktionsanlagen (und in wachsendem Umfang zur Gewinnung weiterer Marktanteile) investiert wird, wodurch neue Möglichkeiten zur Erzeugung von Mehrwert geschaffen werden.

Da der Kostensenkung (insbesondere in einer sozialen Marktwirtschaft) Grenzen gesetzt sind, muß das nach Verwertung strebende Kapital seinen Ertrag in der Steigerung der Produktivität, der Ausweitung der Produktion, der Erschließung neuer Märkte, der Verkürzung der Umschlagszeit, der Erfindung und Einführung neuer Produkte suchen (K2.12, K2.9). Der Griff des Kapitals nach dem Lebendigen,

> Wenn man ein Schwein in 180 statt in 365 Tagen schlachtreif mästen kann, bringt das eingesetzte Kapital den doppelten Ertrag.

der sich heute vor unseren Augen abspielt, entspricht der Logik des Systems: im industriellen Einsatz der Gentechnologie liegt ein weiteres unerschlossenes Potential von schwindelerregender Größenordnung, das der Verwertung harrt.

Das Akkumulationsprinzip ist ein Paradebeispiel eines „positiven" Rückkopplungsprozesses. „Positiv" bedeutet: jede Steigerung der Grundgröße (z. B. Fahrtgeschwindigkeit, Wachstum, Temperatur) verursacht eine proportionale Vermehrung der die Grundgröße steuernden Eingabegröße (wie Benzin-, Nahrungs-,

EIN SYSTEM SIEGT SICH ZU TODE

> **Rückkopplung:**
> ein Begriff aus der Kybernetik, der in der Regelungstechnik universale Anwendung gefunden hat.
> Rückkopplung bedeutet, daß eine charakteristische Eigenschaft eines Prozesses, wie z. B. die Temperatur, gemessen wird, und daß das Ergebnis dieser Messung dazu verwendet wird, den Prozeß zu steuern. Infolge dieser Rückkopplungsschleife entsteht ein Prozeß, der sich selbst steuert.
>
> Das einfachste und bekannteste Beispiel ist der Thermostat, der den Betrieb des Öl- oder Gasbrenners und damit die Temperatur eines Raumes regelt. Ein Temperaturfühler registriert ständig die Raumtemperatur, ein Prozessor vergleicht die festgestellte Temperatur mit einer Solltemperatur (die gewünschte Temperatur, die beliebig eingestellt werden kann, also z. B. 18°C), und wenn die tatsächliche Temperatur mehr als z. B. 1°C von der Solltemperatur abweicht, wird der Brenner eingeschaltet - und bleibt solange in Betrieb, bis der Vergleich zwischen Soll- und festgestellter Raumtemperatur ergibt, daß jetzt, um im Beispiel zu bleiben, 18°C erreicht sind.

Brennstoffzufuhr) (s. a. K2.6). Der Normalfall, den wir sonst in der Welt um uns herum beobachten und auch tunlichst in unseren Geräten und Maschinen anwenden, ist der der Regelung durch negative Rückkopplung: wenn eine gewisse Geschwindigkeit erreicht wird, wird die Treibstoffzufuhr zurückgenommen; wenn eine bestimmte Temperatur erreicht ist, wird die Brennstoffzufuhr gedrosselt; wenn eine Tierpopulation eine kritische Größe erreicht, sorgt die knapper werdende Nahrung dafür, daß sie wieder zurückgeht, anstatt ins Ungemessene weiterzuwachsen (vgl. K2.6).

Die kapitalistische Wirtschaft dagegen gleicht einem Motor, der mit seiner Treibstoffpumpe starr verbunden ist. Je schneller er sich dreht, desto mehr Treibstoff wird ihm zugeführt, desto schneller dreht er sich, und so weiter, und so weiter, und so weiter. „Solche destabilisierten Systeme sind uns aus den Naturwissenschaften wohl bekannt. Sie werden durch starke nichtlineare Rückkopplungen befördert und können nur durch geeignete Entkopplung wieder stabilisiert werden" (Hans-Peter Dürr, Q41). (Nicht-linear bedeutet hier, daß die zurückkommende Steuergröße nicht gleichbleibt, sondern ständig durch den sich beschleunigenden Grundprozeß vergrößert wird.)

2.1.2 The missing link: Aneignung

Der Grundfehler volkswirtschaftlicher Kreislaufmodelle ist, daß sie die physische Basis der Wirtschaftstätigkeit ausklammern, so daß der Kreislauf zu einem reinen Transaktionsmodell wird.

Nach der klassischen Nationalökonomie entsteht das Bruttosozialprodukt (BSP) aus

- Arbeit
- Kapital
- Boden
- Technik, Organisation, Wissen

Was dabei unter den Tisch fällt, ist die *Aneignung* von Naturvermögen (fossile Energieträger, Rohstoffe, „Senken", s. K9.3), so als wären sie durch die Arbeit und den Kapitaleinsatz für ihre Erschließung *erzeugt*.

Derjenige, der eine Ölquelle ausbeutet, verkauft ja das Öl nicht zum Selbstkostenpreis (Kosten der aufgewendeten Arbeit), sondern zum Gleichgewichtspreis, d. h. meistens wesentlich über seinen Kosten. Er eignet sich damit das ohne sein Zutun Vorhandene an und verwandelt es in einen (geldwerten) Anspruch.

Genau das ist der Mehrwert-Anteil, der in der ökonomischen Analyse, ob marxistisch oder neoliberal, ignoriert wird und bis heute in der volkswirtschaftlichen Gesamtrechnung fehlt (s. K2.14). Dabei ist es der Anteil, der längst (mit der Einführung sozialstaatlicher Verteilungsschlüssel) haushoch über den schrumpfenden Mehrwert-Anteil aus der Ausbeutung der Arbeitskraft hinausgewachsen ist. Die „Sozialisierung" der Wirtschaft, die in den westlichen Industrienationen in den letzten 100 und verstärkt in den letzten 30 Jahren zu wachsendem Massenwohlstand geführt hat, treibt diese Verschiebung weiter voran: „Rationalisierung" und „Automation" laufen darauf hinaus, daß immer teurer werdende Arbeitskraft durch noch mehr Einsatz natürlicher Ressourcen ersetzt wird.

Es ist darüber hinaus der Mehrwert-Anteil, der reibungslos vom Zinseszinseffekt profitiert, genauer gesagt: er wird laufend der Kapitalbasis zugeschlagen, die sich, unbehindert von den Einschränkungen, Rücksichtnahmen und Folgekosten, die mit der Einstellung von Arbeitskräften entstehen, ständig verbreitern und weiteren Mehrwert erzeugen kann.

EIN SYSTEM SIEGT SICH ZU TODE

Wer den Wirtschaftskreislauf ohne die Brille des Ökonomen betrachtet, kommt sich vor wie ein Wirtschaftsprüfer, der ein Unternehmen mit einer glänzenden Bilanz zu prüfen hat. Er kann es einfach nicht glauben, aber die Zahlen lassen keinen anderen Schluß zu: die beeindruckenden ausgewiesenen Gewinne beruhen darauf, daß das Unternehmen keine Ausgaben für die gelieferten Vorprodukte in seiner Gewinn- und Verlustrechnung hat. Diese seien ja, lautet die Erklärung, aus dem Lager entnommen, und die Lagerbestände seien bei Geschäftsübernahme schon dagewesen.

Die Geschichte der Akkumulation ist eine Geschichte der Ausbeutung und Aneignung. Was von Politikern und insbesondere von Kaufleuten stolz als Wertschöpfung verbucht wird, ist zu einem wesentlichen Teil nichts anderes als eine Umbuchung in die eigenen Bücher - mal mit brutaler Gewalt (Feudalherrschaft, Sklaverei, Kolonialismus), mal, im Falle natürlicher Ressourcen, „freier" Güter wie Wasser, Luft, Meere, Klima, mit dem ganz legalen Kunstgriff der Buchhaltung.

2.2 Markt, Wettbewerb, Allokation

Nur ein freier, unbehinderter Markt, das Credo des Liberalismus, ermöglicht den optimalen (d. h. maximal Mehrwert erzeugenden) Einsatz des Kapitals.

Wenn man nur den Austausch von Gütern und natürlich auch von Arbeitskraft dem freien Spiel von Angebot und Nachfrage überläßt, sorgt Adam Smith's Unsichtbare Hand dafür, daß sich alles zum besten wendet: daß die Waren dort ankommen, wo sie am meisten gebraucht werden (denn der, der sie am dringendsten braucht, zahlt auch am meisten, und daß überhaupt nur die Waren produziert werden, für die wirklich (sich in Geld ausdrückender) Bedarf besteht.

Über den freien, transparenten, unbehinderten Markt wird auch der Einsatz der Produktionsfaktoren (Kapital, Arbeit, Rohstoffe, Boden) so gesteuert, daß eine optimale Allokation (d. h. Zuteilung) der Ressourcen erfolgt (s. a. K2.23).

Das Prinzip des freien Marktes bewahrt uns vor den monumentalen Fehlentscheidungen, mit denen die zentral gelenkten Länder des Ostblocks ihre Volkswirtschaften ruiniert haben.

Daß wir die Unsichtbare Hand zur letzten Instanz erhoben haben, bedeutet auch, daß wir unsere Entscheidungsbefugnis, unsere Verantwortung abgegeben haben an einen Mechanismus, der mit unfehlbarer Sicherheit unseren Wohlstand mehrt - koste es (außerhalb unserer Kostenrechnung), was es wolle (s. a. K2.21).

EIN SYSTEM SIEGT SICH ZU TODE

2.3 Weltwirtschaftsordnung

Die gängige Vorstellung, daß die Entwicklungsländer in einem Teufelskreis von niedrigem Pro-Kopf-Einkommen, Unterernährung, Analphabetismus und daraus resultierend der Unfähigkeit zur Kapitalbildung gefangen sind, ist nur die halbe Wahrheit.

Die andere Hälfte der Wahrheit ist die Tatsache, daß die unterentwickelten Länder eine Voraussetzung für die Entwicklungsdynamik der kapitalistischen Länder sind, indem sie folgende Funktionen übernehmen:

1. als Lieferant von billigen landwirtschaftlichen Produkten,
2. als Lieferant von billigen Rohstoffen,
3. als Auslagerungsstätten für die in den Zentren nicht mehr rentabel arbeitenden Branchen (früher Landwirtschaft, heute vor allem Industriebranchen mit Produkten niedrigen Verarbeitungsgrades),
4. als Arbeitskräftereservoir (an Ort und Stelle und als „Gastarbeiter"), und dazu, als eine Errungenschaft der jüngsten Zeit,
5. als billige Auffanglager für Schadstoffe und Giftmüll aus den Industrieländern.

Unterentwicklung ist also nicht ein bedauernswertes Übergangsstadium, sondern eine historisch gewachsene Struktur, die heute als Weltwirtschaftsordnung (WWO) das Ausbeutungswerk der Kolonialzeit mit nur äußerlich gewandelten Mitteln fortsetzt und daher, auch ohne jede ideologische Tendenz, am zutreffendsten als Neokolonialismus beschrieben werden kann.

Unterentwicklung ist nicht gleichbedeutend mit Nichtentwicklung, sondern umschreibt eine weltwirtschaftliche Struktur, die zu den hochentwickelten Industrieländern komplementär ist (s. K2.31 und K2.32). Sie unterstützt den Akkumulationsprozeß in den reichen Ländern

- durch die für die Entwicklungsländer ungünstigen Terms of Trade (Austauschrelationen, Preisverhältnis zwischen Einfuhren und Ausfuhren)
- durch die Ausnutzung der niedrigen Lohnkosten in den unterentwickelten Ländern, indem man in den unterentwickelten Ländern produzieren läßt und in den Industrieländern verkauft
- durch ein 'Absaugen' des in den unterentwickelten Ländern entstehenden Mehrwerts über Kapitalinvestitionen im Bergbau, dem Mineralölsektor, der Landwirtschaft, heute mehr und mehr durch multinationale Konzerne
- durch den „Abbau" des Naturvermögens (Regenwald, Mutterboden) durch das internationale Agrobusiness und die landbesitzenden Eliten, die die Früchte dieser

EIN SYSTEM SIEGT SICH ZU TODE

Umwandlung (Rindfleisch, Futtermittel für die Fleischproduktion, Bananen, Kaffee, Kakao) auf dem Weltmarkt verwerten
- durch die Bedienung eines lukrativen Absatzmarktes in den reichen „Zitadellen" der unterentwickelten Länder.

Die bestehende Weltwirtschaftsordnung (ausführlicher in K2.31 und K2.32) bietet die Voraussetzung dafür, daß die Mehrwertabsaugmaschine des Kapitalismus gegenüber dem unterentwickelten, peripheren Teil der Welt auch weiterhin effizient und möglichst unauffällig funktioniert (s. a. K2.24).

> Die Wurzeln [der katastrophalen Lage Afrikas] liegen ferner in einem Weltwirtschaftssystem, das aus einem armen Kontinent mehr herausholt, als es hineinsteckt. Die Schuldenkrise zwingt die auf den Verkauf ihrer Produkte angewiesenen afrikanischen Staaten zur Überlastung ihrer ohnehin überbeanspruchten Böden und führt damit zur Versteppung vormals fruchtbaren Ackerlands
> *(Brundtland-Bericht, brundt7).*

Wer sich immer noch nicht von dem von Regierungsstellen und Presseschlagzeilen verbreiteten Denkschema lösen kann, daß wir die Dritte Welt mit Hilfen in vielstelliger Milliardenhöhe unterstützen, sollte sich folgende Zahlen vor Augen halten: Seit fast zehn Jahren fließen jährlich mehr Mittel in Form von Zinsen und Rückzahlungen aus den Entwicklungsländern in die Industrieländer, als ihnen Entwicklungsgelder zufließen. Dieser „Nettokapitaltransfer" (also der Überschuß der Kapitalabflüsse über die Kapitalzuflüsse) erreichte 1988 mit 33 Milliarden US$ einen neuen Rekord (Q8).

2.4 Die technisch-naturwissenschaftliche Explosion

Mit der Entstehung des modernen Kapitalismus in der Mitte des 18. Jahrhunderts beschleunigte sich der Übergang von der handwerklichen Fertigung zur arbeitsteiligen Produktion, vom Werkzeug zur Maschine (s. K2.41). Dieser Übergang war gleichzeitig eine der wesentlichen Bedingungen seiner Durchsetzung. Damit eröffnete sich die Möglichkeit, die Ausbeutung der in der irdischen Umwelt vorhandenen negativen Entropie (s. K1.3), die bis dahin durch den begrenzten Vorrat an organischer Arbeitskraft limitiert war, praktisch grenzenlos auszuweiten. Einziger verbleibender Begrenzungsfaktor: die menschliche Erfindungsgabe, das *Ingenium*, die

Fähigkeit und der Wille, immer bessere, raffiniertere Anordnungen und Verfahren für das Einspannen von Naturkräften und Anzapfen von Naturschätzen zu entwickeln.

An dieser Stelle stand die Naturwissenschaft, von den großen Gestalten der Renaissance, von Francis Bacon über Galilei, Kepler und Newton, von den irrationalen Fesseln der Tradition und Religion befreit und neubegründet, bereit, die wissenschaftlichen und technischen Voraussetzungen für die Mechanisierung der Wohlstandsproduktion zu liefern und die Naturveränderungsmacht der westlichen Zivilisation in unvorstellbare Dimensionen zu steigern.

Damit wird die Sozialproduktsgleichung um einen Faktor erweitert, der ihr Ergebnis aus den bis dahin ehernen Grenzen befreit, in die sie durch die Endlichkeit von Boden, Arbeit und Kapital eingezwängt war, und der ihr die scheinbar unbegrenzten Wachstumsmöglichkeiten eröffnet, deren explosive Folgen heute, noch bevor wir sie überhaupt begriffen haben, unsere Existenz bedrohen.

2.5 Selbstverstärkung

Das Prinzip der Selbstverstärkung ist kennzeichnend für die Wechselwirkungen zwischen verschiedenen Teilen und Bereichen des Industriesystems und garantiert, wenn diese Wechselwirkungen erst einmal funktionieren, seinen ungeheuren Erfolg. So sehr, daß heute zu erkennen ist, daß der Kapitalismus nicht, wie Marx und seine Anhänger erwarteten, an seinen inneren Widersprüchen, sondern an seiner inneren Logik, seiner hochgradigen Selbstverstärkung zugrundegehen wird.

Mit der ihm eigenen Sprachgewalt beschreibt Hans Jonas die Eigendynamik der industriellen Entwicklung in *Technik, Medizin und Ethik*: „... von Anfang an hatten diese neuartigen Entitäten (nämlich Maschinen) Einfluß auf die Symbiose von Mensch und Natur dadurch, daß sie selber Verbraucher sind. Zum Beispiel: Dampfgetriebene Wasserpumpen erleichtern den Kohleabbau, verlangen ihrerseits Extrakohle zur Heizung ihrer Dampfkessel, weitere Kohle für die Hütten und Essen, die jene Kessel herstellten, weitere für den Abbau der benötigten Eisenerze, weitere für den Transport zu den Hütten, mehr von beidem - Kohle und Eisen - für die nötigen Schienen und Lokomotiven, die in den gleichen Hütten etc. hergestellt wurden, mehr für den Transport des Hüttenprodukts zu den Grubenschächten und umgekehrt, und endlich nochmals mehr für die Verteilung außerhalb dieses Kreislaufes, die zunehmend wieder aus Maschinen bestanden, die ihr Dasein eben der erhöhten Verfügbarkeit von Kohle verdankten und den Bedarf nach ihr und den Hüttenprodukten weiter erhöhten - und so fort. ... Dieser Komplex des Weiterwucherns - keineswegs eine lineare Reihe, sondern ein verwickeltes Netz von Gegenseitigkeiten - ist seitdem der modernen Technik in exponentieller Zunahme zu eigen geblieben. Verallgemeinert läßt sich sagen: Die moderne Technologie steigert in exponentieller Progression den menschlichen Verzehr von Naturvorräten (an Substanzen und Energie), und zwar nicht nur durch die Vervielfachung des Endprodukts, sondern auch - und vielleicht noch mehr - durch die Herstellung und Betreibung der mechanischen Hilfsmittel dafür, also als Selbstverbraucher" (hjmt 31).

Allgemeiner läßt sich sagen, daß die industrielle Revolution, gekennzeichnet durch Arbeitsteilung, wachsenden Einsatz von Maschinen und Anlagen mit ihrem gigantisch anschwellenden Verbrauch von Energie und Rohstoffen, Massenproduktion und Welthandel einerseits und die Entfaltung des Kapitalismus andererseits sich gegenseitig bedingten (s. K2.41).

Was Hans Jonas als Selbstverstärkung, Selbsterleichterung in der Entwicklung der Industrie beschreibt, zeigt eine unverkennbare strukturelle Ähnlichkeit (Homologie) mit den Hyperzyklen, die nach den Vorstellungen des Nobelpreisträgers Manfred Eigen bei der Entstehung des Lebens am Werk waren. Nach seiner Theorie konnten die großen, selbstreproduzierenden organischen Moleküle, die den evolutionären Sprung von der unbelebten zur belebten Materie darstellen, nur mit Hilfe von auto- und kreuzkatalytischen Prozessen entstehen. Das heißt: die Bildung bestimmter komplexer Moleküle wird durch das Vorhandensein eben dieser Moleküle katalysiert (Autokatalyse); diese Moleküle spielen wiederum bei der Entstehung von Enzymen, welche ihre eigene Bildung beschleunigen oder überhaupt erst ermöglichen, eine katalytische Rolle (Kreuzkatalyse).

Im exponentiellen Fortschritt von Wissenschaft und Technik zeigt sich eine verblüffende Homologie zu diesem Hyperzyklus: Die menschliche Kultur mit ihrer Fähigkeit zur Überlieferung durch Sprache und Schrift ermöglicht es, auf dem erworbenen Schatz von Erfahrung, Wissen und Techniken auf- und weiterzubauen (Autokatalyse), und die gleichzeitigen Fortschritte in verschiedenen Wissens- und Technikbereichen (z. B. Biologie, Chemie, Mikroskopie, Molekularbiologie, Spektroskopie, Nuklearmedizin, Datenverarbeitung) ermöglichen, befruchten und beschleunigen sich gegenseitig (Kreuzkatalyse).

Auf einer eher banalen Ebene läßt sich das Prinzip der Selbstverstärkung auch in den subtilsten Verästelungen zwischen technischen Verfahren, Märkten und gesellschaftlichen Veränderungen verfolgen (Illustration s. K2.71).

EIN SYSTEM SIEGT SICH ZU TODE

2.6 Anpassungsfähigkeit

Die Anpassungsfähigkeit ist eine der größten Stärken des Kapitalismus. Er hätte gewiß nicht bis heute überleben und sich als das dominierende Wirtschaftssystem über die ganze Welt verbreiten können, wenn er nicht mit einer Reihe von Mutationen auf seine verheerenden Folgen und inneren Widersprüche reagiert hätte (s. K2.5).

Dem Frühkapitalismus wurde ein frühes Ende durch die Verelendung der Massen vorhergesagt. Er hätte gewiß auch im Westen in blutigen Revolutionen geendet, hätte er nicht in einer ersten großen Mutation in der zweiten Hälfte des 19. Jahrhunderts die Abschaffung der Kinderarbeit, die Reduzierung der Arbeitszeit (von über 80 auf 48 Stunden), die Einführung von Arbeitsschutz und die Entstehung von Gewerkschaften, über die sich soziale Spannungen kanalisieren ließen, zugelassen.

Die zweite große Mutation kam dadurch zustande, daß der Kapitalismus die Entwicklung zum Sozialstaat in der zweiten Hälfte dieses Jahrhunderts akzeptierte und zu seiner Normalform in den industrialisierten Zentren machte.

Die umfassende Absicherung nach allen Seiten (Kündigungsschutz, Arbeitslosen-, Renten- und Krankenversicherung, bezahlter Urlaub) haben aus dem Proletariat ein „Salariat", ein Volk von abgesicherten Gehaltsempfängern werden lassen, und die soziale Partnerschaft in Form von Mitbestimmung und Mitspracherecht der Gewerkschaften hat das Konfliktpotential für diejenigen, die im sozialen Netz aufgehoben sind, weitgehend entschärft.

Die nächste Mutation, von der sozialen zur ökologischen Marktwirtschaft, steht unmittelbar bevor. Der ökologische Facelift hat bereits begonnen, und die verschiedensten politischen und gesellschaftlichen Kräfte sind mit verteilten Rollen um den Operationstisch versammelt: die Grünen, indem sie die Ideen und den parteipolitischen Stachel stellen, die Sozialdemokraten, indem sie den „ökologischen Umbau" in die Politsprache einführen, die Bürgerinitiativen, indem sie unzufriedenes Wahlvolk signalisieren, die Opportunisten im liberalen und konservativen Lager, indem sie die Zeichen der Zeit erkennen und durch unverdrossenen Themenklau das populäre Fett von der ökologischen Suppe abschöpfen. Aus der brutalen Fratze des Frühkapitalismus, die sich schon so erfolgreich zum wohlwollenden Hausvatergesicht des Sozialstaats gewandelt hat, wird die neueste kosmetische Operation das weinlaubumkränzte Haupt des naturverbundenen Bewahrers machen.

PR-Operation gelungen - Patient endgültig im Sterbezimmer. Denn diese kosmetische Veränderung wird dem Industriekapitalismus noch einmal genau so viel Luft verschaffen, wie er braucht, um unbehindert von einer um sich greifenden

EIN SYSTEM SIEGT SICH ZU TODE

Malaise, ungestört von allzu schreienden Symptomen des Umweltverfalls sein Zerstörungswerk zu vollenden.

Eine wirkliche - im Unterschied zu einer äußerlichen, unserer Bereitschaft zur Selbsttäuschung entgegenkommenden - Anpassung des Kapitalismus an das ökologische Grunderfordernis, nämlich die Erhaltung der Biosphäre, ist prinzipiell ausgeschlossen. Vorstellbar, diskutabel wäre zweifellos der Einsatz bestimmter marktwirtschaftlicher Mechanismen wie pretiale Lenkung (d. h. Lenkung über den Preis), ökologische Steuern, ein Rechnungswesen, das die heute externen Kosten in die Erfolgsrechnung einbezieht, der Ersatz des Bruttosozialprodukts durch einen die Umwelt berücksichtigenden Wohlfahrtsindikator, u. v. m. (Vgl. K6.1). Prinzipiell unvereinbar mit der Erhaltung der Biosphäre ist das Grundprinzip des Kapitalismus, nämlich die Verbindung von Mehrwert und Akkumulation (s. K2.15). Mit diesem sich selbst immer weiter beschleunigenden Motor der Entropievermehrung ist die Exkursion (s. Kasten) des Systems vorprogrammiert.

> **Exkursion**:
> Ein System (ein chemisches Reaktionsgemisch, eine Population von Organismen) gerät in eine Spirale der Selbstverstärkung, wenn es von einer oder mehreren positiven Rückkopplungsschleifen ohne dementsprechende negative Rückkopplung gesteuert wird.
>
> Der Begriff stammt aus der Reaktortechnik, wo er als deutsche Übersetzung des Begriffes „run-away reaction", also einer außer Kontrolle geratenen Kettenreaktion eingeführt wurde.
>
> In einer ausreichenden Masse von Uran 235 läuft folgende Reaktion ab: Die von den Urankernen bei ihrer Spaltung abgestrahlten Neutronen lösen, wenn sie mit einem Urankern zusammenstoßen, seine Spaltung aus, die zur Freisetzung von Neutronen führt, welche, wenn sie mit einem Urankern zusammenstoßen, seine Spaltung auslösen, die ... usw. Wenn diese Reaktionskette nicht gebremst wird, ist das Ergebnis eine Reaktorexplosion (ausführlicher in K2.8).

2.7 Komplizität:
Die Allianz der Profiteure

Nach marxistisch-leninistischer Auslegung akkumuliert sich der ganze Mehrwert, der von den Werktätigen geschaffen wird, in den Händen der ausbeutenden Kapitalisten. Aber der Kapitalismus ist nicht so brutal und grobschlächtig, wie die Sozialisten ihn gern hätten. Brutal bisweilen schon, aber gleichzeitig clever, raffiniert, anpassungsfähig. Im sozialstaatlichen Gewand ist der heutige Kapitalismus der Industrieländer kaum mehr als das menschenverachtende System zu erkennen, als das er im 18. Jahrhundert seine Laufbahn begann. Während sich der Marxismus-Leninismus immer noch einredet, daß die Kapitalisten den gesamten Mehrwert einstecken und die Werktätigen hungern lassen, hat sich der real existierende Kapitalismus in seinem wohlverstandenen eigenen Interesse dazu herbeigelassen, den erwirtschafteten Mehrwert mit den Werktätigen zu teilen. Nicht unbedingt brüderlich, aber, gemessen an seinen rohen Anfängen, durchaus großzügig. Und hat es damit geschafft, die Werktätigen zu seinen Komplizen zu machen.

Aus dem „Proletariat" ist in den entwickelten Industrieländern ein „Salariat" geworden, beteiligt an den Früchten der Akkumulation in Form eines festen, weit über die Befriedigung der Grundbedürfnisse hinausgehenden ständigen Einkommens. (Selbst das Arbeitslosengeld und selbst die Fürsorgebezüge erfüllen, im Vergleich zu frühindustriellen Lebensverhältnissen und zur nichtindustrialisierten Welt, diese Bestimmung).

Daß die Gewerkschaften diese Komplizität institutionalisieren und damit zum verläßlichen Pfeiler des Systems machen, indem sie ihr Interesse und ihre Kraft ausschließlich auf die Verteilung des Kuchens konzentrieren, braucht wohl nicht lange dargelegt zu werden. Damit sind sie ebenso wie die Kapitalseite auf die herrschende Produktionsweise, die möglichst effektive Vergrößerung des Kuchens festgelegt.

Es gibt eine Reihe von Randbedingungen, die nicht, wie die im vorhergehenden beschriebenen, Wesensmerkmale des Kapitalismus sind, jedoch durch ihre gleichzeitige Präsenz seine Entwicklung begünstigen und anheizen: Bevölkerungsexplosion, Kommunikation, Offene Gesellschaft, Wohlstandsfalle.

3 - SYSTEMBETRACHTUNG II RANDBEDINGUNGEN

3.1 Bevölkerungsexplosion

Die Bevölkerungsexplosion in der Dritten Welt ist die folgenschwerste Altlast der Welteroberung durch die abendländische Kultur. Die materielle, insbesondere waffentechnische Überlegenheit der Kolonisatoren in Verbindung mit ihrem christlich fundierten Herrenmenschentum zerstörte unter dem Deckmantel einer christlichen und zivilisatorischen Mission („the White Man's Burden") auf allen Kontinenten die einheimischen Kulturen. Die von ihrem kulturellen Nährboden abgeschnittenen Völker und Stammesgruppen beglückte sie, im Zeichen der „Entwicklung", mit den Segnungen der fortgeschrittenen europäischen Hygiene und Medizin, wobei sie ihnen gleichzeitig, kraft des ihnen übergestülpten Entwicklungsmodells (s. K2.31), die Mittel vorenthielt, die Folgen der dramatisch sinkenden Sterblichkeit in den Griff zu bekommen.

An der Bevölkerungsentwicklung der industrialisierten Länder läßt sich heute rückblickend eine ausgeprägte Gesetzmäßigkeit ablesen. Dort, wo in den europäischen Ländern im 19. Jahrhundert der Rückgang der Kindersterblichkeit mit einer Verbesserung der materiellen Versorgung, der Verallgemeinerung der Bildung und der Chance der Selbstverwirklichung der Frau einherging, flachte sich der steile Anstieg der Bevölkerungskurve innerhalb weniger Jahrzehnte dramatisch ab (der sog. „demographische Übergang").

Demgegenüber erhielten die Länder der Dritten Welt aufgrund der weltwirtschaftlichen Konstellation, die sie in eine bestimmte Entwicklungsrichtung drängte, zwar die Medizin, aber nicht das Gegenmittel für die Bekämpfung der lebensgefährlichen Nebenwirkungen (s. Kap. 2.3 Weltwirtschaftsordnung, s. K2.31). Ein Ergebnis dieser ebenso ahnungs- wie skrupellosen Entwicklungsstrategie ist die Bevölkerungsexplosion in der Dritten Welt, die mit ihren Folgen für die Zerstörung der natürlichen Lebensgrundlagen (Regenwälder, Ausbreitung der Wüsten, Verlust an Anbauflächen durch Versalzung und Versumpfung, Wassermangel) die Menschen der ersten Welt zwar nicht so unmittelbar, aber mittelfristig nicht weniger bedrohen als die der zweiten und dritten.

Dabei gehört die Bevölkerungskrise insofern in die gleiche Kategorie wie das Klimaproblem, als ihm eine Trägheit innewohnt, die sich auch mit dem besten Willen der Welt (so es diesen gäbe) nicht überspringen läßt: ebenso wie die voraussichtliche Klimaverschlechterung in 40 oder 50 Jahren auch dann eintreten wird, wenn von heute an der CO_2-Ausstoß in kurzer Zeit auf ein Fünftel bis ein Zehntel zurückgefahren wird, kann die Vermehrung der Weltbevölkerung auf 10 bis 12 Milliarden nicht mehr gestoppt werden, selbst wenn mit einer unerhörten, von der Völkergemeinschaft getragenen Kraftanstrengung in ein oder zwei Jahrzehnten die Sicherung der Grundbedürfnisse, die Alphabetisierung und die Verbesserung der Stellung der Frau in weiten Teilen der Welt verwirklicht würden.

Eine solche unerhörte, unwahrscheinliche Kraftanstrengung könnte allerdings ebenso wie im Bereich der Klimakrise die Verschlechterung der natürlichen Lebensbedingungen für alle Menschen wenn schon nicht mehr abwenden, so doch möglicherweise in Grenzen halten, die mit einer menschenwürdigen Existenz noch vereinbar wären.

3.2 Offene Gesellschaft

In den westlichen Demokratien konnte sich der Kapitalismus in Verbindung mit einer offenen Gesellschaft weitgehend von dem Odium befreien, nur der wirtschaftlichen Besserstellung einiger Privilegierter zu dienen. Die Aufforderung des Bürgerkönigs Louis Philippe „Bereichert euch" gilt prinzipiell für jeden. Auch wenn nicht jeder dieses Ziel erreicht, selbst wenn ein Drittel der Gesellschaft weit davon entfernt bleibt - prinzipiell ist jeder eingeladen zuzugreifen. Es gibt, im Gegensatz zu feudalistischen und sozialistischen Gesellschaften, keine von Staat und Gesellschaft errichteten Barrieren, die einzelne oder Gruppen mit Gewalt vom großen Fressen ausschließen.

Mit dem systemischen Bauprinzip der funktionalen Differenzierung (Luhmann) schafft sich die liberale Demokratie ein noch nie dagewesenes Maß an (dynamischer) Stabilität in Verbindung mit einem Höchstmaß an persönlicher Freiheit.

Dies ist der Punkt, an dem sich die Überlegenheit des westlichen Kapitalismus gegenüber dem östlichen am augenfälligsten zeigt: neben der perfekten Feinsteuerung durch Markt und Preisbildung, durch die die Zuteilung von Waren und Dienstleistungen und der Einsatz von Kapital optimiert werden (Allokation), verfügt das System über eine „Innenwahrnehmung", vermittelt durch demokratische Entscheidungsmechanismen und Meinungsfreiheit, wodurch das System ständig den Schnittpunkt zwischen betriebswirtschaftlichem Optimum (nämlich Kostenminimierung) und gesellschaftlicher Schmerzgrenze ausreizen kann. Abgesehen von dem

Preis in Form von Unfreiheit, der Mißachtung von Menschenrechten und Menschenwürde wird jetzt offenbar, welche Folgekosten das Fehlen dieser Steuerungsmechanismen in den sozialistischen Staaten für die Umwelt nach sich zieht.

Dieser Vergleich läßt erkennen, daß im westlichen Kapitalismus die ökologische Modernisierung, die als Begriff gerade in die Politik eingezogen ist, längst begonnen hat. Mit den bereits geschaffenen Korrekturmechanismen in Form von Grenzwerten, Emissionsvorschriften, Technischen Anleitungen, Abwasserabgabengesetz, Großfeuerungsanlagenverordnung etc. haben die westlichen Länder bereits ein großes Stück auf diesem Weg zurückgelegt und damit die Bedingungen ihrer eigenen Produktion ebenso wie die öffentliche Akzeptanz des Systems gesichert.

Gleichzeitig sollte man sich von dieser für den Westen so vorteilhaften Bilanz nicht den Blick dafür trüben lassen, daß sie auf einer strengen Selektion von Informationen beruht: einmal dadurch, daß die Wahrnehmung strikt nach innen gerichtet ist, daß sie also für Rückmeldungen von außerhalb (aus den Weltmeeren, der oberen Atmosphäre, den Ländern der Dritten Welt) taub und blind ist; und zum zweiten, daß auch die Innenwahrnehmung strukturell beschränkt ist: nämlich auf das, was konkret und aktuell Gesundheit und Wohlbefinden der Bürger beeinträchtigt (s. K2.5). Damit fällt alles aus diesem politisch konstruierten Gesichtskreis, was man nicht riechen, hören oder sehen kann, und vor allem solche Phänomene, die hier und heute und für sich genommen unbeachtlich erscheinen, und deren Wirkung sich erst durch Kombination und Kumulation (s. K7.2) in der Zukunft einstellt (s. K7.7).

3.3 Die Wohlstandsfalle

In den 60er Jahren wurde mit Blick auf die Entwicklungsländer das Wort von den „rising expectations" Mode.

Was die hochentwickelten Industrieländer heute kennzeichnet und sklerotisiert, sind die *gestiegenen* Erwartungen: der erreichte Besitzstand, die gegebene Höhe der medizinischen Versorgung, der Allgemeingut gewordene alltägliche Komfort in Form von Heizung, Wohnraum, Kühlung, Mobilität, das Angebot an Unterhaltung, Weiterbildung, Reisen, das komfortable Netz der sozialen Sicherheit. Dieser Besitzstand macht das System außerordentlich stabil: Jede Änderung, jeder Gegenentwurf, jede Alternativentwicklung mit ihren Unwägbarkeiten erscheint dagegen angsteinflößend und sicherheitsbedrohend.

EIN SYSTEM SIEGT SICH ZU TODE

Die Entwicklung der modernen Medizin bietet ein besonders anschauliches Beispiel für die Art von „Fortschrittsfalle", wie sie in einer *Spiegel*-Serie genannt wurde, in der sich unsere Gesellschaft eben deswegen verfängt, weil sie so erfolgreich ist und weil sie ihre Wohltaten einem großen Teil der Bevölkerung zugänglich macht (Q4). Wir geben in der Bundesrepublik jährlich 200 Milliarden Mark für unsere medizinische Versorgung aus - das ist mehr als das gesamte Sozialprodukt Griechenlands und der Türkei zusammengenommen. Diese Ausgaben bilden einen reißenden Strom, der sich selbst verstärkt: je mehr in die medizinische Versorgung investiert wird, desto mehr Alte und Kranke hält sie am Leben, desto höher steigen die Ausgaben für das Gesundheitswesen. Nur ein Beispiel: Gäbe es kein Insulin, hätten wir heute sehr viele Zuckerkranke weniger - noch vor 60 Jahren war die Diagnose „Diabetes" für die meisten Betroffenen ein Todesurteil ...(Q4).

Jede gesellschaftliche Alternative wird sich also der Frage stellen müssen, ob sie diese 200 Milliarden im Jahr oder auch die weiteren 235 Milliarden, die jedes Jahr an Rentenzahlungen fällig werden, aufbringen kann - mit steigender Tendenz. (Das gesamte Sozialbudget der Bundesrepublik - damit sind neben Renten und Pensionen die gesetzliche Krankenversicherung, Arbeitslosenunterstützung, Kindergeld und Erziehungsgeld erfaßt - erbrachte 1989 Leistungen von insgesamt 678 Milliarden DM).

Das heißt: Selbst, wenn wir erkennen würden, daß wir durch dieses Wohlstands- und Komfortniveau, z. B. über die Millarden-Tonnen-Öltransporte auf den Ozeanen die Weltmeere kaputtmachen, durch unseren Energieverbrauch das Klima gefährden, könnten wir nicht davon weg - der soziale Friede in den Industriegesellschaften hängt davon ab, ist systematisch damit verknüpft worden.

3.4 Global Village - Totale Kommunikation

Im 19. Jahrhundert mußten die Engländer noch mit China Krieg führen, um ihm den freien Opiumhandel aufzuzwingen. Dank der totalen, weltumspannenden Kommunikation hätte sich das kapitalistische Wirtschaftssystem auch ohne Gewalt wie ein Steppenbrand über den Globus ausbreiten können - hätte ihm nicht ein welthistorisches Mißverständnis in Form des östlichen Staatskapitalismus im Weg gestanden. Welthandel, weltweiter Kapitalmarkt und weltumspannende Kommunikation, die heute nicht nur Coca-Cola-Dosen und Nestlé-Milchpulver, sondern auch die Bilder vom Leben des glücklichen Viertels der Menschheit bis in die letzte Hütte bringen, sorgen dafür, daß sich der moderne Kapitalismus wie von selbst als weltweite Monokultur etabliert.

EIN SYSTEM SIEGT SICH ZU TODE

4 - DER PHYSISCH EXISTIERENDE KAPITALISMUS

> Sie sägten die Äste ab, auf denen sie saßen
> und schrien sich ihre Erfahrungen zu,
> wie man schneller sägen könnte, und
> fuhren mit Krachen in die Tiefe, und die ihnen zusahen, schüttelten die
> Köpfe beim Sägen und sägten weiter.
>
> *Bertolt Brecht*

Die Systemeigenschaften des Industriekapitalismus, die im vorhergehenden Abschnitt skizziert wurden, sind in ihrem Zusammenwirken von einer Brisanz, die jede Vorstellung übersteigt.

Wirtschaftstätigkeit, so haben wir gesehen (Kap. 1), vergrößert unvermeidlich die Entropie, bedeutet also die Zerstörung der in der Biosphäre verkörperten Ordnung.

Die kapitalistische Wirtschaftsordnung, die bereits den größten Teil der Wirtschaftstätigkeit auf der Erde bestimmt und dabei ist, auch die verbleibenden Reste zu erfassen, beruht darauf, daß das angesammelte Kapital vorwiegend dort eingesetzt wird, wo es den größten Mehrwert schafft. Der neugeschaffene Mehrwert wird dem Kapital zugeschlagen und damit wieder dort eingesetzt, wo er weiteren Mehrwert schafft.

Das exponentiell wachsende Kapital muß, um seiner Bestimmung zu folgen, nämlich Mehrwert zu schaffen, immer neue Verwertungsmöglichkeiten suchen. Es strebt, um seine Verwertung zu maximieren, eine möglichst hohe Umschlagsgeschwindigkeit an, wobei jeder Durchlauf mit Entropievermehrung verbunden ist. Nachdem die Grundbedürfnisse in den Industrieländern längst erfüllt sind, schafft die Wirtschaft ständig neue Bedürfnisse, um die Gier des Kapitals nach Verwertung und nach Erzeugung weiteren Mehrwerts zu befriedigen (s. K2.12).

Dem unablässig wachsenden Mehrwert in den Büchern der Unternehmen steht, getreu nach dem kaufmännischen Prinzip von Soll und Haben, aber von den Kaufleuten unerschütterlich ignoriert, die Zerstörung von Werten in der physischen Welt gegenüber: Jede Produktion verbraucht Energie und/oder Material und erhöht

EIN SYSTEM SIEGT SICH ZU TODE

die Entropie, indem sie Luft, Wasser und Erde verschmutzt und Lebensräume für Tiere und Pflanzen zerstört. Der „Mehrwert" erweist sich als die Verrechnungswährung der Entropievermehrung.

> Im Vorwort zu seinem „Ökologischen Weltbild"
> (The Way: An Ecological Worldview, Q48-118)
> schreibt Edward Goldsmith, daß „wirtschaftliche Entwicklung darin besteht, daß die Ökosphäre systematisch durch die Technosphäre ersetzt wird".
>
> Diese Aussage steht voll in Einklang mit der Analyse, die die Entropievermehrung als Generalnenner der industriellen Weltzerstörung identifiziert: ein System, das Syntropie erzeugt, oder Entropie nach außen verlagert (dissipiert), wird Stück für Stück ersetzt durch ein System, das unter dem Strich die Entropie vermehrt, indem es von der erdgeschichtlich angesammelten Syntropie (sowohl im energetischen als auch im informationellen Sinn) zehrt.

Der Begriff des Umweltschutzes (im Sinne des technischen Umweltschutzes der gewerblichen Wirtschaft) ist eine Absurdität, an die nur glauben kann, wer nichts anderes glauben darf. Ein Unternehmen, das die Umwelt wirklich verschonen wollte, könnte dies nur, indem es seine Pforten schließt. Denn seine Tätigkeit, seine Existenzberechtigung besteht unter kapitalistischen Bedingungen darin, daß es Mehrwert schafft, indem es die Entropie vermehrt - wenn es dabei auch noch etwas für den Umweltschutz ausgibt, bedeutet das nur, daß es den Grad seiner Entropievermehrung um diesen Betrag - genauer: um einen Bruchteil dieses Betrages - reduziert (K7.2).

Die entropievermehrende Kapitalakkumulation, ein sich selbst verstärkender und damit schon für sich allein zum exponentiellen Wachstum neigender Prozeß, ist mit der explosiven Entwicklung von Wissenschaft und Technik eng gekoppelt. Wissenschaft und Forschung eröffnen der wirtschaftlichen Verwertung immer neue Räume, die Fortentwicklung der Technik beschleunigt die Kapitalakkumulation, und mit dem wachsenden Kapital kann eine immer schnellere Expansion der Wissenschaft und der technologischen Innovation finanziert werden.

Das Modell der offenen Gesellschaft, mit dem sich der moderne Industriekapitalismus verbündet hat, ermöglicht, die weltweiten Kommunikationsmittel fördern die Einbeziehung immer neuer Bevölkerungsgruppen und immer neuer Völker und Staaten in die kapitalistische Verbrauchergemeinschaft: der steigende Ressourcen- und Umweltverbrauch multipliziert sich mit einer wachsenden Zahl von Köpfen.

EIN SYSTEM SIEGT SICH ZU TODE

Gleichzeitig bleiben, dank der Weltbevölkerungsexplosion, immer noch Hunderte Millionen von Menschen unter der Armutsgrenze und sorgen dafür, daß die Löhne in der Dritten Welt auf einem Niveau bleiben, mit dem das reiche Viertel bequem seinen Reichtum weiter mehren, seine Kapitalakkumulation weiter erhöhen kann.

Wir befinden uns mit unserer Kultur in einer wahrhaft einzigartigen Lage, nämlich in den Anfangsstadien einer im Zeitlupentempo ablaufenden Exkursion. Das Zeitlupentempo entspricht dem zeitlichen Bezugsrahmen der menschlichen Wahrnehmung. Im geo-physikalischen Maßstab erscheint der Vorgang als eine Explosion, die in Sekundenbruchteilen abläuft.

Das Sterben unserer eigenen Wälder, das Schwinden der tropischen Regenwälder, die Ausdünnung der Ozonschicht, Dürre- und Überschwemmungskatastrophen von beängstigendem Ausmaß, die auf den Anfang von Klimaveränderungen hinweisen (das Forschungsinstitut des Roten Kreuzes in Genf schätzt, daß es bereits 500 Millionen „Umwelt"flüchtlinge gibt), das sind deutliche Hinweise darauf, daß die Biosphäre des Planeten Erde anfängt, aus dem Gleichgewicht zu geraten.

Daß es zu einer Exkursion oder Explosion kommt, verdanken wir in gleichem Maß unserer Dummheit wie unserer Intelligenz.

Wenn wir nicht mit einer beispiellosen Intelligenz und einem unerschöpflichen Einfallsreichtum immer wieder Mittel und Wege gefunden hätten, die Schranken der Natur zu durchbrechen, ihre Gesetze zu überlisten, ihren Rückschlägen zu trotzen, wäre die hemmungslose Expansion der Gattung Mensch auf Kosten aller übrigen Natur längst wie eine außer Kontrolle geratene Hasenpopulation oder eine Algenblüte in einem See in sich zusammengebrochen.

Unsere Dummheit, unsere Kurzsichtigkeit, unsere Unfähigkeit, über den Rand des üppig gefüllten Tellers hinauszuschauen, spricht uns schuldig in einer Situation, die Einsicht in das Ganze erfordert; aber es ist die Cleverness, mit der wir immer wieder die Ritzen zustopfen, durch die schon das Wasser dringt, mit der wir immer wieder die warnenden Einbrüche der Elemente zu bändigen und zu maskieren wissen, die das Urteil vollstreckt.

Es scheint, daß diese Megamaschine (Lewis Mumford) durch nichts aufzuhalten sein wird, schon gar nicht durch Einsicht. Ihre Dynamik ist ungebrochen. Der sogenannnte ökologische Umbau der Industriegesellschaft, den inzwischen die Parteien aller Schattierungen zumindest im Munde führen, wird sie, so weit er durchsetzbar ist, als „öko-soziale Marktwirtschaft" noch unangreifbarer machen und ihre Überlebensfrist verlängern. Ihre Anziehungskraft ist unwiderstehlicher denn je:

EIN SYSTEM SIEGT SICH ZU TODE

die 450 Millionen Menschen des Ostblocks können den Tag nicht mehr erwarten, an dem sie ihrer Segnungen teilhaftig werden. Die 1100 Millionen Chinas werden sich nicht mehr auf ewige Zeiten von einer Bande tyrannischer Greise den Weg in die Marktwirtschaft versperren lassen.

Seine Steuer- und Rückkopplungsmechanismen machen den Kapitalismus im Wettbewerb mit anderen gesellschaftlichen Systemen haushoch überlegen. Er wird seinen Siegeszug fortsetzen, bis er von dem einzigen verbleibenden Protagonisten verschlungen wird: sich selbst.

5 - DER AUSSTIEG AUS DER VERANTWORTUNG

In den letzten Jahren hat sich eine Diskussion über die Ethik der Wirtschaft breitgemacht, die zu dem Schluß verleiten könnte, daß der Kapitalismus begonnen haben, seine moralischen Grundlagen zu hinterfragen. Dabei lautet eines der beliebtesten Argumente:

Den Kapitalismus, den Marx kritisierte (und den unbelehrbare Marxisten in Ost und West immer noch aufs Korn nehmen), gibt es nicht mehr. An die Stelle der Ausbeutung der Arbeiter, die Marx und Engels beschrieben, der Verelendung der Massen, die sie vorhersagten, ist im modernen Sozialstaat die Beteiligung aller Bevölkerungskreise am wachsenden Wohlstand getreten: Verdreifachung der Realeinkommen seit den 50er Jahren, Halbierung der Arbeitszeit in den letzten hundert Jahren, bezahlter Urlaub, Krankenversicherung und Alterssicherung, eine soziale Infrastruktur, die fast allen die Chance auf Bildung, Selbstentfaltung und Menschenwürde einräumt. „Eine hocheffiziente Wirtschaft wie die Soziale Marktwirtschaft hat schon durch ihre Wohlstandsproduktion eine 'moralische Dimension' " (Rainer Nahrendorf Q18).

„Sie (die Soziale Marktwirtschaft) ist das einzige Ordnungskonzept, das in ethisch überzeugender Weise auf der Synthese von wirtschaftlicher Freiheit des eigenverantwortlichen Menschen mit den Idealen der sozialen Gerechtigkeit und des gesellschaftlichen Ausgleichs im weitesten Sinne des Wortes aufbaut. Sie ist die einzige Ordnung, die sich der eminent schöpferischen Kräfte des Marktes versichert, die zugleich aber möglichen Fehlentwicklungen des Marktes die notwendigen sozial-ethischen 'Leitplanken' einzieht" (August Lang, bayerischer Wirtschaftsminister, bei einem Symposium über Wirtschaft und Ethik Ende September 1989, zit. nach Q18).

Die Soziale Marktwirtschaft stehe, so Alfred Müller-Armack, einer ihrer Väter, „für die Idee des Humanismus und der Aufklärung ein" (zit. nach Q5). „Ausgangspunkt ist die Vorstellung, die Ordnung einer Gesellschaft realisiere sich über zueinander komplementäre Teilordnungen. ... Die **Wirtschaftsordnung** bestimmt die Regeln, denen die Prozesse der Bereitstellung von Gütern und Dienstleistungen unterworfen sein sollen. Die **Sozialordnung** dient der Gewährleistung sozialer Rechte und Pflichten sowie jener (sozialer) Sicherungsleistungen, die der Markt bereitzustellen in der Lage ist" (Q5).

EIN SYSTEM SIEGT SICH ZU TODE

Angesichts der Verelendung der Dritten Welt, die auch das Ergebnis unserer auf der ganzen Welt siegreichen Wirtschaftsordnung ist, kann man sich nur fragen: Spricht hier sträfliche Arglosigkeit, oder ist es der pure Zynismus?

Wann nehmen wir uns endlich die Freiheit wahrzuhaben, daß unsere Ethik die einer ehrenwerten Gesellschaft ist, nach deren Regeln die Beute ehrlich verteilt wird?

Wenn wir einmal davon absehen, uns in die eigene Tasche zu lügen, und das kapitalistische Weltwirtschaftssystem statt mit den Augen der Nutznießer mit den kühlen Augen einer außerhalb stehenden moralischen Instanz betrachten, kommen wir der ganzen Wirklichkeit ein Stück näher.

5.1 Markt statt Moral

Indem wir die Welt, so weit unsere Macht reicht, den marktwirtschaftlichen Spielregeln unterwerfen, überantworten wir alle wichtigen Entscheidungen einem Verrechnungssystem.

Wir sind damit in einen vormenschlichen Zustand der Unschuld zurückgefallen: Wer keine Entscheidungen trifft, sondern nur die Gesetze des Marktes exekutiert, kann auch nicht schuldig werden.

Zumindest nicht schuldiger als der, der getreu die Befehle einer höheren Instanz ausführt.

Das erklärt auch, weshalb die Einsicht in, das Wissen um, die tiefe Besorgnis über unsere bedrohliche Lage reibungslos mit dem engagierten Einsatz für ein Wirtschaftsunternehmen koexistieren kann, dessen Tätigkeit, wie die aller anderen Wirtschaftsunternehmen, zu eben dieser bedrohlichen Lage beiträgt. Der Wirtschaftsprozeß ist so hochgradig unterteilt und vermittelt, daß keiner, der sich darin als kleines (oder auch als großes) Rädchen dreht, das Gefühl zu haben braucht, daß er das schmutzige Endergebnis, das irgendwo in einem anderen Teil der Welt, bis zur Unkenntlichkeit verwandelt, zutage tritt, verursacht hat.

Die Zuständigkeit für die Entwicklung der Gesellschaft an das freie Spiel der Kräfte, an die Evolution zu delegieren, den Sinngehalt unserer Lebenszusammenhänge anonymen Marktmechanismen auszuliefern, uns kraft Institution herauszuhalten aus allem, was über unseren eigenen egoistischen Horizont hinaus für ein Leben unter menschenwürdigen Bedingungen entscheidend ist, das ist die totale

EIN SYSTEM SIEGT SICH ZU TODE

Negation dessen, was einmal in der abendländischen Tradition als Verantwortung, als hoher menschlicher und gesellschaftlicher Wert gegolten hat (s. K5.5, K5.4).

Der Darwinismus, der schon den großbürgerlichen Profiteuren der industriellen Revolution als verweltlichte Religion eines aufgeklärten Zeitalters so wunderbar zupaß kam, dient auch heute wieder als Systemdarwinismus der moralischen Entlastung der Gewinner. Hat man erst die Spielregeln des freien Marktes mit der Erhabenheit von Naturgesetzen bekleidet, kann es nicht nur nicht verwerflich, sondern muß es in einem der Wissenschaft ergebenen Zeitalter geboten sein, ihnen blind zu folgen. Das unbehinderte Spiel der Kräfte in einem freien Markt, das nach den ungeheuren Menschenopfern der kapitalistischen Frühzeit in den Sozialstaaten des industrialisierten Nordens zum Wohl einer Mehrheit gebändigt, entschärft und abgefedert wurde, darf sich nun, zum Wohl ebenderselben Mehrheit, zwischen Ländern und Kontinenten austoben, darf, mit der erbarmungslosen Kälte eines Naturgesetzes, ganze Länder und Kontinente zu seinen Opfern machen.

Mit der Absolution des marktwirtschaftlichen Systems ausgestattet, können wir besinnungslos all das tun, was uns unser Geldbeutel erlaubt:

■ mit dem Auto ins Grüne fahren, und wenn das Grün an den Ausfallstraßen langsam braun wird, halt noch hundert Kilometer weiter, wo es noch grün ist,
■ Stereoanlagen in Schaumstoffsärgen kaufen, auch wenn es wieder ein Stück Ozonschicht kostet,
■ 10000 Kilometer in den Urlaub jetten, auch wenn es die Atmosphäre zerstört,
■ kaufen und wegwerfen, soviel der Geldbeutel (oder die Kreditkarte) erlaubt, auch wenn die Müllhalden überquellen und ihre giftigen Verdauungssäfte ins Grundwasser sickern
■ in der Kantine Plastikbecher und plastikverpackte Speisen einführen, auch wenn der aufgeschäumte Kunststoff zur Zerstörung der Ozonschicht beiträgt.
■ Walkman und Kameras, Taschenlampen und Fernbedienungen, Kofferradios und Zahnbürsten mit Batterien betreiben, auch wenn das Blei über die Müllverbrennungsanlagen und die Abluft in den Lungen und im Kreislauf unserer Kinder landet (s. a. K5.21).

Die Förderung des Treibhauseffekts und damit die Beeinträchtigung der Lebenschancen unserer Kinder und Enkelkinder wird nicht dadurch zur Bagatelle, daß sie in winzig kleinen Raten geschieht. Es ist bemerkenswert, daß wir bei einer Spende durchaus erkennen, daß sie nicht dadurch wertlos wird, daß ich natürlich mit meinen zwanzig Mark nicht die Hungersnot in Eritrea oder die Obdachlosigkeit in Armenien beseitigen, sondern daß ich nur einen winzigen Beitrag dazu leisten kann, der dadurch sinnvoll und wirksam wird, daß viele den gleichen winzigen Beitrag leisten. Bei unseren „Klecker"beiträgen zur Zerstörung der Umwelt haben wir offenbar keine Gefühl dafür, daß sie sich in gleicher Weise summieren.

Diese Asymmetrie der Wahrnehmung, wie sie Hoimar von Ditfurth in einem anderen Zusammenhang genannt hat, sorgt offenbar dafür, daß sich in unserer Bewertung positive Beiträge addieren, negative dagegen nicht.

Das mag ein bedauerlicher Konstruktionsfehler des menschlichen Wahrnehmungsapparates sein. Kriminell in seiner Auswirkung wird er dadurch, daß das von uns vertretene Gesellschaftssystem nicht nur nichts unternimmt, um ihn zu korrigieren, sondern im Gegenteil alles Erdenkliche in die Wege setzt, um ihn zu sanktionieren und möglichst ungehindert zur Wirkung kommen zu lassen.

Das ist der diskrete Charme der Marktwirtschaft. Sie hält alles von uns fern, was das schöne Gefühl, daß man ein guter und anständiger Mensch ist, trüben könnte. Jeder, ob Rechtsanwalt oder Vertreter, Ingenieur oder Baggerführer, Manager oder Meister, macht ordentlich, nach bestem Wissen und Gewissen, seine Arbeit, anständige Arbeit. Natürlich abgesehen von ein paar schwarzen Schafen, die ihre Kunden betrügen und Motoröl in den Gully ablassen.

5.2 Die Antiquiertheit der Verantwortung

Nach der bekannten Formulierung von Kant bedeutete die Aufklärung die Entlassung des Menschen aus der selbstverschuldeten Unmündigkeit, oder, positiv ausgedrückt, in die Mündigkeit.

Paradoxer-, um nicht zu sagen perverserweise, hatte die Aufklärung zugleich auch die gegenteilige Wirkung. Indem sie entscheidend mit dazu beitrug, das wirtschaftliche und gesellschaftliche Handeln des Menschen zu säkularisieren, also von übergeordneten Geboten freizustellen (s. K5.1), brachte sie eine Entwicklung in Gang, die mit dem elektronisch gesteuerten Ökokapitalismus kurz vor ihrer Vollendung steht. Ihr Prinzip („die unsichtbare Hand"): Die Entscheidungen über Technik, Gesellschaft und Politik werden an einen 'höheren', 'objektiven', 'rationalen' Mechanismus überantwortet, nämlich den Markt. Wenn nicht alles täuscht, wird uns die Gentechnik ultimativ zeigen, wohin es führt, wenn nicht Werte, sondern Verwertungsinteressen die Entscheidungen über die Gestaltung der Gesellschaft und die Schranken menschlicher Machtentfaltung steuern (s. K5.3).

EIN SYSTEM SIEGT SICH ZU TODE

So wurde die Entlassung aus der Unmündigkeit zur institutionalisierten moralischen Selbstverstümmelung.

Wir sind mit unserer Wahrnehmung ohnehin denkbar schlecht ausgestattet für die Welt, in der wir leben, d. h. die Welt, die wir uns kulturell geschaffen haben. Konrad Lorenz hat den Anachronismus des Homo sapiens auf die knappe Formel gebracht: „in der Hand die Atomrakete, im Kopf das Gehirn eines Steinzeitmenschen". Es scheint eine „anthropologische Konstante" zu sein, daß Menschen dazu tendieren, kurzfristige Interessen über langfristige zu setzen. Als wäre diese fossile Mitgift der Gattung Mensch nicht schlimm genug, haben wir uns in Form des Marktes einen gesellschaftlichen Transaktionsmechanismus gebastelt und zu einer weltlichen Religion erklärt, der diese Wahrnehmungsmängel nicht etwa abmildert oder aufhebt, sondern sie im Gegenteil in den Stand unbezweifelbarer Wahrheiten erhebt.

Nach Aussagen der Klimawissenschaftler bei der IPCC
(Intergovernmental Panel on Climate Change)
muß die Emission von CO_2 weltweit um 70 Prozent gesenkt werden, wenn die sich anbahnende globale Erwärmung - nicht etwa verhindert, sondern bei ungefähr drei bis vier Grad angehalten werden soll.

Nach Aussagen der Weltenergiekonferenz in Montreal 1989
wird bei dem derzeitigen Wirtschaftswachstum der Weltenergieverbrauch bis 2020 um 50 bis 75 Prozent steigen. Daher wird der CO_2-Ausstoß in den nächsten 15 Jahren um die Hälfte zunehmen (da praktisch keine anderen als fossile Energieträger zu wettbewerbsfähigen Preisen bereitstehen).

Der Präsident der Vereinigten Staaten, die mit 23 Prozent den größten Anteil an der CO_2-Produktion der Welt haben und sich bisher weigern, sich zu einer Verringerung zu verpflichten, verkündete 1990 auf der Weltklimakonferenz in Washington: „Wir glauben, daß wo immer möglich Marktmechanismen angewandt werden sollen, und daß sich unsere Maßnahmen nach den Prinzipien des Wirtschaftswachstums und der freien Marktwirtschaft in allen Ländern richten müssen."

5.3 Geldwirtschaft und Arbeitsteilung

Der Gebrauch des Geldes in Verbindung mit der schier unübersehbaren Aufsplitterung der Produktions- und Verteilungsprozesse hat zur Folge, daß zwischen Handlungen und deren Wirkungen eine endlose Zahl von Zwischenstufen liegen

EIN SYSTEM SIEGT SICH ZU TODE

können, so daß uns der Zusammenhang zwischen unseren Handlungen und deren Folgen gnädig verborgen bleibt.

- Wer PVC (Bodenbelag, Wegwerfbecher, etc.) kauft, gibt „heimlich" seine Zustimmung zur Ausrottung der Robben.
- Wer die Platte mit dem köstlichen Parmaschinken auf den Tisch stellt, fördert „heimlich" die Schweinefabriken in der Poebene und damit die Algenverpestung der Adria.
- Wer sich das argentinische Rindersteak aus der Kühltruhe holt, gibt „heimlich" seine Zustimmung dazu, daß ein Bauer von seinem Land vertrieben wird.
- Wer sich, als Angestellter eines Elektrokonzerns, sein Gehalt von der Bank abholt, bezahlt „heimlich" seinen Urlaub mit einem zerschossenen Dorf im Iran.
- Wer sich die billigen Schweineschnitzel, die Brathähnchen aus den Hühnerbatterien im Supermarkt holt, trägt „heimlich" zum Fischsterben in der Kieler Bucht bei (s. K5.23).

Heimlich - sogar vor sich selbst: er weiß es nicht, niemand merkt es, außer den Robben, außer den Indianern am Amazonas, den Obdachlosen in einem fernen Land.

Die aufs äußerste verfeinerte Arbeitsteilung der modernen Industriegesellschaft wirkt in derselben Richtung. Der Buchhalter in einer Bank käme kaum auf die Idee, daß er etwas mit der Vertreibung von Indios in Brasilien zu tun hat, deren Heimat durch einen Staudamm überflutet wird, den seine Bank finanziert. Der Doktorand, der im Labor der TU über neue Metallegierungen arbeitet, macht sich wohl kaum Gedanken darüber, daß die Früchte seiner Arbeit in einigen Jahren in den Zylindern von Verbrennungsmotoren dazu beitragen werden, die Bäume an einem Berghang im Allgäu zu entblättern (s. a. K5.21).

Dazu kommt der sogenannte Pipeline-Effekt, der darauf beruht, daß die hochentwickelte industrielle Technik in Verbindung mit einem äußerst effizienten Markt dafür sorgt, daß neue Entdeckungen und Entwicklungen, die auf den ersten Blick Nutzen, Bequemlichkeit und Gewinn versprechen, in kurzer Zeit in Massenprodukte umgesetzt werden. Die entsprechenden Inputs in die Funktionssysteme der Umwelt - Luft, Wasser, Erde, Klima - wachsen in bestimmten Fällen viel schneller zu kritischen Größen an, als das System mit seiner Trägheit und Pufferkapazität zu Rückmeldungen veranlaßt wird.

Ein bekanntes Beispiel ist die Schädigung der Ozonschicht durch FCKW. Die Treibgase, die aus Kühlaggregaten und Schaumstoffen freigesetzt werden, brauchen Jahrzehnte, bis sie ihre volle Wirkung entfalten (s. a. K7.7).

EIN SYSTEM SIEGT SICH ZU TODE

In solchen Situationen - und es ließen sich noch Dutzende von Beispielen anfügen - tritt die Folge industrieller Tätigkeiten mit einer solchen Verzögerung ein, daß es in dem Augenblick, in dem die Wirkung erkennbar wird, für Gegenmaßnahmen zu spät sein kann.

Das heißt, aus der Zukunft auf die Gegenwart zurückprojiziert: was uns heute in Gestalt der FCKW heimzusuchen beginnt (die ersten Vermutungen in dieser Richtung wurden vor zehn Jahren ausgesprochen), kann jederzeit unter einem anderen komplizierten Namen mit anderen lebensbedrohenden Folgen erneut auftauchen: in der heutigen Atmosphäre lassen sich 2000 Chemikalien nachweisen, die dort nichts zu suchen haben - sie sind Abfallprodukte der industriellen Entwicklung, und niemand könnte vorhersagen, wann welches dieser Produkte menschlicher Erfindungsgabe sich als der nächste Katalysator einer verheerenden Reaktion entpuppen wird.

Was hat das alles mit Ethik zu tun?

Ethik bedeutet die Beurteilung und Bestimmung von Verhalten und seinen Folgen nach übergeordneten - religiös, philosophisch, kulturell begründeten - Kriterien.

Das marktwirtschaftliche System (wenn man von seinen sozialen Ausnahmeregelungen für den definierten Kreis der Nutznießer absieht) erklärt seine Freiheit von derartigen Kriterien ausdrücklich zu seiner höchsten Tugend. Diese Wertfreiheit (außerhalb der Enklave der Nutznießer) ist justament der Grund, weshalb es so konkurrenzlos gut funktioniert.

Die Institutionalisierung der moralischen Blindheit und Taubheit im Wesenskern der Marktwirtschaft wäre vielleicht noch nicht ausreichend, um wirtschaftliches Handeln von allen menschlichen Gewissensregungen abzuschotten. Aber die ethische Bestimmung des Handelns wird bedingt durch die Möglichkeit, die Folgen des Handelns zu erkennen und zu beurteilen: ein grundsätzliches Problem der Ethik. Die arbeitsteilig extrem verfeinerte Marktwirtschaft und Weltwirtschaft vergrößert die naturgegebenen menschlichen Wahrnehmungsbeschränkungen um ein Vielfaches und nutzt sie systematisch, um ihr reibungsloses Funktionieren zu gewährleisten.

Für einen distanzierten, von seinen egoistischen Interessen absehenden Betrachter besteht kein Zweifel daran, daß heute von einer Herrenrasse ein Massenvernichtungskrieg geführt wird, der die Pläne und die Erfolge Hitlers weit in den Schatten stellt. Ziel und Opfer dieses Krieges sind keine Juden und andere „Untermenschen",

EIN SYSTEM SIEGT SICH ZU TODE

sondern all diejenigen Völker, die es nicht geschafft haben, rechtzeitig auf den Industrialisierungszug aufzuspringen, die künftigen Menschheitsgenerationen (einschließlich unserer eigenen Nachkommen), deren Lebensrecht heute und in den nächsten Jahrzehnten verwirkt wird, und alle übrigen Mitglieder der Schöpfung, die das Pech haben, der unaufhaltsamen Expansion der Herrenrasse im Wege zu stehen.

Immer wieder haben wir uns in den letzten 45 Jahren die Frage nach der Mitschuld des deutschen Volkes an den Greueltaten des Naziregimes gestellt. Wie konnte es geschehen ...

Es gibt keine einfache, monokausale Erklärung, sondern nur Erklärungsversuche, die auf verschiedene Komponenten zurückgreifen: neben der gegebenen geschichtlichen, wirtschaftlichen und sozialen Situation die aktive Beteiligung einer kleinen Gruppe (50-100.000) von amoralischen oder verbrecherischen Subjekten an der Verwirklichung der Pläne eines psychopathischen Dikatators, bei passiver Duldung durch ein ganzes Volk, das mehr oder meistens weniger bewußt weghörte und wegsah, um persönlichen Vorteil, persönliche Sicherheit, Bequemlichkeit und berufliches Fortkommen nicht in Frage zu stellen.

Was, wenn nicht die persönliche Interessiertheit, hindert uns daran, den Bogen zu ziehen von jenem Mitläufertum, das den Holocaust und die Vernichtung von 30 Millionen Kriegsgegnern möglich machte, zu der lautlosen Vernichtungsschlacht, mit der der Industriekapitalismus die Welt überzieht (s. K5.6)?

Daß es uns so leicht fällt, die Parallele zu übersehen, liegt gewiß auch daran, daß uns das Weghören und Wegsehen so einfach gemacht wird. Es ist die strukturelle Amoral des Systems, die uns nicht nur berechtigt, sondern sogar darauf verpflichtet, die Folgen unserer Handlungen zu ignorieren und ihre Bewertung dem freien Spiel der Kräfte zu überlassen.

> Die Aufgabe der freien Selbstbestimmung
> ist die Aufgabe der Menschenwürde.
>
> Unser Wirtschaften bedeutet aber die Zerstörung der freien
> Selbstbestimmung der künftigen Generationen
> und der übrigen Dreiviertel der Weltbevölkerung (Susanne Piper).

Wir sind, solange wir Markt und Verwertung als Maßstab unseres Handelns für vertretbar halten, zu unseren in ihren Folgen kriminellen Handlungen ebenso „berechtigt", wie ein Hernán Cortés durch seine christliche und zivilisatorische

EIN SYSTEM SIEGT SICH ZU TODE

Mission „berechtigt" war, Tausende von heidnischen und unbelehrbaren Wilden abzuschlachten.

Wir verhalten uns keinen Deut anders als die Angehörigen der weißen Herrenrasse im 17., 18. und 19. Jahrhundert, die sich kraft ihres ererbten Privilegs dazu berechtigt fühlten, Menschen anderer Hautfarbe nach Belieben auszurotten oder einzufangen und als Sklaven zu verkaufen.

Genauso skrupellos, ja geradezu arglos nutzen wir die Macht, die uns in den Schoß gefallen ist, um die außermenschliche Natur (und dazu zählen, dem Augenschein nach, auch die Menschen der Dritten Welt) ausschließlich zur Befriedigung unserer (wahren und erfundenen) Bedürfnisse auszupressen.

Das ist das Ethos des Kapitalismus. Dagegen ist kein ethisches Kraut gewachsen.

PS
Es wäre falsch, wollte man aus dem Vorausgehenden schließen, daß hier behauptet wird, der Kapitalismus sei die einzige Ursache der weltbedrohenden Krise: Könnte man nur den Kapitalismus beseitigen, wären wir gerettet. Wenn es so einfach wäre ...

Es gibt, wie wir wissen, eine ganze Pandorabüchse voller Plagen, die wir zwar dem westlichen Kulturimperialismus verdanken, die aber durch die Abschaffung des Kapitalismus allein nicht zu lösen sind: Bevölkerungwachstum, Unterernährung und Analphabetismus, mangelnde Gesundheitsvorsorge, Korruption und Ausbeutung, feudale Gesellschaftsordnung, explosives Wachstum und Verslummung der Großstädte in der Dritten Welt, um nur einige zu nennen. Tatsache, bitterböse Tasache ist, daß sich einige Problemkomplexe, wie Hunger und Unterernährung, möglicherweise regionale Konflikte, möglicherweise auch die Umweltverschmutzung, durch ein Abgehen von der kapitalistischen Wirtschaftsweise kurz- und mittelfristig verschlimmern werden. Wir werden die Stätte unserer gewissenlosen Völlerei nicht verlassen können, ohne die Rechnung zu bezahlen. Oder genauer: ohne daß sie von unseren Kindern und den armen Zweidritteln der Menschheit bezahlt werden muß.

Dessen ungeachtet spielt der Kapitalismus eine herausragende Rolle insofern, als er die Rückkopplungsdynamik der bedrohlichsten Teilprozesse antreibt: Treibhauseffekt, Zerstörung des Ozonschildes, Waldsterben, Verelendung der Dritten Welt, Abholzung der Regenwälder, Wasserhaushalt, Erosion.

Das heißt: Die Ausschaltung der kapitalistischen Wirtschaftsdynamik allein kann uns nicht retten. Aber ohne ihre Ausschaltung ist keine Rettung denkbar.

EIN SYSTEM SIEGT SICH ZU TODE

Widerspruch

Wir - wer ist damit gemeint?

Etwa die zitternde alte Frau, die in ihrem Wohnviertel kaum noch die Straße überqueren kann, wenn davon die Rede ist, daß wir mit unseren 30 Millionen PKWs die Wälder zerstören?

Etwa die Krankenschwester, die ihre feuchte, schlecht isolierte Zwei-Zimmer-Wohnung kaum bezahlen kann, wenn davon die Rede ist, daß wir mit unseren Ferienflügen in die Karibik oder nach Ostasien die Ozonschicht schädigen?

Etwa der kleine Ladeninhaber, der an jedem Monatsende damit rechnen muß, daß er seine Schulden nicht mehr bezahlen kann aus den spärlichen Einnahmen des Geschäfts, wenn von unserem hemmungslosen Konsumrausch die Rede ist?

Etwa die alleinerziehende Mutter, die sich Kleider, Schuhe und das Dreirad für ihren Sohn vom Mund absparen muß, wenn von den Luxusgalerien der Großstädte die Rede ist?

Auch wenn dies manchen Leser und manche Leserin empören sollte: ja. Auch der alte Mann, der mit seiner knappen Rente seine letzten Jahre in einem kommunalen Altersheim verbringt, braucht zumindest nicht in einem zerfallenden, feuchten Gemäuer mit einer Latrine im Hof zu hausen. Er wird vielleicht unter der sozialen Kälte leiden, die ihn isoliert und die ihm das Gefühl gibt, daß er überflüssig ist, aber der Reichtum der Gesellschaft, die ihm seine Rente zahlt (und erwirtschaftet), kommt auch ihm in Form von fließendem warmem Wasser, Zentralheizung, ausreichendem Essen und korrekter Pflege zugute.

Damit soll nicht verschwiegen werden, daß der Reichtum dieser Gesellschaft sehr ungleich verteilt ist. Im Gegenteil: es ist, wie in K4.2 skizziert, eines der unerträglichen Merkmale des kapitalistischen Wirtschaftssystems, daß es Ungleichheit und damit (zumindest relatives) Elend für sein Gedeihen braucht und deshalb immer wieder hervorbringt.

Dabei soll andererseits auch nicht übersehen werden, daß ein Land wie die Bundesrepublik eine vernünftigere Umweltpolitik betreibt als z. B. Großbritannien, das nach wie vor Klärschlämme und radioaktive Abfälle ins Meer leitet; daß die Bundesrepublik, im Vergleich zu den USA, ernsthaftere Maßnahmen zur Verringerung des CO_2-Ausstoßes anstrebt; daß der östliche Staatskapitalismus gegenüber dem westlichen Privatkapitalismus die Umwelt ungleich brutaler ausgebeutet hat und daß es für sozial Schwache sicher wesentlich günstiger ist, im kapitalistischen Schweden oder im kapitalistischen Deutschland zu leben als im kapitalistischen Amerika. Es soll damit auch nicht die moralische Unterscheidung verwischt werden zwischen Tätigkeiten, die menschliche Bedürfnisse erfüllen und dem menschlichen Wohlbefinden dienen und solchen, die die Entwicklung, die Produktion und den Verkauf von Rüstungsgütern zum Ziel haben.

In einer Betrachtung, in der es um den systematischen Verbrauch der Lebensgrundlagen der ganzen Erdbevölkerung geht, treten diese Unterschiede jedoch in den Hintergrund, ohne daß sie deswegen geleugnet würden. Das allumfassende WIR, das mancher Leserin und manchem Leser als anstößig erscheinen mag, bezieht seine Berechtigung daraus, daß wir in den (mehr oder weniger) sozialstaatlichen Industrieländern jenseits aller noch so gravierender Unterschiede als Angehörige dieser Kultur von dem perfekten Funktionieren der Verwertungsmaschine (mehr oder weniger) profitieren und sie durch unsere Ansprüche und unser Mitmachen in Gang halten; einer Wirtschaftsordnung, die uns erlaubt, ja die uns dazu drängt, unseren materiellen Wohlstand zu mehren - obwohl die verheerenden Folgen für unsere Umwelt und Mitwelt auf der Hand liegen.

Es gibt keinen Diktator, keinen Machthaber, keinen kapitalistischen Blutsauger und Tyrannen, auf den wir aus der Opferrolle heraus mit dem Finger zeigen, auf den wir die Verantwortung für die Folgen unserer Lebensweise abwälzen könnten.

Man könnte, in Analogie zu John Galtungs „institutioneller Gewalt" von „systemischer Gewalt" sprechen: die verdeckte, hochgradig vermittelte, aber nichtsdestoweniger mörderische Gewaltanwendung gegenüber Mensch und Natur, derer wir uns durch unsere demokratische Teilhabe an unserem Gesellschaftssystem schuldig machen.

EIN SYSTEM SIEGT SICH ZU TODE

Wir tun als Staatengemeinschaft nicht das, was wir tun sollten. Und viele von uns wissen das ganz gut. Wir verhalten uns so in der Gewißheit, daß die Sintflut erst nach uns kommt, als ein großer Donnerschlag.

Die uns mörderisch bekämpfen (gemeint sind die RAF-Terroristen), mögen teils wirklich, teils nur in ihrem ideologischen Verstand verrückt sein. ... Nicht verrückt waren die Generäle, die Hitler und Deutschland den Weg in den Untergang geebnet haben.

Es ist ziemlich sicher, daß wir alle so „verrückt" weitermachen wie bisher, und das bedeutet, wir werden uns auf dem Weg in die Katastrophe von nichts und von niemandem hindern lassen. Demokratie ist kein Freibrief fürs Überleben (Rudolf Augstein, in einem Kommentar zu dem RAF-Mord an Karsten Rohwedder, Q57).

6 - DIE LETZTE MUTATION

Läßt sich der Kapitalismus ökologisch modernisieren?

Ganz gewiß. Der Prozeß hat längst begonnen, und er wird, von grünen und rotgrünen Projekten angetrieben, weiter voranschreiten (s. K6.1).

Die ökologische Modernisierung wird, als eine weitere große Mutation nach der Wandlung zum Sozialstaat, die Anpassungsfähigkeit des Kapitalismus erneut unter Beweis stellen, seinen Wettbewerbsvorteil gegenüber anderen Gesellschaftssystemen verstärken, ihn auch nach innen noch stabiler und unangreifbarer machen. Die „öko-soziale Marktwirtschaft" ist schon heute, obwohl wir noch nicht viel davon erkennen können, eine Attraktion für die ehemaligen Ostblockländer. Sie wird, selbst wenn die weitestreichenden Vorstellungen eines grünen Umbaus verwirklicht würden, den Wesenskern des Kapitalismus unangetastet lassen und damit sein Einlaufen in die Todesspirale etwas langsamer, dafür umso sicherer machen.

Energieverteuerung durch Ökosteuern, verschärfte Auflagen für die chemische Industrie, Förderung der Umweltschutz-Industrie, ökologische Investitionspolitik zur Schaffung neuer Arbeitsplätze im Umweltsektor - all das sind zweifellos politische Ziele, deren Verwirklichung das Leben in unserem Land gesünder und angenehmer und vor allem: noch für eine längere Zeitspanne erträglich machen würden. Da sie nichts an der Systematik der Entropievermehrung ändern (Kap. 4), wird die ökologische Modernisierung den Kapitalismus in die Lage versetzen, auch noch die jetzt ins Bewußtsein dringende ökologische Krise (die ja nur ein harmloser Vorbote des Öko-Kollapses ist) ungeschoren zu überleben.

Alle Umbaukonzepte beschränken sich aufs Kosmetische. Da es sich dabei nicht um Utopien, sondern um politische Projekte handelt, kann man ihnen dies nicht einmal vorwerfen - für radikalere Programme sind gewiß keine Mehrheiten zu erkennen. Dafür fehlt der Leidensdruck, oder, einfacher gesagt: dafür geht es uns viel zu gut. Warum sollten wir einen Wohlstand aufs Spiel setzen, dessen unmittelbar fühlbare Kosten (wie Lärm, schlechte Luft oder verstopfte Straßen) zwar lästig, aber doch im Verhältnis zu dem Komfort, dem Lebensgenuß, der Sicherheit, die er uns bietet, geringzuachten sind.

Wenn wir also zu dem Schluß kommen, die ökologische Modernisierung des Kapitalismus bedeute, daß seine Überlegenheit und Überlebensfähigkeit als System verstärkt wird - daß also damit die Frist verlängert wird, in der er sein Zerstörungswerk fortsetzen kann - stellt sich die außerordentlich peinliche Frage, ob es denn sinnvoll, ja zu verantworten ist, sich für den ökologischen Fortschritt einzusetzen. Anders gesagt: Sind die Grünen Realos um Joschka Fischer, die Rotgrünen in der SPD, die Aktivisten von Greenpeace und all die anderen idealistischen Einzelkämpfer und Gruppen, die sich für den Schutz und die Erhaltung einer lebenswerten Umwelt einsetzen, nützliche Idioten?

Mit größter Wahrscheinlichkeit: ja. Wir werden es erst in einigen Jahrzehnten wissen, wenn sich das Experiment seiner Endphase nähert. Wenn erst der Ozonmantel so zerschlissen ist, daß das Plankton in den Weltmeeren abstirbt und damit die größte Sauerstoffquelle der Erde versiegt; wenn die tropischen Regenwälder ebenso wie die Waldgebiete Europas zu Steppen geworden sind; wenn erst unsere Immunsysteme so zerrüttet sind, daß wir uns nur noch mit Gasmasken und Schutzkleidung aus unseren sterilisierten Reinraumwohnungen wagen können: dann werden wir uns vielleicht sagen müssen, daß es besser gewesen wäre, der Kapitalismus wäre am Ende des 20. Jahrhundert daran gescheitert, daß die Menschen den von ihm produzierten Müll, den Lärm, den Gestank, die Krankheiten und Vergiftungen nicht mehr ertragen hätten.

Die ökologischen Initiativen und Programme von Grünen und SPD sind sicherlich nicht gering zu achten. Aber aus den dargestellten Gründen können sie keine Lösung sein (s. dazu ausführlicher K6.1). Sie können, im Gegenteil, dazu beitragen, Teilkatastrophen hinauszuschieben und damit dafür sorgen, daß der Zusammenbruch des Gesamtsystems umso unvermittelter eintritt.

Dem gegenüber steht die Überlegung, daß ökologische Reparaturmaßnahmen, wenn sie greifen, eine Fristverschiebung erwirken können. Wenn es auch nur eine geringe Hoffnung darauf gibt, daß ein Bewußtseinswandel, eine Bewußtwerdung (s. Kap. 10) eine Chance hat, dann könnte dieser Zeitgewinn unschätzbar sein. Das Dilemma: Schmerzhafte Veränderungen haben nur unter Leidensdruck eine Chance. Also wird auch dieser Zeitgewinn, weil er mit einer Verminderung des Leidensdrucks verbunden ist, nichts nützen. (In diesem Zusammenhang sei daran erinnert, daß die Volksbewegung gegen das Betonregime der DDR von Leipzig ausging - der ostdeutschen Region, die am stärksten von der ökologischen Verwüstung der DDR betroffen ist. Oder an die Worte, mit denen Gustav Landauer seine Zeitgenossen zur Revolution aufrief: „Ich will, daß Menschen mich hören, daß Menschen mit mir gehen, *die es nicht mehr aushalten können gleich mir*" [Zit. nach Günther Nennig, Q64]).

EIN SYSTEM SIEGT SICH ZU TODE

Der Gewissenskonflikt - schnelles, aber dafür ein etwas gnädigeres Ende eines unreformierten Kapitalismus oder politischer Einsatz für eine graduelle Verbesserung des Systems - wird uns jedoch erspart bleiben. Die ökologische Modernisierung ist ebenso unvermeidlich wie sie (unter dem Gesichtspunkt des Überlebens, der Katastrophenvermeidung) zwecklos ist: unvermeidlich, weil sie das kapitalistische Wirtschaftssystem vom Druck der sich rapide verschlechternden Verhältnisse, für die es zunehmend verantwortlich gemacht wird, entlastet, ohne es in seinen Grundprinzipien anzugreifen, ohne es zu einem „Abschwören" zu zwingen, und zwecklos aus eben diesem Grund: die ineinandergreifenden, auf Exkursion programmierten positiven Rückkopplungsschleifen des Systems (s. Kap. 4) bleiben unangetastet und können hinter dem Dunstschleier von Ökosteuern, Biowaschmitteln und plastikverzehrenden Bakterien aus dem Gentechnik-Labor mit umso tödlicherer Sicherheit auf ihre explosive Endrunde zulaufen.

Zwischenruf

Heißt das, daß all diejenigen, die sich für die Erhaltung der Umwelt einsetzen, in Bürgerinitiativen, in der Schule, in Parteien, in den Medien, im Naturschutz und in kirchlichen Gruppen, nützliche Idioten sind?

Wer die tödliche Mechanik des Systems verstanden hat, kann keinen noch so großen Fortschritt im Umweltbereich mit naiver, ungetrübter Befriedigung aufnehmen. Die Durchsetzung des Drei-Wege-Katalysators, die Rauchgasentschwefelung, die Zurückdrängung des Autos in der Innenstadt, leisere Flugtriebwerke, Mülltrennung, Kunststoff- und Altglasrecycling, Einrichtung von Biotopen als Ausgleich für versiegelte Verkehrsflächen - alle diese und tausend andere Reparaturen und Korrekturen mildern die negativen Auswirkungen des Systems auf seine Nutznießer - und stärken damit die Macht, die es über sie ausübt, verlängern die Zeitspanne, in der es sein Zerstörungswerk ausüben kann.

Wie kann man mit diesem Wissen leben?

Eigentlich nur, indem man alles tut, um die Selbstvernichtung des Systems zu beschleunigen: radikal-öko-terroristisch. Indem man Korrekturen nicht nur nicht unterstützt, sondern bekämpft. Nur wenn sich unsere eigene nähere Umwelt schnell und katastrophal verschlechtert, wird die Akzeptanz unseres Wirtschaftssystems abnehmen, ist eine Ausgangslage für eine Infragestellung des Systems denkbar. Es genügt nicht, daß in vielen Orten das Grundwasser schon so verseucht ist, daß man es Kindern nicht mehr zu trinken geben kann; daß bereits 20 Prozent der Bevölkerung an Allergien leiden, die durch Umweltgifte in Luft, Wasser und Boden hervorgerufen werden; daß 1,2 Millionen Kinder in der Bundesrepublik an Neurodermitis, also ständig juckenden Ekzemen und Hautausschlägen leiden (die Zahl hat sich seit 1975 verdoppelt und steigt weiter an); daß bereits ein Atomkraftwerk explodiert ist und Hunderte von Quadratkilometern (110.000 Orte) unbewohnbar gemacht hat. Das alles ist immer noch zu wenig, um uns zum Umdenken zu bewegen. Müßte man unter diesen Bedingungen nicht auf einen Terroranschlag auf ein Atomkraftwerk wie zum Beispiel Biblis hoffen, als dessen Folge ein Landstrich mit 10 Millionen Menschen verseucht würde? Wäre die logische Konsequenz dieser Überlegungen nicht die aktive Förderung der Waffenverkäufe und der Lieferung von Atomtechnologie an Länder der Dritten Welt, damit sie möglichst bald in die Lage versetzt werden, ihre Überlebensinteressen auf eine Art und Weise zu artikulieren, die die westlichen Industrieländer verstehen? Das unbeschreibliche menschliche Leiden, das durch derartige Schritte verursacht würde, verbietet es, solche Gedanken weiterzuverfolgen.

Die Frage spricht den „Skandal" an, an dem ich mich, wie viele andere Menschen, die in Bürgerinitiativen oder Umweltgruppen oder auch ganz einfach zuhause in ihrer Familie für einen schonenenden Umgang mit unserer Welt einsetzen, seit vielen Jahren wundreibe, und der wohl der Hauptbeweggrund für mich war, dieses Buch zu schreiben.

Jeder, der sich bemüht, die Umwelt zu schützen und zu erhalten, ob er nun Frösche über eine Schnellstraße trägt oder die Zufahrt zu einer geplanten Wiederaufarbeitungsanlage blockiert, ob er mit Flugblättern, Filmen, Artikeln oder Seminaren gegen die Zerstörung der Regenwälder kämpft oder gegen die Abschlachtung von Walen protestiert, ob er seinen Müll trennt und die Küchenabfälle kompostiert oder mit Eingaben und Infoständen die Erweiterung eines Flugplatzes zu verhindern sucht, muß mit dem unerträglichen Paradox leben, daß er damit die Lebensdauer des Systems und seine Fähigkeit zur Ausbeutung, zur Verwertung, zum Verbrauch der Biosphäre verlängert. Aber können wir den Verhungernden in Somalia, im Sudan, in Bangladesh die Lebensmittelhilfe vorenthalten, weil wir wissen, daß wir damit die Strukturen der Armut und Abhängigkeit nicht verändern, sondern zementieren?

Es ist, mit anderen Worten, für einen Menschen mit Herz und Verstand, mit Leidenschaft und Engagement, unmöglich, der rationalen Einsicht zu folgen, daß alle Anstrengungen zum Schutz der Natur unter den gegebenen Systembedingungen ihre Zerstörung umso gewisser und umso weitreichender machen werden und daraus die Konsequenz zu ziehen, den Dingen ihren fatalen Lauf zu lassen, oder, noch

EIN SYSTEM SIEGT SICH ZU TODE

konsequenter, sich so zu verhalten, daß der Zerstörungsprozeß noch beschleunigt wird.

> Frage: Warum schreibt man ein solches Buch?
> Antwort: Um den Widerspruch auszuhalten zwischen wohlbegründeter Verzweiflung und grundloser Hoffnung
> *(Wolf Biermann über sein
> Lied „Melancholie" bei einem Auftritt in München am 9.1.1991)*

Wie kann also ein Mensch mit sich selbst und seiner Gesellschaft zurechtkommen, wenn er sich einerseits weigert, den Kopf in den Sand zu stecken und sich von falschen Hoffnungen beschwichtigen zu lassen, und es andererseits nicht vermag, sich in der Einsicht, daß die Menschheit in ihrem Selbstmordkurs nicht zu bremsen ist, zurückzulehnen und abzuwarten, bis es soweit ist?

Er kann mit diesem Paradox wohl nur leben, indem er mit sich und der Gesellschaft eine Art Vertrag macht, der besagt, daß all die mühsam erkämpften Korrekturen und Reparaturen und Verbesserungen, die ihm, seiner Familie, seinen Nachbarn und seinen Landsleuten zugute kommen, nur dann zu rechtfertigen sind, wenn sie mit dem ständigen, immer wachen Wissen erkämpft und genossen werden, daß sie zeitweilig das Leben erleichtern, aber nichts zur Lösung des Grundproblems beitragen, weil das wirkliche Problem solange nicht gelöst werden kann, wie wir uns eine Wirtschaft leisten, die von der Zerstörung der Biosphäre lebt.

Ich kann mit mir und der Gesellschaft, in die ich eingebettet bin, nur einen prekären modus vivendi aufrechterhalten, indem ich ständig darauf hinwirke, ihr wirtschaftliches Lebensprinzip ad absurdum zu führen, auf seine Überwindung hinzuarbeiten, es im politischen Bewußtsein zu unterminieren.

Der Kampf gegen die Zerstörung der Biosphäre, die Reformpolitik, das ökologische Engagement haben nur einen Sinn, wenn ich mir (unermüdlich, unbarmherzig) seine Sinnlosigkeit unter den gegebenen Verhältnissen eingestehe.

Es gibt eine erstaunliche Anzahl von Menschen, die dieses Paradox aushalten. Was gibt ihnen die Kraft dazu?

Die überzeugendste Antwort, die mir begegnet ist: ich kann es nicht mit meiner Selbstachtung vereinbaren, in dieser besinnungslosen Lemmingsherde mitzulaufen.

EIN SYSTEM SIEGT SICH ZU TODE

Aber neben dieser emotionalen Reaktion gibt es auch rational begründbare Wege aus der Falle dieses Paradoxons. Sich für die Erhaltung der Biosphäre einzusetzen, egal wo und wie, kann, wenn es sich nicht im Sammeln von Alu-Deckeln oder Kleingarten-Biotopschutz erschöpft, sondern in ein Wissen um die Zusammenhänge eingebettet ist, die Bewußtwerdung vorbereiten helfen, die in Kap. 10 angesprochen wird.

Die kleinen Schritte, die tägliche Einübung im Hier und Jetzt, die Zusammenarbeit und der Austausch mit Gleichgesinnten, ist Voraussetzung für eine Bewußtseinsänderung (sie fällt gewiß nicht demjenigen in den Schoß, der sich gedankenlos vom Strom der Konsumgesellschaft mitreißen läßt). Nur im umweltbewußten Handeln, gewiß nicht im besinnungslosen Anschaffen und Konsumieren, können sich die positiven alternativen Werthaltungen entwickeln, die Voraussetzung einer anderen als der herrschenden materialistischen Kultur sind. Vor allem aber brauchen wir die Zeit, die durch ökologische Korrekturen an unserer Produktions- und Konsumtionsweise gewonnen wird, um die Veränderungen im politischen Bewußtsein voranzubringen, die für einen Übergang zu einer anderen Wirtschaftsweise unabdingbar sind.

Hier vor Ort für die Verbesserung der Lebensbedingungen kämpfen, vor unserer eigenen Haustür kehren, sich dafür einsetzen, daß die Luft in unseren Städten wieder atembarer wird - das bleibt trotzdem immer ein zweifelhaftes Unternehmen, das ich mir nur erlauben kann, wenn ich - lokal handeln, global denken - mir und meiner politischen Umwelt ständig vor Augen halte, daß dies der leichteste, angenehmste, selbstbelohnende Teil eines viel größeren, unendlich viel schwierigeren Prozesses ist, den ich zudem mit diesen kleinen Schritten gefährde, wenn ich mir dieses Vorbehalts nicht ständig bewußt bin.

Eine Spannung, die sich nicht durch eine mutige Tat aufheben läßt, eine psychische Last, von der man sich nicht durch eine großzügige Spende an Greenpeace oder Terre des Hommes freikaufen kann. Man kann es nur, um sich das Leben zu erleichtern, verdrängen - wie es die überwältigende Mehrheit, einschließlich des größten Teils unserer geistigen und politischen Führungselite, verständlicherweise tut. Wenn man jedoch von Verdrängung nichts hält - weil sie weder das Problem löst, noch, wie wir wissen, einem gesunden Seelenhaushalt förderlich ist - muß man sich dem Paradox stellen.

Eine Analogie: Nur wer seinen unvermeidlichen Tod akzeptiert, kann lernen, in seinem Schatten frei und gelassen zu leben.

7 - DIE RACHE DES SYSTEMS
ODER: WARUM ES NICHT GEHEN *KANN*

Es gibt immer wieder Verrückte, die ein Perpetuum mobile zum Patent anmelden, obwohl Generationen von Naturwissenschaftlern bewiesen haben, daß es ein Perpetuum mobile nicht geben kann.

Sobald man jedoch die Mechanik verläßt und zur Wirtschaft übergeht, sind diese Verrückten Professoren, Wirtschaftsminister und Konzernchefs. Mit Hilfe eines raffiniert ausgeklügelten Zahlenwerks beweisen sie dem staunenden und dankbaren Publikum, daß es in der Wirtschaft ein Perpetuum mobile gibt - und die sorgfältig gefilterte, auf unseren degenerierten Wahrnehmungsapparat hingetrimmte Wirklichkeit gibt ihnen, in ihrer begrenzten Zeit und auf der Wohlstandsinsel, auf der sie ihr Evangelium verkünden, recht.

Die Befriedigung menschlicher Bedürfnisse und Wünsche in einem wirtschaftlichen Rahmen stützt sich auf vier Faktoren: Arbeit, Nutzung natürlicher Ressourcen, angewandte Intelligenz im weitesten Sinn, und Realkapital, das sind die Vorrichtungen und Geräte, Maschinen und Baulichkeiten, die gewissermaßen als Vorleistung auf die Zukunft erbracht wurden und, wenn sie einmal geschaffen sind, zur Vermehrung des Produkts beitragen.

Die explosive Steigerung des Wohlstands in den Industrieländern beruht ganz offensichtlich auf einem vermehrten Einsatz der drei letzten Faktoren - die Arbeitszeit ist ja seit Beginn der industriellen Revolution nicht etwa auf das Zehn- bis Zwanzigfache gestiegen, sondern auf die Hälfte zurückgegangen.

Der ins Ungemessene gewachsene Einsatz natürlicher Ressourcen bedarf keiner weiteren Erwähnung - er bedingt ebenso offensichtlich unseren materiellen Überfluß, wie er der ökologischen Krise zugrunde liegt. Ebenso einsichtig ist die Rolle des Kapitalstocks, der vorhandenen Vorleistungen, zu denen auch Infrastruktur, Bildungseinrichtungen und das vorhandene Bildungskapital zu zählen sind.

Die beiden erstgenannten Faktoren lassen sich nicht beliebig vermehren: die Grenzen der natürlichen Quellen und Senken (s. K9.3) sind in vielen Bereichen erreicht oder überschritten, und damit sind auch der Bildung von Realkapital Grenzen gesetzt.

Wenn man sich also überhaupt Gedanken darüber macht, woher eine weitere Mehrung des Wohlstands ohne Zerstörung der Lebensgrundlagen stammen soll,

EIN SYSTEM SIEGT SICH ZU TODE

kommt nur der dritte Faktor, der Einsatz von Intelligenz, Wissenschaft und Technik in Frage.

Nennen wir diesen Faktor Ingenium - die alltagstaugliche Form des Genialen. Nicht von ungefähr der Anklang an *Ingenieur*: Schließlich ist es meistens einer von seiner Zunft, der all die cleveren, listigen Tricks in die Wirklichkeit umsetzt.

Der Ingenieur besiegt die Naturgesetze - indem er sie kunstvoll überlistet. Er kann sie natürlich nicht ungültig oder unwirksam machen. Schon gar nicht das allgemeinste von allen, das Entropiegesetz, und seine besondere Ausformung, das Gesetz der sinkenden Erträge.

So stimmt also der (dumme) tröstliche Spruch: Das menschliche Genie hat immer wieder einen Ausweg gefunden. Das bezieht sich zutreffend auf genau die Spanne an „Umweltschutz" (d. h. also an verminderter Umweltbelastung bei gleichem oder höherem Lebensstandard), den wir aktuell zwischen westlichen und östlichen Ländern und speziell zwischen BRD und DDR beobachten können. Das heißt, daß mit einem entsprechenden Einsatz von Ingenium und Kapital die Umweltbelastung der DDR und der anderen Ostblockänder auf bundesdeutschen Standard gebracht werden kann. Ist damit die Umwelt gerettet? Wenn der SO_2-Ausstoß nicht mehr 5,6 Millionen Tonnen, sondern nur noch 2 Millionen Tonnen beträgt? die CO_2-Produktion pro Kopf nur noch 10 statt 25 Tonnen pro Jahr?

Natürlich nicht, wenn man weiß, daß auch das Niveau der westlichen Schwefelemissionen und Stickoxidabgaben den Wald umbringen, daß auch der westliche Beitrag zur CO_2-Belastung von 10 Tonnen pro Kopf und Jahr fünfmal so hoch ist, wie es zur Vermeidung der Klimakatastrophe zulässig wäre.

Aber, wird der gut informierte Leser einwenden, wir sind ja noch lange nicht am Ende. Es werden immer bessere Filter eingesetzt, Kraftwerke mit immer höherem Wirkungsgrad gebaut, leichtere Werkstoffe entwickelt, der Energieeinsatz wird durch Computer feingesteuert, die Verbrennung durch Rechner optimal geregelt.

Das ist richtig, aber mit dem entscheidenden Zusatz: die spektakulären Verbesserungen des Wirkungsgrades, z. B. im Bereich der Energieumwandlung, sind längst „verbraucht". Im 19. Jahrhundert konnte der Wirkungsgrad von Kraftmaschinen um mehrere Größenordnungen von ca. 5 Prozent auf 25-30 Prozent gesteigert werden, ein immer noch eindrucksvoller Fortschritt ist der, der bei der Modernisierung der Energieversorgung der DDR vereinnahmt werden kann (von ca. 30 auf ca. 40 Prozent), und dann steht noch ein nennenswerter Abschnitt an, der mit einem Aufwand von ca. 100 Milliarden DM in den nächsten 20 Jahren verwirklicht werden soll: von rund 40 auf ca. 43 oder 44 Prozent (s. Q20). (Das ist der Wirkungsgrad am Ausgang des Generators. Bis der Strom beim Verbraucher ankommt, beträgt er noch enttäuschende 35 Prozent).

Was sich an dieser unerbittlich flacher werdenden Kurve manifestiert, ist das Gesetz der sinkenden Erträge - ein Aspekt des Entropiegesetzes von eminenter praktischer Bedeutung. Es besagt, daß bei gleichbleibendem Einsatz von Produktionsfaktoren der Ertrag erst überproportional, dann proportional, als nächstes unterporportional und schließlich überhaupt nicht mehr meßbar zunimmt[2]. Die Amerikaner, mit ihrem Sinn fürs Praktische und Plastische, nennen es auch das 90/10- oder das 95/5-Gesetz. Damit soll gesagt werden: die letzten 10 Prozent erfordern noch einmal so viel Aufwand wie die ersten 90 Prozent. Oder: Die ersten 95 Prozent sind relativ einfach zu bewältigen, die restlichen 5 Prozent vergißt man am besten, der Aufwand geht gegen unendlich (s. K7.1).

So liegt bei Kupfer der Anteil der Rückgewinnung bei 30 Prozent, weitere 30 Prozent sind so stark mit anderen Stoffen vermischt oder fallen jeweils in so geringen Mengen an, daß sich eine Rückführung nicht lohnt, und die letzten 40 Prozent werden praktisch „verbraucht", d. h. sie werden in feinst verteilter Form in die Umwelt verstreut (csgn 63).

Altpapier wird zu 50 Prozent eingesammelt und wiederverwendet. Der Anteil stagniert seit Jahren bei dieser Marke, weil dies die Grenze der Wirtschaftlichkeit ist. Bei Kunststoffen liegt der recyclierte Anteil bei 6 Prozent, der Rest landet größtenteils auf Deponien oder wird verbrannt (csgn65).

Gesetzt also den Fall, es würde ein politisches Wunder geschehen und es würden in den nächsten Jahrzehnten, in der Periode also, in der die Frist endgültig abläuft, falls sie nicht schon abgelaufen ist, die einschneidenden Umbaumaßnahmen verwirklicht, wie sie bei einer Minderheit der SPD und auf dem Realo-Flügel der Grünen gedacht werden: Könnte eine ökologisch-soziale Marktwirtschaft mit Hilfe einer intelligenteren Technik aus der Zerstörungsspirale ausscheren, auf der sich der Kapitalismus bewegt?

Um das Ergebnis vorwegzunehmen: die Systemanalyse (Kap. 4) zeigt, daß dies prinzipiell unmöglich ist, und die Verfeinerungen der kapitalistischen Wirtschaftsweise, deren Segnungen wir heute schon genießen (und die uns beim Vergleich mit den östlichen Volkswirtschaften so drastisch vor Augen geführt werden), bestätigen mit ihren Folgeerscheinungen haargenau das, was theoretisch zu erwarten ist.

EIN SYSTEM SIEGT SICH ZU TODE

Daß die kapitalistische Produktionsweise in den letzten hundert Jahren gewaltig verbessert wurde, steht außer Zweifel. Die z. T. frühkapitalistischen Zustände in den Ländern des Ostblocks illustrieren das plastisch wie im Bilderbuch. Wir produzieren heute

- mit geringerem Energieeinsatz pro Produktionseinheit,
- mit dünneren Verpackungen und in vielen Fällen, dank besserer Materialien, mit geringerem Materialaufwand,
- mit weniger giftigen Zusatzstoffen,
- in der Landwirtschaft mit weniger Düngemitteleinsatz pro Flächeneinheit,
- mit besseren Filtern für die Abgase der Industrie.

Warum verschlechtert sich trotzdem die Gesamtsituation? Weil das Produkt aus weniger Energie und weniger Material und mehr Produkten für mehr Verbraucher trotzdem weiter wächst. Das heißt, daß die allmähliche, dabei immer langsamer werdende Verbesserung der Rückhaltung durch den steigenden Durchsatz überkompensiert wird. Das gilt sogar in saturierten Volkswirtschaften wie der Bundesrepublik oder der EG. So stieg die Stickoxid-Belastung aus Autoabgasen in den letzten fünf Jahren weiter an, obwohl inzwischen 25 Prozent der PKWs mit Katalysatoren ausgerüstet sind. Das weitere Anwachsen der Anzahl der zugelassenen PKWs und die mehr gefahrenen Kilometer gleichen die Wirkung des Katalysators wieder aus. Ebenso stieg der Benzinverbrauch weiter an, obwohl einzelne Autos sparsamer geworden sind. Durch den Trend zu PS-stärkeren Autos und die steigende Anzahl der PKWs wurden die technischen Verbesserungen zur Verringerung des Treibstoffverbrauchs überkompensiert (Zunahme des PKW-Bestandes 1985 -1988 20 Prozent; nach einer Studie der EG-Kommission wird für 2010 in der EG eine Zunahme des PKW-Verkehrs von 64 Prozent und des LKW-Verkehrs um 77 Prozent erwartet) (s. a. K7.2 Multiplikation).

Wenn man die anstehende Entwicklung im Ostblock oder gar die künftige Industrialisierung der Länder der Dritten Welt in die Rechnung einbezieht, ergibt sich ein Multiplikator, der die zu erwartenden Emissionsmengen trotz technischer Verbesserungen explodieren läßt. Wenn z. B. die Länder Osteuropas einmal einen ähnlichen Motorisierungsgrad wie Westeuropa erreichen, wird sich die Anzahl der Autos in Europa von heute ca. 150 Millionen fast verdoppeln.

Die Vorstellungen von einer ökologischen Modernisierung des Kapitalismus, die seit Jahren von den Grünen gepredigt („Umbauprogramm" von 1986) und 1989 durch den Entwurf des neuen Grundsatzprogramms der SPD in die öffentliche Diskussion gebracht wurden, stützen sich im materiellen Bereich von Produktion und Verbrauch im wesentlichen auf das Prinzip der Kreislaufwirtschaft und des techni-

EIN SYSTEM SIEGT SICH ZU TODE

schen Umweltschutzes. (Mit der transaktionellen Seite, also Markt, Preisen und Allokation, befassen sich Kap. 6 und K6.1 und K6.2).

Eine nähere Betrachtung des Recycling-Prinzips zeigt jedoch, zum ersten, daß dieser wichtige Pfeiler aller Umbaukonzepte morsch ist, weil alle Bemühungen um Wiedereinsammeln und Wiederverwenden letzten Endes am Gesetz der sinkenden Erträge scheitern müssen (dazu ausführlich K7.1). Zum zweiten erweist sich, daß die ökologische Modernisierung der Industrie in der Regel nur zu einer Verlagerung, nicht jedoch zu einer Einschränkung der Entropievermehrung führt (ausführliche Begründung in K7.2).

Der Vergleich mit der DDR, den wir allzu bereitwillig als Beweis für die Überlegenheit des kapitalistischen Wirtschaftssystems interpretieren[3], könnte uns bei näherem Hinschauen die Augen dafür öffnen, was eine ökologisch modernisierte Volkswirtschaft ausmacht. Die kürzeste und prägnanteste Charakterisierung lautet: Aus den Augen, aus dem Sinn. Die Verbesserung gegenüber einer frühkapitalistischen Brutalwirtschaft wie der der DDR oder anderer Ostblockländer besteht im Verschieben, Verstecken, Verkaufen, Verdünnen, Verlagern, Verschicken, Vergraben der störenden Produktionsabfälle. Das Verdünnen und Verschieben begann in den 60er Jahren mit dem Bau der hohen Schornsteine in den Industriegebieten der Bundesrepublik, wodurch die unmittelbar sichtbaren, in den Augen brennenden und die Nase belästigenden Schadstoffe hoch in die Atmosphäre geblasen und dort erst einmal sich selbst überlassen wurden. Das Verstecken und Vergraben von giftigen Industrieabfällen war eine der Grundlagen des Wirtschaftswunders der 50er und 60er Jahre, aus denen die Hälfte der heutigen Altlasten stammt. Das Versenden und Verlagern geht munter weiter, indem wir unseren Giftmüll, als Wirtschaftsgut deklariert, nach Belgien verschicken, wo er in Zementöfen ohne die nötigen Sicherheitseinrichtungen verbrannt wird, und unseren strahlenden Atomabfall in Sellafield aufarbeiten lassen - sollen sich doch die Engländer mit der Frage herumschlagen, ob die auffallende Steigerung von Leukämiefällen bei Kindern und Jugendlichen in der Nähe der Atomfabrik mit unserem Stromverbrauch zusammenhängt oder nicht.

Die Wirtschaft der Bundesrepublik unterscheidet sich, wohltuend für ihre Bürger, von derjenigen der DDR darin, daß

- ihre Energiebasis Öl statt Braunkohle ist
- ihre Chemieindustrie ebenfalls Erdöl verarbeitet, anstatt ihre Vorprodukte unter hohem Energieaufwand und mit katastrophalen Folgen für die nähere Umgebung aus Braunkohle herzustellen

EIN SYSTEM SIEGT SICH ZU TODE

■ der technische Umweltschutz in der Bundesrepublik der DDR um Jahrzehnte voraus ist. Abgase und Abwässer von Industrieanlagen werden durch Filter und Kläranlagen in hohem Umfang und zu einem hohen Grad gesäubert. Die dabei anfallenden giftigen Stäube und Schlämme werden beseitigt durch:
- Ablagerung auf Deponien (dabei wird ein Teil der Giftstoffe ausgewaschen und gerät in Grundwasser und Fließgewässer)
- Verbrennung (wobei ein Teil der Schadstoffe in die Atmosphäre und z. T. ins Meer gelangt).
- Export, früher vorzugsweise in die DDR, jetzt nach Osteuropa und in Länder der Dritten Welt.

In K7.2 wird im einzelnen dargestellt, mit welchen Methoden eine industrielle Volkswirtschaft versucht, sich um die Folgen des Gesetzes der sinkenden Erträge herumzumogeln. Aber abgesehen davon, daß das Entropiegesetz unerbittlich seinen Tribut fordert, sorgt die Dynamik des kapitalistischen Systems dafür, daß immer neue Potentiale der Entropievermehrung erschlossen werden, lange bevor ein traditioneller Bereich der Ausbeutung an seine Grenzen stößt.

Die synthetische Chemie, die als Chlor- und Kohlenstoffchemie die Welt mit Hunderttausenden von neuen, nie dagewesenen Stoffen bereichert hat, war der erste derartige Quantensprung. Er konfrontierte die natürliche Umwelt mit Substanzen, mit denen sie nicht fertig werden konnte, weil sie sich nicht unter ihren Evolutionsbedingungen befunden hatten. Es war damit auch gleichzeitig (neben vielen übelriechenden und in den Augen brennenden Produkten) der Übergang zu Stoffen, für die unsere Sinnesorgane blind sind.

Die Spaltung des Atoms setzte dieses Prinzip fort, indem sie als Abfallprodukte (auch im „Normal"betrieb) radioaktive Stoffe in die Welt streut, deren Heimtücke darin besteht, daß wir auch für massivste Strahlendosen kein Sinnesorgan besitzen, während sie selbst in geringsten Mengen ihre fatale Wirkung ausüben.

Die vorläufige Krönung dieser Entwicklung ist die industrielle Verwertung der genetischen Information. Die Art der Entropievermehrung, die durch die Freisetzung von gentechnisch veränderten Organismen und durch deren Wechselwirkung mit der bestehenden Lebenswelt in Gang gesetzt werden könnte, eröffnet neue Dimensionen für die Zerstörung der Ordnung der Welt.

8 - DAS ENDE DER GESCHICHTE

Der Niedergang der sozialistischen Staaten, das Eingeständnis des Versagens des marxistischen Entwurfs hat dem Westen ein berauschendes Erlebnis vermittelt: Wir sind ohne jeden Zweifel auf der richtigen Seite.

Ein fixer junger Beamter im amerikanischen State Department hat daraus schon die säkuläre Schlußfolgerung gezogen: Die Auseinandersetzung zwischen den entgegengesetzten Prinzipien Kapitalismus und Kommunismus ist entschieden. Die Gegensätze, aus denen, nach Hegels Geschichtsinterpretation, Geschichte entsteht, lösen sich auf. „Der Triumph des Westens findet in erster Linie darin seinen Ausdruck, daß jede machbare System-Alternative zum westlichen Liberalismus verbraucht ist. ... Der ungetrübte Sieg des wirtschaftlichen und politischen Liberalismus ... die unaufhaltsame Ausbreitung der westlichen Konsum-Kultur", signalisiert, nach Francis Fukuyama, das Ende der Geschichte (Q2, übers. vom Verf.).

Für einen Beobachter im State Department werden die Völker der Südhalbkugel vermutlich erst dann aus ihrem geschichtslosen Dunkel auftauchen, wenn sich ihr hoffnungsloses Elend mit Drogenkartellen oder einer Religion wie dem Islam zu einer Allianz verbündet, die ihre Raketen mit (von westdeutschem Know-how ermöglichten) atomaren Sprengköpfen auf die Luxusoasen des Nordens richtet.

Im Vergleich zu dem nicht nur weiterbestehenden, sondern sich ständig weiter verschärfenden Gegensatz zwischen Nord und Süd erscheint die Differenz zwischen Kapitalismus und Sozialismus fast wie ein anachronistischer intellektueller Zeitvertreib, auch wenn er aus machtpolitischen Gründen den größten Teil dieses Jahrhunderts beherrscht hat. Was mit der Auflösung dieses Gegensatzes unterzugehen droht, ist die Idee (und keineswegs die Wirklichkeit) einer gesellschaftlichen Vernunft, die den fatalen Folgen des Liberalismus, der gnadenlosen Verrechnung der indivuellen Egoismen durch die „unsichtbare Hand", im Interesse der Solidarität und Menschlichkeit und der Erhaltung unserer Lebensgrundlage Fesseln anlegt. Wenn dieser Gegensatz verschwindet, wird damit einer anderen Vorstellung von Menschlichkeit (einer Utopie zugegebenermaßen) der Boden entzogen, machtpolitisch, wirtschaftlich und vor allem moralisch.

Der Liberalismus war mit dem Anspruch angetreten, daß sich (nach Jeremy Bentham und Adam Smith) die egoistischen Entscheidungen der einzelnen, wenn sie sich frei entfalten können, zum besten der Gesellschaft summieren. Heute, am Rande des ökologischen Abgrunds, müssen wir erkennen, daß „die individuelle kapitalisti-

EIN SYSTEM SIEGT SICH ZU TODE

sche Rationalität jedes einzelnen zu einem Höchstmaß an kollektiver gesellschaftlicher Irrationalität führt" (Ulrich Preuß Q11). Wenn es also darum geht, „mittels freier Einsicht eine gesellschaftliche Praxis zu organisieren, die vor dem kritischen Gerichtshof ihrer eigenen Vernunft bestehen kann, ..." (Preuß), hat der Sozialismus verloren - und der Kapitalismus aufgegeben, ohne auch nur einen ernsthaften Versuch zu machen.

Gesiegt hat die hocheffiziente, marktwirtschaftliche Form des Kapitalismus über eine starre, doktrinäre, planwirtschaftliche und deshalb von vorneherein unterlegene Variante des Kapitalismus, den Staatskapitalismus.

Es gilt, einem fatalen Mißverständnis entgegenzutreten, das sich, aus dem Augenschein geboren und von flinken Politikermäulern genährt, ausbreitet: daß der Kapitalismus dem Sozialismus haushoch überlegen sei, auch und besonders im Bereich der Erhaltung der Umwelt. Umgekehrt wird ein Schuh daraus: der östliche Staatskapitalismus zerstört die Umwelt noch sehr viel schneller und umfassender als die westliche Version. Dieser - nicht prinzipielle, sondern graduelle - Unterschied liegt daran, daß die westliche Version dank der Marktwirtschaft effizienter ist, dank ihrer demokratischen Verfassung der Kontrolle und Gegensteuerung unterliegt (s. K2.5). Das beiden gemeinsame, nicht zu bändigende Zerstörungspotential entspringt den konstituierenden Elementen des Kapitalismus (gleich ob östlicher oder westlicher Prägung): Mehrwert und Akkumulation.

Die Probleme des Sozialismus kommen nicht daher, wie uns jetzt Tag für Tag triumphierend erkärt wird, daß er anti-kapitalistisch war, sondern daß er den Kapitalismus minus Markt und demokratische Freiheiten versuchte.

So borniert eine Analyse sein mag, die sich darüber hinwegsetzen kann, daß der kardinale Gegensatz der neueren Geschichte nicht zwischen zwei Industrieblöcken mit verschiedenen Ideologien über Privateigentum und persönliche Freiheit, sondern zwischen dem entwickelten und größtenteils überentwickelten, die Welt immer rasender verbrauchenden Norden und dem in seiner angefangenen und dann steckengebliebenen Entwicklung verkommenden Süden besteht, so einleuchtend ist ihre These vom Ende der Geschichte. Wobei das Ende vermutlich etwas anders aussehen wird, als es sich ein Ministerialbeamter in seinem klimatisierten Büro über dem Potomac träumen läßt. Tatsächlich erscheint die Kapitulation der sozialistischen Länder vor der wirtschaftlichen Übermacht des Kapitalismus als der letzte Akt eines Schauspiels, in dem der Kampf zwischen verschiedenen Gesellschaftssystemen, der einen großen Teil unserer jümgeren Geschichte geprägt hat, kulminiert - wenn auch in einem anderen Sinn, als Marx sich vorstellte.

EIN SYSTEM SIEGT SICH ZU TODE

Wir erleben, als eine Spätfolge der Aufklärung, daß das liberale Laissez-Faire-Prinzip in einer materialistischen Welt auch den Wettbewerb zwischen verschiedenen Gesellschaftsformen bestimmt. Die Organisation und die Verhaltensregeln in und zwischen menschlichen Gruppen werden damit nicht mehr, wie in einer Horde, einem Stammesverband, einer Feudalherrschaft, einer Theokratie durch Mythen, Ideologien oder Religionen geformt; sie werden stattdessen uneingeschränkt zum Gegenstand der Evolution. Das Kriterium, nachdem die „Fitness" der Mitbewerber beurteilt wird: die Befriedigung der materiellen Bedürfnisse.

Der Sieg des Kapitalismus, dessen staunende Zeugen wir gerade sind, entspricht der Logik der Evolution. Durch die positive Rückkopplung zwischen Mehrwert, Akkumulation und Entropievermehrung ist er dazu angelegt, alle anderen, nicht in dieser Weise gekoppelten Systeme von den Trögen der Negentropie abzudrängen; sein Bündnis mit Naturwissenschaft und Technik und deren positive Kopplung mit der Rate der Entropievermehrung versetzen ihn dazu in die Lage; die großzügige Beteiligung der Mitglieder der kapitalistischen Population an der Beute macht ihn unverletzlich von innen; sein marktwirtschaftliches Verteilungs- und Allokationssystem garantiert optimalen Mitteleinsatz und maximale Bedürfnisbefriedigung innerhalb der Systemgrenzen.

Noch einmal also: nach der Logik der auf den Wettbewerb der Gesellschaftssysteme losgelassenen Evolution muß der Kapitalismus siegen, muß er sich, wie ein Krebsgeschwür, über den Globus ausbreiten, muß er wie ein in immer größeren Wellen ins Unermeßliche wachsender Heuschreckenschwarm alle Energie, alle Rohstoffe, und schließlich auch alles Leben in der Biosphäre des Planeten in sich hineinfressen, es verdauen und als Unrat wieder ausscheiden - bis zu seiner eigenen Vernichtung.

Eine derartige Logik der Evolution entwickelt sich für Ervin Laszlo (elev123) aus der Frage, warum wir keine Hinweise auf andere intelligente Hochkulturen im Kosmos finden, obwohl es nach der Wahrscheinlichkeitsrechnung Millionen davon geben muß.

Bestechender Gedanke von Laszlo: „Das risikoreiche Spiel der Evolution findet seinen höchsten Ausdruck in einer Gesellschaft, die das Atom als Energiequelle anzapft und die Bewegung von Elektronen zum Zweck der Information, der Kommunikation und der Steuerung manipuliert, und das mit relativ einfachen und unreifen gesellschaftlichen Strukturen und Mechanismen. Es wäre durchaus denkbar, daß sich eine technologische Gesellschaft, besonders eine so junge, selbst zerstört und den größten Teil oder auch die Gesamtheit ihrer Biosphäre mit sich nimmt.

EIN SYSTEM SIEGT SICH ZU TODE

Könnte es sein, daß wir deshalb noch nie mit extraterrestrischen Kulturen Verbindung aufnehmen konnten, weil ihre Lebenserwartung extrem kurz ist?" (Übers. vom Verf.).

Das heißt, daß es sehr wohl möglich und sogar sehr wahrscheinlich ist, daß Hunderte und Tausende von Hochzivilisationen menschenähnlicher Art im Lauf der Geschichte des Universums entstanden sind, ein paar hundert, vielleicht sogar ein paar tausend Jahre existierten, und dann wieder sich selbst mitsamt ihrer Biosphäre zerstörten[4].

Was sich hier auf der Ebene der Kulturen und Gesellschaften andeutet, ist die „naturwüchsige" (Bahro) Gesetzmäßigkeit der Evolution, die in dieser oder einer ähnlichen Form nach dem Auftreten des menschlichen Zentralnervensystems auf der Erde unvermeidlich war.

Es wäre allzu bequem, daraus eine kosmische Rechtfertigung dafür abzuleiten, daß wir den Dingen ihren natürlichen Lauf lassen. Die Evolution, die uns Menschen mit prometheischen Fähigkeiten zur Weltveränderung ausgestattet hat, hat uns auch mit der Fähigkeit zu Abwägung und freier Entscheidung begabt.

Diese Möglichkeit zur freien Entscheidung nutzen wir in jedem Augenblick. Unsere Zustimmung zur Verschrottung der Welt klingelt jeden Tag in den Kassen der Supermärkte und Kaufhäuser, wenn wir unsere Milch im Plastikbeutel, den Video-Recorder in der Styroporverpackung, unser pestizidgepäppeltes Gemüse, unser Deo-Spray und die leuchtend-roten Steaks bezahlen. Wir entscheiden uns für die Verseuchung des Grundwassers und die Zerstörung der Ozonschicht, die Abholzung des tropischen Regenwaldes und die Vergiftung der Nordsee, indem wir tagtäglich an unserem Arbeitsplatz das Nötige für das Funktionieren der Entropiemaschine tun. Wir entscheiden uns damit, daß wir uns ein Wirtschaftssystem leisten, das unseren Wohlstand, unseren Luxus und unsere Bequemlichkeit mehrt, koste es (die Erde und die dreieinhalb Milliarden in den Armenhäusern der Welt), was es wolle.

Die Entstehung des Bewußtseins und die menschliche Fähigkeit, zwischen Recht und Unrecht zu unterscheiden, sprechen eindeutig dagegen, daß wir uns unter Hinweis auf die Gesetze der Evolution unserer Verantwortung entziehen können. Wir müssen uns der Tatsache stellen, daß die Menschheit vom Objekt zum Subjekt der Evolution geworden ist; und wenn wir die Evolution, die in uns ihren Gipfel erreicht hat, in einem globalen Zusammenbruch enden lassen, können wir die Schuld dafür weder auf Gott noch auf die Evolution noch auf ein anderes unabwendbares Schicksal schieben: es lag einzig und allein an uns, ihr eine andere Richtung zu geben.

9 - DIE ÜBERLISTUNG DER ENTROPIE

Aufstieg oder Niedergang - Entropie und Negentropie

1989 erschienen in München fast zur gleichen Zeit zwei Bücher, von denen das eine „Das Grundgesetz vom Niedergang", das andere „Das Grundgesetz vom Aufstieg" verkündete[5]. Aufstieg oder Niedergang, Entropievermehrung oder Selbstorganisation, Wärmetod durch die Nivellierung aller Differenzen oder unendliches Fortschreiten zu immer höherer Vielfalt und Komplexität - welches ist nun das Grundgesetz des Kosmos?

Es ist ganz offensichtlich, daß zwei so extreme Positionen nur vertreten werden können, weil beide Gesetze auf der Erde nebeneinander, myriadenfach im Geben und Nehmen miteinander verflochten, wirksam sind. Strenggenommen handelt es sich nur um ein Gesetz, das dank der Eigenschaften der Materie, die sich unter diesem Gesetz entfaltet, in zwei gegenläufigen Ausprägungen zu beobachten ist.

Der zweite Hauptsatz der Thermodynamik gilt heute als das umfassendste und allgemeinste Gesetz der physischen Welt. Er beschreibt das Ablaufen der kosmischen Uhr, das Verströmen der Energie/Materie, die von ihrer höchsten Konzentration im Augenblick des Urknalls sich immer weiter in dem sich entfaltenden Universum ausbreitet bis zu dem Punkt, an dem alle Energie und Materie gleichförmig über den Raum verteilt ist und damit der „Wärmetod" des Kosmos eintritt. Dieser zweite Hauptsatz, dem alle anderen Gesetze der Physik, wie das der Gravitation, der elektromagnetischen Anziehung, des radioaktiven Zerfalls als spezielle Ausprägungen zuzuordnen sind, regiert souverän über den Kosmos als vermutlich geschlossenes System. Das heißt: im Kosmos als Ganzem nimmt die Entropie ständig zu, keine Macht der Welt kann diesen Vorgang des „Verströmens" aufhalten.

Nun wissen wir sehr wohl, daß es auf der Erde Vorgänge gibt, ja daß unsere Welt geradezu beherrscht wird von Vorgängen, die den 2. Hauptsatz schlicht zu ignorieren scheinen. Jeder noch so kleine Organismus auf der Erde ist ein lebender Beweis dafür, daß sich das Entropiegesetz überlisten läßt. Und genau dies ist der Angelpunkt im Verständnis von Aufstieg und Niedergang als den zwei Gesichtern des einen Gesetzes: lebende Systeme können existieren, können sich, entgegen dem universalen Trend zum Niedergang und zum Ausgleich, aufbauen und entfalten, nicht weil sie sich der Wirkung des Entropiegesetzes entzogen haben, sondern weil sie den Dreh

EIN SYSTEM SIEGT SICH ZU TODE

gefunden haben, mit Hilfe des Abwärtsstromes, in den sie eingebettet sind, aufwärts zu schwimmen (s. a. K9.2).

Wenn wir das Leben, das unseren - soweit wir wissen - einzigartigen Planeten kennzeichnet, in dieser seiner allgemeinsten Form beschreiben, wird uns schlagartig klar, daß der Planet nicht nur Leben in unendlicher Vielfalt trägt, sondern daß er selbst ein lebendes System ist: nämlich ebenso wie jeder lebende Organismus ein offenes System, das im Strom der Entropievermehrung schwimmt und diese Abwärtsströmung aktiv nutzt, um Strukturen und Prozesse aufzubauen und in Gang zu halten, die (auf der Ebene des Systems, gewissermaßen „betriebswirtschaftlich") die Entropie verringern, Inseln negativer Entropie aufbauen (s. K1.3, K9.1).

Vielleicht läßt sich dieses „Eigenleben" augenfällig machen anhand der „Leistungen", die das System Erde für uns erbringt. Nehmen wir als Beispiel den Wasserhaushalt. Wenn wir Menschen schmutziges Wasser reinigen wollen, müssen wir es durch Siebe oder Filter pressen, mit Chemikalien versetzen, um Verschmutzungen auszufällen, mit Sauerstoff, um sie zu oxidieren, auf 100° erhitzen und abdestillieren - alles unter Einsatz von Energie und Stoffen, die ihrerseits unter Energieeinsatz gewonnen werden müssen. Herauskommt - außer dem mehr oder weniger sauberen Wasser - Abfall in Form von Klärschlamm, der auf einer Deponie oder auf Feldern abgelagert wird, von wo aus er Boden und Grundwasser mit Schwermetallen verseucht, oder unter weiterem Energieaufwand verbrannt wird und dabei seine Giftbestandteile wie Schwermetalle, Dioxine, Furane usw. an die Luft abgibt.

Der Wasserhaushalt der Erde, das System von Verdunstung, Niederschlägen, Seen, Fließgewässern und Grundwasserspeichern leistet diesen Reinigungsvorgang ununterbrochen, ohne Überwachung, ohne entropievermehrenden Energieeinsatz (weil ausschließlich mit der „kostenlosen" Strömungsenergie von der Sonne), ohne daß dabei giftige oder umweltbelastende Nebenprodukte entstehen. Tatsächlich wurde das gesamte auf der Erde vorhandene Wasser im Verlauf der Erdgeschichte durch Verdunstung und Regen, durch Einbau und Ausscheidung in Pflanzen und Tieren bereits 50.000 mal „benutzt" (s. K7.1), ohne daß es dadurch im geringsten verschmutzt oder belastet wurde.

Der Vorgang der Entropievermehrung wird dabei nicht negiert. Er findet „draußen", außerhalb der Systemgrenzen im Kosmos statt. Die Erde, als (für den Energieaustausch) offenes System, nutzt das Gefälle der sich verströmenden Energie, um innerhalb seiner Grenzen Inseln negativer Entropie aufzubauen. Dazu gehören nicht nur die „Schatzkammern", in denen Energieträger wie Kohle, Erdöl und Erdgas gespeichert sind, sondern auch die „Senken" (s. K9.3), die bereitwillig

EIN SYSTEM SIEGT SICH ZU TODE

die Abfallprodukte der Zivilisation aufnehmen und beseitigen, solange ihre Kapazität nicht grob überlastet wird.

Insofern verhält sich die Erde als Ganzes wie ein lebendes System, das ja in seiner allgemeinsten Form dadurch gekennzeichnet ist, daß es den Stoffwechsel und Energieaustausch mit der Umwelt aktiv steuert und beeinflußt. Den Übergang vom Leben zum Tod erkennen wir daran, daß diese aktive Steuerung aufhört, daß die aufgebauten und gegen den Sog des thermodynamischen Gleichgewichts aufrechterhaltenen Strukturen und Prozesse zerfallen, d. h. wehrlos und willenlos den Strom der Entropievermehrung hinabschwimmen (und nicht etwa daran, daß sich ein Organismus nicht mehr fortpflanzt - dem zweiten Merkmal, das allgemein für die Definition von Leben herangezogen wird). (s. a. K9.4 - Lebenserhaltungssysteme und K9.1 - Gaia).

Der Wasserhaushalt ist nur ein Beispiel von vielen, ja nur ein herauspräparierter Teilaspekt eines Netzes von Lebenserhaltungssystemen, mit denen der Planet Erde uns und seine übrigen Geschöpfe kostenlos versorgt. Die Ozonschicht, die uns vor der tödlichen ultravioletten Strahlung des Weltalls schützt, der sich immer wieder einpendelnde, genau richtige Kohlendioxidgehalt der Atmosphäre, der gerade soviel Treibhauseffekt produziert, daß die Temperatur auf der Erdoberfläche dem Leben günstig ist, die Strömungen in den Meeren, die den Nährstoffkreislauf aufrechterhalten und verhindern, daß alle notwendigen Mineralien in unzugänglichen Erdschichten „eingeschlossen" werden - alle diese Lebenserhaltungssysteme werden uns erst in dem Augenblick als solche bewußt, in dem wir mit Schrecken erkennen, daß wir drauf und dran sind, sie aus ihrer delikaten Balance fern dem thermodynamischen Gleichgewicht zu kippen oder zu zerstören.

Und jetzt, auf dieser Erkenntnisstufe, wird wohl auch vollends klar, worin die Todsünde unseres kapitalistischen Wirtschaftssystems besteht: daß es sich, im kosmischen Spiel von Entropie und Negentropie, auf die Seite der Entropie schlägt. Daß es, als das beherrschende Kulturparadigma der Moderne, das im Begriff ist, sich als Weltzivilisation über den ganzen Globus zu verbreiten, zu verheerender Urgewalt gebündelte menschliche und soziale Kräfte für die Zerstörung mobilisiert. Daß es in diesem Entfaltungsprozeß, der aus dem Zusammenwirken von Entropievermehrung, dem Sog des thermodynamischen Gleichgewichts auf der einen (Quelle des Energieflusses) und Selbstorganisation, Entfernung vom thermodynamischen Gleichgewicht, Replikation, Komplexifikation (Nutzung des Energieflusses) auf der anderen Seite entsteht, seine ungeheure Macht auf der Seite des Niedergangs, des Zerfalls, des Todes in die Waagschale wirft und damit den Kampf zwischen den beiden Prinzipien, zumindest für die menschliche Episode der Erdgeschichte, wohl entscheiden wird.

10 - POSTSCRIPTUM: DER TRAUM DER EVOLUTION

Zu den Schlußfolgerungen auf den vorhergehenden Seiten gibt es nichts mehr zu sagen. Wer sie nachvollziehen kann, wird sich vielleicht fragen, warum sich jemand die Mühe macht, auf so vielen Seiten den Nachweis zu führen, daß jede Hoffnung Selbstbetrug ist. Die baldige Selbstauslöschung unserer Kultur ist so gewiß wie der Tod. Wozu also darüber noch reden?

Der Kapitalismus zerstört unsere Lebensgrundlage - na und? Was nützt es, darauf herumzureiten? Es gibt keine Alternative - also ist es sinnlos, uns immer und immer wieder klarzumachen, daß Kapitalismus tödlich ist.

Ich verstehe diese Haltung, aber ich kann sie nicht akzeptieren: sie verneint die Würde eines mit Bewußtsein begabten Menschen.

Ich neige nicht dazu, mit billigen Hoffnungen hausieren zu gehen. Wer die vorausgehenden Seiten gelesen hat, wird dies kaum vermuten. Aber die bewußte Konfrontation mit der Todesdrohung des Industriekapitalismus könnte den Keim der Möglichkeit enthalten, den Fatalismus des „Fortschritts bis zum bitteren Ende" zu transzendieren.

So wie sich Arthur Koestler, vergeblich, ein kollektives Menschheitsbewußtsein als Folge der Einsicht in das mögliche Ende der Menschheit durch die Entwicklung der Wasserstoffbombe erhofft hat, so könnte die Einsicht, daß sich die Menschheit mit dem Paradigma des Industriekapitalismus auf dem Weg in den selbstbereiteten Untergang befindet, zu dem Aufblühen eines von vielen einzelnen und zahllosen Subkulturen erwarteten und ersehnten gemeinsamen Menschheitsbewußtseins führen (K10.6).

Ich spreche hier nicht von einer - noch so wünschenswerten - Solidarität und Verbundenheit mit unseren Mitmenschen in allen Teilen der Welt, sondern von einer Bewußtwerdung der menschlichen Rasse auf dem Pfad der Evolution vom Einfachen zum Komplexen: von Bosonen über Atome, Moleküle, Zellen, Organe, Organismen bis zu jenem Primaten, bei dem, als neue Eigenschaft seiner komplexen Wahrnehmungs- und Verarbeitungsorganisation, das individuelle Bewußtsein in die Welt trat. Auf diesem Weg der Emergenz neuer, nie dagewesener Systemeigenschaften könnte das gemeinsame, das Überbewußtsein des Menschengeschlechts der nächste logische Schritt sein.

EIN SYSTEM SIEGT SICH ZU TODE

Nicht nur ein Bewußtseinswandel ist also notwendig, wie C. F. von Weizsäcker fordert, sondern eine Bewußtwerdung: das Entstehen des Bewußtseins, daß wir Menschen mit unseren Formen des Zusammenlebens und des Umgangs mit der Welt nicht nur Objekte, sondern auch Subjekte der Evolution geworden sind: Architekten nicht nur unserer eigenen Evolution, sondern auch der Veränderung der Umwelt, in der wir uns entwickeln.

Der Begriff der Evolution wird heute, neben seiner biologischen oder neodarwinistischen Bedeutung, in einem stark verallgemeinerten, sehr fruchtbaren Sinn auf das Werden des Kosmos angewandt (z. B. pdcb oder elev).

Er bezeichnet dabei einen Entfaltungsprozeß, der, aus dem Urknall hervorgehend, dank der Wechselwirkung zwischen zwei entgegengesetzten Urprinzipien zu immer höheren Ebenen der Komplexität voranschreitet. Das eine ist die Unordnung, die Entropievermehrung, das Streben nach Gleichgewicht: der 2. Hauptsatz der Thermodynamik, die Ursache des Energieflusses (von den Inseln des Ungleichgewichts hin zum Gleichgewicht). Das andere ist eine Gegenbewegung, die sich aus den Eigenschaften des Treibguts ergibt, das in diesem abwärtsfließenden Strom schwimmt und durcheinandergewirbelt wird: seine Fähigkeit zur Selbstorganisation, entstanden aus den Grundfähigkeiten der Verbindung der Grundelemente zu höheren Einheiten.

Entropie: aus dem Urknall am Anfang der Welt (und das ist, wie in allen Kosmologien, das Urgeheimnis, das man nur annehmen, über das man nicht weiter zurückgehen kann), in dem alle Materie und alle Energie in einem Punkt konzentriert war, ergießt sich ein Strom von Materie und Energie in den Kosmos. Dieses Auseinanderfließen, diese Tendenz, sich gleichmäßig über den Raum zu verteilen, bis Ruhe und Gleichgewicht eingetreten sind, ist das Prinzip der Entropievermehrung, das Streben zum Ausgleich, zur Nivellierung.

Das „Drama" der kosmischen Evolution setzt ein, als sich „herausstellt", daß die Teilchen, in die sich die Ur-Energie-Materie aus dem Urknall differenziert, Eigenschaften haben. Eigenschaften, die sie in die Lage versetzen, sich unter bestimmten Bedingungen miteinander und mit anderen zu verbinden - und dabei neue Einheiten mit „emergenten" neuen Eigenschaften zu bilden.

Der Begriff „Emergenz" beschreibt das Phänomen, daß immer dann, wenn mehrere, einfachere Elemente in eine durch eine systematische Wechselwirkung gekennzeichnete Beziehung zueinander treten, neue Eigenschaften auf den Plan treten („emergieren"), welche keines der Elemente, für sich genommen, besitzt.

So haben die einzelnen Laute oder Buchstaben einer Sprache zwar einen Signalcharakter, der sie von anderen Lauten unterscheidet; aber ein Buchstabe hat keine Bedeutung. „Bedeutung" als eine ganz neue Eigenschaft, die keinem der Elemente eigen ist, sondern sich nur aus ihrer Wechselbeziehung untereinander ergibt, entsteht erst, wenn mehrere Laute oder Buchstaben zu einem „Wort" zusammentreten.

Genau so entsteht die Eigenschaft des Feuchten, Fließenden, Durstlöschenden des Wassers erst dann, wenn Sauerstoff und Wasserstoff zusammentreten; keines der beiden Elemente, weder das H noch das O, enthält auch nur eine Spur der Eigenschaften der Verbindung aus H und O.

Die Welt beginnt, nach der heute in großen Zügen akzeptierten Standardtheorie, mit dem Urknall. Einige Hundertstelsekunden später hat sich durch Ausdehnung die Hitze von 10^{32} Grad so weit abgekühlt, daß aus Quarks Protonen und Neutronen entstehen können. Daraus bilden sich Atome, aus der Verbindung von Atomen entstehen Moleküle, Moleküle bilden Polymere; in der nächsten, der biologischen Phase, treten komplexe Moleküle auf mit der Fähigkeit, sich zu verdoppeln; Zellen bestehen aus Organellen, diese wiederum aus komplexen organischen Molekülen. Zellen bilden Organe, Organe sind die funktionalen Untereinheiten von Organismen wie Vögeln, Fischen und Menschen; eine fortschreitende Hierarchie also, aufsteigend vom Quark zum menschlichen Gehirn und seinen Leistungen, wobei auf jeder neuen Stufe der systematischen Wechselwirkung neue, vorher nie dagewesene Eigenschaften und Verhaltensweisen hervortreten (Emergenz s. K10.5).

Da Emergenz offenbar eine (emergente!) Eigenschaft von Systemen ist, hätte die Menschheit theoretisch die Chance (und dazu könnte die Entwicklung der weltumspannenden elektronischen Kommunikation beitragen), ein neues, gemeinsames Bewußtsein zu entwickeln: gekennzeichnet durch die Einsicht, daß die Menschheit mit dem Wettlauf der Kulturen die Evolution in die eigene Hand genommen hat, und daß diese exponierte Position den Blick für das Ganze und gemeinsame Verantwortung erfordert.

Es ist eine weitere Todsünde des kapitalistischen Paradigmas, daß es Wahrnehmungsweisen und Werte fördert, die dieser ohnehin unwahrscheinlich schwierigen Weiterentwicklung im Wege stehen. Der Markt verlangt, daß nur die gegenwärtigen, die vertretenen Interessen verrechnet werden - er würde nicht mehr funktionieren, wenn der eine oder andere Marktteilnehmer anfangen würde, die Belange fremder

EIN SYSTEM SIEGT SICH ZU TODE

Völker, die künftigen Lebensbedingungen unserer Kinder, die Reinheit des Grundwassers oder die Sozialstruktur der Yanomami-Indianer ins Kalkül einzubeziehen. Der Motor der liberalen Wirtschaftsdynamik, der Wettbewerb, funktioniert nur, wenn jeder Anbieter versucht, seine betriebswirtschaftlichen Kosten zu minimieren - ohne Rücksicht darauf, welche Kosten dabei für die allen gemeinsamen Überlebenssysteme oder für Völker und Kulturen auf anderen Kontinenten entstehen.

> Unter den Bedingungen der industriellen Wachstumswirtschaft und des internationalen Handels gebietet es die Konkurrenz nationaler Interessen geradezu, die Lasten zu internationalisieren (Mayer-Tasch, mtvl 64).

In den fortgeschrittenen Industrieländern hat die Entwicklung zum Sozialstaat dafür gesorgt, daß die Brutalität der liberalen Wirtschaftsordnung sozial entschärft wurde bis hin zu einer üppigen Beteiligung der Mehrheit an den Früchten des materiellen Fortschritts, und die Rückkopplungsmechanismen demokratischer Prozesse mildern die umweltzerstörenden Auswirkungen der industriellen Technik. Umso brutaler wirkt das selbstsüchtige Prinzip nach außen, wo es von keinem politischen Korrekturmechanismus gezügelt wird - in die Entwicklungsländer, in die Weltmeere, in die Atmosphäre. Die kapitalistische Gesellschaft erscheint wie ein Brontosaurier, der dank seiner ungeheuren Masse und seiner undurchdringlichen Panzerung unverletzlich, dank einer perfekten Innensteuerung kerngesund, sich blind, taub, geruchs- und gehörlos durch die Landschaft wälzt und alles, was er nicht niederwalzt, in sich hineinfrißt.

Der strengen Trennung von Innen und Außen entspricht ein perfekt gespaltenes Bewußtsein, wie Otto Werckmeister es in seiner *Zitadellenkultur* (owzk) beschreibt. „Beflissene Betroffenheit, folgenlos eingeübtes Krisenbewußtsein", „entscheidungslose Fortschreibung des Krisenbewußtseins" sind kennzeichnend geworden für das Psychogramm einer Gesellschaft, die nach ihren eigenen Maßstäben nie und nimmer das billigen könnte, was in jedem Augenblick an tausend Orten durch ihre Veranlassung geschieht.

So kann die Deutsche Bank, die über ihre Aufsichtsratsmandate, den Kapitalmarkt, die Kreditvergabe und ein Netz von informellen Verbindungen einen beherrschenden Einfluß auf die deutsche Großindustrie ausübt, in ihrem Geschäftsbericht voller Ernst und Sorge die Umweltzerstörung beklagen[6], die sie mitfinanziert und von der sie glänzend profitiert (man denke nur, um einen einzigen Punkt herauszugreifen, an ihre maßgebliche Beteiligung an Daimler-Benz). Sie kann zustimmend Hans Jonas zitieren, oder ihn, wie die Commerzbank, zu Vorträgen einladen, und gleichzeitig Atomkraftwerke und Konzerne finanzieren, die die Gentechnik kommerzialisieren - Unternehmungen, die Jonas' Prinzip Verantwortung[7] Hohn sprechen.

In einem scharfsinnigen Essay hat Bernd Ulrich diese Gemütslage auf den politischen Prozeß projiziert. „Wie kann eine offene Gesellschaft, die *erstens* ihre Ziele nicht mehr vereinbaren kann - nämlich Wachstum, Wohlstand und leidliche Erhaltung der Lebensgrundlagen, die *zweitens* in der Tendenz die Erhaltung der Natur für sich und die Nachkommen dem wachsenden Wohlstand nachordnen möchte und die das *drittens* aus moralischen und Vernunftgründen nicht positiv und offen sagen und entscheiden kann, wie also kann eine solche Gesellschaft trotzdem ihre Prioritätensetzung realisieren? Antwort: Sie wählt sich eine Kaste von Menschen - Politiker - an die sie den bekanntermaßen unerfüllbaren Auftrag richtet, alle Ziele gleichzeitig zu erfüllen. Sie teilt diese Kaste auf in verschiedene Parteien, die in je verschiedener Weise die Unvereinbarkeit der Ziele verhüllen. Sie wechselt ab und an die Parteien, wenn eine der Verhüllungsvarianten an der Wirklichkeit zerbrochen ist. Insgesamt sinkt das Ansehen der Kaste immer weiter - in dem Maße, wie ihre Ratlosigkeit steigt. Das ist dann die Politikverdrossenheit, die die WählerInnen an die Politiker immer weniger glauben, sie aber die Politiker weiter wählen läßt - genauso unverdrossen, wie sie die Prioritätensetzung bewußt nicht artikuliert ... Es gibt einen Geheimpakt zwischen den Politikern und dem Volk, jeden grundlegenden Wandel zu verhindern und die tagtäglich ablaufende Prioritätensetzung gegen eine lebenswerte Zukunft zugunsten einer wohlständigen Gegenwart ebenso geschwätzig wie nachhaltig zu verdrängen" (Q16).

Voraussetzung für die Emergenz des Bewußtseins vom Ganzen wäre also zuerst einmal, diese Bewußtseinsspaltung zu überwinden, die uns, das ist Sinn und Zweck aller Psychosen und Neurosen, vor der Konfrontation mit der Wirklichkeit schützt. Es ist mit an Sicherheit grenzender Wahrscheinlichkeit anzunehmen, daß es für ein Verlassen der Wahnwelt, die traumatische Konfrontation mit der Realität, die Anerkenntnis, daß man nicht beides haben kann, wachsenden oder auch nur gleichbleibenden Wohlstand *und* Selbstachtung und ein gutes Gewissen, ebenso wie im Fall der individuellen Psychose ohne einen großen Leidensdruck keine Chance gibt.

Der Leidensdruck aber ist in den fortgeschrittenen Industrieländern mehr als erträglich. Die bewußt wahrgenommenen, am eigenen Leib erlebten Schäden verblassen gegenüber den Annehmlichkeiten der Industriezivilisation zur Bedeutungslosigkeit. Dagegen würde eine Abkehr vom Kapitalismus zweifellos zu einer radikalen Senkung des Lebensstandards, zur Verknappung all der angenehmen, nützlichen, amüsanten Dinge führen, die wir uns für normal zu halten angewöhnt haben.

EIN SYSTEM SIEGT SICH ZU TODE

Heißt das, auf den Eintritt verheerender Katastrophen warten, auf die Klimaveränderungen, die weite Landstriche auch Europas verwüsten werden, auf den Kollaps der grünen Lunge am Äquator, auf das Zusammenbrechen des Wasserkreislaufs (K2.35), auf die furchtbaren Kriege, die nicht ausbleiben werden, wenn Hunderte Millionen Menschen in den Armutsgürteln der Erde nur noch verzweifelte Auswege aus ihrer hoffnungslosen Lage erkennen können? Heißt das, mit anderen Worten, fatalistisch warten, bis es zu spät ist?

Damit kämen wir zum Anfang dieses Kapitels zurück. Die Schrift an der Wand ist überdeutlich klar. Warum überhaupt noch darüber reden?

Es bleibt ein irrationaler Funke Hoffnung, der auch dann noch weiterglüht, wenn ganze Wasserfälle von Beweisen und Beweisketten über ihn hereinbrechen, und der sich, weil er mit einem vernunftbegabten Wesen koexistieren muß, seine eigene Ratio sucht. Die Ratio meiner irrationalen Hoffnung ist der Gang der Evolution und sind die ihr eigenen Wellen der Kreativität in Form der Emergenz.

Das emergente Bewußtsein vom Ganzen wird der Menschheit nicht geschenkt werden. Dafür ist sie viel zu weit über die Stufen der glücklichen, bewußtlosen Verbindungen hinausgeschritten, auf denen Atome mit Atomen, Zellen mit Zellen, Organe mit Organen etwas radikal Neues in die Welt setzen konnten.

Geist und individuelles Bewußtsein haben uns Menschen in die Lage versetzt, uns ein Bild von der Welt zu machen und Werte zu entwickeln, nach denen wir unser gesellschaftliches Zusammenleben regeln.

Für Korrekturen an diesem Bild, an diesen Werten und an diesen Regeln ist nicht mehr die Evolution zuständig, es sei denn in dem einen, kategorischen Sinn, daß sie den Entwurf Mensch für ungeeignet befinden und verwerfen kann. Sie sind allein unsere Aufgabe.

Die Konfrontation mit dem Tod, mit der Tag für Tag wachsenden Wahrscheinlichkeit, daß wir durch unser Handeln die Bedingungen für menschliches Leben auf der Erde zerstören, könnte am Anfang einer Bewußtwerdung stehen. Nur dies kann auch der Sinn des vorliegenden Buches sein, dem man sonst wohl vorwerfen könnte, daß es über die vernichtende Analyse unserer Situation hinaus keine Perspektive eröffnet (s. K10.8).

Bewußtwerden heißt auch: begreifen, daß das, was uns kollektiv bedroht, die Unbewohnbarkeit der Erde, viel schlimmer ist als alles, was uns als einzelnen passieren kann, wenn wir das Experiment Weltkapitalismus jetzt abbrechen: nämlich der Verlust an Komfort und Sicherheit, die politischen Unruhen bis hin zu Bürger-

EIN SYSTEM SIEGT SICH ZU TODE

kriegen, die auch uns erreichen könnten, anstatt sich auf ferne Länder in der Dritten Welt zu beschränken.

Dazu gehört auch: den Blick schärfen für die Zusammenhänge, die verborgenen Wechselwirkungen zwischen allem und jedem, was sich tut, was wir tun in unserer Welt; für das, was man jeden Tag, jede Minute mit der selbstverständlichsten Bewußtlosigkeit zum Schicksal des Ganzen beiträgt; ein lebendiges Gefühl zu entwickeln für das Raumschiff Erde, in dem nichts, was wir wegwerfen, in die Luft, ins Wasser, in die Erde ablassen, verlorengeht, sondern unerbittlich irgendwo wieder zum Vorschein kommt (s. a. K9.4).

Wenn aus wachsendem Bewußtsein Einzelner, in einem unerhörten Fortschritt der Evolution, ein Menschheitsbewußtsein werden soll, dann kann dies sicherlich so lange nicht geschehen, wie ein Viertel der Bewohner dieser Erde in Überfluß und Verschwendung lebt, während die anderen drei Viertel nur mühsam oder überhaupt nicht die einfachsten Bedürfnisse erfüllen können; in einigen Ländern der Erde Menschen überlegen, ob sie ein Auto für 40.000 oder lieber für 80.000 Mark kaufen sollen, während am andern Ende der Welt tausend Kinder blind werden, weil ihre Eltern die zehn Mark für eine Impfung nicht aufbringen können; in der Bundesrepublik jährlich 37 Milliarden DM dafür ausgegeben werden, durch Werbung einen längst als exzessiv und unverantwortlich erkannten Konsum weiter anzuheizen und damit unseren schon viel zu hohen Anteil am Verbrauch von Ressourcen und Umwelt noch weiter zu steigern, während diese 37 Milliarden DM ausreichen würden, die Energieversorgung ganz Schwarzafrikas zu sichern und damit die fortschreitende Zerstörung von Vegetation und Mutterboden zu vermeiden, die durch die verzweifelte Suche nach Brennholz verursacht wird.

Es gibt in der öffentlichen Diskussion einen wachsenden Chor von Stimmen, die gegen den blinden Bereicherungstaumel der nördlichen Länder auf Kosten der übrigen Welt aufbegehren - von der Nord-Süd-Kommission unter Willy Brandt über den Brundtland-Bericht hin zum neuesten Bericht des Club of Rome „The First Global Revolution". Die weltweit angesehenen Politiker und Wissenschaftler, die sich darin zu Wort melden, sind sich darin einig, daß die Industrieländer ihr wirtschaftliches Wachstum abbremsen und zu einer „nachhaltigen" Wirtschaftsform (s. K10.1) übergehen und ihren Wohlstand und ihren technisch-wissenschaftlichen Vorsprung dafür einsetzen müssen, daß den unterentwickelten Ländern ein Übergang zu einem menschenwürdigen Dasein ermöglicht wird (s. K10.3, K10.5).

Was bedeutet „nachhaltiges" Wirtschaften? Das deutsche Wort „nachhaltig" entspricht dem englischen Begriff „sustainable". „Sustainable" ist etwas, was dauerhaft oder langfristig aufrechterhalten werden kann. Es ist das Gegenteil von

EIN SYSTEM SIEGT SICH ZU TODE

kurzfristiger Gewinnmaximierung ohne Rücksicht auf externe Kosten; von kurzsichtiger Ausbeutung ohne Rücksicht auf die Zukunft; der egoistischen Verfolgung eigener Interessen, die nur dort Grenzen anerkennt, wo andere egoistische Interessen sich zu Wort melden.

„Sustainable" ist also „durchhaltbar": z. B. ein Landbau, der nicht den Mutterboden abbaut wie einen Rohstoff, ihn Jahr für Jahr tonnenweise in Geld umsetzt, sondern ihn so pfleglich behandelt, daß er auch für unsere Kinder noch Früchte tragen kann; ein Einsatz von Energie, der uns durch kluge, vorausschauende Nutzung der natürlichen Potentiale wie Sonne, Wind und Wasserkraft schwere körperliche Arbeit erspart und das Bedürfnis nach Wärme erfüllt, ohne durch die Verschmutzung der Meere und die Belastung der Atmosphäre unsere Lebensgrundlage zu zerstören. „Durchhaltbar" ist eine Wirtschaftsweise, die nicht nur die heute lebende Generation in den Industrieländern reich macht, sondern die Syntropievorräte der Erde so haushälterisch nutzt, daß sie für die Erfüllung der Grundbedürfnisse aller Menschen reichen und auch für unsere Enkel und Urenkel noch existieren. Durchhaltbarkeit, Nachhaltigkeit, „sustainability" ist die radikale Verneinung des kapitalistischen Verwertungsprinzips, das die Zukunft damit zunichte macht, daß es sie „abdiskontiert": bei einem Zinssatz von 10 Prozent ist die Million Mark, die das Holz eines Waldes in 100 Jahren einbringt, heute gerade 73 Mark wert - also bringt es mir dreizehntausend mal soviel, wenn ich ihn heute schlage.

Die Vorstellung, daß wir das Fundament unseres Wirtschaftssystems, Geld und Zins, sprengen sollen, wird den meisten Leserinnen und Lesern wie ein schlechter Witz erscheinen (s. K10.3). Daß Geld, das man gespart hat und einer Bank anvertraut oder jemand anderem leiht, Zinsen trägt - das erscheint uns so selbstverständlich wie die Abfolge von Tag und Nacht. Der Gedanke, daß investiertes Kapital keinen Gewinn erwirtschaften soll, erscheint uns als ein Hirngespinst. Unser ganzes Wirtschaftsleben - und das heißt schon fast unser ganzes Leben - wird von diesem Motor angetrieben, wird von diesem Saft ernährt, wird von diesem Medium gesteuert. Jeder Versuch, daran zu rühren, schon jede dahingehende Überlegung muß ebenso bedrohlich wie hirnverbrannt erscheinen.

Die Bewohner und Nutznießer der industrialisierten Welt sitzen in einem Luxusbus, der mit hoher Geschwindigkeit auf einen Abgrund zurast. Nach der offiziellen Religion der Reisegesellschaft ist es absolut verboten, anzuhalten. Widrigenfalls drohen unaussprechliche Strafen. Einige Ketzer haben unwiderlegbare Beweise dafür, daß der Bus auf einen Abgrund zurast. Sie plädieren dafür, ihn zu stoppen.

EIN SYSTEM SIEGT SICH ZU TODE

Es kann sehr heiß werden in unserem Luxusbus, wenn wir ihn anhalten, weil die Klimaanlage ausfällt; es kann ungemütlich eng werden, weil noch viele einsteigen werden, wenn der Bus nicht an ihnen vorbeirast; die Vorräte können knapp werden, wenn wir sie mit vielen anderen teilen müssen. Das Wohlleben, die hektische Unterhaltung, die hysterische Hochstimmung an Bord des Busses wird dahin sein; aber zumindest wird er nicht mehr mit tödlicher Sicherheit in den Abgrund rasen.

> Wenn der Club seiner Rolle gerecht werden soll, müssen wir ...
> vor den Konsequenzen warnen, die sich aus dem
> unveränderten Fortbestand der wirtschaftlichen Systeme
> und des menschlichen Verhaltens der Gegenwart ergeben würden
> *(Bericht des Club of Rome 1991, crgr8).*

Wenn die zarten Andeutungen eines neuen Denkens jenseits des kapitalistischen Paradigmas jemals in politische und gesellschaftliche Veränderung umschlagen sollen, ist intellektuelle Einsicht, so wichtig und unerläßlich sie auch sein mag, nicht genug. Zu einer radikalen Veränderung braucht es offenbar mehr - entweder die endzeitlichen Katastrophen, die nicht mehr auszuschließen sind, oder die Entstehung eines neuen, über unser enges, selbstsüchtiges, angsterfülltes Ich hinausgehenden Bewußtseins. Eines Bewußtseins, das auf einer Identifikation mit der uns umgebenden Welt beruht, ein Sich-eins-fühlen mit dem Ganzen, von dem wir ja tatsächlich ein Teil sind, von dem wir ernährt, getragen, am Leben gehalten werden, das keine Verbote und Gebote braucht, die ja doch umgangen werden, keine moralischen Imperative, die als bedrückend und zwanghaft empfunden werden, sondern das, was der Biosphäre schadet, als eine Verletzung und Bedrohung des eigenen Selbst erlebt (s. K10.6).

Es gibt verschwindend geringe Anzeichen dafür, daß ein solches Bewußtsein im Entstehen begriffen ist. Aber: es ist die einzige Hoffnung.

Der wirkliche Fortschritt in der Welt ist die Entwicklung vom Einfachen zum Komplexen, ein wahrer Schöpfungsakt, weil dabei auf jeder Stufe neue, in den Teilen der entstehenden Systeme nicht vorhandene Eigenschaften entstehen, „emergieren".

Es ist Zeit, daß diese in unserer Umwelt und in jedem einzelnen Menschen manifeste Emergenz zu sich kommt, eine weltbewegende neue Stufe erreicht in der Emergenz eines Bewußtseins vom Ganzen. Dies ist ein Versuch, hin- und hergerissen zwischen Verzweiflung, Zorn und Hoffnung, dazu einen kleinen Anstoß zu geben.

LESEBUCH

Mit der Zweiteilung dieses Buches wird versucht, darauf Rücksicht zu nehmen, daß jede Leserin und jeder Leser ihren/seinen eigenen, von allen anderen verschiedenen Bildungs- und Wissenshintergrund hat. Für den einen wäre es deshalb lästig, im Fluß des Gedankens, bei der Entwicklung eines Arguments von Erklärungen aufgehalten zu werden, die ihm Wohlbekanntes ausbreiten; für den anderen läßt die kurze, knappe Argumentation des Essays Fragen offen oder Lücken entstehen, die es ihm erschweren, den Gedankengang nachzuvollziehen. Um die eine Leserin nicht zu langweilen, den anderen Leser nicht im Stich zu lassen, sind in diesem Lesebuch Begriffsbestimmungen, Hintergrundinformationen, illustrierende Beispiele und weiterführende Gedanken versammelt, aus denen sich der Leser/die Leserin das zusammensuchen kann, was seinen/ihren Bedürfnissen entspricht.

EIN SYSTEM SIEGT SICH ZU TODE

INHALTSVERZEICHNIS: LESEBUCH

1.1	Entropie, Definition	85
1.2	Negentropie	88
1.3	Entropievermehrung = Negentropieverzehr	90
2.11	Akkumulation	91
2.12	Verwertung I	91
2.13	Verwertung II	93
2.14	Aneignung	93
2.15	Mehrwert, Massenwohlstand und Entropie	95
2.21	Die Idiotie des Marktes	102
2.22	Markt und Entropie	105
2.23	Allokation, Arbeitsteilung, Standortwahl	109
2.24	Weltmarkt	109
2.31	Das westliche Entwicklungsmodell	111
2.32	„Entwicklung" - die Rückseite des Fortschritts	116
2.41	Die Entstehung des Industriekapitalismus	120
2.42	Desynchronisierung	124
2.5	Anpassung	125
2.6	Positive Rückkopplung	131
2.7	Vernetzung und Verstärkung	135
2.71	Selbstverstärkung	137
2.8	Exkursion	138
2.9	Das San-Remo-Modell	141
4.1	Dämpfung	143
4.2	Positioneller Reichtum	143
5.1	Homo oeconomicus	145
5.21	Verantwortung	146
5.22	Freier Markt und Austauschrelationen	147
5.23	Schweineschnitzel und Fischsterben	148
5.3	Gentechnik	149
5.4	Kriminelle Verantwortungslosigkeit	151
5.5	Mitläufer	153

LESEBUCH

6.1	Ökologische Modernisierung des Kapitalismus	**156**
6.2	Öko-soziale Marktwirtschaft?	**162**
6.3	Internalisierung	**166**
6.4	Externalisierung der Kosten	**169**
7.1	Recycling	**173**
7.2	Ökologische Modernisierung der Produktion	**174**
7.3	Internalisierung externer Kosten	**180**
7.4	Die sanfte Abschaffung der Chemie	**180**
7.5	Koevolution	**182**
7.6	Urvertrauenskrise	**184**
7.7	Systemeffekte	**189**
7.8	Die Mär von der Dienstleistungsgesellschaft	**196**
9.1	Gaia	**199**
9.2	Leben und Entropie	**204**
9.3	Source and Sink	**205**
9.4	Lebenserhaltungssysteme	**206**
9.5	Spurensuche	**207**
10.1	Revolution oder Resignation?	**211**
10.2	Währungsreform oder Die Reale Marktwirtschaft	**216**
10.3	Geld ohne Zinsen	**226**
10.4	Erdpolitik	**230**
10.5	Emergenz	**238**
10.6	Deep Ecology	**242**
10.7	Was wäre, wenn ... Eine unzensierte Utopie	**247**
10.8	Moribundus	**252**

Entropie

Entropie, Definition

Der zweite Hauptsatz der Thermodynamik besagt, „daß die Entropie eines abgeschlossenen Systems nicht vernichtet werden kann und immer größer wird. Sie kann nur verändert werden durch Austausch mit der Umgebung, womit deren Gesamtentropie wiederum vergrößert wird. Das bedeutet, daß alle Wärmevorgänge eine Richtung haben vom höheren zum niederen Niveau. Wärme geht nicht von selbst aus dem Körper niederer Temperatur in den höherer Temperatur über. Soll sie das, muß nach dem Clausiusschen Prinzip Arbeit aufgewendet, das heißt, aus einem anderen System muß Energie zugeführt werden" (Christian Schütze, cggn1).

Entropie ist das Maß für die Menge Energie in einem (geschlossenen) System, die keine Arbeit mehr leisten kann. In demselben Maß, in dem die verfügbare freie Energie weniger wird, steigt die Entropie.

Was der 2. Hauptsatz für die Energie formuliert, hat auch für die Materie Gültigkeit. In diesem Fall ist nicht das Potential zur Arbeitsleistung, sondern der Grad an Ordnung das Maß der Entropie. Das Maximum an Entropie wird erreicht, wenn alle Stoffe vollkommen ungeordnet vermischt sind. Am entgegengesetzten Ende der Skala, dem (nur theoretisch denkbaren) Maximum der Negentropie, wären alle Stoffe jeweils für sich konzentriert und von allen anderen getrennt. Georgescu-Roegen hat dafür den 4. Hauptsatz der Thermodynamik formuliert:

„Unverfügbare Materie ist nicht wiederzugewinnen" (nger45).

Damit wird für die Materie das gleiche postuliert, was der 2. Hauptsatz für die Energie aussagt.

Georgescu-Roegen hat sich auch mit dem plausibel erscheinenden Einwand befaßt, daß durch wirtschaftliche oder industrielle Tätigkeit doch Ordnung und Strukturen geschaffen werden, und daß man deshalb nicht behaupten kann, daß alle Wirtschaftstätigkeit die Entropie vermehrt. Ein fertiges Auto stellt schließlich sehr viel mehr Ordnung dar als die Brocken Eisenerz, aus denen der Stahl erschmolzen wurde, oder als der Sand, aus denen das Glas entstand.

Georgescu-Roegen illustriert den Fall am Beispiel einer Kupferplatte, die ja zweifellos einen höheren Ordnungsgrad darstellt als das Kupfererz. Wir haben, um die Kupferplatte herzustellen, die Kupfermoleküle von allen anderen getrennt, „aber

EIN SYSTEM SIEGT SICH ZU TODE

um dieses Ergebnis zu erzielen, haben wir *unwiderruflich eine größere Menge niederer Entropie aufgebraucht als die Differenz zwischen der Entropie des Fertigprodukts und der des Kupfererzes"* (ngel279) (Übers. vom Verf.).

Das Entropiegesetz bezieht sich auf geschlossene Systeme. In offenen Systemen können aus verschiedenen Gründen (s. K1.2) Zustände eintreten, die vom thermodynamischen Gleichgewicht entfernt sind. Ein Beispiel dafür wären die atmosphärischen Bedingungen und Prozesse auf der Erde, die dazu führen, daß Wasser immer wieder durch Verdunstung und Regen von den tiefgelegenen Seen und Ozeanen in hochgelegene Reservoire (Vegetation, Boden, Seen) transportiert wird, wodurch es in die Lage versetzt wird, erneut Arbeit zu leisten. Erwin Schrödinger hat für diesen Abstand vom thermodynamischen Gleichgewicht den Begriff der *Negentropie* eingeführt. Um die verwirrende negative Assoziation zu vermeiden, die mit den Begriffen *negative Entropie* und *Negentropie* verbunden ist, hat Hans-Peter Dürr dafür den Ausdruck *Syntropie* vorgeschlagen.

Daß die Erde ein bewohnbarer Planet ist, verdanken wir der Tatsache, daß sie eine Unzahl von Inseln negativer Entropie besitzt, ja eine einzige große Insel der Negentropie in einem Weltall der stetig wachsen Entropie ist.

Inseln der Negentropie sind nicht nur die Vorräte an fossilen Brennstoffen wie Kohle, Erdöl und Erdgas, die Rohstofflager, in denen Metalle in einer gänzlich entropiewidrigen Form konzentriert vorliegen, sondern vor allem auch die „Life Support Systems" wie die Atmosphäre und das Wetter, der Wasserhaushalt und die Erdkrume, die die Lebensgrundlagen auf der Erde unablässig „frischhalten" und erneuern (s. a. K1.2, K9.1, K9.3, K9.4).

❖

Ein greifbares Maß für die Entropievermehrung durch die Industriezivilisation ist der Energieverbrauch. Der durchschnittliche Energieverbrauch eines modernen Amerikaners ist das Hundertfache des natürlichen Energieverbrauchs eines Menschen. Er nimmt also, im Sinne der Ausnutzung der auf der Erde zugänglichen negativen Entropie, den Platz von 100 Großsäugern ein.

Wenn wir auch nur annehmen, daß sich der durchschnittliche Energieverbrauch aller Menschen bis zum Jahr 2025 auf ein Viertel des heutigen amerikanischen gesteigert hat, bedeutet das, daß die 8 - 10 Milliarden Menschen, die dann die Erde bevölkern werden, den Negentropievorrat der Erde mit dem Heißhunger von 250 Milliarden Großsäugern oder von 12 000 Billionen Heuschrecken (das sind 100 000 Heuschreckenschwärme von biblischer Größe) verzehren werden.

❖

Im Bericht „Die Grenzen des Wachstums" von Meadows an den Club of Rome war noch die Erschöpfung der Ressourcen die Hauptsorge. Heute sehen wir, daß nicht das Ausgehen der Rohstoffe, sondern das Überfließen der Senken (K9.3), in denen früher der Abfall, die schädlichen Stoffwechselprodukte verschwanden, die Überlastung und der Zusammenbruch der Prozesse, in denen sie auf natürliche Weise rezykliert oder gereinigt wurden, die schrankenlose Expansion der Menschheit begrenzt (s. a. K9.4).

❖

Gegen Ende des letzten Jahrhunderts entwickelte Boltzmann eine elegante Neudefinition der Entropie als Maß der Wahrscheinlichkeit einer molekularen Verteilung. Sie impliziert, daß immer und überall, wo wir eine hoch unwahrscheinliche molekulare Anordnung vorfinden, es sich wahrscheinlich um Leben oder eines seiner Produkte handelt.

❖

Die drei Hauptsätze der Thermodynamik nach Garrett Hardin:

'We can't win.'

'We are sure to lose.'

'We can't get out of the game.'

EIN SYSTEM SIEGT SICH ZU TODE

Negentropie K1.2

Der industrielle Prozeß und seine Entfaltung hängen in erster Linie vom Verbrauch immer größerer Mengen von Energie ab. Dazu kommt, als zweiter offensichtlicher Faktor, der Verbrauch von Ressourcen wie mineralischen Bodenschätzen und pflanzlichen Rohstoffen wie Holz, Naturfasern, Gummi, usw.

Die Verschmutzung von Luft, Wasser und Böden, die mit dem industriellen Prozeß einhergeht, wurde und wird auch heute noch als ein davon völlig getrenntes und unabhängiges Phänomen betrachtet. Ebenso betrachtet man die wachsende Vernichtung von Tier- und Pflanzenarten gemeinhin als eine unerfreuliche Nebenwirkung der Industrialisierung, die sich mit etwas mehr Rücksichtnahme und Sorgfalt vermeiden ließe.

Die Anwendung des Entropiegesetzes auf die Wirtschaft bringt alle diese Erscheinungen auf einen systematischen Nenner: ob durch die Verbrennung von Kohle oder Erdöl der angesammelte Kohlenstoff in die Atmosphäre geblasen und dort gleichmäßig verteilt wird, oder durch die Ausbeutung von Erzlagern und die Produktion von Gütern wie Autos oder Eisenträgern das konzentrierte Metall beim Verrosten wieder zerstreut wird, ob aus reinem Quellwasser durch industrielle Einleitungen eine schmutzige, vergiftete Brühe wird, ob im ungeheuer komplexen Beziehungsnetz von Pflanzen, Tieren und Mikroorganismen Stunde für Stunde ein Glied zerstört, das Netz immer brüchiger wird - in allen diesen Beispielen werden die Inseln negativer Entropie, die auf der Erde durch Lebensprozesse oder Prozesse fern vom thermodynamischen Gleichgewicht geschaffen wurden, zerstört.

Die „Entfaltung der Produktivkräfte", wie Marx es nannte, war nur dadurch möglich, daß Wissenschaft und Technik immer neue Wege fanden, den auf der Erde angesammelten Vorrat an negativer Entropie anzuzapfen.

Ein Kraftwerk, ob mit Kohle, Erdöl, Erdgas oder Müll befeuert, kann nur solange funktionieren, wie es seine Abwärme an eine kühlere Umgebung - Luft oder vorbeiströmendes Wasser - abgeben kann. Die chemische Industrie konnte sich nur entwickeln, weil Salzlagerstätten in unerschöpflichen Mengen Chlor, weil Kohle und Erdöl gigantische Mengen Kohlenwasserstoffe zur Verfügung stellen, und dazu auch noch die Energie, sie aufzuspalten und in tausend neuen Formen wieder zusammenzusetzen. Sie konnte bisher nur deshalb so ungehindert von Erfolg zu Erfolg und von Rekordgewinn zu Rekordgewinn schreiten, weil ihr in Form von Luft, Wasser und Boden eine anscheinend bodenlose Senke für ihre nutzlosen und unerwünschten Nebenprodukte zur Verfügung stand. Selbst wenn heute ein großer Teil dieser Nebenprodukte zurückgehalten und wiederverwertet oder beseitigt wird,

LESEBUCH

K1.2

fließen trotzdem weiterhin Hunderte von Tonnen Schwermetalle und chlorierte Kohlenwasserstoffe den Rhein hinab, weil ihre Rückhaltung „unwirtschaftlich" wäre. Und außerdem: was bedeutet „Beseitigung"? Es bedeutet die Ablagerung von Giftmüll auf Deponien, und damit irgendwann eine Auswaschung in Boden und Grundwasser, oder seine Verbrennung, womit die dabei übrigbleibenden oder neuentstehenden Giftstoffe wie Dioxine oder Furane in der Luft verteilt werden.

Die Reihe ließe sich unendlich fortsetzen - jeder Leser kann sie jeden Morgen beim Frühstück aus den einschlägigen Zeitungsartikeln verlängern. Jedes einzelne Beispiel demonstriert, daß die industrielle Produktion - und dazu gehört heute in den Industrieländern auch der größte Teil der Landwirtschaft - nur existieren kann, indem sie den Vorrat an negativer Entropie, der auf der Erde in vier Milliarden Jahren aufgebaut wurde, in wenigen Jahrhunderten und mit rasend wachsender Geschwindigkeit aufbraucht (s. a. K9.3).

> Entropie, Negentropie, Syntropie - das klingt akademisch, technisch.
> Dabei ist die Negentropie der Lebenssaft des Planeten: ohne sie geht nichts.
> Und wir verbrauchen sie mit einer Ahnungslosigkeit, die sich
> vielleicht am besten mit einer Fabel verdeutlichen läßt.
> Man stelle sich, auf einem kleinen, neuentdeckten Planeten, einen Stausee vor,
> der den ganzen Wasservorrat des Planeten hält. Alle Kreaturen dieser Welt
> leben von den kleinen Rinnsalen, die aus dem hochgelegenen Becken abfließen -
> und es fließt immer nur so viel ab, wie vom Regen nachgefüllt wird.
> Aber die Neuankömmlinge, pfiffige Erdbewohner, entdecken sofort, daß
> man mehr Nahrung produzieren und schneller wachsen kann, wenn man
> aus dem Damm um den See ein großes Stück herausbricht, so daß das Wasser
> in einem breiten, tiefen Strom herausfließt. Sehr schnell entdecken sie, daß
> man mit dem schnellfließenden Wasser auch Mühlen, Hämmer und Kraftwerke
> antreiben und damit viel Mühe und harte körperliche Arbeit sparen kann - man
> muß nur den Durchfluß ein wenig verbreitern und vertiefen. Und schon bald
> donnert ein gewaltiger Strom durch die von den Menschen geschaffene
> Bresche im Damm, der Strom wird immer gewaltiger, die Bresche immer
> breiter und tiefer, längst sind die Pflanzen und Tiere an den kleinen,
> ausgetrockneten Rinnsalen eingegangen, und der Tag läßt sich absehen,
> an dem der See leergelaufen sein wird.
> Gut, könnte man sagen, wenn sie das Wasser im See aufgebraucht haben,
> müssen sie notgedrungen wieder zur „Regenwirtschaft" übergehen,
> das heißt sich mit dem Wasser begnügen, was in jedem Jahr vom Himmel
> fällt. Aber jetzt kommt die böse Überraschung: es gibt keinen Regen mehr.
> Es war der See selbst, der die „Regenmaschine" in Gang hielt,
> indem er die Temperatur auf dem Planeten konstant hielt.
> Negentropie - das ist das Wasser im hochgelegenen See, das jede Gelegenheit
> nutzen wird, um in die tiefer gelegene Ebene der Entropie abzufließen -
> und das von selbst nie mehr zurückkommen wird.

EIN SYSTEM SIEGT SICH ZU TODE

Entropievermehrung = Negentropieverzehr K1.3

Der Begriff der Entropievermehrung, wie er in Kap. 1, Kap. 4, K1.1, K1.2 verwendet wird, ist eine Kurzformel, die allzuleicht mißverstanden wird.

Es geht dabei nicht um die zusätzliche Vermehrung der sich ohnehin ständig vermehrenden Entropie im Kosmos, und nicht einmal primär um die Vermehrung der Entropie in der irdischen Biosphäre; in dem Begriff Entropievermehrung verbirgt sich vielmehr ein Saldo, in dem sich in erster Linie der Abbau der auf der Erde angesammelten negativen Entropie niederschlägt (s. K1.2).

Dabei ist der Energieverbrauch, genauer: die Energienutzung, nicht an sich der für die Umweltzerstörung entscheidende Faktor, seine Bedeutung ist eher die eines Indikators. Die unmittelbare Entropievermehrung durch menschliche Energienutzung liegt nur bei einem Hundertstel Prozent der Energieeinstrahlung der Sonne.

Aber die Tatsache, daß ein Mensch heute 50 bis 100 mal soviel Energie verbraucht wie ein Säugetier seiner Größe, ist ein aussagekräftiger Maßstab für die Geschwindigkeit, mit der er die Negentropievorräte der Erde verbraucht.

Die einzigen Lebewesen, die direkt von der praktisch unerschöpflichen Flußenergie der Sonne leben, sind die Primärproduzenten, das heißt die zur Photosynthese befähigten Pflanzen. Alle anderen Lebewesen, also neben den Tieren auch Pilze und die meisten Mikroorganismen (marginale Ausnahme: Schwefelbakterien), sind von der Verwertung der Negentropie abhängig, die von den Primärproduzenten angesammelt wird.

Solange dieser Verbrauch durch die Menge der Arbeit begrenzt wird, die ein Lebewesen für seinen Nahrungserwerb (oder auch, auf den Menschen bezogen, für seinen Komfort) leisten kann, können Systeme und Subsysteme der Natur trotz gelegentlicher Ausreißer ihr dynamisches Gleichgewicht halten.

Mit der Erfindung und dem Einsatz von Maschinen wird diese strikte Begrenzung der Negentropienutzung übersprungen, und durch die industrielle Megamaschine, die sich daraus in Wechselwirkung mit der sich ungeheuer entfaltenden Wissenschaft in den letzten 200 Jahren entwickelt hat, rauscht inzwischen ein Energiestrom, der dem Verbrauch von 250 Milliarden Großsäugern entspricht.

Akkumulation

K2.11

Natürliche Systeme - also Systeme, die sich als überlebensfähig erwiesen haben - haben eine logistische Wachstumskurve: langsames, dann schnelleres Wachstum, dann Abflachen und Stabilisieren (s. K10.1 Abb. 9). Bei Ökosystemen wird das Reifestadium, in dem das Wachstum aufhört und durch Reparatur- und Erhaltungsmaßnahmen mit geringem Energie- und Stoffumsatz ersetzt wird, als Klimax bezeichnet.

Es leuchtet unmittelbar ein, daß eine Biosphäre nur mit Subsystemen existieren kann, die diesem Entwicklungsgesetz genügen. Wäre dies nicht der Fall, würde entweder das Subsystem an seinen Umweltbedingungen zerbrechen, oder es würde unweigerlich das Gesamtsystem (die Biosphäre) zerstören, wie Krebs oder eine ungebremste Virusinfektion einen Organismus zerstört.

Ein System, das durch fortwährend positive Zuwachsraten zum exponentiellen Wachstum verurteilt ist, kann daher in der Biosphäre keinen Bestand haben. Genau in dieser Lage befindet sich ein Wirtschaftssystem, das vom Prinzip der Akkumulation (Produktion von Mehrwert, Zuschlag des Mehrwerts zum Grundkapital, Produktion von Mehrwert im Verhältnis zu der erweiterten Basis) angetrieben wird, und das dieses Wachstumsprinzip durch den Austausch von Energie und Materie mit der Biosphäre realisiert.

Verwertung I   K2.12

Ob nach Adam Smith, Marx oder der neoliberalen Wirtschaftslehre: Wertschöpfung beruht auf Arbeit und dem Einsatz von Kapital, das seinerseits abgeschöpfte und „geronnene" Arbeit darstellt. Was Adam Smith, im Frühstadium der industriellen Revolution, nicht sehen konnte, wird bis zum heutigen Tag von der Nationalökonomie unerschütterlich übersehen: daß die Wertschöpfung im Industriekapitalismus nur zu einem Bruchteil, und dazu einem ständig schrumpfenden Bruchteil aus Arbeit, zu einem beträchtlichen Teil aus Ingenium und zum überwiegenden und explosiv wachsenden Teil aus der Verwertung natürlicher Ressourcen, der Inwertsetzung der negativen Entropie stammt.

Verwertung ist das beherrschende Prinzip. Das Primat der Verwertung diktiert die Richtung, in die sich alle Anstrengungen zur Bekämpfung und Beseitigung der schädlichen Folgen der industriellen Aktivität zu bewegen haben: technological fix.

EIN SYSTEM SIEGT SICH ZU TODE

Wenn die Abgase der Autos anfangen, Bauwerke zu zerfressen, Bäume zu töten, Menschen krank zu machen, verpaßt man ihnen Katalysatoren. Wenn die Abfälle der Industriegesellschaft zu Lawinen werden, die in einem dicht besiedelten Land nicht mehr auf Deponien unterzubringen sind, baut man aufwendige technische Anlagen, um sie zu verbrennen. Wenn Autostraßen zu Stauräumen für Autos werden, müssen Straßen aufs Doppelte verbreitert, Umgehungsringe und Tunnels gebaut werden. Wenn auch das den Verkehrsinfarkt nicht weiter aufschieben kann, müssen Schnellbahntrassen und hochfrequente Nahverkehrssysteme gebaut und Menschen und Güter auf die Bahn verlagert werden. Wenn es je zu einem Streit zwischen Experten über Lösungen kommt, dann beschränkt er sich auf die Wahl der (technischen) Mittel: Tunnel oder Schallschutzwände, Verbreiterung der Autobahn oder Huckepackverkehr für LKWs, neue Autobahntrassen oder elektronische Verkehrsleitsysteme, mehr Parkplätze in der Innenstadt oder Park-and-Ride mit S-Bahn im Zehn-Minutentakt.

Völlig ausgenommen von allen Diskussionen, unantastbar bis zur Amnesie, bleibt die Antriebskraft, der urgewaltige Sog, der immer mehr Bewegung verlangt, der das Verkehrsaufkommen in immer neue Höhen treibt: der Drang zur Verwertung - einerseits des unablässig wachsenden Kapitals, andererseits der ständig schrumpfenden Räume und Ressourcen.

Das Industriezeitalter begann von der statischen Wirtschaftsweise der vorangegangenen menschlichen Geschichte abzuheben, als Maschinen an die Stelle von Werkzeugen traten und damit den Begrenzungsfaktor Arbeit im Produktionsprozeß entgrenzten (s. K2.41). Solange die Erzeugung von Gütern das Produkt von Boden (d. h. landwirtschaftlich nutzbarer Fläche) und Arbeit ist, kann es nur in den engen Grenzen vermehrt werden, in denen sich menschliche und tierische Arbeitsleistung durch äußere (Herrschaft und Unterdrückung) oder innere (ora et labora, protestantische Ethik) Zwänge und durch den bescheidenen Einsatz von Kapital in Form von Werkzeugen steigern läßt. Die Vermehrung der Arbeitskräfte durch Bevölkerungswachstum konnte, wie Malthus unwiderlegt nachwies, diese Grenzen nicht sprengen - es handelte sich um ein Wachstum, das sich, jenseits des oben skizzierten engen Spielraums, selbst den Nährboden entzog. Was Malthus widerlegte, waren nicht die besseren Argumente seiner Kritiker, sondern die von ihm nicht wahrgenommene völlig neue Dynamik des Industriezeitalters, in der das Produkt von Arbeit, Kapital, Ingenium und Technik mit der damit ermöglichten Verwertung der negativen Entropie grenzenlos wachsen konnte - bis auf weiteres.

LESEBUCH

Verwertung II   K2.13

Wenn man Wirtschaftsprofessor, oder eine vergleichbar angesehene Stütze der Gesellschaft ist, glaubt man, oder läßt man zumindest glauben:

„Die wirtschaftliche Leistung besteht in dem Anbieten derjenigen dringlichen Güter, für die Bedarf besteht. Erfolg oder Mißerfolg der Wirtschaft besteht im Treffen oder Verfehlen der Konsumentennachfrage" (Koslowski, Q6).

Es klingt auch ganz überzeugend, weil es eigentlich normal wäre. Weil aber das kapitalistische Wirtschaften einen Selbstzweck enthält (nämlich die Akkumulation), hat es einen eingebauten Drang (den Verwertungsdrang), neuen Bedarf zu schaffen, damit das geschaffene Kapital wieder eingesetzt werden und wieder neuen Mehrwert erzeugen kann. Der dabei entstehende neue Mehrwert verlangt wieder nach Einsatz, und deshalb müssen immer neue Ressourcen erschlossen und verarbeitet werden, und wenn die Ressourcen knapp werden und zur Neige gehen, müssen sogar neue erfunden werden. Genau an diesem Punkt sind wir angelangt. Daher der gierige Griff der Wirtschaft nach der lebenden Substanz: das Genom wird zur Ressource.

Dieser Griff, die Hand des Midas, kann sogar lebensbedrohende Katastrophen in Geld verwandeln. Nach einer in *Nature* veröffentlichten Studie können die USA von einer globalen Erwärmung sogar profitieren. Da die zu erwartende Lebensmittelknappheit die Preise in die Höhe treiben wird, können die Amerikaner mit ca. 3,5 Milliarden Dollar Mehreinnahmen aus dem Export von Weizen rechnen (Q21).

Aneignung   K2.14

(The Wealth of *Some* Nations)

Seit Adam Smith gilt die Arbeit als die einzige Quelle allen Reichtums.

Adam Smith (1723-1790) lag mit dieser Konzeption ganz im Trend der Zeit. Die Physiokraten, für die die Quelle allen Reichtums noch die Natur gewesen war, hatten damit ausgedient. Sie gehörten mit ihrer antiquierten Vorstellung ja auch ganz offenbar einer vergangenen Zeit an. Einer Zeit, in der die Landwirtschaft die unverzichtbare Grundlage von Überleben und Wohlstand war. Jetzt schickte sich die Industrie an, die Landwirtschaft als Wohlstandsgenerator zu verdrängen. Insofern entsprach die Schwerpunktverschiebung von den natürlichen Ressourcen zur Arbeit, die Smith (in Übereinstimmung mit John Locke, dem Philosophen des bürgerlichen Zeitalters) propagierte und die von Marx in der Wertlehre quasi kodifiziert wurde, der realen Veränderung der Produktionsverhältnisse durch die industrielle Revolution.

Der grundlegende Fehler, der dabei Adam Smith unterlief, indem er das Kind (Natur) mit dem Bad der Physiokraten ausschüttete, war zu übersehen, daß Arbeit keine Erschaffen, sondern immer ein Umwandeln ist: aus einer (für den Menschen) nutzlosen in eine nützliche Form. Wobei dieser Nutzen auch noch, wie es der Markt für sein Funktionieren verlangt, kurzfristig und egoistisch definiert ist.

Im Prinzip läuft das so: aus einem (begrenzten, nicht unerschöpflichen) Vorrat werden die Mittel entnommen, die durch Arbeit (+ Ingenium) in nützliche Dinge umgewandelt werden, die anschließend benutzt, vernutzt, verbraucht werden.

Wenn man den Ursprung des Prozesses (und a fortiori sein Ende im Schoß der Entropie) ignoriert, entsteht der berühmt-berüchtigte Kreislaufprozeß, der den Wirtschaftswissenschaftlern bis zum heutigen Tag den Kopf verdreht. Die Nationalökonomie beschränkt sich darauf, die Transaktionen zwischen Kapital und Arbeit, Produktion und Konsumption, Faktoreinkommen und Reproduktion in einem geschlossenen Kreis darzustellen, und überläßt die Frage nach dem Woher und dem Wohin in edler Selbstbescheidung den Philosophen.

Es hat in der Geschichte der liberalen und neoliberalen Wirtschaftlehre nicht an Versuchen gefehlt, diesen Fehler zu beheben. So hatte S. Fabricant in der Frühzeit der Volkswirtschaftlichen Gesamtrechnung (VGR), Ende der 40er Jahre, vorgeschlagen, den Abbau natürlicher Ressourcen als Kostenfaktor über entsprechende Abschreibungen in die VGR einzubeziehen. In der Weiterentwicklung der VGR setzte sich jedoch nicht sein Konzept, sondern das von E. Dennison durch. Nach dessen Meinung „würden Nettoerlöse aus der Produktion von Rohstoffen angemessen als Teil der Faktoreinkommen betrachtet. Sie seien Teil der ökonomischen Rente, die dem Faktor Boden zufällt" (ausführlicher bei Leipert, clhk 76).

Damit bleibt der Kreis geschlossen, und bleibt die folgenschwere Unterlassungssünde von Adam Smith, die auch von Karl Marx nicht korrigiert wurde (trotz einiger Randbemerkungen, aus denen man den Schluß ziehen könnte, daß ihm dieser Knackpunkt nicht völlig entgangen war), der Geburtsfehler der liberalen und damit der kapitalistischen Wirtschaftsphilosophie.

LESEBUCH

K2.15

Wie kann ein Modell, das sich so grotesk von der Wirklichkeit entfernt, so lange und praktisch unangefochten seine Spitzenstellung auf dem Markt der sozialen Ideen behaupten? Denn hier ist daran zu erinnern, daß der einzige ernstzunehmende Gegenentwurf der Moderne, der Marxismus-Leninismus, diesen Aspekt des Modells unbesehen übernommen hat: für ihn ging es, wie es ihm als Materialismus wohl angestanden hätte, nicht etwa darum, den Wirtschaftsprozeß an seinem Anfang und seinem Ende an seine physische Grundlage anzubinden, sondern, in Form der Klassenfrage, die Verteilung des geschaffenen Reichtums zu revolutionieren. Dabei konnte ihm die Frage nach den Quellen des Reichtums und insbesondere nach deren Erschöpflichkeit ebensowenig in den Kram passen wie den bürgerlichen Verfechtern des Liberalismus. Hier befindet sich der Marxismus-Leninismus als Anwalt der Arbeiterklasse in genau der gleichen Interessenlage wie die Gewerkschaften. Zwar soll der Kuchen anders verteilt werden, aber selbstverständlich soll er zum Wohl der neuen Nutznießer gleichzeitig wachsen und nicht etwa schrumpfen. Und wer hätte es gewagt, in der Epoche der Konzertierten Aktion, als das ständig wachsende Sozialprodukt eine massive Umverteilung hin zum Massenwohlstand ohne soziale Konflikte ermöglichte, wer hätte es gewagt, in diesem Sozialidyll als Störenfried aufzutreten? Heißt also: niemand im gesamten politisch-gesellschaftlichen Spektrum hatte das geringste Interesse daran, diese so geschickt unter den Teppich gekehrte Frage hervorzukramen, solange sie sich nicht selbst mit unübersehbarer Deutlichkeit aufdrängte.

Mehrwert, Massenwohlstand und Entropie K2.15

Was ist Mehrwert?

Gewinn wird im Handel seit ewigen Zeiten gemacht. Als Motor eines Wirtschaftssystems wird er erst dann wirksam, wenn er als Mehrwert aus wirtschaftlicher Tätigkeit akkumuliert und zur Erzeugung weiteren Mehrwerts eingesetzt wird.

There is no free lunch. Von nichts kommt nichts. Umgekehrt: Wenn irgendwo ein Gewinn gemacht, ein Überschuß erzielt wird, muß an anderer Stelle dafür bezahlt werden: durch Sparen, Konsumverzicht, Ausbeutung.

Die ursprüngliche Akkumulation (beginnend im Spätmittelalter, der Renaissance, beschleunigt zu Beginn der industriellen Revolution) nährte sich aus folgenden Quellen:

EIN SYSTEM SIEGT SICH ZU TODE

- Handel (Ausnutzung der totalen Abschottung zwischen Märkten, damit Existenz weit divergierender Präferenzen oder *Arbitrage*)
- Raub (Eroberung, Unterwerfung, Kolonisierung)
- frühkapitalistische Ausbeutung der Arbeiter.

Auf dieser Basisakkumulation konnte die Entfaltung der Produktivkräfte aufbauen, die im fortgeschrittenen Kapitalismus dazu führte, daß die Ausbeutung der Natur weitgehend an die Stelle der Ausbeutung der Arbeiter treten konnte.

Der einmal angelegte Kapitalstock (aus ursprünglicher und dann immer weiter laufender Akkumulation) wird weiter vermehrt durch Einsatz von Energie plus Aneignung von Rohstoffen plus kostenlosem Umweltverbrauch plus Ausbeutung der Dritten Welt.

Die gewachsenen organisatorischen Strukturen des Marktes, der Informations- und Verteilungssysteme, das Management-Knowhow, das geistige Vermögen in Form von Wissen und Können, von Bildungseinrichtungen sind ebenfalls ein wichtiger Teil des Kapitalstocks.

Von nichts kommt nichts. Auch dort, wo jemand Mehrwert aus seinem Know-how zieht, zahlt ein anderer drauf: der Know-how-Besitzer erzielt eine Know-how-Rente (einen Ertrag, der über die Produktionskosten - einschließlich seiner Reproduktionskosten - hinausgeht).

Mehrwert setzt sich also zusammen (in unterschiedlichen Verhältnissen) aus

1 - Ausbeutung von Lohnarbeit
2 - Nichtzahlung von realen Kosten oder Ausbeutung der Natur
3 - Gewinn aus technischem Fortschritt, angewandter Intelligenz, „Know-how-Rente"

Der Mehrwert hat also verschiedene Quellen. Je nach Quelle hat er eine verschiedene moralische Farbe.

Am akzeptabelsten erscheint er wohl dort, wo er aus speziellem Wissen und Können entspringt, wie z. B. bei Ärzten, Wahrsagern oder Künstlern.

Am verwerflichsten, wo er sich dem Zufall oder einer Machtposition verdankt: blutsaugerischer Miet- und Pachtzins, Spekulationsgewinne, Knappheitsrenten (insbesondere wenn die Knappheit künstlich herbeigeführt wird).

Auf diese und noch stärker auf den Profit des Kapitalisten aus der Ausbeutung des Lohnarbeiters konzentrierte sich das soziale Gewissen, die soziale Frage. (Daher

LESEBUCH

K2.15

auch die erdbebenartigen Erschütterungen, als die Linke feststellen mußte, daß auch ein sozialistischer Staat seine Arbeiter ausbeutet - und ihnen dabei sehr viel weniger von dem Mehrwert zukommen läßt als dessen kapitalistischer Erfinder).

Die Verschiebung der Mehrwert-Quelle von der Ausbeutung der Arbeiter (soziale oder auch Klassenfrage) zur Ausbeutung der Natur (ökologische oder auch Gattungsfrage) wurde **möglich** durch die Entfaltung der Produktivkräfte und **notwendig** durch die Austrocknung der Mehrwert-Quelle Arbeit aufgrund der Entwicklung zum Sozialstaat, die ihrerseits durch die Entfaltung der Produktivkräfte und damit der Erschließung einer neuen Mehrwert-Quelle ermöglicht wurde.

Was heißt Entfaltung der Produktivkräfte?

Das sind die Kraftwerke, die Fördertürme und Ölplattformen, die der Natur die fossilen Brennstoffe entreißen; die Tanker und Güterzüge, die sie zu Kraftwerken und Raffinierien und Chemiekombinaten bringen; die Turbinen und Verbrennungsmotoren, in denen sie in Strom und Bewegung umgesetzt werden; die Straßen, Eisenbahnen und Flugzeuge, die Arbeitsteilung, Massenproduktion und perfektionierte Verteilung ermöglichen; die gedruckte und elektronische Kommunikation, die nationale und globale Märkte schafft; die politischen, wirtschaftlichen und gesellschaftlichen Organisationsstrukturen, die alle diese physischen Prozesse steuern und in Gang halten.

Die Entfaltung der Produktivkräfte nährt sich, neben vielen anderen Komponenten und Randbedingungen, aus zwei Hauptquellen: der ständigen Verfeinerung der Steuerungsinstrumente (das, was wir subjektiv als die ständig wachsende Komplexität unserer Gesellschaft empfinden) und der ständig wachsenden Versklavung der Natur.

Der Ausdruck ist wörtlich zunehmen. Wenn wir heute die Arbeitskräfte in der Industrie auf der Grundlage des Energieaufwands zählen, dann ergibt sich für die BRD die Zahl von 27 Millionen gewerblichen Arbeitnehmern plus zwei Milliarden Sklaven, die die Montagebänder bewegen, die LKWs antreiben, die Kessel heizen, das Kühlwasser umwälzen, die Autobahndämme aufschütten, den Brennstoff aus der Erde graben und mit Schiffen und Güterzügen zu ihrem Einsatzort tragen, die Betonplatten und Schalungsteile heben, die Arbeiter zum Arbeitsplatz und wieder nach Hause bringen.

Konkret: die Kohle- und Atomkraftwerke, die die ungeheuren Energiemengen bereitstellen, die die Industriemaschine antreiben; die Verbrennungsmotoren, die den Transport besorgen (und damit die extrem verfeinerte Arbeitsteilung und die perfektionierte Güterverteilung ermöglichen); die Ausbeutung von Bodenschätzen und die Versorgung mit Rohstoffen, die die Güterproduktion und die Entfernung von Produktions- und Verbrauchsabfällen ermöglichen. Also alles Einrichtungen und Prozesse, die vom Syntropievermögen der Erde leben, zehren, es in einem gigantischen und sekündlich steigenden Tempo aufbrauchen.

Wer braucht noch menschliche Sklaven, wenn es so viele (geduldige, unermüdliche, handzahme) mechanische Sklaven gibt? Jetzt kann der Patron seine ehemaligen Sklaven als Juniorpartner ins Geschäft aufnehmen. Nicht nur das: alles andere wäre weniger produktiv und daher weniger wettbewerbsfähig.

Man braucht keine marxistisch-leninistischen Scheuklappen zu tragen, um die Entwicklung der sozialen Frage in den Industrieländern mit einer völlig falschen Optik zu sehen.

Die Tatsache, daß das heutige sozialstaatliche System mit seinen säkulären Errungenschaften wie 35-Stunden-Woche, Alterssicherung, bezahltem Urlaub, Arbeitsschutz, Krankenversicherung und Gesundheitsfürsorge, Bildungseinrichtungen und hohem Einkommen dem Kapitalismus in einem hundertjährigen Kampf abgerungen werden mußte, versperrt uns allen, ob links oder rechts, die Einsicht, daß die moderne Entfaltung der Produktivkräfte diese strukturelle Umverteilung zwingend brauchte, um sich optimal entwickeln zu können. Heißt: von der endlichen, mit wachsenden Schwierigkeiten verbundenen Abschöpfung des Arbeitsmehrwerts zum Mehrwert-Gewinn aus der Nutzung der Syntropievorräte der Erde überzugehen, die sich nicht wehren und die unerschöpflich scheinen.

Mit der Entwicklung des Sozialstaates und des Massenwohlstands hat die Kapitalakkumulation radikal ihren Charakter verändert. Was in den ersten zwei Jahrhunderten des Kapitalismus eine Abschöpfung von Arbeitsleistung der Arbeiter in die Taschen einer parasitären Elite von Kapitaleignern[8] war, wo sie sich zum überwiegenden Teil in Investitionen verwandelte, mutierte im Zeitalter des Sozialstaats, also im wesentlichen in den letzten 50 Jahren zu einer Akkumulation von Ansprüchen in den Händen einer wachsenden Bevölkerungsmasse - Millionen von Facharbeitern, Beamten, Angestellten, kleinen und mittleren Geschäftsleuten und Handwerkern, Rentnern und Pensionären. Ansprüche, von denen ein Teil bei Fälligkeit aus üppig sprudelnden Steuerquellen (also einer permanenten Abschöpfung einer steigenden Produktivität, die aus diesem Grund auf keinen Fall stagnieren oder gar fallen darf) befriedigt wird, während die Abgeltung eines anderen Teils durch die Nettokreditaufnahme eines ausgabefreudigen Staates Jahr für Jahr in die Zukunft verlegt wird. 1989 beläuft sich das Geldvermögen der privaten Haushalte in der BRD auf 2600 Milliarden DM; das Sozialbudget der Bundesrepublik - Renten und Pensionen, gesetzliche Krankenversicherung, Arbeitslosenunterstützung, Kindergeld - erbrachte 1989 Leistungen von insgesamt 678 Milliarden Mark.

Ein Staat also, der sich durch Gesetz zur Stabilität verpflichtet hat und dem es damit verwehrt ist, sich mit der Nonchalance eines südamerikanischen Landes seiner Verpflichtungen zu entledigen, ist dazu verdammt, sein Wirtschaftspotential Jahr für Jahr zu vergrößern, das Tempo der Verwertung biosphärischer Ressourcen unablässig zu steigern und damit die Welt, in der und von der wir leben, mit wachsender Geschwindigkeit zu verbrauchen.

Alle Umbaupläne, die darauf hinauslaufen, diesen Sozialkapitalismus ökologisch zu reformieren, können, aufgrund der demokratisch-partizipatorischen Strukturen der modernen Industriegesellschaften, nur ein Ergebnis haben: den Schaden für die Nutznießer zu minimieren, also die Folgen der Zerstörung der Biosphäre lokal zu kaschieren oder sogar zu vermeiden, um sie umso systematischer nach außen, in den wehrlosen Rest der Welt zu verlagern. Und deshalb muß der hohe und immer weiter steigende Wohlstand breiter Bevölkerungsschichten in den Industrieländern, diese säkuläre Errungenschaft des Westens, mit tödlicher Sicherheit dazu führen, daß jedes Jahr ein Stück Regenwald von der Größe der alten Bundesrepublik verschwindet, daß die Meere leergefischt werden und die überlebenden Kreaturen im Öl berstender Supertanker ersticken, daß Jahr für Jahr 10 Milliarden Tonnen Mutterboden weggeschwemmt werden und daß sich jede Stunde eine Tier- oder Pflanzenart für immer verabschiedet. Der erste kleine Schritt, ohne den keine Veränderung denkbar ist, besteht darin, einzusehen und sich einzugestehen, daß all diese Zerstörungen, von der schleichenden Unterminierung unserer Immunität bis zur Schädigung des schützenden Ozonschildes, keine unglücklichen und bei größerer Sorgfalt oder Weitsicht vermeidbare Unfälle, zu eliminierende Nebenerscheinungen eines ansonsten Glück, Gesundheit und Wohlstand verbreitenden Fortschritts, sondern die unvermeidlichen, eingebauten Konsequenzen unseres wohlstandsmehrenden Wirtschaftens sind.

Wir haben heute in unserem Land weitgehend Konsens darüber, daß es nicht erlaubt sein kann, daß ein klarer Wiesenbach von einer Fabrik zu einem Abwasserkanal gemacht, daß stattliche alte Buchen abgesägt werden, damit ein Parkplatz für einen Supermarkt angelegt werden kann, daß eine artenreiche Flußaue trockengelegt und in eine Agrarsteppe verwandelt wird; allgemein, daß Geld, wie noch in den finsteren Zeiten des Frühkapitalismus, uneingeschränkt alles, was nicht durch formale Besitztitel gesichert ist, an sich reißen, verwerten, in Abfall und Abfallhalden verwandeln kann. Wir sind allerdings noch nicht so weit, daß uns klar wäre, daß der Zugriff des Kapitals auf die Weltmeere, die Urwälder Indonesiens oder den Genpool uns genausoviel angeht wie die Verpestung der Luft vor unserem Fenster (s. K10.4).

Dieser Konsens, der sich in zahllosen Vorschriften zum Schutz von Wasser und Luft niedergeschlagen hat, ist der äußerst verengte Beginn einer Einsicht. Mit seinen praktischen Erfolgen in der Verbesserung oder zumindest Stabilisierung unserer Lebensqualität, die der Vergleich mit der DDR und dem Ostblock in noch hellerem Glanz erstrahlen läßt, vermittelt er uns den Irrglauben, daß wir schon große Schritte auf dem richtigen Weg gemacht haben, daß die verbleibenden Ärgernisse mit weiteren Vorschriften und etwas mehr Vollzug behoben werden können. K7.2 und K7.7 beschreiben die Mechanismen der Verlagerung, die in einer kapitalistischen Wirtschaft unausweichlich dazu führen, daß der Verwertungsdrang des Kapitals den Abwehrmaßnahmen der Gesellschaft immer um viele Längen voraus ist, und so wie Wasser sich immer neue Wege sucht, um abwärts zu fließen, sooft man auch die einzelnen Abflußstellen zuschüttet, so findet dieser Verwertungsdrang immer neue Wege, das Syntropievermögen der Erde zu Geld zu machen.

Der entscheidende Schritt dieses beginnenden Erkenntnisprozesses muß also darin bestehen, zu erkennen und anzuerkennen, daß **keine** Verwertung (und das heißt: Produzieren zur Erzielung von Gewinn) **irgendeiner** natürlichen Ressource, mit der eine Vermehrung der Entropie verbunden ist, erlaubt sein kann. Positiv ausgedrückt: Aus dem Einsatz von Kapital darf nur dann und nur insoweit Mehrwert oder Gewinn gezogen werden, als dieser mittels Fließenergie, rezyklierten Materialien und Ingenium erzeugt wird. Alles, was darüber hinausgeht, ist räuberische Selbstbedienung an den Lebenserhaltungssystemen der Erde, und es kann unmöglich dem Verwertungsdrang des Kapitals überlassen werden.

Jede Beanspruchung der Pufferkapazität der Biosphäre muß, da es sich um eine unterschiedslos allen Menschen gehörende, nicht vermehrbare und nur in Grenzen erneuerbare Ressource handelt, gleichmäßig auf alle Menschen aufgeteilt werden (K10.4).

Daraus folgt: die Industrieländer müssen nicht nur den von ihnen laufend beanspruchten Exzeß an CO_2-Belastung der Atmosphäre (20-25 Tonnen/Kopf und Jahr in den USA, 11 Tonnen/Kopf und Jahr in der Bundesrepublik) auf die erlaubten zwei Tonnen herunterfahren[9] (s. a. K10.2), sondern sie müssen auch das Kapital, das sie über ihre exzessive Nutzung der CO_2-Senke im Laufe eines Jahrhunderts industrieller Entwicklung erworben haben, dafür einsetzen, daß eine tragbare Energie-Nutzung nicht nur bei ihnen selbst, sondern auch für die übrigen Länder der Welt möglich wird. ALSO: massives De-investment (heißt „un"produktive

LESEBUCH

K2.15

Investitionen in alternative Energien und Energieeinsparung - unproduktiv im Sinn der Kapitalverzinsung und im Sinn der Produktivitätssteigerung der Arbeit). Daß die Investitionen in die weitere Entwicklung der Solar-, Wind-, Erd- und Gezeitenenergie und in alle möglichen Formen der Energieeinsparung „un"wirtschaftlich sind, d. h. keine „angemessene" Kapitalverzinsung bringen, spricht nicht etwa gegen, sondern gerade für sie: sie stellen damit eine Form der De-Investition dar, die in gigantischem Umfang erforderlich ist, wenn das auf den Weltmärkten umherschwappende Kapital wieder mit den vertretbaren Ansprüchen an die Überlebensbasis in Einklang gebracht werden soll.

Keine Partei, nicht einmal die Grünen, bereitet uns auf diesen unabweisbaren Gedanken vor: Sollte der Energieverbrauch der Industrieländer zum Standard für die gesamte Weltbevölkerung werden, würde sich der Energieverbrauch der Welt und damit die CO_2-Produktion verzehnfachen.

Wir sind uns alle darüber klar und kein Experte bestreitet, daß dieses Auseinanderklaffen von Wohlstand und Lebenschancen, das niemals durch eine Angleichung nach oben behoben werden kann, zu explosiven Spannungen führen muß (und der Golfkrieg war wohl nur ein erster Hinweis). Die Umfragen ergeben mit schöner Regelmäßigkeit: alle sind für Umweltschutz (für 71 Prozent der Befragten hat er die höchste Priorität, sie sind für dieses Ziel auch zu Opfern bereit; nach der Umfrage Deutschland 2000, s. Q59), aber schon wenn höhere Energiepreise zur Diskussion gestellt werden, sind 76 Prozent dagegen. Die weitverbreitete Unterstützung für den Umweltschutz läuft auf eine Verbesserung der eigenen Umwelt, der erfahrbaren Lebensqualität hinaus, weniger Lärm, bessere Luft, mehr Grün - bei unverändertem Wohlstand - Vorstellungen, denen selbst das Öko-Institut Vorschub leistet („Energiewende ... Wachstum und Wohlstand ohne Erdöl und Uran ... Wirtschaftswachstum bei sinkendem Energieverbrauch" lauten Titel und Untertitel von einschlägigen Veröffentlichungen des Instituts) (öiem, öiew), von den Parteien ganz zu schweigen.

Die weitergehenden Projekte der Grünen weisen auf ein Dilemma hin: gewiß kann man nur aus vollem Herzen bejahen, daß die Energie verteuert, Verpackungen besteuert, der Verkehr von der Straße auf die Schiene verlagert werden soll; aber fatalerweise verringern Schritte in die richtige Richtung politisch und gesellschaftlich die Chance einer Umkehr. Schritte (und in Wirklichkeit sind es ja Schrittchen) in die richtige Richtung können uns nicht retten. Der Einbau von Stützbalken an dem einsturzbedrohten Gebäude unserer Industriegesellschaft verhindert den Druck, den Zwang zum Umzug. Die erfolgreichen Reparaturen der Risse im Damm verhindern, daß wir uns dazu durchringen, den lebensbedrohenden Stausee, dessen Wasserstand von Tag zu Tag ansteigt, trockenzulegen.

Konsequenz: Wenn es uns schon unmöglich ist, wenn es schon intellektuell ebenso wie praktisch unzumutbar erscheint, Verbesserungen unserer Umwelt aus theoretischen Gründen abzulehnen oder gar zu bekämpfen, müssen wir zumindest die klare, kompromißlose Einstellung dazu gewinnen, daß alle derartigen Verbesserungen für sich genommen (außer für unsere Bequemlichkeit und unser Wohlbefinden) keinen Wert besitzen, sondern nur dann zu rechtfertigen sind, wenn gleichzeitig mit Energie und Dringlichkeit an der Umgestaltung des Systems gearbeitet wird.

Die Idiotie des Marktes K2.21

Biotechnologie

Rinderwachstumshormon BST (bovine somatotrophine) steigert die Milchproduktion um 10 Prozent. Für die Tiere ergeben sich negative gesundheitliche Folgen, wie gesteigerte Anfälligkeit für Entzündungen und Störungen der Fruchtbarkeit, wodurch die Kühe schneller „ausbrennen" (heißt: „die Nutzungsdauer der Tiere sinkt auf nur zwei Jahre", Q14). Die Wirkungen auf die menschliche Gesundheit sind noch nicht bekannt. Obwohl die EG in Milch ertrinkt, wird die Einführung von BST erwogen. Begründung: „Die Bundesregierung muß und wird aber darauf achten, daß der deutschen Landwirtschaft im Rahmen des biologisch-technischen Fortschritts keine unzumutbaren Wettbewerbsnachteile entstehen." (Erklärung im Bundestag 19.6.87)

Straßenverkehr

Es ist eine allgemein bekannte Tatsache, daß der Straßenverkehr (Personen und Güter) im Vergleich zum Bahnverkehr

- dreimal so viel Energie verbraucht,
- die vier- bis zehnfache Luftverschmutzung verursacht,
- zehnmal (PKW) bzw. 15mal (LKW) mehr Fläche verbraucht,
- mindestens siebenmal so viel Tote und 60mal so viel Verletzte verschuldet.

LESEBUCH

K2.21

Nach einer Studie der PLANCO-Consulting belaufen sich die sozialen und Umweltkosten des Straßenverkehrs (Luftverschmutzung, Boden- und Wasserbelastung, Lärm, Unfälle) jährlich auf 46,1 Milliarden DM, während die Bahn nur 1,4 Milliarden DM derartiger Kosten zu Lasten der Allgemeinheit verursacht.

Dessenungeachtet ist der Anteil der Bahn am Güterverkehr auf ca. 40 Prozent gesunken, der Personenverkehr auf der Straße hat sich seit 1960 vervierfacht, während er auf der Bahn seit 30 Jahren stagniert und auf einen Anteil von knapp 20 Prozent geschrumpft ist.

Wenn dies, wie von interessierter Seite unermüdlich behauptet wird, dem freien Wettbewerb in einem freien Markt zuzuschreiben wäre, wäre dies schon skandalös genug. Bei einer halben Million Toten seit 1953 sollte der Spaß des freien Marktes eigentlich aufhören.

Tatsache ist jedoch, daß der Straßenverkehr massiv subventioniert wird. Während der Personenverkehr über die Mineralölsteuer die direkten Kosten (Straßenbau und -erhaltung) gerade deckt, wird der LKW-Verkehr pro Jahr mit 2,3 Milliarden DM subventioniert. Bezieht man jedoch die gesellschaftlichen Kosten des Verkehrs in die Rechnung ein (Waldsterben, Gesundheitsschäden durch Luftverschmutzung, Lärmbelästigung usw.), stellt sich heraus, daß der gesamte Straßenverkehr nur 30 Prozent seiner Kosten deckt und daß die barbarische Zerstörung von Städten und Landschaften, der Tod von 500 000 und die schweren Verletzungen von fünf Millionen Menschen durch den Verkehr seit 1953 mit ca. 1500 Milliarden DM subventioniert wurden (dsga33, upi9-31).

Damit illustriert der Straßenverkehr anschaulich, wie der Markt elegant dazu mißbraucht werden kann, ausgesprochene und unausgesprochene politische Ziele zu erreichen. Die Wahl des Verkehrsmittels wird, mit entsprechendem ideologischem Trommelwirbel, der freien Entscheidung des einzelnen bzw. der wirtschaftlichen Entscheidung des Unternehmers überlassen. Gleichzeitig werden die Entscheidungsgrundlagen durch politische Vorentscheidungen so manipuliert, daß der Marktmechanismus das gewollte Ergebnis bringt.

EIN SYSTEM SIEGT SICH ZU TODE

Tante-Emma-Läden

Während im vorhergehenden Beispiel der Markt durch politische Eingriffe so verzerrt wird, daß der ökologische und volkswirtschaftliche Schaden zugunsten von Sonderinteressen maximiert wird, führt in diesem und dem nächsten Beispiel politische Untätigkeit dazu, daß der Markt menschlich und sozial unannehmbare Ergebenisse hervorbringt.

Wer entscheidet z. B., daß die die kleinen Nachbarschaftsläden verschwinden sollen? Gibt es einen Parlamentsbeschluß oder auch nur einen Programmpunkt einer Partei, daß Tante-Emma-Läden ausgemerzt und durch Supermärkte auf der grünen Wiese ersetzt werden sollen? Eben nicht. Oder haben etwa ein paar Banken oder ein paar Milliardäre beschlossen, daß sie die kleinen Ladenbesitzer ausrotten wollen? Mitnichten. Wenn es sich nicht lohnen würde, würden sie keinen einzigen Supermarkt bauen. Der Verbraucher, du und ich, wir stimmen mit unseren DM gegen Tante Emmma und für die Einkaufszentren und Diskontmärkte. Die Manager in den Zentralen der Einzelhandelsgiganten führen nur den Befehl des Marktes aus.

Terms of Trade

Oder, im Welthandel: Wer bestimmt, wer hat die Verantwortung dafür, daß die reichen Industrienationen die armen Länder der dritten Welt, denen sie gleichzeitig auch noch mit Almosen unter die Arme greifen, mit Hilfe der Terms of Trade bis auf den letzten Blutstropfen aussaugen? (Die Terms of Trade sind die Austauschrelationen zwischen den Produkten der einzelnen Länder). Die Preise für die Rohstoffe, die wir aus Entwicklungsländern beziehen, sind in den letzten Jahrzehnten ständig gesunken, während die Preise für die Industriegüter, die wir an die Entwicklungsländer verkaufen, ständig gestiegen sind. So lagen die realen, also inflationsbereinigten Rohstoffpreise 1987 27 Prozent unter dem durchschnittlichen Niveau der fünfziger Jahre (eaan 102). Hat irgend eine gewissenlose Regierung, irgend ein herzloser Kapitalist entschieden, daß wir für die Tonne Zucker nicht mehr 1100 (1975), sondern nur noch 600 DM (1989) bezahlen wollen? Mitnichten. Diese Entscheidungen überlassen wir dem Weltmarkt, und wenn dort das Angebot an Zucker größer ist als die Nachfrage - da kann man nichts machen, dann sinkt eben der Preis. Oder, noch besser: Wir helfen durch die Subventionierung des Zuckerrübenanbaus in der EG noch etwas nach, indem wir unsere Zuckerberge zu Dumpingpreisen auf dem Weltmarkt abladen.

Markt und Entropie

K2.22

Der Markt ist ein Selbstläufer. Insofern hat die Lehre Adam Smiths bis heute nichts von ihrer Gültigkeit verloren. Wenn man sich auf die eigensüchtigen, kurzsichtigen Interessen eines jeden einzelnen verläßt, das Geschehen ihnen überläßt, bildet sich ein Mechanismus, der so zuverlässig funktioniert wie ein Naturgesetz: Wasser fließt immer abwärts, wenn man es nicht aufhält, die Konzentrationsunterschiede zwischen zwei Flüssigkeiten gleichen sich immer aus, wenn man ihnen keine Barriere in den Weg stellt, stärkere Bindungskräfte (wie z. B. Oxidation) werden die schwächeren immer verdrängen, so daß ein vorhersehbarer Endzustand angesteuert wird.

Systeme fern vom thermodynamischen Gleichgewicht haben dagegen immer eine prekäre Existenz. Nur wenn es ihnen gelingt, den zum Gleichgewicht hinstrebenden Energiestrom anzuzapfen, können sie sie sichern und erweitern.

Der Markt als gesellschaftliches Transaktions- und Ordnungsverfahren hat den unschlagbaren Vorteil, ohne Energieaufwand dafür zu sorgen, daß alle Vorgänge im sozialen Raum absolut verläßlich dem Gefälle folgen: die Waren und die Arbeitskräfte strömen dorthin, wo sie den höchsten Preis erlösen; die Produktion verlagert sich dorthin, wo sie die besten und preisgünstigsten Produktionsbedingungen vorfindet; die Ressourcen (Rohstoffe, Energie, Know-how und Kapital) werden in die Produktionsprozesse gesogen, die sie am gewinnbringendsten verwerten können.

Daß die Ergebnisse dieses mechanistischen Prozesses nicht immer den Vorstellungen entsprechen, die eine Gesellschaft von sich als einer menschlichen hat, wurde in der Frühzeit des Kapitalismus, im 18. und 19. Jahrhundert so deutlich, daß sich die massiven Gegenkräfte in Form von sozialen Bewegungen, Gewerkschaften und Parteien (als Ausdruck von Bewußtseinsveränderung und Gestaltungswillen) entwickelten, die im Endergebnis zu den sozialstaatlichen Verfassungen der modernen Industrieländer führten. Verfassungen, also gesellschaftliche Gestaltungen, die fern vom Marktgleichgewicht existieren und nur durch den Einsatz von sozialer Energie (Politik, aufgekärte Öffentlichkeit, freie, unabhängige Presse) erhalten und weiterentwickelt werden können.

Wie im Laborexperiment läßt sich heute in der (ehemaligen) DDR beobachten, wie die Marktkräfte einerseits durch sozialen Gestaltungswillen gebändigt unter hohem Energieeinsatz auf das politisch sanktionierte Sozialstaatsziel hingelenkt werden (Renten- und Arbeitslosenversicherung, bezahlte Kurzarbeit als Übergangslösung), andererseits, sich selbst überlassen, in der ex-DDR die Strukturen schaffen, die im aufgeklärten Teil des westlichen politischen Spektrums längst als natur- und lebensfeindlich erkannt sind, für die deshalb längst die Gestaltungsalternativen bereit stehen, die sich allerdings ohne den Einsatz gesellschaftlicher Energie nicht verwirklichen werden. Die Lehrstücke sind die Landwirtschaft, die Verkehrsstruktur und die Energiewirtschaft. Hier können nur die heute (Sommer 1991) erkennbaren Trends extrapoliert werden. Es wäre ein Zeichen der Hoffnung, wenn sie sich nicht, oder nur unvollständig, verwirklichen würden.

> Hier erhebt sich erwartungsgemäß der Einwand, daß es in modernen Volkswirtschaften überhaupt keinen freien Markt gibt, und daß die Landwirtschaft dafür ein besonders eklatantes Beispiel ist. Stimmt. Das gilt ebenso für den Verkehrsbereich und noch mehr für den Energiesektor. All diese Wirtschaftsbereiche sind, ebenso wie der Arbeits„markt", durch politische Vorgaben beeinflußt, die ihn mehr oder weniger weit von einem „natürlichen" Gleichgewicht, falls es so etwas überhaupt gibt, wegschieben.
>
> Aber ein verfälschter Markt funktioniert keinen Deut anders als ein freier. Seine Angebots- und Nachfragekurven sind nur, den politischen Vorgaben entsprechend, zugunsten der einen oder der anderen Seite verschoben. Das ist ja gerade die Crux des Verkehrsmarktes, daß die ungleiche Kostenzurechnung bei der Bahn eine schlechtere, beim Straßenverkehr eine bessere Ausgangssituation für die Preisgestaltung schafft, und auf dieser verfälschten Grundlage tobt sich dann ganz ungehindert der Wettbewerb aus, werden die Verbraucherpräferenzen genau so wirksam, wie es im Lehrbuch steht.
>
> Während der Arbeitsmarkt, der durch Tarifverträge, Arbeitsschutz und Sozialversicherungsgesetze gegenüber seiner „natürlichen" Gleichgewichtslage verschoben ist, ein glückliches Beispiel eines im Interesse sozialer Zielsetzungen verfälschten Marktes darstellt, kann man dies für die Landwirtschaft mit großen Einschränkungen bejahen, für den Verkehrs- und den Energiesektor nur emphatisch verneinen.

Im Verkehrsbereich werden dem Bahnverkehr sämtliche Wegekosten aufgebürdet, der Straßengüterverkehr wird pro Jahr um 2,3 Milliarden DM entlastet. Wie in K2.21 ausführlicher dargestellt, gehen die Umwelt- und gesellschaftlichen Schäden in keiner Weise in die Kosten der verschiedenen Verkehrsträger ein, wodurch der umwelt- und menschenfreundliche Bahnverkehr massiv benachteiligt wird.

Das gleiche gilt für den Energiesektor. Da die externen Kosten der Luftverschmutzung durch Stäube, Stick- und Schwefeloxide den fossilen Energieträgern nicht angelastet werden, von den Klimaauswirkungen des Kohlendioxids, die ohnehin nicht zu beziffern sind, ganz zu schweigen, stehen alternative Energien wie

LESEBUCH

K2.22

Sonne und Wind, die diese Umweltbelastungen vermeiden können, als unwirtschaftlich, d. h. nicht wettbewerbsfähig da.

In den neuen Ländern, die an einem wirtschaftlichen Neuanfang stehen, bietet sich die Möglichkeit, die Verzerrungen der erwähnten Märkte, deren katastrophale Auswirkungen auf die Umwelt bedrohliche Formen angenommen haben, zu vermeiden bzw. sie durch andere, auf das Ziel der Umweltschonung ausgerichtete Verzerrungen zu ersetzen.

In der Landwirtschaft würde dies bedeuten: keine Förderung von Betriebsgrößen über 100 ha mit Monokulturen und Massentierhaltung. Damit läßt sich zwar das Einkommen der Landwirtschaft steigern, aber die damit verbundenen sozialen, ästhetischen und ökologischen Schäden übersteigen in der volkswirtschaftlichen Rechnung den Nutzen um ein Vielfaches (sozial: Verdrängung der landwirtschaftlichen Familienbetriebe durch agroindustrielle Unternehmen; ästhetisch: Ersatz der vielgestaltigen bäuerlichen Kulturlandschaft durch Agrarsteppen und übelriechende Fleisch- und Eierfabriken; ökologisch: Schädigung des Bodens durch Pflanzengifte und Überdüngung, Verseuchung von Oberflächengewässern und Grundwasser durch die industrielle Gülleproduktion).

Im Verkehrsbereich ergäbe sich die traumhafte Chance, aus einem historischen Fehler zu lernen - und ihn dort, wo ein Neuanfang möglich wäre, nicht noch einmal zu machen.

In der ehem. DDR wurden fast drei Viertel der Güter auf der Bahn transportiert, nur 20 Prozent auf der Straße. Im Westen ist das Verhältnis genau umgekehrt. Auch bei der Personenbeförderung lag die Reichsbahn noch gut im Rennen: sie hatte noch einen Anteil von 40 Prozent, die Bundesbahn ist dagegen auf 20 Prozent geschrumpft.

„Die Verhältnisse in der DDR entsprechen in etwa dem Stand der Bundesrepublik in den 60er Jahren, bevor durch massiven Autobahnbau (und ebenso massive Subentionierung des Straßenverkehrs, Ergänzung vom Verf.) der Verkehr in Richtung Straße gelenkt wurde" (Q23).

Für eine zeitgemäße Verkehrspolitik ergäben sich daraus folgende Zielsetzungen: Erhaltung und schnelle Modernisierung des feinmaschigen Streckennetzes der Bahn; Ausbau des öffentlichen Nahverkehrs; minimale Investitionen in Straßen und Autobahnen; Anhebung der Treibstoffpreise in Ost und West auf eine Höhe, mit der auch die gesellschaftlichen und ökologischen Kosten des Individualverkehrs abgedeckt werden, also etwa 5 DM pro Liter Benzin.

EIN SYSTEM SIEGT SICH ZU TODE

Für den Energiesektor gibt es seit vielen Jahren Szenarien, in denen eine umweltverträglichere Energiepolitik vorgezeichnet ist (s. z. B. die Publikationen des Ökoinstituts zur Energiewende: F. Krause u. a., Energie-Wende, Frankfurt 1980 und P. Hennicke u. a., Die Energiewende ist möglich, Frankfurt 1985). Sie stützen sich in erster Linie auf Energieeinsparung durch Verbesserung der Energieeffizienz (Wärmedämmung, technische Verbesserungen bei Heizungssystemen und Haushaltsgeräten), Förderung alternativer Energieerzeugung durch Wind und Sonne, Kraft-Wärmekopplung in Blockheizkraftwerken und Dezentralisierung des Energiemarktes, der von einigen Großkonzernen beherrscht wird, die den geforderten Neuerungen im Wege stehen.

Eine entsprechende Landwirtschafts-, Verkehrs- und Energiepolitik wäre in der ehemaligen DDR umso eher möglich, als der Staat ohnehin zu immensen Einschüssen genötigt ist, die in einer einmaligen Chance zur Steuerung der Entwicklung eingesetzt werden könnten.

Was geschieht statt dessen? Die Entwicklung wird, man kann es nicht anders sagen, in ideologischer Verblendung dem sog. Markt überlassen, mit dem vorhersehbaren Ergebnis, daß

■ im Gebiet der ehemaligen DDR agroindustrielle Großkomplexe entstehen bzw. mit westlichem Kapital in neuer Form weitergeführt werden, die mit ihrer Landschaftszerstörung, ihrer Luft- und Wasserverseuchung und ihrer Überproduktion von gesundheitlich fragwürdigen „Veredelungserzeugnissen" alles in den Schatten stellen werden, was in der Bundesrepublik bisher an industrieller Landwirtschaft entstanden ist; sie werden darüber hinaus dazu beitragen, daß im westlichen Teil Deutschlands die noch erhaltenen bäuerlichen Familienbetriebe nicht mehr existieren können.

■ der bundesdeutsche Auto- und LKW-Verkehr, an dem jetzt schon die Städte zu ersticken drohen und der sich zum größten und unbeherrschbarsten Luftverschmutzer entwickelt hat, ohne Abstriche auf die ehemalige DDR übertragen und daß das marode Eisenbahnnetz, von ein paar Hauptstrecken abgesehen, seinem Schicksal überlassen wird;

■ die westdeutschen Stromkonzerne ihr monopolistisches System aus fossilen und atomaren Großkraftwerken auf das Gebiet der ehemaligen DDR übertragen und dort, ebenso wie im Westen der Republik, den Aufbau eines rationalen, auf Energieeinsparung ausgerichteten Systems von kommunalen Energiedienstleistungsunternehmen auf der Grundlage von Blockheizkraftwerken und der Förderung alternativer Energieformen verhindern.

LESEBUCH

Allokation, Arbeitsteilung, Standortwahl K2.23

Umweltschutz-Bestimmungen wirken im Allokationskalkül als negative Standortfaktoren. Das heißt, daß sie (ebenso wie Lohnkosten und Rohmaterialpreise) für eine Verlagerung der Produktion den Ausschlag geben können. Dafür einige Beispiele (der aufmerksame Zeitungsleser kann die Liste beliebig verlängern):

1 - Der Batteriehersteller VARTA AG drohte damit, seine Produktion ins Ausland zu verlagern, weil Bürgerinitiativen nicht mehr die Verseuchung von Wohngebieten mit Schwermetallstäuben hinnehmen wollten. Das städtische Umweltamt fand einen Ausweg: es richtete Meßstellen an Punkten ein, an denen die Varta-Emissionen möglichst wenig zu Buch schlugen.

2 - Die Münchner Bärlocher GmbH, einer der größten Produzenten von Cadmium-Stabilisatoren, (u. a. für PVC-Kunststoffenster), verlagerte ihre Produktion nach Lodi bei Mailand.

3 - Die BASF stellt Grundchemikalien im belgischen Antwerpen her, nachdem der ursprünglich vorgesehene Standort in der Nähe von Rotterdam wegen Umweltschutzauflagen der Holländer uninteressant geworden war (Q41).

4 - Asbest: Nach dem Verbot in der Bundesrepublik hat die Eternit AG die Produktion ihrer Asbestzementplatten inzwischen nach Brasilien verlagert (wkan 97).

Der Weltmarkt K2.24

Der Wettbewerb zwischen den Volkswirtschaften, wie er vom Anschluß an den Weltmarkt erzwungen wird, wird einerseits durch den von Land zu Land verschiedenen Akkumulationsstand verzerrt; andererseits verlangt er unüberhörbar nach Ausbeutung (Lockerung bzw. Nichtanhebung von Sozialgesetzen und Sozialmaßnahmen) in den zurückgebliebenen Ländern, um Akkumulation aufzuholen. Im europäischen Maßstab mag das noch möglich sein, in Osteuropa nur um den Preis jahrelanger härtester Entbehrungen. Die wirklich Armen im Süden haben dagegen überhaupt keine Chance mehr, weil sie sich glatt verhungern lassen müßten, um aufzuholen, und nicht umsonst vergrößert sich ihr Abstand zu den Industrieländern Jahr für Jahr. Auch „großzügige" Kredite ändern nichts an dem abgrundtiefen Abstand in der Akkumulation; ja, sie vertiefen ihn sogar noch, wie an den steigenden Nettotransferzahlungen aus den unterentwickelten Länder unmittel-

EIN SYSTEM SIEGT SICH ZU TODE

bar abzulesen ist. Die Kreditgeber können sogar, wie die Deutsche Bank, ihre Darlehen lächelnd abschreiben - im volkswirtschaftlichen Kapitalstock der Geberländer hinterläßt das nicht einmal eine Delle.

❖

Wie der Weltmarkt den Kleinbauern in Brasilien von seinem Land und in die Amazonas-Wälder treibt:

Die Zuckerpreise auf dem Weltmarkt sind seit 1980 auf die Hälfte gefallen. Das hängt u. a. damit zusammen, daß die EG ihre eigene Zuckerproduktion in Form von Zuckerrüben durch massive Subventionen auf 14 Millionen Tonnen (1990) gesteigert hat und inzwischen vom Importeur zum Exporteur geworden ist.

Brasilien wurde dadurch gezwungen, seinen Zucker, den es auf dem Weltmarkt nicht mehr loswerden kann, anders zu verwerten. Dies führte zur Entwicklung der Bioalkohol-Produktion in Brasilien. Die Herstellung von Bioalkohol erfordert jedoch eine agroindustrielle Erzeugung des Zuckerrohrs: also Konzentration auf riesige Plantagen mit mechanischer Ernte. Die Bauern und Landarbeiter, die früher in der Zuckererzeugung tätig waren, werden dadurch zum größten Teil arbeitslos. Ein Teil von ihnen zieht in die Regenwälder am Amazonas, um sich dort, durch das Abbrennen des Waldes, neues Land anzueignen.

Den gleichen Effekt, nämlich die Zerstörung von Regenwald, haben die sog. Cash-crops. Im Fall von Brasilien sind das Soja-Bohnen, in Thailand Maniok, die auf großen Farmen angebaut und z. B. in die EG für die Mästung von Rindern und Schweinen exportiert werden. Der Verbraucher, der hier im Supermarkt sein Schnitzel für eine Mark neunundneunzig kauft, merkt nichts davon, daß er damit dazu beiträgt, daß in Brasilien Kleinbauern von ihren Feldern vertrieben werden, damit man dort rentable Großfarmen anlegen kann, die von riesigen Landmaschinen bearbeitet und abgeerntet werden. Dem Landarbeiter bleibt nichts anderes übrig, als in den für die Kolonisierung freigegebenen Regenwaldgebieten eine neue Existenz zu suchen.

LESEBUCH

Das westliche Entwicklungsmodell

K2.31

Woran denken wir, wenn wir die Worte Entwicklung, Entwicklungshilfe, Entwicklungsland, Entwicklungspolitik hören?

Die Zeiten, in denen damit unweigerlich die Vorstellung von goldenen Badewannen für korrupte afrikanische Politiker verbunden war, sind gottseidank vorbei.

Aber nach wie vor verbindet sich mit diesen Begriffen der Gedanke an Hilfe, Bekämpfung von Armut und Elend, etwas abgeben von unserem Reichtum (Ziel: 0,7 Prozent unseres Bruttosozialprodukts!), damit es den Menschen in anderen Teilen der Welt auch allmählich besser geht.

Was - jenseits von schönen Reden beim Empfang afrikanischer oder mittelamerikanischer Staatsoberhäupter - wirklich hinter dem Entwicklungsbegriff steckt, erschließt sich am besten, wenn man ihn in seiner historischen Entstehung zurückverfolgt.

Die Idee der Entwicklung, und damit der „unterentwickelten Länder", wurde nach dem Zweiten Weltkrieg von Harry Truman als Antwort der freien Welt auf das Ende der Kolonialzeit in die Welt gesetzt. Die „Leiden dieser Völker" sollten „durch industrielle Aktivität" und „höheren Lebensstandard" behoben werden (s. Q44-a). Diese - durchaus auch von humanitären Motiven genährten - Überlegungen beruhten auf einer Vorstellung, nach der Entwicklung das Fortschreiten auf einem Kontinuum von Zuständen ist, das mit Ignoranz, Hunger, Elend, Dahinvegetieren anfängt und in einer aufgeklärten, hochtechnisierten, prosperierenden Konsumgesellschaft seinen krönenden Höhepunkt findet.

Die Fortschrittsideologie ebenso wie die Überzeugung von der Überlegenheit des weißen Mannes gehen so ungebrochen aus dem 19. Jahrhundert in ein beherrschendes Konzept der internationalen Politik der zweiten Hälfte des 20. Jahrhunderts ein. Damit war, in einer humanitären Verkleidung, der Kulturimperialismus geboren, der sich anschickte, in einigen Jahrzehnten das Werk der Zerstörung aller nichtabendländischen Kulturen zu vollenden, das mit der Kolonialzeit begonnen hatte.

Die dritte weltanschauliche Komponente, die in diesem Entwicklungsbegriff steckt, ist zugleich die mit dem größten Weltveränderungspotential. Der englische Begriff *Development* bezeichnet nämlich nicht nur, wie das deutsche Wort Entwicklung, eine Form von Wachsen, Entfalten, ein Übergehen von einem frühen

EIN SYSTEM SIEGT SICH ZU TODE

zu einem (in einem Organismus angelegten) späteren Stadium, sondern er bedeutet darüber hinaus im wirtschaftlichen Sinn „Erschließung, Inwertsetzung". In der Sprache der Wirtschaft ist ein *Development* ein (Land-)Erschließungs- oder Bebauungsprojekt, ein *Developer* ist eine Finanzgesellschaft oder ein Bauträger, der Bauland aufkauft, es erschließt und bebaut und mit dem Verkauf von Häusern oder Wohnungen sein Kapital vermehrt.

Es ist diese Begriffskomponente der „Erschließung, Inwertsetzung", die den Entwicklungsbegriff der Nachkriegszeit nahtlos in die Verwertungsinteressen der kapitalistischen Industrienationen einfügt. Entwicklung eines unterentwickelten Landes heißt damit, die unerschlossenen Ressourcen an Bodenschätzen, landwirtschaftlich nutzbaren Flächen, das Holz der Regenwälder und das Gefälle der großen Ströme für eine wirtschaftliche Nutzung zu erschließen. Dazu gehören auch die Landschaften, die Seen, Meere und Strände, die exotische Tier- und Pflanzenwelt, die fremden Kulturen der südlichen Länder und Kontinente, die sich für den Massentourismus verwerten lassen.

Die zwangsläufige Einordnung der Entwicklungspolitik in den kapitalistischen Verwertungsprozeß und die heute herrschende Weltwirtschaftsordnung (s. Kap. 2.3) sind aus einem Guß. Ihrer Logik entspricht der Ausverkauf der einzigen Ressourcen, die die Länder des Südens besitzen: ihrer Böden, ihrer Wälder, ihrer Fischgründe und Pflanzenarten, ihrer Flüsse, Strände und Landschaften. „In den Tropen kommt auf zehn gefällte Bäume nur ein einziger neu angepflanzter; in Afrika ist das Verhältnis sogar 29:1. Jedes Jahr werden Waldflächen von der Größe Großbritanniens vernichtet" (Q39-91). Nach Berichten der Weltbank werden von den 33 Ländern, die noch 1987 Holzexporteure waren, im Jahre 2000 nur noch zehn Holz zum Exportieren haben. Wenn das derzeitige Einschlagtempo anhält, wird Sarawak, der größte Exporteur von tropischem Schnittholz in der Welt, in sieben bis elf Jahren seine Primärwälder abgeholzt haben (Q47-68). In Mittelamerika sind 62 Prozent der urprünglichen Wälder verschwunden. In El Salvador seien 98 Prozent, in Costa Rica 85 Prozent der Wälder abgholzt worden, berichtet der costaricanische Umweltexperte Gabriel Quesada (Q68).

Das westliche Entwicklungsmodell bedeutet: Eingliederung eines Landes in den Weltmarkt, Erzeugung von Produkten, die auf dem Weltmarkt gegen Devisen verkauft werden können (Cash-crops), Finanzierung dieser Umstellung durch Darlehen, die aus den Exporterlösen (genauer: deren Steigerung s. eazm) zurückgezahlt werden.

Nach der von der Weltbank entwickelten Theorie des Schuldenzyklus (Altvater, eazm 164) wird den Entwicklungsländern Kapital vorgestreckt, das in produktiven

K2.31

Anlagen (in Industrie und Landwirtschaft) investiert werden soll; die Produkte werden auf dem Weltmarkt verkauft, und mit dem Erlös kann dann das Entwicklungsland Zinsen und Tilgung der Kredite bestreiten - so, wie es in den Industrieländern gang und gäbe ist, daß eine Bank einem jungen Unternehmen oder Geschäftsmann Geld leiht, der damit sein Geschäft auf- oder ausbaut („Existenzgründungsdarlehen"), und dann nach wenigen Jahren Kapital und Zinsen zurückzahlen und sich gleichzeitig eine florierende Existenz aufbauen kann.

In Wirklichkeit geschah folgendes: In den 70er und 80er Jahren flossen reichlich Entwicklungskredite, zumal sie für die Geberländer die angenehme Eigenschaft hatten, die anbrandenden Fluten von Petrodollars zu rezirkulieren. Ihr Entwicklungseffekt hält sich in engen Grenzen, da sie *erstens* nur zum Teil produktiv investiert werden (ein Teil der Kredite geht in unproduktive Prestigeobjekte, ein Teil versickert in den Taschen der Machteliten, der kleptokratie"), und *zweitens* die Produkte aus den produktiven Investitionen auf dem freien Weltmarkt keine Chance haben (Anlage von Cash-crop-Plantagen für Kaffee, Zucker, Soja und andere Primärrohstoffe, deren Preise aufgrund des Überangebots verfallen, Halbfertigprodukte oder Low-tech-Konsumgüter, die nicht konkurrenzfähig sind oder mit Protektionsmaßnahmen von den Märkten der Industrieländer ferngehalten werden).

In den 80er Jahren läßt sich dann an den Außenhandelszahlen der Entwicklungsländer ablesen, daß ihre Exportüberschüsse nicht in dem Maß anwachsen, daß sie daraus ihre Zinsen zahlen könnten; aus dem Schuldenzyklus wird eine Schuldenkrise, die Nettotransferleistungen aus den Entwicklungsländern steigen (eazm 219, 221) - es findet eine Mittelübertragung von Entwicklungsländern zu Industrieländern statt. Der Nettokapitaltransfer aus den Entwicklungsländern in die Industrieländer stieg in den letzten acht Jahren Jahr für Jahr und erreichte 1988 43 Milliarden Dollar (Q39-90). 1990 gingen ca. 100 Milliarden $ Entwicklungshilfe an die Dritte Welt, während vonder Dritten Welt 300 Milliarden $ in die Industrieländer flossen (Heiner Geißler, 22. 06.91 in Salzburg).

Als Folge müssen die Entwicklungsländer ihre Importe (von Vorprodukten und Investitionsgütern) zurückfahren, um den Kapitaldienst zu ermöglichen, wodurch ihre Industrialisierung weiter gebremst wird.

Aber selbst bei den Entwicklungsländern, die durch harte und für die Bevölkerung oft katastrophale Sparmaßnahmen (s. Cholera in Südamerika) einen Exportüberschuß zustandebringen, führt dies nicht zu einer Umkehr der Verarmungstendenz: im Gegensatz zu einem Industrieland, bei dem Exportüberschuß zu zusätzlicher Nachfrage und damit zu zusätzlichem Einkommen führt, wird der Erlös des Entwicklungslandes als Schuldendienst ins Ausland transferiert, so daß er als Nachfrage in dem Schuldnerland ausfällt (eazm 224)

Um die steigenden Zinsen für ihre Auslandsschulden aufzubringen, müssen Bananenexporteure (wie Ecuador oder Kolumbien) oder Kaffee-Exporteure (wie Uganda) ihre Anbauflächen für ihre Cash-crops ausweiten - und das geht meistens auf Kosten der kleineren Bauern, die dadurch auf zu steile und damit erosionsgefährdete Berghänge oder in die Regenwälder abgedrängt werden, wo sie eine Fläche nach der anderen abbrennen und roden müssen, um ein paar Jahre lang eine spärliche Ernte zu bekommen.

Nach vierzig Jahren „Entwicklung" sind die Völker und Kulturen der Dritten Welt, bis auf verschwindend kleine Reste, von ihren Wurzeln losgerissen, von ihrer Fähigkeit zur Selbsterhaltung getrennt und entfremdet, an eine Geldwirtschaft angeschlossen, in der für sie kein Platz ist, dem Druck eines Weltmarktes ausgesetzt, in dem sie ihre unersetzliche natürliche Lebensgrundlage verschleudern müssen, mit Schulden beladen, die im Verhältnis zu ihrer Wirtschaftskraft so astronomisch hoch sind, daß sie ihre Regenwälder abholzen und ihre Böden mit Monokulturen zerstören müssen, wenn sie auch nur die Zinsen dieser Schulden bezahlen wollen.

40 Jahre Entwicklung - das sind 40 Jahre Verwertung, Transformation der Kulturen, der Lebensgrundlage, der natürlichen Reichtümer der unterentwickelten Länder in Überfluß und Kapital der Industrieländer. Selbst ein Teil der Umweltkosten des Sozialprodukts der Welt wird auf die ärmeren Rohstoffländer abgewälzt. Es handelt sich um solche Kosten, die den Betrieben und Verbrauchern in den Industrieländern entstehen würden, wenn die Produkte, die sie zu günstigen Preisen aus Entwicklungsländern beziehen, dort mit denselben Umweltschutzauflagen hergestellt würden, wie sie in den Industrieländern gelten. Diese Kosten sind in einer Untersuchung, die für den Weltausschuß für Entwicklung und Umwelt angestellt worden ist, auf rund 14 Milliarden Dollar jährlich geschätzt worden - also auf mehr als ein Drittel des Gesamtbetrages, der jährlich als Entwicklungshilfe für diese Länder eingesetzt wird.

Damit soll nicht behauptet werden, daß die Entwicklungshelfer aus den westlichen Nationen, die sich oft mit unerhörtem Engagement für ihre Projekte einsetzten, nur als Helfershelfer des Kapitals in die Dritte Welt gingen. Aber was dieser menschliche Einsatz, die humanitäre Hilfe und die Entwicklungsmilliarden gegen die unerbittliche Logik der Weltwirtschaftsordnung ausrichten konnten, läßt sich daran ablesen, daß in den „Dekaden der Entwicklung" von 1968 bis 1988 das Pro-Kopf-Einkommen der ärmsten Länder von 90 $ auf 310 $ anstieg, in den

LESEBUCH

Industrieländern von 2770 $ auf 17420 $ und daß sich damit der Abstand, statt zu schrumpfen, zu einem Abgrund von 17000 Dollar erweiterte.

K2.31

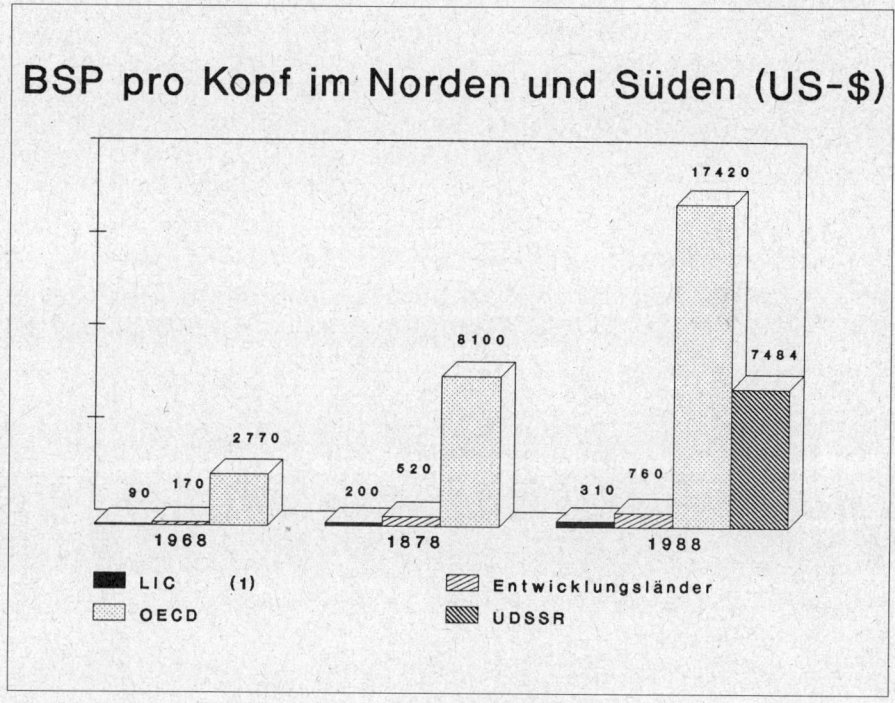

Abb.1: Pro-Kopf-Einkommen 1968-1988 (nach fnla 67)
(1) Low Income Countries (die ärmsten Länder)

EIN SYSTEM SIEGT SICH ZU TODE

„Entwicklung" - die Rückseite des Fortschritts   K2.32

Wie ist es zu erklären, daß es nach drei Entwicklungsdekaden der Mehrzahl der Länder in der Dritten Welt schlechter geht als zuvor; daß sie wirtschaftlich schrumpfen statt zu wachsen; daß ihre Bevölkerung weiter explodiert statt sich zu stabilisieren; daß ihre zerfallende Sozialstruktur durch keine moderne Gesellschaftsform ersetzt wird; daß Millionen Menschen verhungern, Hunderte von Millionen vor Hungersnöten, Ausbreitung der Wüsten, Bürgerkriegen auf der Flucht sind; daß infolge des Scheiterns des „Schuldenzyklus" (s. K2.31), der sie in die Moderne katapultieren sollte, eine Schuldenkrise jede wirtschaftliche Entwicklung abwürgt und dazu führt, daß die unterentwickelten Länder mehr Zinsen und Tilgung an die reichen Länder zahlen, als sie von ihnen an Wirtschaftshilfe bekommen?

Bevor wir mit neuen Strukturanpassungsprogrammen, Rural Development-Programmen, Tropical Forest Action Plans, den Entwicklungskonzepten der 90er Jahre eine vierte Entwicklungsdekade einläuten, sollten wir ernsthaft über die unabweisbare Schlußfolgerung nachdenken, daß die wachsende Verschlechterung der ökologischen, wirtschaftlichen und vor allem sozialen Verhältnisse in der Dritten Welt Ausdruck der tiefgreifenden Störungen der Systemsteuerung ist, die aufgrund der massiven systemwidrigen Eingriffe der Industriezivilisation längst überfällig ist, die jedoch in den industrialisierten Ländern, in denen sie ihren Ursprung hat, zwar durchaus erkennbar, aber durch hochentwickelte Technik, gigantische Energiezufuhr, eine materialistisch-hedonistische Ersatzreligion und forschrittliche politische und soziale Systeme abgefedert, abgemildert, maskiert und nach außen und in die Zukunft verlagert wird.

Das westliche Entwicklungsmodell (s. K2.31) bedeutet: Integration eines Landes in den Weltmarkt, damit Umstellung der Landwirtschaft auf Produkte Cash-crops), die auf dem Weltmarkt gegen Devisen verkauft werden können.

Landwirtschaft für den Export bedeutet Intensivlandwirtschaft. Was bedeutet *intensiv*?

■ High input high output: aus denselben landwirtschaftlichen Flächen wird durch Bewässerung, Einsatz von Kunstdünger, Maschinen, Hochleistungssaatgut, Pestiziden ein z. T. dramatisch gesteigerter Ertrag herausgeholt (z. B. über 40 Prozent bei Hybridweizen, Q47-60). Es handelt sich, wie auf den ersten Blick zu erkennen ist, um die Umwandlung der Landwirtschaft in eine Industrie, deren Wirtschaftlichkeit am Verhältnis zwischen Aufwand und Ertrag, in Geld ausgedrückt, gemessen wird. Daraus ergeben sich folgende unvermeidliche in der Logik des Systems liegende Konsequenzen:

LESEBUCH

K2.32

■ Der Einsatz von Arbeitskräften wird minimiert, eine menschengemachte Katastrophe unermeßlichen Ausmaßes für die Dritte Welt, in der es bereits Hunderte Millionen Arbeitslose ohne Aussicht auf Beschäftigung gibt.

■ Der landwirtschaftliche Betrieb muß einen Überschuß, und zwar in Form von Devisen erwirtschaften, damit er die notwendigen Ausgaben für Kunstdünger, Maschinen, Hochleistungssaatgut, Pestizide bestreiten kann. Er muß, mit anderen Worten, exportfähige Produkte wie Kaffee, Kakao, Tabak, Erdnüsse, Sojabohnen erzeugen, und zwar in großen Monokulturen, in denen sich der Maschineneinsatz lohnt, mit der Folge, daß

- Pflanzenschädlinge nur vorübergehend durch den Einsatz steigender Mengen von Pestiziden zurückgedrängt werden können, sich dann aber häufig dank der ihnen gebotenen „Nischen" und der Vernichtung ihrer natürlichen Feinde epidemieartig ausbreiten. (Das gilt verstärkt für die „High Yield Varieties", die besonders krankheitsanfällig sind: „Die meisten bis jetzt auf den Markt gekommenen Hochleistungssorten sind anfällig für schweren Schädlingsbefall, mit Ernteverlusten zwischen 30 und 100 Prozent." B. Dogra, Empty Stomachs and Packed Godowns, New Delhi, 1984, zit. nach Vandana Shiva, Q47-58);

- die Kleinbauern aufgrund der finanziellen Übermacht der Investoren in der neuen Agrarindustrie (gleich ob es sich um einheimische Großgrundbesitzer oder finanzkräftige Kaufleute oder um multinationale Konzerne handelt) von ihrem Land verdrängt und auf marginale Böden (Trockengebiete, Berghänge, Wald) abgedrängt werden.

■ Der Einsatz von Maschinen, Kunstdünger, künstlicher Bewässerung, der Wegfall von Brache und Fruchtwechsel läuft, genau wie in der industriellen Produktion, auf den Verbrauch von Rohstoffen und Naturvermögen, im Fall der Landwirtschaft in erster Linie des Bodens, daneben auch auf die Verschärfung des Treibhauseffekts durch Massentierhaltung[10] und den Einsatz von Düngemitteln[11/12], die (unbeabsichtigte) Ausrottung von Pflanzen- und Tierarten durch Pestizide hinaus.

- Traktoren und Erntemaschinen verdichten den Boden, wodurch er weniger Wasser halten kann und dadurch anfälliger für Erosion wird[13];

- durch den Einsatz von Kunstdünger wird die Düngung mit Pflanzenabfällen und Mist überflüssig (ganz abgesehen davon, daß durch den Ersatz von Zugtieren durch Traktoren der natürlichen Düngung die Grundlage entzogen wird); dies ist *erstens* ein weiterer Faktor, der den Boden erosionsanfällig macht, und *zweitens* führt dies zur Erschöpfung der Böden, da ihnen durch Kunstdünger nur Stickstoff, Kali und Phosphor zugeführt wird, während andere Spurenelemente, die die Pflanzen für ihr Wachstum benötigen und daher dem Boden entziehen, wie Magnesium, Zink und Kupfer, nicht ersetzt werden;

- künstliche Bewässerung führt in vielen Fällen, in denen nicht für entsprechende Entwässerung gesorgt wird, zur Versumpfung und Versalzung der Böden[14];

- der Wegfall von Brache und Fruchtwechsel, der durch Rentabilitätserwägungen erzwungen wird, beschleunigt, insbesondere auf anfälligen tropischen Flächen, die aus der Rodung von Wäldern gewonnen wurden, die Erschöpfung der Böden (Q47-59).

■ Fast alle der geschilderten Prozesse wirken gemeinsam darauf hin, die bestehenden sozialen Strukturen zu zerstören. Die kommerziellen Monokulturen für die Erzeugung von Cash-crops, die ihre höheren Erträge der Verwendung der berühmten HYVs (High Yield Varieties - den Hybridpflanzen der Grünen Revolution) verdanken, können vielfach nur mit Bewässerungssystemen aufrechterhalten werden. Diese benötigen soviel Wasser, daß der Grundwasserspiegel immer weiter sinkt und so die Bewässerung zur Wüstenbildung führt. Weiterhin erfordern HYVs einen hohen Einsatz an Mineraldünger und Pestiziden. Alle diese „Produktionsfaktoren" (Wasser aus Bewässerungsanlagen, industriell erzeugte Mineraldünger und Pestizide) machen diese Art von Landwirtschaft abhängig von einem relativ hohen Kapitaleinsatz. Nur wohlhabende Bauern, vielfach jedoch Investoren von außerhalb der Landwirtschaft können dieses Kapital aufbringen. Die normalen Kleinbauern, die immer noch das Gros der Bevölkerung in den Entwicklungsländern stellen, können bei dieser Modernisierung nicht mithalten oder verschulden sich, wenn sie es durch die Aufnahme von Krediten versuchen, so stark, daß sie nie wieder auf die Füße kommen. Sie müssen in vielen Fällen ihr Land an die kapitalkräftigen Großgrund-besitzer bzw. Investoren von außerhalb der Landwirtschaft verkaufen. Damit drängt dieser „Entwicklungs"prozeß die Mehrheit der Landbevölkerung wortwörtlich an den Rand - auf die marginalen Böden, den Rand der Großstädte und an den Rand der Existenz.

- Einige wenige von ihnen können als Lohnarbeiter in den mechanisierten Plantagen unterkommen. Die Mehrheit ist gezwungen, auf bisher nicht genutztes Land auszuweichen, d. h. Wald abzubrennen und für einige Jahre urbar zu machen (dies ist ein Teil des Zerstörungspotentials, das die Regenwälder am Amazonas bedroht), oder auf der Suche nach Arbeit und Lebensunterhalt in die Städte zu ziehen - die Hauptursache der massiven Landflucht und des alle Grenzen sprengenden Wachstums der Großstädte der Entwicklungsländer.

LESEBUCH

K2.32

- Die Anschaffung und der Einsatz von Maschinen führt dazu, daß die gewachsenen Beziehungen der gegenseitigen Hilfe ersetzt werden durch die einseitige Abhängigkeit der Landarbeiter von landwirtschaftlichen Unternehmern, die sie gegen Lohn als Produktionsfaktoren einkaufen. Das Überangebot an Landarbeitern sorgt dafür, daß die Löhne niedrig und daß Sozialleistungen wie Arbeitslosen- und Altersfürsorge unbekannt bleiben und daß der einzelne Arbeiter, wenn er krank wird, seine Arbeitsleistung oder seine Gefügigkeit zu wünschen übrig läßt, jederzeit ausgewechselt werden kann. Damit wird genau die Situation der Unsicherheit geschaffen, die als eine der Hauptursachen eines hohen Bevölkerungswachstums gilt.

- Die überlieferten Kenntnisse und Fertigkeiten, die die Menschen dazu befähigten, mit extensivem Anbau, Mischkulturen, Fruchtwechsel und Brache die ihrer Umwelt angepaßten Früchte anzubauen und dabei den Lebensunterhalt ihrer Familien und Gemeinschaften zu sichern, werden von einem Augenblick zum anderen wertlos - ein Wegbrechen von Identität und Sicherheit, wie es sich kaum grausamer vorstellen läßt.

Ein in Jahrtausenden gewachsenes kulturelles Erbe wird von der Industrialisierung der Landwirtschaft in wenigen Jahren hinweggefegt.

Die von der Integration in den Weltmarkt erzwungene Industrialisierung der Landwirtschaft führt damit zum systematischen Abbau einer Ressource, die ohnehin knapp, unmittelbar überlebensnotwendig und durch keinen industriellen Prozeß wiederherzustellen oder zu ersetzen ist (Die Natur braucht zwischen 100 und 10.000 Jahren, um 10 cm Mutterboden zu bilden, GAIA-Atlas gaöa41).

Das Lebenserhaltungssystem Boden, das von der Biosphäre in Hunderttausenden von Jahren aufgebaut wurde, wird von einer industrialisierten, weltmarktorientierten Landwirtschaft in wenigen Jahren im Tagebau abgebaut.

Dies sind die von unserer „Entwicklungs"politik ausgelösten Prozesse, die hinter den apokalyptischen Zahlen stehen, die wir Tag für Tag lesen, ohne zu verstehen, was sie für unseren Planeten bedeuten. Man müßte in einem niedrigfliegenden Satelliten die Erde umrunden, um in wenigen Stunden zu begreifen, daß die Biosphäre, diese hauchdünne Schale des Erdballs, in der wir und von der wir leben, offenbar zum Abriß freigegeben ist: Über dem Amazonas verdunkeln zehntausend Feuer den Blick auf die Erde (200 000 qkm Regenwald pro Jahr vernichtet); in Afrika wird der Wüstengürtel immer breiter (jedes Jahr verwandeln sich 60 000 qkm fruchtbares Land in Wüste); um die Insel Madagaskar ist der Indische

EIN SYSTEM SIEGT SICH ZU TODE

Ozean kilometerweit um die Mündungen der Flüsse rot gefärbt - von den Tausenden Tonnen Erde, die sie ins Meer spülen; der Ganges wälzt sich als breite schlammfarbene Flut, beladen mit der Erdkrume von den Berghängen des Himalaya, in die Bucht von Bengalen, wo die Erde Flußmündungen und Häfen verstopft und riesige Sandbänke im Meer aufschüttet; in Südostasien (Indonesien, Sarawak, Philippinen) springen die kahlen, braunen, zerfurchten Berghänge ins Auge, die noch vor wenigen Jahren von üppigen Wäldern bedeckt waren[15].

Die Entstehung des Industriekapitalismus   K2.41

Im Mittelpunkt der Analyse von Adam Smith (The Wealth of Nations, 1776) steht die Arbeitsteilung, die sich gut als Ausgangspunkt für die Betrachtung des Systems von Einflüssen und Wechselwirkungen eignet, die in der Mitte des 18. Jahrhunderts zum *industrial take-off* hinführten.

Im Laufe des 18. Jahrhunderts wurde die handwerkliche Herstellung in verschiedenen Gewerbezweigen allmählich durch eine arbeitsteilige Produktion ersetzt.

Philosophisch wurde dieser Übergang durch den Utilitarismus unterstützt, der von dem Sozialphilosophen Jeremy Bentham (1748-1832) verkündet wurde und die Veränderung im Zeitgeist in Form einer Vulgarisierung der Aufklärung widerspiegelte.

Der Zerfall des Zunftwesens im ausgehenden Mittelalter eröffnete die Möglichkeit, Arbeitsprozesse abweichend von den strengen, starren Regeln der Zünfte neu zu durchdenken und neu zu organisieren.

Aufgrund des Bevölkerungswachstums im 18. Jahrhundert wurden „freie" Arbeitskräfte verfügbar, die auf dem Land kein Auskommen mehr fanden. Dieser Prozeß wurde in England durch die sog. „Einhegungen" (enclosure) unterstützt. Der allmähliche Zerfall der feudalen Ordnung, ebenfalls eine Erscheinung des ausgehenden Mittelalters, hatte zur Folge, daß sich die feudalen Bindungen zwischen Grundherren und Abhängigen der verschiedensten Art (Leibeigenen, Pächtern, untertänigen Bauern) lockerten und manche Grundherren die dadurch entstehende Rechtsunsicherheit nutzten, um das Land, das vordem allen Mitgliedern der Dorfgemeinschaft zur Nutzung zustand, einzufrieden und intensiver landwirtschaftlich zu nutzen. Durch diese Auflösungserscheinungen wurden ländliche Arbeitskräfte in einem doppelten Sinn „frei": einerseits, indem sie entweder durch Gesetze

LESEBUCH

K2.41

befreit wurden oder sich ungestraft aus den feudalen Bindungen lösen konnten, andererseits, indem sie auf dem Land kein Auskommen mehr fanden.

Die Einführung der Arbeitsteilung setzt eine neue Form der Organisation und der Finanzierung des Produktionsprozesses voraus. Für die Anschaffung der Geräte und späterhin Maschinen, die für die arbeitsteilige Produktion notwendig sind, war der Einsatz von Kapital erforderlich, ein Phänomen, das sich in der vorhergehenden Renaissance bereits im Handel, jedoch auf diesen beschränkt, entwickelt hatte.

Eine Reihe von Faktoren trug dazu bei, daß das erforderliche Kapital an dieser Stelle zur Verfügung stand. Dazu gehörte

1 - die teilweise Umstellung der Feudalabgaben auf dem Land von Naturalien auf Geld
2 - die oben schon erwähnte Auflösung der feudalen Bindungen und die Einhegung der landwirtschaftlichen Allmende, welche zu einer steigenden Produktivität der Landwirtschaft über den Subsistenzbereich hinaus und damit zur Kapitalbildung führte, und
3 - die interkontinentalen Raubzüge des Zeitalters der Entdeckungen, die große Mengen von Gold und anderen Edelmetallen nach Europa, genauer, neben Spanien auch nach Großbritannien brachten. Darüber hinaus leisteten Seeräuberei und Sklavenhandel ihren Beitrag zu dieser ursprünglichen Kapitalakkumulation.

Den philosophischen Hintergrund bildete die protestantische Ethik, deren Rolle für die Entstehung des Kapitalismus Max Weber beschrieben hat.

Auf der technischen Ebene erforderte die arbeitsteilige Produktion die Erfindung und Herstellung von geeigneten Geräten und Maschinen. Andererseits beförderte und befruchtete sie wiederum den mechanischen Erfindergeist, der auch schon im Mittelalter und vor allem während der Renaissance durchaus fruchtbar war, dem jedoch gewissermaßen die Abnehmer für seine Kreationen fehlten.

Der Einsatz von Maschinen hatte seinerseits die doppelte Wirkung, die Nutzung von Energie wie Wasserkraft und Kohle, bald vor allem in Form von Dampf, sowohl zu fordern als auch zu fördern; er erhöhte gleichzeitig die Nachfrage nach Rohstoffen, so wie er auch, durch den Einsatz von Maschinen, die Gewinnung und damit das Angebot von Rohstoffen voranbrachte. Kohlebergbau, die Erfindung, die Entwicklung und der Einsatz von Pumpen und Dampfmaschinen, die Gewinnung und

EIN SYSTEM SIEGT SICH ZU TODE

Verarbeitung von Eisenerz standen dabei in einer engen, sich ständig weiter vorantreibenden Wechselwirkung.

Auf der wirtschaftlichen Ebene resultierte die Einführung der Arbeitsteilung in einer Verbesserung der Produktivität (eine der Triebfedern ihrer Einführung), wachsende Produktivität führte zu einer Steigerung der Realeinkommen und dies wiederum bedeutete eine Erweiterung der Märkte, welches eine Grundvoraussetzung für eine erfolgreiche Einführung der Arbeitsteilung darstellt. Ein externer Vorgang, der ebenfalls zu einer Vergrößerung der Märkte und damit zu einer Rentabilisierung der arbeitsteiligen Produktion beitrug, war der Erwerb und die Erschließung von Kolonien. Günstig wirkten sich in England auch die vorhandenen Verkehrswege in Gestalt der zahlreichen Flüsse und der tief eingeschnittenen, buchtenreichen Küstenlinie sowie das Fehlen von Grenzen und Zollhindernissen innerhalb Englands aus.

Das Ineinandergreifen der verschiedenen Einflußfaktoren und die Wachstumsspirale, die durch die positive Rückkopplung zwischen den verschiedenen Komponenten in Gang gebracht wurde, wird im Schaubild auf der gegenüberliegenden Seite skizziert.

LESEBUCH

K2.41

Industrial Take-off

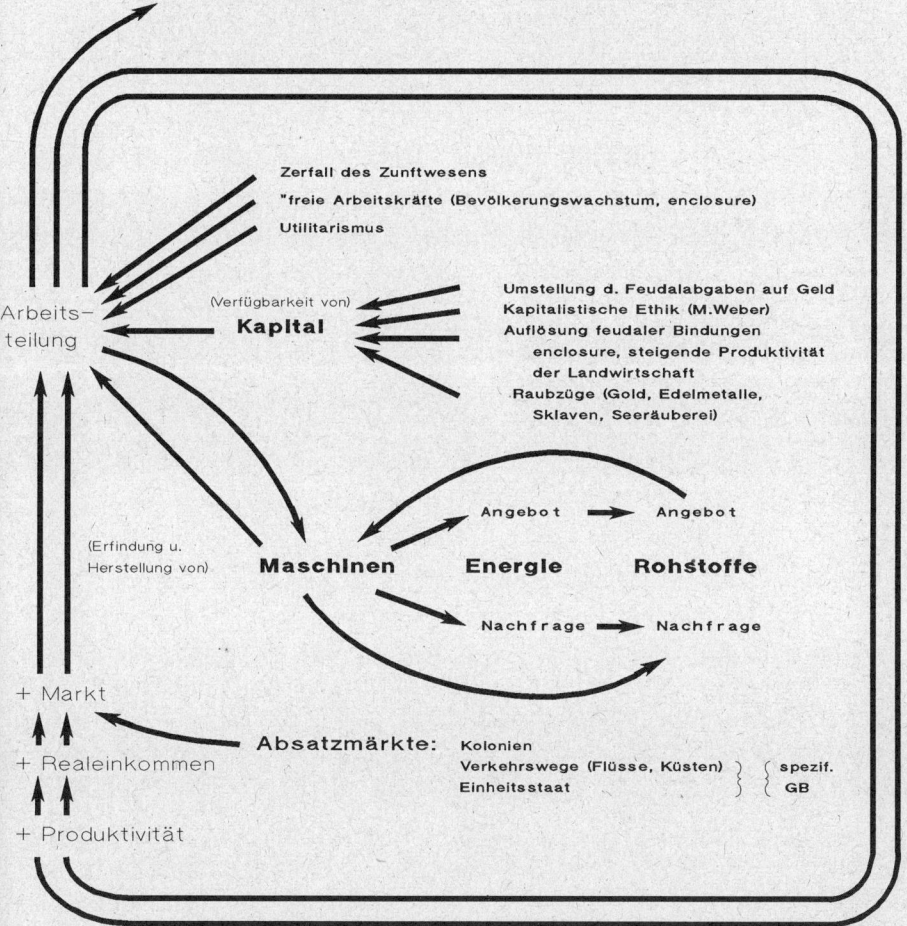

Abb. 2

Desynchronisierung K2.42

Wissenschaft und ihre Umsetzung in Technologie sind die fulminante Spätform einer evolutionären Revolution, die mit der Entstehung von Sprache und Kultur in die Welt trat.

Diese „Erfindung" bewirkt einen Phasenübergang in der Evolution, der sich vielleicht annäherungsweise mit dem Übergang vom Laufen zum Fliegen vergleichen läßt. Während bei allen anderen Arten nützliche Veränderungen nur über zufällige Mutationen und deren Auslese durch die Umweltbedingungen zustandekommen können, schaffen Sprache und Kultur die Möglichkeit, daß nützliche Erfahrungen und Erfindungen von einer Generation zur anderen weitergereicht werden. Damit funktioniert die kulturelle Evolution nicht mehr darwinistisch, sondern lamarckistisch[16] (rsus 46)(s. a. K7.5 Koevolution).

Zu dieser kulturellen Beschleunigung der Evolution kommt die Tatsache, daß die westlichen Industrieländer dank der kapitalistischen Marktwirtschaft einen solchen Reichtum angesammelt und ihre Volkswirtschaften eine derartige Produktivität erreicht haben, daß sie nur noch einen Bruchteil ihres Produkts für die materielle Versorgung der Bevölkerung einzusetzen brauchen. Das bedeutet, daß ein hoher Anteil an Kapital und Arbeit frei verfügbar ist und ohne einen entsprechenden Konsumverzicht in Wissenschaft und Technik investiert werden kann, im Gegensatz etwa zu den Volkswirtschaften Mittel- und Osteuropas, die sich die Investitionen für die Modernisierung ihrer Industrie buchstäblich vom Mund absparen müssen. Das hat jedoch die folgenschwere Konsequenz, daß der wissenschaftlich-technische Komplex der hochentwickelten Industriegesellschaft zu einem Selbstläufer geworden ist. Er muß nicht mehr, um dies mit einem Bild zu illustrieren, wie eine deutsche Universität aus dem Bildungsetat und damit aus den Steuern und Abgaben der Bürger alimentiert werden, sondern finanziert sich, wie eine reiche amerikanische Privat-Universität, mühelos aus den Zinsen des angesammelten Vermögens. Er hat damit die Traumschwelle zum „self-sustaining growth" überschritten - daß sich der Traum zum Alptraum verkehrt, liegt daran, daß er mit positiver Rückkopplung in ein ganzes System von Rückkopplungsschleifen eingebettet ist (s. Kap. 4).

Auf diese Einbettung bezieht sich auch Ulrich Beck (Q60), wenn er „eine Freisetzung der Technik von den Prinzipien und Zusammenhängen ihrer ökonomischen Verwertbarkeit" fordert, was voraussetzt, daß „der direkte Zugriff der Wirtschaft (auf die Technik) gebrochen wird". Damit würden Chancen geschaffen für „neue Entscheidungsstrukturen der Verwendung, neue Filter- und Kontrollinstitutionen der Techniknutzung: Recht, Ethik, demokratische Mitbestimmung, Gewal-

LESEBUCH

K2.5

tenteilung, Lernschleifen, Revidierbarkeit, auch: Nein, so wollen wir nicht leben!" Damit könnten „Antworten auf die ökologische Frage ... auch in der Suche nach mehr Moderne, mehr Freiheit, mehr Demokratie gefunden werden."

Der Gedanke, die Befreiung von Wissenschaft und Technik aus der engen Verzahnung mit der Wirtschaft auf dem emanzipatorischen Weg zu versuchen, erscheint verlockend; angesichts der Tatsache, daß die Kapitalverwertung heute in Wissenschaft und Technik ihr mit Abstand wichtigstes Vehikel hat, und Wissenschaft und Technik sowie die Menschen, die sie betreiben und realisieren, ihrerseits fast ausschließlich von der Wirtschaft alimentiert werden, kann man diesem Weg wohl nur verschwindend geringe Chancen einräumen.

Anpassung K2.5

Hat der „Sieg des Kapitalismus über den Sozialismus" bewiesen, daß freie Marktwirtschaft besser funktioniert als zentrale Planung, Privateigentum besser als Sozialisierung?

Dies ist zweifellos eine Lektion des dramatischen Geschichtsunterrichts, der uns in diesen Jahren live geboten wird. Aber wir würden den besten und wichtigsten Teil des Lehrstücks verpassen, wenn wir uns allzusehr von der Welle der Befriedigung und Selbstbestätigung forttragen ließen.

Völlig umsonst war das Stück, wenn daraus platt und kurzschlüssig der Sieg des Kapitalismus über den Sozialismus abgeleitet wird. Dabei wird die offensichtliche Tatsache übersehen, daß der real existierende Sozialismus das Grundprinzip des Kapitalismus, nämlich die stetige Erweiterungs von Produktion und materiellem Wohlstand durch Kapitalakkumulation ebenso als Staatsziel verfolgte wie die westlichen Gesellschaften - wenn auch nicht als Privat-, sondern als Staatskapitalismus.

Die entscheidende Lehre steckt in der Frage, warum er damit scheiterte, oder zumindest in der Verfolgung dieses Ziels so weit hinter den Westen zurückfiel.

Es klingt banal wie viele Feststellungen über evolutionäre Gesetzmäßigkeiten: nur ein System, das sich anpaßt, kann überleben[17]. Ein System muß darüber hinaus nicht nur an seine Umwelt angepaßt sein, sondern es muß die eingebaute Fähigkeit besitzen, sich an Veränderungen der Umwelt anzupassen.

EIN SYSTEM SIEGT SICH ZU TODE

Der entscheidende Vorteil des westlichen Kapitalismus im evolutionären Wettlauf der Gesellschaftsysteme ist seine Anpassungfähigkeit. „Marktsysteme (haben), wenn sie mit demokratischen Institutionen, die die Partizipation an politischen Entscheidungen regulieren, kombiniert werden, und wenn eine (wenn auch begrenzte) Öffentlichkeit die Artikulation kritischer Diskurse zuläßt und gleichzeitig kanalisiert, die Fähigkeit, höchst elastisch auf historische Herausforderungen zu reagieren. Sie sind reformfähig und dadurch ist ihnen die Anpassung an historisch wechselnde Verhältnisse möglich" (eazm 32).

Der westliche Kapitalismus hat in mehreren großen (es wäre nicht übertrieben zu sagen: grandiosen) Transformationen die schweren Krisen überwunden, die sein Überleben bedrohten, indem er sich durch tiefgreifende Wandlungen an die Umweltveränderungen anpaßte, die er zum großen Teil selbst ausgelöst hatte. (Diese Anpassungfähigkeit verdankt das System *nicht* einem schrankenlosen Liberalismus nach Art des frühen 19. Jahrhunderts, wie ihn Ronald Reagan und Maggie Thatcher wiederherstellen wollten, sondern seiner Fähigkeit zur Regulation. (Dazu ausführlich Elmar Altvater, eazm).

Die erste dieser „Großen Transformationen", die Karl Polanyi in seinem Klassiker (kpgt) beschrieben hat, war die Reaktion auf das Massenelend und die explosiven sozialen Spannungen, die zuerst in England, dann auch in den Ländern des Kontinents die Frühzeit des Kapitalismus kennzeichneten. Ihr verdanken wir u. a. die Sozialgesetze des 19. Jahrhunderts, die Verkürzung der Arbeitszeit von 80 bis 100 auf 48 Stunden, den Arbeitsschutz, die Abschaffung der Kinderarbeit.

Mit der Einführung des Sozialstaats und der großzügigen Beteiligung der Arbeitnehmer an der explosiven Steigerung des Sozialprodukts wurde auch ein weiterer Krisenherd entschärft, der das Herzstück der sozialistischen Ideologie bildet und die Weltrevolution zustandebringen sollte, nämlich die Klassengesellschaft. Die westliche sozialstaatliche Demokratie hat es offenbar trotz all ihrer Defizite geschafft, eine klassenübergreifende Identifikation mit dem Staat herzustellen und damit seine Stabilität zu gewährleisten.

Kann dieses Modell, das seine Anpassungfähigkeit in vielen erfolgreich überstandenen Krisen unter Beweis gestellt hat, auch die ökologische Krise bewältigen?

Um diese Frage zu untersuchen, betrachten wir die Voraussetzungen, die bei den erfolgreichen Transformationen des Kapitalismus eine entscheidende Rolle gespielt

LESEBUCH

haben, und klopfen sie daraufhin ab, welche Rolle sie bei der Bewältigung der ökologischen Krise spielen können.

K2.5

Erste Voraussetzung:

Es gibt Signale, die Krisenherde können sich artikulieren.

Dies war bei den betroffenen Bevölkerungsteilen und den vorausgegangenen Krisen klar und deutlich der Fall - ein unerträglicher Leidensdruck, ein hoher Bildungsstand, gesellschaftliche Strukturen, die soziale Bewegungen möglich machten und hervorbrachten.

Die parlamentarische Demokratie hat ihre Stärke in der quantitativen Verrechnung der individuellen Interessen (Wahlstimmen); sie hat weiterhin Mechanismen für die Transmissions von Gruppeninteressen, soweit sich diese - definitionsgemäß - auf einen Nenner bringen lassen (Parteien, Gewerkschaften, Verbände, Pressure Groups - Lobbyismus, Beratungsgremien, Konzertierte Aktion, Parlament, öffentlicher Druck kraft Zahl); eine Regulation der persönlichen und Gruppenegoismen ist in das System nur insoweit hineinkonstruiert, als sie sich von anderen Egoismen begrenzen lassen müssen.

Im Fall der biosphärischen Krise ist es mit diesen Signalen und ihrer Übertragung schlecht bestellt: Es kommt nur ein Bruchteil rechtzeitig an, der größere (und gravierendere) Teil ist zeitlich (in die Zukunft) und räumlich (in andere Weltteile, in die Stratosphäre, in tiefere Erdschichten) verlagert, ein weiterer Teil, von dem wir nicht einmal abschätzen können, wie groß und wie schwerwiegend er ist, bleibt uns verborgen, weil wir die biosphärischen Systemzusammenhänge ungenügend durchschauen (s. a. K7.7 Systemeffekte).

Zweite Voraussetzung

Die Krisenherde können den erforderlichen politischen Druck aufbauen, können sich in Wahlstimmen umsetzen.

Die oben erwähnten sozialen Bewegungen konnten aufgrund der Betroffenheit breiter Bevölkerungsschichten die erforderliche Massenbasis schaffen und mobilisieren. Die Natur kann keinen Druck ausüben (oder nur mit ihren unmittelbaren

„oberflächlichen" Reaktionen, die sich zudem in einem modernen Industriestaat technisch von Fall zu Fall beheben, abmildern, kompensieren oder verlagern lassen).

Die Parole „Die Umwelt braucht eine Lobby" zielt darauf ab, diesem Mangel abzuhelfen - ohne jeden Zweifel mit beträchtlichem Erfolg. Die ökologische Krise hat ihre „öko-soziale" Bewegung und ihre eigenen Institutionen hervorgebracht: Naturschutzverbände, Bürgerinitiativen, Greenpeace, grüne Parteien ... Allerdings ist die „Vertretungs"macht, die sie mobilisieren können, in fataler Weise eingeschränkt durch 1. den Wissensstand der Bevölkerung (zwar in den letzten zehn Jahren stark verbessert, jedoch noch sehr verbesserungsbedürftig), 2. hinsichtlich der Betroffenheit (systemisches Problem: die Industriegesellschaft hat die technischen, finanziellen und gesellschaftlichen Mittel, die Schadwirkungen auf die eigene Bevölkerung von Fall zu Fall zu beheben, abzumildern, zu kompensieren oder zu verlagern (s.o.) 3. durch Interessen: unvermindertes wirtschaftliches Wachstum ist nicht nur im Interesse einer Handvoll von Kapitalisten, sondern der Bevölkerungsmehrheit, die daran partizipiert, schlimmer: die zur Befriedigung der erworbenen Ansprüche darauf angewiesen ist (s. Kap 3.3 Wohlstandsfalle).

Fazit: Die liberale kapitalistische Demokratie hat im Verlauf ihrer erfolgreichen Transformationen ein Arsenal von Anpassungsmechanismen entwickelt, die ihrerseits dem Charakter der Herausforderungen, zu deren Bewältigung sie entwickelt wurden, angepaßt sind. Es handelt sich um dem Markt „abgeschaute" Mechanismen, die darauf angelegt sind, (Knappheit, Verwerfungen, Störungen, Spannungen, Ungerechtigkeiten, Beeinträchtigungen des Wohlbefindens, Gesundheitschäden anzeigende) Signale aufzunehmen und zu Kurskorrekturen und institutionellen Veränderungen zu verarbeiten. Signale und Verarbeitung sind (im Vergleich zu nicht partizipatorischen Gesellschaften, handgreiflich im Vergleich zum real existierenden Sozialismus) außerordentlich wirksam und „anpassungsfreundlich", gleichzeitig aber systemisch beschränkt: sie funktionieren

(1) nur intern,
(2) nur oberflächlich,
(3) nur punktuell,
(4) nur aktuell

- sie haben, mit anderen Worten,

(1) keine globale Dimension (oder doch nur eine in fataler Weise zeitlich verschobene - wie im Falle der Klimaveränderung oder von Wanderungsbewegungen),
(2) keine Tiefendimension (Reaktion tendenziell nur auf Symptome, nicht auf Ursachen),

LESEBUCH

K2.5

(3) keinen Systemzusammenhang (die Biosphäre betreffend),
(4) keine Zukunftsdimension (künftige Generationen können ihre Rechte nicht artikulieren).

Das heißt, sie sind an Voraussetzungen gebunden, die im Fall der ökologischen Krise nicht, oder nur in sehr abgeschwächter Form, gegeben sind.

Damit präsentiert sich der fortschrittliche westliche Industriestaat als ein Modell, das dazu prädestiniert ist, zum Selbstläufer der ökologischen Zerstörung zu werden:

■ ein Sozialstaat, dessen innerer Friede mit der Befriedigung der ständig wachsenden Asprüche einer Bevölkerungsmehrheit verknüpft ist;

■ ein Entwicklungsstand der Produktivkräfte (s. K2.15), der die Befriedigung wachsender Ansprüche technisch und organisatorisch möglich macht;

■ ein Regime der Kapitalakkumulation, das davon lebt (und dementsprechend dafür sorgt), daß die Bedürfnisse grenzenlos weiterwachsen;

■ ein gesellschaftlicher Entscheidungsprozeß, die parlamentarische oder Parteiendemokratie, der durch die oben skizzierten Wahrnehmungs- und Verarbeitungsdefekte gekennzeichnet ist: das sind die Komponenten eines Systems, das mit seinen Anpassungmechanismen auf die ökologische Krise nicht angemessen reagieren kann, und das sie, durch das Zusammenwirken dieser Komponenten, unweigerlich verschlimmern muß.

Dazu kommt, daß die hochentwickelte Anpassungsfähigkeit des Systems so strukturiert ist, daß sie in eine evolutionäre Sackgasse führt: seine Fähigkeit, gegenwärtige und auf seine Nutznießer wirkende Belästigungen und Beeinträchtigungen zum Teil zu beheben, zum anderen abzumildern, zu maskieren und zu verlagern, verhindert zuverlässig, daß die Voraussetzungen eintreten, unter denen eine wirkliche Anpassung im Sinn einer radikalen Veränderung stattfinden könnte.

Die kapitalistische Industriegesellschaft steckt damit in einer einzigartigen „Anpassungsfalle": die Ergebnisse ihrer Anpassungsleistung in der Vergangenheit ebenso wie ihre Fähigkeit, mit Anpassung auf aktuelle Veränderungen und Probleme zu reagieren, verhindern zuverlässig, daß sie die ökologische Krise verarbeiten kann.

Genau die Anpassungsprozeduren, die der liberale Industriekapitalismus im Laufe seiner erfolgreichen Transformationen entwickelt hat, vereiteln eine angemessene Transformation in der ökologischen Krise.

EIN SYSTEM SIEGT SICH ZU TODE

> Was immer die „moderne Gesellschaft" sein mag, ihr wesentliches Merkmal besteht aus systemtheoretischer Sicht darin, die wichtigsten Funktionen auf hochspezialisierte Teilsystme delegiert zu haben, die jeweils systemspezifischen Progammierungen und „Codes" gehorchen. ... Jedes Teilsystem ist vor allem mit sich selbst befaßt und entwirft die Umweltwirklichkeit aus seiner selbstreferentiellen Eigenwirklichkeit heraus. So vermag das Wirtschaftssystem Umweltgefahren nur insoweit aufzugreifen, wie sie in der Sprache der Preise ausgedrückt werden können. Das politische System, das durch Wahlen und Bürgerzustimmung codiert ist, bleibt ökologisch gelähmt, weil es zur Kurzfristigkeit im Handeln und Denken gezwungen ist ...
> (Ulrich Beck, ubsb-639)

Noch deutlicher wird dies durch ein Gedankenspiel, wie es Historiker hassen: Was wäre aus dem real existierenden Sozialismus geworden, wenn es keine marktwirtschaftliche Konkurrenz gegeben hätte?

Einmal ist klar, daß ohne die durch die Spannung zwischen den Blöcken angeheizten astronomischen Rüstungsausgaben der wirtschaftliche Ruin nicht so schnell eingetreten wäre. Wenn auch später, wäre die Kommandowirtschaft trotzdem unvermeidlich in die tödliche Krise geraten, die wir heute erleben, weil ihre Unfähigkeit zur Regulation unlösbare soziale Spannungen und unerträgliche Lebensbedingungen produziert.

Neben der Unfreiheit und der wirtschaftlichen Misere war die katastrophale Umweltsituation in den Comecon-Staaten zweifellos eine der Ursachen, die zum Zusammenbruch des real existierenden Sozialismus führten: so leben in der ehemaligen Sowjetunion ca. 50 Prozent der Menschen unter Bedingungen, die nach den offiziellen Bestimmungen nicht zulässig sind; das sozialistische Regime der DDR hat ökologische Schäden hinterlassen, deren Beseitigung voraussichtlich 200 - 300 Milliarden Mark kosten wird. Es läßt sich also durchaus argumentieren, daß ein nicht anpassungsfähiger Kapitalismus, so wie ihn der östliche Staatskapitalismus darstellte, eher die Bedingungen für seine radikale Überwindung schaffen konnte, einmal weil die Massen nichts, oder nicht viel, zu verlieren hatten (und haben) (s. a. Kap. 2.7 Komplizität), und zum zweiten, weil die Zerstörung der Lebensgrundlagen durch die industrielle Produktions- und Konsumtionsweise nicht versteckt, verschoben, verlagert und vertagt wurden, sondern handgreiflich, brutal und unerträglich das Leben einer Bevölkerungsmehrheit beeinträchtigen.

Positive Rückkopplung

K2.6

Rückkopplung ist ein Begriff aus der Kybernetik, der aus der modernen Technik nicht wegzudenken ist.

Diese Art der Steuerung, die dafür sorgt, daß bestimmte Zustände, wie Raumtemperatur, Brennstoffzufuhr, Wassereinlauf, Motordrehzahl sich mit einer leichten Schwankung auf einen gewünschten Wert einpendeln, nennt man negative Rückkopplung: Eine Erhöhung der Grundgröße (Temperatur) führt zu einer Verminderung der Einflußgröße (Brennstoffzufuhr) und umgekehrt.

Die Regelung des Wasserstandes in einem Spülkasten illustriert das Prinzip auf einfache und anschauliche Weise: ein Schwimmer ist über einen Hebel mit einem Schieber verbunden, der den Wasserzulauf regelt. Je höher der Schwimmer mit dem Wasserspiegel steigt, desto weiter wird der Wasserzulauf verengt; wenn der Pegel den vorgesehenen Höchststand erreicht hat, wird der Zulauf geschlossen. Sobald der Wasserspiegel sinkt, sinkt auch der Schwimmer und öffnet durch seine Bewegung den Schieber, so daß wieder Wasser zulaufen kann.

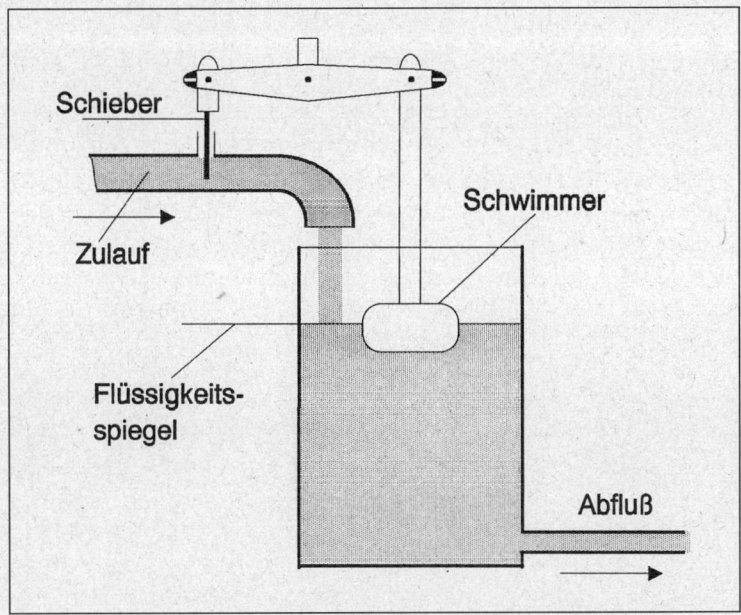

Abb.3: Regelung des Wasserstandes in einem Spülkasten

EIN SYSTEM SIEGT SICH ZU TODE

Im Fall einer positiven Rückkopplung passiert das Gegenteil: eine Erhöhung der Grundgröße führt zu einer Erhöhung der Einflußgröße, dies erhöht wiederum die Grundgröße, diese wiederum die Einflußgröße - Temperatur und Brennstoffzufuhr schaukeln sich gegenseitig auf, bis der Heizkessel in die Luft fliegt.

Positiv rückgekoppelt wäre also ein Motor, der starr mit seiner Treibstoffpumpe verbunden ist. Wenn er schneller dreht, bekommt er mehr Treibstoff, dadurch dreht er schneller, dadurch bekommt er mehr Treibstoff - gute Fahrt!

Eine Schaukel demonstriert den Normalzustand der physikalischen Welt: je höher man die Schaukel treibt, je weiter man sie von ihrem Ruhezustand wegbewegt, desto schwerer wird es, sie weiterzutreiben: je höher sie kommt, desto stärker zerrt die Schwerkraft an ihr. Dies ist die negative Rückkopplung, die überall in unserer Welt am Werk ist und dafür sorgt, daß die Bäume nicht in den Himmel wachsen.

Eine Schaukel mit positiver Rückkopplung hätte die interessante Eigenschaft, daß sie nur einmal angestoßen zu werden braucht, und dann, bei jeder Schwingung, einen Impuls erhält, der immer stärker wird, je weiter/höher die Schaukel ausschwingt. Man kann sich leicht vorstellen, wohin sich ein solches Spielzeug „aufschaukeln" würde.

Genau dieses Phänomen beobachten wir bei einer Instabilität, die dadurch gekennzeichnet ist, daß Antrieb und Symptom eng verkoppelt oder identisch sind.

Wenn eine hohe, schmale Kiste über einen bestimmten Punkt hinaus geneigt wird, bedeutet der Grad der Neigung gleichzeitig, daß sie, je weiter sie sich neigt, desto ungeschützter mit ihrem Schwerpunkt dem Zugriff der Gravitation ausgeliefert ist. Es gibt also, ohne einen Eingriff von außen, kein Zurück. Wenn eine offene Tür vom Luftzug erfaßt wird, steigt die Fläche, die dem Luftdruck ausgesetzt wird, ständig weiter an, je weiter sie sich schließt. Die Tür setzt sich langsam in Bewegung, wird schneller, knallt zu.

Der Treibhauseffekt ist in erster Linie ein linearer Vorgang. Je mehr fossile Brennstoffe verbrannt, je mehr Wälder abgeholzt werden, desto stärker steigt der CO_2-Anteil der Atmosphäre. Er hat sich auf diese Weise seit 1860 von 275 ppm auf 350 ppm (1985) erhöht. (ppm bedeutet parts per million, 350 ppm also 350 Teile auf eine Million oder 0,35 Promille).

Neben dem Kohlendioxid (ca. 50 Prozent) tragen vor allem auch Methan (19 Prozent) und FCKW (17 Prozent) zum Treibhauseffekt bei.

LESEBUCH

K2.6

Wenn die Emissionen von CO_2 und Methan weitersteigen (und nichts deutet z. Zt. darauf hin, daß ihre Produktion in den nächsten Jahrzehnten zurückgehen wird), ist bis zur Mitte des nächsten Jahrhunderts mit einem Temperaturanstieg von 1,5° bis 4,5° C zu rechnen.

Neben diesen rein linearen Beziehungen (mehr Energieverbrauch, entsprechend mehr CO_2-Emission, mehr CO_2-Emission, entsprechend stärkerer Temperaturanstieg) gibt es in diesem hochkomplexen Vorgang einige Teilprozesse, die durch eine positive Rückkopplung gekennzeichnet sind.

So wird der Temperaturanstieg zu einem Abschmelzen der polaren Eiskappen führen. Dadurch verringet sich die Albedo (d. h. die Rückstrahlungsfähigkeit) der Erde: weniger Sonneneinstrahlung wird in den Weltraum reflektiert, mehr Wärme wird zurückgehalten, die Temperatur steigt, das Abschmelzen der Polkappen wird beschleunigt, das Rückstrahlungsvermögen sinkt, und so weiter.

Die steigenden Temperaturen werden weiterhin dazu führen, daß heutige Permafrostgebiete wie z. B. die Tundren teilweise auftauen werden. Dadurch wird Methan, das jetzt in den Sümpfen eingefroren ist, freigesetzt. Es trägt, wie oben erwähnt, zum Treibhauseffekt bei, erhöht also die Temperatur, wodurch weitere Permafrostgebiete auftauen, und so weiter.

Die Verschiebung der Klimazonen im Gefolge der Temperaturerhöhung wird auch dazu führen, daß in den betroffenen Gebieten die Wälder eingehen und erst im Laufe von Jahrhunderten in nördlicheren Zonen nachwachsen. Durch das Absterben der Bäume wird Kohlenstoff freigesetzt, durch den Rückgang des Waldes wird weniger CO_2 aus der Atmosphäre gebunden - ebenfalls ein Vorgang mit positiver Rückkopplung, weil dadurch der Treibhauseffekt, der die Ursache dieser Vorgänge ist, weiter verstärkt wird.

Durch die erhöhten Temperaturen steigt die Verdunstung (wärmere Luft kann größere Wassermengen aufnehmen) und dadurch die Wolkenbildung. Wolken behindern die Wäremabstrahlung von der Erde - eine weitere Komponente des Treibhauseffekts, die sich selbst verstärkt.

Bei den beiden letzten Vorgängen kann jedoch bis heute noch nicht eindeutig gesagt werden, ob sie tatsächlich verstärkend oder auch abschwächend auf den Treibhauseffekt wirken. Es könnte auch sein, daß durch das Verschwinden von Wäldern die Albedo der Erde vergrößert wird - das Grün der Wälder nimmt mehr Sonnenstrahlung auf als kahle Flächen, die sie stärker reflektieren; auch bei Wolken

EIN SYSTEM SIEGT SICH ZU TODE

läßt sich noch nicht eindeutig sagen, ob sie unter dem Strich mehr zur Wärmerückstrahlung oder zur Zurückhaltung der Wärme beitragen.

Die beiden ersten geschilderten Teilprozesse sind eindeutig positiv rückgekoppelt. Sie verstärken sich selbst, und das bedeutet, daß die globale Erwärmung nicht linear im Verhältnis zu unserem Energieverbrauch steigt, sondern daß sie eine Eigendynamik erreicht hat, die nur mit der eines Feuers zu vergleichen ist: erst braucht es eine gewisse Hitze, um ein Stück Holz so stark zu erwärmen, daß brennbare Gase ausströmen, dann entzünden sich diese und wärmen ihrerseits das Holz, sodaß noch mehr Gase ausströmen, die sich wiederum entzünden und das Holz anheizen, bis es in hellen Flammen steht: es brennt, ohne daß eine weitere Wärmezufuhr nötig ist.

Das Atmosphärenfeuer schwelt. Vielleicht wird es noch einmal erlöschen, es hat erst angefangen zu kokeln. Aber bestimmt nicht, wenn wir weiter Benzin hineingießen: weiterhin Treibgase produzieren, weiterhin durch unseren besinnungslosen Umgang mit der Energie Kohlendioxid und Stickoxide in die Luft jagen.

Es kann auch sein, daß der Brand noch nicht außer Kontrolle ist. Wir wissen es nicht, weil der Prozeß der Zündung nicht in unserem menschlichen, sondern im geophysikalischen Zeitmaßstab abläuft. Die wissenschaftlichen Prognosen haben keine hundertprozentige Beweiskraft. Die Vorgänge, aus denen sich Wolken, Niederschläge, Windbewegungen und Meeresströmungen, Wetter und Klima zusammensetzen, sind so komplex, daß sie noch nicht vollständig beschrieben und daher nicht mit hundertprozentiger Sicherheit vorauszusagen sind. Es gibt Theorien, nach denen verstärkte Sonnenprotuberanzen für die erhöhten Temperaturen der letzten Jahre verantwortlich sind. Verstärkte Wolkenbildung und das Absterben von Wäldern könnten, wie oben dargestellt, nicht nur eine verstärkende, sondern auch eine dämpfende Wirkung haben.

Es ist denkbar, daß der Selbstzündungsprozeß noch nicht angefangen hat oder noch einmal erlischt: durch jahreszeitliche Temperaturschwankungen, durch die Verlagerung eines Meeresstroms, durch einen Vulkanausbruch - möglich.

Aber können wir uns, in Anbetracht dessen, was auf dem Spiele steht, an diesen Strohhalm klammern? Die Luft, die wir atmen, der Äther, die blaue Hülle, die den Planeten umschließt, das absolute Lebenselixir, von dem wir so selbstverständlich leben, daß wir es meistens gar nicht wahrnehmen - können und dürfen wir zulassen, daß seine Existenz aufs Spiel gesetzt wird?

LESEBUCH

Im „Prinzip Verantwortung" entwickelte Hans Jonas die „praktische Vorschrift, ... daß in Dingen einer gewissen Größenordnung - solchen mit apokalyptischem Potential - der Unheilsprognose größeres Gewicht als der Heilsprognose zu geben ist" (hjpv 76). Ist die Aussicht auf Zerstörung der Erdatmosphäre apokalyptisch genug?

K2.7

Vernetzung und Verstärkung K2.7

Wenn von der Ausdünnung der Ozonschicht durch FCKW und Stickoxide die Rede ist, denken wir zuerst daran, daß die erhöhte UV-Strahlung dem Menschen schadet, daß wir in Zukunft viel stärker von Hautkrebs bedroht sein werden als in der Vergangenheit[18]. Besonders Vernünftige fangen sogar schon an, ihre Lebensgewohnheiten auf die neuen Verhältnisse einzustellen - Schluß mit dem stundenlangen Sonnenbaden, und wenn schon, dann mit Lichtschutzfaktor 8. Man trägt wieder Sonnenhut - und das Leben kann, nach einem kurzen Seufzer, weitergehen.

Das wirkliche Drama - aber dies ist, in seiner Abgegriffenheit, kein angemessener Ausdruck: ein lautloser, unerbittlicher Prozeß, der in einigen Jahrzehnten unseren Lebensnerv treffen wird, spielt sich weit unter unserer Wahrnehmungsschwelle in den Meeren ab.

Um die Wirkung einer verstärkten UV-Strahlung auf das Phytoplankton im Ozean zu erklären und welche Folgen sich daraus für das Klima auf der Erde ergeben, muß man etwas ausholen.

Unter den geophysikalischen Kreisläufen, die das Leben auf der Erde ermöglichen, ist der Kohlenstoff-Kreislauf einer der größten. Zwischen den irdischen Kohlenstoff-Reservoiren (Pflanzen 560 Milliarden Tonnen, Boden 1500, Atmosphäre 735, Ozeane 36000) spielt sich ein Austausch in folgenden Größenordnungen ab:

Assimilation-Photosynthese	100 Milliarden t	(Aufnahme)
Diffusion von Atmosphäre in Wasser	100 Milliarden t	(Aufnahme)
Diffusion von Wasser in Atmosphäre	100 Milliarden t	(Abgabe)
Pflanzenatmung	50 Milliarden t	(Abgabe)
Bodenatmung	50 Milliarden t	(Abgabe)

Das sind Größenordnungen, denen gegenüber menschliche Aktivitäten wie die Nutzung des Feuers und die Rodung von Wäldern in der Vergangenheit nur wie ein

EIN SYSTEM SIEGT SICH ZU TODE

Wassertropfen wirken konnten, der in einen See fällt. Seit der industriellen Revolution, seit etwa 200 Jahren, hat sich dieses Verhältnis grundlegend verändert: heute bringt die menschliche Zivilisation jährlich fünf Milliarden Tonnen Kohlenstoff aus industrieller Tätigkeit, Heizung und Verkehr und weitere zwei Milliarden Tonnen durch die Brandrodung der Tropenwälder zusätzlich in diesen Kreislauf ein. Davon werden ca. vier Milliarden Tonnen (= Gigatonnen oder gt) vom Phytoplankton jährlich **zusätzlich** gebunden, so daß sich der anthropogene Beitrag, also der Teil, der durch menschliche Tätigkeiten freigesetzt wird, dadurch auf 3 gt/Jahr reduziert.

Kohlenstoffkreislauf und anthropogener Beitrag

200 Gigatonnen	im Umlauf (Abgabe und Aufnahme im Gleichgewicht)
+ 5 Gigatonnen	aus Verkehr u. Industrie
+ 2 Gigatonnen	aus Rodung der Tropenwälder
- 4 Gigatonnen	zusätzliche C-Aufnahme durch Phytoplankton
+ 3 Gigatonnen	(Jährlicher Netto-Kohlenstoff-Eintrag in die Atmosphäre durch die menschliche Zivilisation)

Das sind Größenordnungen, die ins Gewicht fallen, und vor allem sind es gigantische Massen, die sich akkumulieren, aufeinandertürmen, wenn sie sich Jahr für Jahr - mit immer noch steigender Tendenz - wiederholen. Das Ergebnis ist die erwartete Klimaänderung, ein Temperaturanstieg von 1,5° C bis 4,5° C in den nächsten 50 Jahren.

Dies ist die einfache Version der Geschichte - einfach in dem Sinn, daß sie sich auf einen herauspräparierten Teilaspekt eines hochkomplizierten, vernetzten Geschehens beschränkt. Ein eminent wichtiger Teil dieses Netzes sind die winzigen, kohlendioxidabsorbierenden und sauerstoffabgebenden Kleinlebewesen im Meer - das Phytoplankton. Diese mikroskopisch kleinen Einzeller besorgen die Hälfte der CO_2-Absorption durch die Photosynthese - also 50 Milliarden Tonnen.

Die Mikro-Algen leben in der lichtdurchfluteten Oberfläche der Meere, wo sie das Sonnenlicht maximal ausnutzen können - ein gefährlicher Balanceakt: mit dem

LESEBUCH

K2.71

Licht trifft sie auch unvermeidlich ein Anteil UV-Strahlung, und dieser Strahlung sind sie, als lichtdurchlässige Einzeller, wehrlos ausgeliefert. Sie bewegen sich daher, je nach Intensität des einfallenden Lichts, im Lauf des Tages auf und ab, um den für sie idealen Kompromiß zwischen Lichtausnutzung und UV-Gefährdung einzustellen.

Donat P. Häder vom Institut für Botanik und Pharmazeutische Biologie an der Universität Erlangen hat die Wirkung erhöhter UV-Strahlung auf verschiedene einzellige Algen untersucht (Q28). Bei einer Erhöhung der UV-Intensität, die einer Ausdünnung der Ozonschicht um 12 Prozent entspricht, verloren die untersuchten Mikroalgen nach 80 Minuten die Orientierung, nach 100 Minuten ihre Bewegungsfähigkeit. „Zerstörte das UV-Licht nur 10 Prozent des Planktons, so schätzt Häder, könnte es fünf Gigatonnen jährlich weniger aus der Luft filtern. Der Treibhauseffekt würde sich rapide beschleunigen" (Q28) - der heutige Beitrag der Industriezivilisation zum Treibhauseffekt würde indirekt mehr als verdoppelt.

Dies ist keine haltlose Spekulation. 1990 (200 Jahre nach Beginn der industriellen Revolution) wurden in der Antarktis, dichte Teppiche von braunen und rosafarbenen Cyanobakterien gesichtet (Q28). Diese Blaualgen stammen aus der Urzeit der Erde, als noch keine Ozonschicht die UV-Strahlung von der Sonne zurückhielt. Es wäre nicht überraschend, wenn sich diese Algen, unter Bedingungen, an die sie bestens angepaßt sind, im Konkurrenzkampf mit den UV-empfindlichen Algenarten durchsetzen würden.

Selbstverstärkung K2.71

Wenn wir nicht wären - wer würde die von uns geschaffenen Probleme lösen?

Die folgenden Zitate aus einem Vortrag eines Vertreters von Alcan, einem der größten Aluminium-Hersteller der Welt, illustrieren, wie die Industrie die Strukturen und die damit zusammenhängenden Probleme schafft, von deren Lösung sie lebt:

„Der Einsatz von Mehrweg-Flaschen läßt sich nur im begrenzt regionalen Bereich bis zu ca. 100-150 km rechtfertigen - für die überregionale bis europaweite Verteilung hat die Recyclingverpackung - und hier bietet die Aluminium-Getränkedose die besten Voraussetzungen - sowohl ökologische als auch ökonomische Vorteile." Schlüssig - es sei denn, man erlaubt sich die Frage, wozu eigentlich Bier, Cola, Orangenlimonade von Flensburg nach Mailand und von Strasbourg nach Eindhoven verschickt werden sollen? Vielleicht deshalb, weil man es mit Wegwerfpackungen wie Aludosen wirtschaftlich **kann** - während man es mit Mehrwegflaschen wirtschaftlich **nicht** könnte.

Oder:

„Moderne Verpackungen haben eine regionale Verteilung zugunsten einer europäischen bis weltweiten Verteilung abgelöst und eine Angebotsvielfalt ermöglicht, wie sie noch vor drei Jahrzehnten unvorstellbar erschien. **Veränderten Produktions-, Verteilungs- und Konsumgewohnheiten wurde durch moderne Verpackungen Rechnung getragen.**" Oder wurden die veränderten Konsumgewohnheiten, der TV-Snack aus der aluverpackten Mikrowelle, Fertiggerichte in Schalen aus verschiedenen Mehrlagenkunststoffen mit peelbarem Deckel aus Aluminium, hitzesterilisierbare Dreikammer-Fertigmenübehälter aus High-Barrier-Kunststoff und Aluminium-Kunststoff-Laminat möglich gemacht, überhaupt erst erzeugt?

„Ohne moderne Verpackungen wäre der heute übliche Vertrieb über Selbstbedienungssysteme (95 Prozent aller Waren werden so vertrieben) nicht möglich." Richtig. Und ohne die Selbstbedienungssupermärkte wären nicht so viele Tante-Emma-Läden gestorben, mit all dem, was sie für Begegnung, Nachbarschaft und Kommunikation bedeuteten, wären nicht so viele monströse Einkauf„paradiese" draußen vor den Städten entstanden, die den entsprechenden Autoverkehr nach sich ziehen und die Wirtschaftsstruktur der Innenstädte veröden lassen. Und ohne die - von allen Seiten geförderte - Entwicklung zur Selbstbedienung wäre nicht der Verpackungsmarkt mit 250 Milliarden Dollar Umsatz (weltweit) entstanden, und auch nicht die jährliche Lawine von ca. acht Millionen Tonnen Verpackungsmüll, an der die Gemeinden allmählich ersticken (Zitate aus einem Vortrag von A. Wirtz, Alcan Deutschland GmbH, beim Symposium „Aluminium und Verpackung" am 26./27. Oktober 1989 in München).

Exkursion K2.8

Ein Prozeß, der positiv rückgekoppelt ist, also sich selbst verstärkt, schaukelt sich hoch (zum Begriff der „positiven Rückkopplung" s. K2.6).

Ein einfaches einleuchtendes Beispiel ist die Kettenreaktion einer ausreichenden Menge einer radioaktiven Substanz: Die von den Urankernen bei ihrer Spaltung abgestrahlten Neutronen lösen, wenn sie mit einem Urankern zusammenstoßen, seine Spaltung aus, die zur Freisetzung von Neutronen führt, welche, wenn sie mit

LESEBUCH

K2.8

einem Urankern zusammenstoßen, seine Spaltung auslösen, die ... usw. Das Ergebnis ist eine Atomexplosion.

In einem Atomreaktor wird ein Ausreißen der Kettenreaktion dadurch verhindert, daß Graphitstäbe, die Neutronen absorbieren, immer so weit zwischen die Brennstäbe eingefahren werden, daß sie genügend Neutronen einfangen, um ein Durchgehen des Reaktors zu vermeiden.

In der Natur sind selbstverstärkende Vorgänge, die in eine Exkursion einmünden (wie Novas und Supernovas), äußerst selten: Systeme, die positive Rückkopplungsschleifen ohne entsprechende Gegensteuerungskräfte enthalten, haben sich bereits eliminiert.

Von einem Orkan könnte man auf den ersten Blick denken, daß er dieser Aussage widerspricht. Ist ein Orkan ein Beispiel für einen 'run-away'-Prozeß?

Ein Luftwirbel über dem warmen Meereswasser transportiert feuchte Luft nach oben, die aufsteigende Luft addiert sich zu seiner rotierenden Masse, verstärkt damit seine Fähigkeit, weitere feuchtwarme Luft anzusaugen und nach oben zu transportieren, bis im Inneren des Hurricans ein so gewaltiger Unterdruck entsteht, daß er tausendtonnenweise flüssige Wassermassen nach oben ziehen und Hausdächer abheben kann. Aber ein Orkan kann nicht unbegrenzt weiter wachsen: Bei einer Wassertemperatur von 25°C kann der Unterdruck im Auge des Sturms maximal auf 885 Millibar fallen, und damit ist seine Windgeschwindigkeit auf ca. 300 km/h begrenzt: an dieser Schwelle tritt ein Gleichgewicht zwischen den Auftriebs- und Zentrifugalkräften einerseits und der Schwerkraft andererseits ein, die dem Aufschaukelvorgang eine unüberwindliche Grenze setzt.

Wie in K2.6 dargelegt wird, gibt es Hinweise darauf, daß die Veränderungen der Zusammensetzung der Atmosphäre durch die Industriegesellschaft eine Exkursion anstoßen könnten.

Das Abschmelzen der polaren Eiskappen, das Auftauen von Permafrostgebieten, das Absterben von Wäldern sind Vorgänge, die sich über die Temperaturerhöhung selbst verstärken und damit dem Treibhauseffekt einen run-away-Charakter verleihen. Durch die Ausdünnung der Ozonschicht wird das Phytoplankton in den Meeren geschädigt, dadurch wird eine gewaltige Kohlenstoffsenke in ihrer Aufnahmefähigkeit beeinträchtigt, die vorgenannten positiven Rückkopplungsprozesse erhalten einen weiteren Antrieb.

EIN SYSTEM SIEGT SICH ZU TODE

Daß dieser Vorgang nichts anderes ist als eine Explosion, können wir nicht erkennen, weil sie sich nicht in einem menschlichen, sondern in einem geologischen Zeitmaßstab abspielt.

Mit einem Kunstgriff läßt sich dies deutlich machen.

Um den geologischen Ablauf in den menschlichen Erfahrungshorizont zu projizieren, rechnen wir das Alter des Sonnensystems und der Erde in ein Menschenalter um.

Wir projizieren also 4,6 Milliarden Jahre auf 92 Lebensjahre. Dann erscheinen nach vier Jahren dieses Lebens die ersten Ozeane auf dem nackten und kahlen Planeten, nach zehn Jahren treten die ersten Moleküle auf, die sich verdoppeln können, nach 20 Jahren gibt es die ersten primitiven Zellen und beginnt die Bildung der Ozonschicht, nach 52 Jahren erscheint die erste Zelle mit Zellkern. Nach 82 Jahren steigt das Leben aus dem Wasser und erobert das Land.

Der Mensch (ca. eine Million Jahre) erscheint eine Woche vor Ablauf dieses Lebens auf der Bildfläche. Die Zivilisation beginnt eine Stunde vor dem Ende, für die industrielle Revolution (200 Jahre) bleiben noch zwei Minuten, und die 50 Jahre, in denen sich die augenblicklichen und bevorstehenden Klimaveränderungen abspielen, stellen 30 Sekunden dar.

Wenn also die genannten Rückkopplungsschleifen, für die es deutliche wissenschaftliche Hinweise gibt, schon angestoßen sind und wenn es keine uns noch unbekannten Mechanismen der Gegensteuerung gibt, befinden wir uns in den ersten Sekunden einer Exkursion. Wie in einem Feuersturm wird eine Reaktionswelle um die Erde fegen, und in wenigen Sekunden wird die Atmosphäre des Planeten Erde, so wie wir sie kennen und brauchen, verbrannt sein.

> Das Aussterben der Arten, die durch die Industriezivilisation von der Erde verdrängt werden, zeigt mit der Präzision eines Metronoms die Exkursionsgeschwindigkeit des Systems an. Während vor dem Erscheinen des Menschen durchschnittlich eine Art pro Jahr verschwand, war es vor 15 bis 20 Jahren bereits eine Art pro Tag. Vor fünf Jahren rechnete man damit, daß im Durchschnitt eine Art pro Stunde ausstarb. Heute sind es bereits drei bis vier Arten pro Stunde, 1994 wird sich alle zwei Minuten eine Art verabschieden, 1998 zwei Arten pro Sekunde, im Jahr 2000 vier Arten pro Sekunde. In fünf Jahren wird sich der Schlag des Metronoms auf die Geschwindigkeit des Herzschlags beschleunigt haben, bevor er, innerhalb weniger Jahre, in einen Trommelwirbel und schließlich in einen Dauerton übergehen wird. Er wird sich erst dann wieder auf ein gemächliches Tempo einpendeln, wenn nur noch Haus- und Nutztiere, Kulturfolger wie Wanderratten und Lachmöven und die resistentesten und seit vielen hundert Millionen Jahren überlebenden Arten wie Schaben und Eintagsfliegen übrig sind (Zahlen nach Edward O. Wilson, Q39, Peter Raven, Q17, Terry Erwin nach Q43).

LESEBUCH

Das San-Remo-Modell

K2.9

Das kapitalistische System kann aus allem Honig saugen: aus Autounfällen, Müllbergen, Kriegen, Krankheit und Tod. Das einzige, was das Bruttosozialprodukt nicht erhöht, ist Schlafen, Lieben und Träumen (es sei denn, man tut es im Hotel, im Bordell oder vor der Glotze - dann ist man, gottseidank, wieder produktiv).

Beispiel Müllnotstand: Langsam steigt uns die Müllflut (100 Mio. Tonnen im Jahr - ohne Bauschutt und Bodenaushub) bis zum Hals. Aber es gibt schon einen Wirtschaftszweig, dem die Müllberge gar nicht hoch genug sein können: die Hersteller von Verbrennungsanlagen. Schon steigen Kraftwerkshersteller und Stromerzeuger mit wässrigem Mund in die neue Wachstumsbranche ein, und eine Großbank ortet für ihre Kunden ein Investitionsfeld von 16 Milliarden Mark - „mit durchaus interessanten Perspektiven für die Margenseite" (Q30).

Aber nicht nur die Beseitigung von Müll, sondern auch seine Produktion ist ein lukratives Geschäft: die Verpackungsindustrie, also die Hersteller all der Flaschen, Kartons, Becher und Dosen, die 30 Prozent des Mülls ausmachen, setzte 1984 28 Milliarden DM um (weltweit 250 Milliarden US$, mit Maschinen und Anlagen: 600 Milliarden $). Einfach genial. Zumal die Großkraftwerksbetreiber, die jetzt in die Müllverbrennung einsteigen, auch schon sehr gut verdienen, indem sie den Strom an die Plastikhersteller liefern, die den Kunststoff, und an die Aluminiumhütten, die das Alu für die Verpackungen herstellen (beides hoch energie-intensive Prozesse).

Ein Konzern wie Siemens kann, solange das Bruttosozialprodukt steigt, ebensogut vom Umweltschutz leben wie von der Umweltverschmutzung, von der Verpestung oder Belastung der Luft ebenso wie von ihrer Reinigung, oder am besten natürlich von beidem. Die Siemens-Tochter KWU baut einerseits Kraftwerke, andererseits nutzt sie deren aus Naturverbrauch (in Form von Luftverschmutzung und Waldsterben) subventionierten, also zu billigen Strom, um Abgasreinigungssysteme und Müllverbrennungsanlagen zu bauen und zu verkaufen, in denen zu Lasten des Allgemeingutes Luft Kunststoffe verbrannt werden, die nur in solchen Mengen hergestellt und verkauft werden können, weil der Strom für die Chlorgewinnung nicht kostendeckend bezahlt werden muß (s. o.) und der Rohstoff Öl auf Kosten der Verschmutzung der Meere und Küsten weit unter seinem den wirklichen Kosten entsprechenden Preis in Deutschland angeliefert wird (jedes Jahr laufen etwa 100 Millionen Liter Öl aus, der größte Teil davon ins Meer).

Ich schlage vor, für diesen hoch-innovativen Investitionszyklus die Bezeichnung „San-Remo-Modell" einzuführen.

EIN SYSTEM SIEGT SICH ZU TODE

Denn er erinnert mich an eine Episode, die ich vor vielen Jahren am Strand von San Remo beobachtete, und die mir höchste Bewunderung für unsere italienischen Nachbarn abnötigte:

Auf dem Sand war ein aus verschiedenen Stoffbahnen improvisiertes Zelt aufgebaut, in dem sich Frauen, gegen eine Gebühr von 1000 Lire, umziehen konnten. Da es weit und breit keine andere Möglichkeit zum Umziehen gab, wurde - trotz des etwas überhöhten Preises - reichlich davon Gebrauch gemacht.

Von der etwas höher liegenden Straße her fiel mir auf, daß auf der anderen Seite des Zeltes, hinter einem Zaun, eine längere Schlange von Männern anstand. Voller Neugier stellte ich mich ebenfalls an, und als ich an die Reihe kam, wurde meine Vorahnung bestätigt: ein zweiter Sproß der flinken Unternehmerfamilie, vermutlich der Bruder des ersten, kassierte hier 3000 Lire für die Peep-Show.

LESEBUCH

Dämpfung K4.1

Wie jedes dynamische System hat auch das kapitalistische Wirtschaftssystem Mechanismen der Gegensteuerung, die verhindern, daß es aus dem Ruder läuft (sonst würde es nicht existieren, hätte es sich von vornherein selbstzerstört). Der wohlbekannteste und gefürchtetste dieser Mechanismen ist die Inflation. Inflation, Geldentwertung, der Verfall von Geldansprüchen tritt immer dann ein, wenn, in der klassischen Formulierung von Paul Samuelson, „too many dollars are chasing too few goods", wenn also die geschaffenen materiellen Werte mit den Gutschriften in den Büchern, dem Geldvermögen, nicht schritthalten. Solche „Bereinigungen" haben immer wieder stattgefunden, seitdem es Geld gibt.

Obwohl das internationale Finanzsystem heute durch gigantische uneinbringliche Schulden bedroht und daher eine Wiederholung dieses Vorgangs nicht auszuschließen, ja sogar sehr wahrscheinlich ist, hat der heutige wissenschaftlich-industrielle Komplex eine so hohe Stufe der Naturbeherrschung, heißt Entropievermehrungsfähigkeit, erreicht, daß es ihm seit nunmehr 50 Jahren gelingt, die Anspruchsvermehrung mit einer mäßigen Inflationsrate, aber ohne einen wertvernichtenden Crash, in einer ungebrochenen Exponentialkurve nach oben zu führen.

Ein historischer Leckerbissen ist das deutsche Stabilitätsgesetz von 1967, das die widernatürliche Verhinderung der periodischen Anspruchsvernichtung zum gesetzlichen Gebot erhebt. Seine Väter hatten insofern eine glückliche Hand, als sie es zu einer Zeit konzipierten, in der seine Einhaltung durch den technischen Fortschritt in den Bereich des Möglichen gerückt war. Gleichzeitig kodifizierten sie damit, in begnadeter Ahnungslosigkeit, den staatlichen Auftrag zur Zerstörung der Biosphäre.

Positioneller Reichtum K4.2

Marktwirtschaftliche Preisbildung, Wettbewerb, Leistungsprinzip heben nicht nur die Arbeitsmoral; sie sind nicht nur notwendig, um Fehlallokation zu korrigieren und Versorgungsmängel zu beheben. Sie sind auch unverzichtbare Elemente kapitalistischen Wirtschaftens. Sie allein garantieren die notwendige Ungleichheit, die die Voraussetzung dafür ist, daß immer neue Bedürfnisse geschaffen, immer neue Produkte und Dienstleistungen im Markt plaziert werden können, die längst nicht mehr zur Deckung eines Bedarfs dienen, sondern zur sozialen Differenzierung, die also keinen Nutzwert, sondern nur noch einen „positionellen" Wert haben: sie dienen mir dazu, mich von anderen abzuheben, mich besser zu fühlen als diejenigen, die sich diese Güter oder Dienstleistungen (noch) nicht leisten können. Wachsender Wohlstand besteht dann darin, daß Güter, die sich erst nur wenige leisten können, allmählich für mehr und mehr Mitglieder der Gesellschaft erreichbar werden. Damit werden sie positionell entwertet und müssen (und können!) an der Spitze der Konsumpyramide durch andere Güter und Dienstleistungen ersetzt werden, die ebenso im Lauf der Zeit nach unten wandern.

Das Gegenstück zum „positionellen" Wohlstand ist die positionelle Armut. Das letztere gehört ebenso notwendig zum System wie das erstere. Wenn eine sechsköpfige Familie in einer Dreizimmerwohnung mit Ofenheizung, zwar mit fließendem Wasser, aber ohne Bad, mit einer Gemeinschaftstoilette auf dem Treppenabsatz, mit 1200 Mark im Monat auskommen muß (die Wohnungsmiete wird von der Fürsorge bezahlt): Ist das Armut?

Das hängt davon, wo diese Familie lebt: in Kalkutta/ Mexico City/ Lima oder in Frankfurt oder München. In Lima gehört diese Familie zum wohlsituierten Mittelstand, in Frankfurt lebt sie unter der Armutsgrenze am unteren Rand der Gesellschaft.

Ebenso ist ein Land wie die DDR, die Tschechoslowakei oder Polen nicht arm oder zurückgeblieben, wenn man sie mit Columbien oder der Türkei, sondern nur wenn man sie mit der BRD, und zwar mit der BRD 1989 vergleicht. Die Staaten Osteuropas werden erst dann das Gefühl bekommen, daß sie einen angemessenen Wohlstand erreicht haben, wenn sich ihr Entwicklungsstand dem der westeuropäischen Länder angeglichen haben wird.

Das heißt: Wäre die DDR nicht 1990, sondern 1960 zum marktwirtschaftlichen System übergegangen, hätte der heute vorhandene Wohlstand völlig ausgereicht, um sich nicht arm, sondern reich zu fühlen.

Das heißt, allgemeiner: in einer kapitalistischen Weltwirtschaft wird der Eintrittspreis zum Wohlstand jeden Tag höher. Genug ist nicht genug. Erst der atemberaubende sozialpsychologische Dreh, subjektives Wohlbefinden nicht von der Befriedigung realer Bedürfnisse, sondern vom Besitz positioneller Güter oder Attribute abhängig zu machen, befreit die Wirtschaft von den Wachstumsgrenzen, die mit der Sättigung der Bedürfnisse zu erwarten waren.

Das heißt auch, daß der Zeitgewinn, der uns durch die ökologische Modernisierung der Industriegesellschaft zuwachsen wird, von höchst zweifelhaftem Wert ist (s. Kap. 7). Der geringen Hoffnung, daß die gewonnene Zeit der Ausformung der gemeinsamen Verantwortung dienen wird, steht die Sicherheit gegenüber, daß der „bescheidene Wohlstand für alle", ohne den eine befriedete Welt nicht denkbar ist, Jahr für Jahr kostspieliger wird, denn er ist, in einem kapitalistischen System, keine absolute Größe, sondern das Niveau, das der Bessergestellte erreicht hat.

LESEBUCH

Homo oeconomicus

K5.1

Schizophrenie als Wettbewerbsvorteil

Was geht in einem Vater vor, der seine beiden Töchter (10 und 14) heiß und innig liebt und sich eigentlich nur für sie abrackert und kaputtmacht in seinem Beruf - als Verkaufsleiter eines Flugtouristikunternehmens, der sich den ganzen Tag mit seinen Leuten den Kopf darüber zerbricht, wie man die Ozonschicht noch ein bißchen schneller kaputtmachen kann?

Zwischen 1500 und 1700 vollzieht sich der Übergang von einer Welt, in der das gesellschaftliche und wirtschaftliche Leben von religiösen Prinzipien bestimmt, an christlichen Maßstäben von Gut und Böse gemessen wird (womit nicht etwa behauptet werden soll, daß sich die Mächtigen immer daran gebunden fühlten), zu einer Welt, in der Religion auf der einen und Handel und Wandel auf der anderen Seite sauber auseinander gehalten werden.

Während sich im 16. und beginnenden 17. Jahrhundert noch Katholiken, Lutheraner und Calvinisten, so sehr sie in theologischen Fragen verfeindet sein mochten, darüber einig waren, daß die öffentliche Moral von den Kirchen und ihren Lehren bestimmt wurde, war diese Vorstellung im 18. Jahrhundert zu einem alten Hut geworden, den sich nur noch Sektierer oder Hinterwäldler aufsetzen mochten. Praktische Erfindungen wie Geld als Tausch- und Wertspeicherungsmittel (seit Jahrtausenden in Umlauf), Geldverleih und Zinsen (fast ebenso alt), verfeinert von oberitalienischen Handelshäusern durch Wechsel und Kreditbriefe, standen als Technik quasi bei Fuß, um die Entpersonalisierung des Handels in die Tat umzusetzen, sobald der moralische Maßstab bereit war, sich mit gebührender Bescheidenheit in die Kirche zurückzuziehen. Und so wie Macchiavell die Politik, Descartes und Kant das wissenschaftliche und philosophische Denken von den Vorurteilen von Religion und Überlieferung freisprachen und der Herrschaft von Zweckmäßigkeit und reiner Vernunft zuführten, befreiten Bentham, Locke und Smith das wirtschaftliche Handeln von den Fesseln christlicher Moralvorstellungen, um sie dem Nutzen, dem freien Spiel der Kräfte und dem Markt zu überantworten.

Damit war das Kulturparadigma geschaffen, in dem der Industriekapitalismus, unbehindert von „externen" Gesichtspunkten, zum evolutionären Selbstläufer werden mußte.

EIN SYSTEM SIEGT SICH ZU TODE

Verantwortung K5.21

Geschichten, die das Leben schreibt

Die Frage der Verantwortung mal von hinten aufgerollt:

Wer ist schuld an der Allergie (Schwellungen im Gesicht, Ekzeme, Juckreiz), mit der ein Patient zum Arzt kommt?

Nach langem Suchen wird eine Lebensmittelallergie festgestellt, vermutlich hervorgerufen von einem Enzym, das bei der Herstellung eines Fruchtsaftaromazusatzstoffes eingesetzt wird.

Wer ist schuld? Der Kaufmann, der mir den Fruchtsaft verkauft? Die Großhandelskette, die ihn einkauft (und mit ihrer Marktmacht Preis und Qualität bestimmt)? Der Hersteller, der Herstellungskosten, Arbeitskräfte, Verpackungskosten oder Lagerungskosten sparen oder den Umsatz steigern, oder den geforderten Preis einhalten kann, indem er das besagte Enzym einsetzt? Der Chemiekonzern, der das Enzym herstellt? Das Labor, in dem das Bakterium, das das Enzym erzeugt, gentechnisch fabriziert wurde? Der Biologe, der die wissenschaftliche Vorarbeit für die gentechnische Veränderung dieses Mikroorganismus geleistet hat? Alle - und keiner.

❖

Ein Fünftel des Einkommens eines Haushaltes wird für Essen ausgegeben.

Mit diesen Ausgaben bestimmt jeder einzelne mit, unter welchen barbarischen Umständen die Tiere gezüchtet werden, deren billiges Fleisch er im Supermarkt kauft.

❖

Der angesehene Bereichsleiter eines Chemieunternehmens, in dessen Betrieb Azeton produziert wird - was kann er dafür, wenn damit im kolumbianischen Urwald Kokain hergestellt wird?

❖

Oder Just-in-Time:

Bei Allershausen rast morgens um sechs ein Laster mit einer Ladung Scheibenwischermotoren bei Schneeglätte in zwei Dutzend PKWs. Vier Tote, 12 Schwerverletzte.

LESEBUCH

K5.22

Der Fahrer ist seit dem Abend auf der Straße, hat schon unterwegs durch Nebel und Schneetreiben Zeit verloren, muß seine Ladung um 6 Uhr an den Toren von BMW abliefern: just in time, sonst droht eine Konventionalstrafe.

Die Produktionsplaner, die Uniprofessoren, die Herren vom Rationalisierungskuratorium, der BMW-Vorstand, der Betriebsleiter - die zahllosen Menschen, die an der Entwicklung und an der Einführung des Just-in-Time-Prinzips beteiligt waren: sind sie nun verantwortlich für die 4 Toten? das ruinierte Leben des LKW-Fahrers?

Natürlich nicht. Sie haben sich nur Gedanken darüber gemacht, wie man die Lagerkosten in den Betrieben senken kann. Sie haben sich deshalb den Kopf darüber zerbrochen, weil die Lagerkosten zu einem bedeutenden Kostenfaktor geworden sind, weil Grund und Boden immer teurer wird, weil die Zinsen des in den Vorräten gebundenen Kapitals zu Buch schlagen, und weil jede Mark, wenn man sie mit ein paar tausend Einheiten multipliziert, zu einem Wettbewerbsfaktor wird. Also haben sie sich das Just-in-Time-System ausgedacht: Teile für ein Produkt, die man von einer Zulieferfirma bezieht, werden so bestellt und angeliefert, daß sie genau in dem Augenblick ankommen, in dem man sie braucht - keinen Tag früher und keinen Tag später. Der Computerverbund zwischen dem Unternehmern und seinen Zulieferern macht es möglich - also wird's gemacht.

Die 4 Toten und der LKW-Fahrer, dessen Leben ruiniert ist, sind natürlich ein extremes Beispiel. Die normalen Opfer des Just-in-Time-Systems sind Nervenbündel von Disponenten, LKW-Fahrer mit Magengeschwüren, ab und zu ein ruiniertes mittelständisches Unternehmen, und die geschundene Umwelt, die mit den bekannten ökologischen Schäden auf das weitere Anwachsen des LKW-Verkehrs reagiert.

Freier Markt und Austauschrelationen K5.22

Gewiß würde keiner von uns einem armen Bauern in einem mittelamerikanischen Land ein Huhn oder ein Ei klauen - im Gegenteil, wir würden ihm sicher gern etwas mehr dafür geben, als er verlangt.

Mit Hilfe des Weltmarkts und der Austauschrelationen, die sich dort im freien Spiel der Kräfte einpendeln, tun wir, ganz cool, viel Schlimmeres. Wir nehmen mit unserer hundertfach überlegenen Kaufkraft dem Bauern in Puerto Rico das Land weg, auf dem er sein Maniok oder seinen Mais angebaut hat, und lassen darauf Rinder züchten für unsere Schnitzel. Oder verspeisen in angeregter Unterhaltung ein

EIN SYSTEM SIEGT SICH ZU TODE

400-g-T-Bone-Steak in einem Restaurant der florierenden „Churrasco"- oder „Maredo"-Kette, ohne uns viel Gedanken darüber zu machen, daß wir mit unseren leichtsitzenden Fünfzigmarkscheinen einen Kleinbauern in Argentinien von seinem Land in die Favelas von Buenos Aires vertreiben.

Eine Katze in München hat mehr Kaufkraft - nämlich 300 bis 400 Mark, die jährlich für ihr Futter ausgegeben werden - als ein Mensch in den ärmsten Ländern der Welt, im Tschad, in Bangladesh, in Äthiopien, Nepal, Mali, Burma und Zaire (rnrc83).

Schweineschnitzel und Fischsterben   K5.23

Seit einigen Jahren kommt es immer häufiger zu Fischsterben in der Ostsee, so z. B. im September 1988 in der Kieler Bucht.

Der Grund dafür ist nicht in erster Linie die starke Verschmutzung der Ostsee mit Chemiegiften, Schwermetallen und ungeklärten Abwässern, sondern ein stark ausgeprägter Sauerstoffmangel. Dieser wiederum wird verursacht durch Algenblüten, also die massenhafte Entwicklung von Meeresplankton. Wenn diese riesigen Biomassen absterben, werden sie von Bakterien auf dem Meeresboden zersetzt, wodurch der im Wasser vorhandene Sauerstoff zum größten Teil aufgebraucht wird, so daß die Fische „ersticken".

Die Algenblüten entstehen ihrerseits durch eine massive Überdüngung mit Phosphor und vor allen Dingen Stickstoff. Dieser Stickstoff stammt zu einem kleineren Teil aus dem Autoverkehr, zum größeren (nämlich 60 - 70 Prozent) aus der Landwirtschaft. Dabei handelt es sich in der Bundesrepublik nicht um ungeklärte Abwässer, sondern um eine Folge der industriellen Massentierhaltung. Die riesigen Güllemengen, die in den Mastställen für Tausende von Schweinen oder Kälbern anfallen, werden auf Felder ausgefahren und auf Wiesen versprüht, wo nur ein Viertel des angebotenen Stickstoffs von den mit Dünger überschütteten Pflanzen verwertet werden kann; die übrigen drei Viertel, das sind pro Jahr 500.000 Tonnen, werden in Bäche und Flüsse ausgeschwemmt, landen als Nitrate im Grundwasser und verdunsten in Form von Ammoniak in die Luft. Es ist vor allem dieses Ammoniak, das vom Wind mitgenommen wird und schließlich in der Ostsee landet.

LESEBUCH

Gentechnik

K5.3

Hier ist nicht der Ort für eine ausführliche Beschäftigung mit der Gentechnik. Der interessierte Leser hat die Wahl zwischen einem Dutzend kritischer Darstellungen (s. Literaturhinweise am Ende dieses Artikels), und die Auseinandersetzung in den Medien war und ist so umfangreich, daß keiner, der hören will, wird sagen können, er habe nichts gewußt.

Das prinzipiell Unverantwortliche an der Gentechnik ist, daß wir - nicht nur forschend, sondern auch schon anwendend - mit groben Instrumenten in ein extrem komplexes vernetztes System eingreifen, von dem, auch nach 50 Jahren Molekularbiologie, nur ein Bruchteil kartographiert ist. Dabei handelt es sich nicht um irgendein System, das zur Befriedigung unseres Spieltriebs irgendwo im Weltraum schwebt, sondern um die Grundstruktur allen, auch unseres, Lebens.

Die Versicherungen von seiten der interessierten Wissenschaft und Industrie, daß dies mit allen nur denkbaren Vorsichtsmaßregeln geschieht, sind wertlos. Die Risikoanalysen der Gentechnik sind nicht besser als die der Nukleartechnologie - auf diesem Gebiet haben wir mit Three Mile Island und Tschernobyl die Grenzen ihrer Aussagefähigkeit kennengelernt.

Nun aber begeben wir uns mit der Gentechnik in einen Bereich, in dem wir es nicht mit noch so gefährlichen, noch so lange wirksamen Substanzen zu tun haben, sondern mit der Schaffung und Freisetzung von lebenden Organismen. Bei der Freisetzung von Großpflanzen, wie z. B. genmanipulierten Tomaten, Kartoffeln oder Getreidearten, kann man sich zur Not noch vorstellen, daß sie, wenn sie sich in gefährlicher Weise ausbreiten sollten, wieder ausgerottet werden könnten.

Bei freigesetzen Mikroorganismen kann davon keine Rede sein. Sie werden, wenn sie einmal in der Menge untergetaucht sind, auf immer unserer Kontrolle entzogen sein. Und nicht nur sie, sondern auch die unübersehbare Kette von Nachfolgorganismen, die aus Mutationen oder durch den Austausch von genetischen Informationen mit anderen Mikroorganismen aus ihnen entstehen können. Wir können uns nur gegen bekannte oder vermutete Gefahren absichern. Gegen Risiken, die jenseits unserer Kontrolle aus der nicht vorhersehbaren, unwissentlich angestoßenen Verbindung von genetisch neu geschaffenen Elementen entstehen können, gibt es keine Risikoanalyse und keine Vorbeugung.

■ Genmanipulierte Viren und Bakterien lassen sich auf keinen Fall wieder einfangen, sie können sich im Extremfall über die gesamte Erde verbreiten.

EIN SYSTEM SIEGT SICH ZU TODE

■ Es können Viren und Bakterien entstehen, die in neuer, nicht vorhersehbarer Weise mit anderen Mikroorganismen Gene austauschen - und das kann uns ungeahnte Krankheiten oder ökologische Katastrophen bescheren.

■ Bevor eine Krankheit ausbricht oder eine ökologische Katastrophe erkannt wird, kann viel Zeit vergehen. Währenddessen kann sich der genmanipulierte Organismus weiter verändern und ausbreiten. Schwierig wird es dann schon, den Schaden auf eine bestimmte Ursache zurückzuführen - geschweige die Ursache zu beseitigen. Aus dem fatalen Pipelineeffekt (s. K7.7), den wir aus der Schadensökologie der Industriegesellschaft kennen, wird eine „Superpipeline".

■ Ob und welche Schäden entstehen, kann nicht mehr vorab im Labor bestimmt werden - sondern nur noch durch die Freisetzung selbst. Jede Freisetzung ist ein „Experiment mit der Umwelt" (nach Q35).

Wie wir die Verantwortung des Wissenschaftlers im Zeitalter der Gentechnik einzuschätzen haben, beleuchtet am besten ein Ausspruch von James Watson: „Wir können durchaus mit der Möglichkeit leben, daß uns jemand auf eine Million Dollar Schadenersatz verklagt, falls irgend etwas schiefgeht." (James D. Watson, einer der Väter der Gentechnik, der zusammen mit Francis Crick den Nobelpreis für die Aufklärung der genetischen Struktur erhielt, zit. nach whzg115).

Literatur

■ H. G. Gassen, A. Martin, S. Bertram, Gentechnik. Einführung in Prinzipien und Methoden, Stuttgart 1987

■ Jost Herbig, Der Bio-Boom, Hamburg 1982

■ Regine Kollek, B. Tappeser, G. Altner, Die ungeklärten Gefahrenpotentiale der Gentechnik, München 1986

■ Sabine Rosenbladt, Serie Gentechnologie in natur 9/1987 - 6/1988, sowie Biotopia, München 1988

LESEBUCH

Kriminelle Verantwortunglosigkeit

K5.4

Klimakatastrophe: Überschwemmungen, Ausbreitung der Wüsten, Ernterückgänge in den großen Kornkammern der Erde, Ansteigen des Meeresspiegels, Hunderte Millionen Umweltflüchtlinge aus den Küstenregionen des Pazifik und aus den Anliegerländern des Mittelmeers, starkes Anwachsen von Unwettern, Stürmen, Wirbelstürmen: das sind einige Bestandteile eines Tag für Tag wahrscheinlicher werdenden Szenarios, das uns, bei unverändertem oder gar, wie bisher, steigendem Energieverbrauch, in wenigen Jahrzehnten erwartet.

Die Bedingung für diese Veränderungen ist ein Anstieg der Durchschnittstemperatur um 3 oder 4°C. Dieser Anstieg gilt inzwischen als gesichert, falls der CO_2-Ausstoß nicht reduziert wird.

Angesichts dieser Tatsache erscheinen Äußerungen wie die Hurra-Schreie der Binnenmarkt-Fans über den neuen Waschstumsschub, der Jubel über die neuen Märkte im Osten, die „vernünftigen" Einwände von CSU-Politikern gegen Tempolimits und Benzinverteuerung, von Gewerkschaftsbossen wie Rappe gegen Energieverteuerung so hirnlos, von so krimineller Verantwortunglosigkeit, daß man schier den Verstand verlieren könnte. Wie ist es möglich, daß Leute, die solche Äußerungen machen, sich weiterhin im Glanz ihrer hohen Ämter sonnen können?

Wie weit das polit-ökonomische Theater sich von der physischen Realität entfernt hat, kann man an den Sprüchen ablesen, die seine Hauptdarsteller Tag für Tag ablassen:

1. Die Fünf Weisen: Im Energiebereich dürfe das Ziel nicht darin bestehen, den Energieverbrauch durch Besteuerung zurückzudrängen; „denn dies hieße, einen universal anwendbaren, für Rationalisierung und technischen Fortschritt wichtigen Produktionsfaktor zu verteuern" (Spruch der Fünf Weisen im Jahresgutachten 89/90; zit. nach Q12).

2. Artikel in der FAZ über „Die Illusion der sanften Energie": „Trotz eines theoretischen Potentials (an erneuerbaren Energien), dessen Wert den derzeitigen Primärenergieverbrauch um ein Vielfaches übersteigt, ist der tatsächlich nutzbare Anteil recht bescheiden. Denn die rein physikalischen Größen sagen leider nichts über die mögliche Nutzung; hier bleibt allein entscheidend, ob das theoretische Potential auch technisch und zu *wettbewerbsfähigen* Bedingungen verfügbar gemacht werden kann" (Hervorhebung vom Verf.) (Q9).

EIN SYSTEM SIEGT SICH ZU TODE

3. Unter der Überschrift „CSU-Fraktion will Energievergeudung eindämmen" zitiert die Süddeutsche Zeitung am 28. 9. 89 den Fraktionsvorsitzenden der CSU Alois Glück: „Der Wochenendausflug in Richtung Alpen mit dem eigenen Fahrzeug könne in einer freien Gesellschaft nicht verboten werden. Auch ein Tempolimit von 100 Stundenkilometern ändere die Lage nicht, weil eine solche Begrenzung auf gut ausgebauten Autobahnen 'nicht angenommen wird'. Einer drastischen Erhöhung der Mineralölsteuer erteilte der Fraktionsvorsitzende ebenfalls eine Absage; damit verschlechterten sich die Lebens- und Arbeitsbedingungen auf dem Lande. ... Eine Entlastung (vom Autoverkehr) durch die Bahn hält er nur in Grenzen für machbar, beispielsweise mit einem verbesserten Angebot im Nahverkehr. Die Milliardendefizite der Bahn könnten aber nicht beliebig aus den öffentlichen Haushalten finanziert werden, schließlich stammten diese Gelder aus dem Steueraufkommen auch jener Bürger, die vom Zugverkehr keinen Gebrauch machten. ... Andererseits mußte Glück auf Fragen zugeben, daß die vom Fahrzeugverkehr verursachten Belastungen durch das Steueraufkommen aus diesem Bereich nicht gedeckt seien."

4. Zu den Vorschlägen der SPD, Ökosteuern einzuführen und insbesondere die Mineralölsteuer zu erhöhen: „Der Vorsitzende der Industriegewerkschaft Chemie, Hermann Rappe (SPD), gab gegenüber dieser Zeitung zu bedenken, eine zu starke ökologische Besteuerung des Energieverbrauchs könnte die deutsche Industrie erheblich benachteiligen" (Q7).

„In den letzten zehn Jahren hat sich die Einstellung vieler Menschen geändert, *nicht* jedoch die der Mehrheit unserer Naturwissenschaftler und Wirtschaftswissenschaftler, die, so unglaublich es scheinen mag, immer noch nicht die Prinzipien unserer Beziehung mit der Welt, in der wir leben, begriffen haben, noch die unserer politischen Führer, die immer noch keine bedeutsamen Schritte unternommen haben, um die Auswirkung unserer Aktivitäten auf unsere natürliche Umwelt zu reduzieren und damit dazu beizutragen, die Probleme, mit denen wir konfrontiert sind, zu lösen.

Das Ziel so ziemlich jedes Landes der Welt ist und bleibt die Maximierung des Bruttosozialprodukts, ohne Rücksicht auf die Zerstörung, die sich daraus für ihre soziale und physische Umwelt ergeben muß, und es ist nicht überraschend, daß diese Zerstörung unaufhaltsam weitergegangen ist."

Edward Goldsmith, Herausgeber des *Ecologist*, im Juli **1980** in einem Rückblick auf die ersten zehn Jahre der Zeitschrift (Q69).
Das Urteil hätte im Juli 1990 unverändert nachgedruckt werden können.

LESEBUCH

Mitläufer

K5.5

Anfang 1988 (am 24. 1.) zeigte das ZDF einen ungewöhnlichen Film über das Alltagsleben im Dritten Reich. Mit zum Teil bekannten Dokumenten, vor allem aber mit nachempfundenen Spielszenen ging Erwin Leiser der Frage nach, wie in einem Kulturvolk der christlichen Welt im 20. Jahrhundert die blutigste, grausamste Barbarei ausbrechen konnte.

Zwischen dem Holocaust des Dritten Reiches und dem Holocaust, den die Industriegesellschaft der Natur bereitet, liegen Welten. Aber es gibt ein verbindendes Element. Die Schlüsselfigur, die beiden Katastrophen gemeinsam ist, sie beide gegen besseres Wissen möglich macht, ist der Mitläufer.

Das war das Beklemmende an diesem Film über die Nazizeit: nicht die Politverbrecher auf der öffentlichen Bühne, nicht die Schlägertrupps der SA, auch nicht die KZ-Schergen und ihre Leichenberge. Sondern der Familienvater, der am Feierabend seine Ruhe haben will, die Hausfrau, die an die nächste Mahlzeit, der Beamte, der an seine Pension, der Krämer, der an seinen Umsatz denkt und schweigend geschehen läßt, daß seinen jüdischen Nachbarn die Scheiben eingeschlagen werden, ihnen ein Stern an die Jacke geheftet wird: Menschen, beklemmend wie du und ich.

Den Film „Mitläufer - wer hat unsere Welt unbewohnbar gemacht?" könnten wir heute schon drehen, statt ihn in fünfzig Jahren mühsam aus den Archiven zusammenzusuchen. Die Spielszenen aus dem Alltag des Mitläufers können wir umsonst haben, wenn wir einen Tag lang bei unseren Freunden und bei uns zu Hause eine Videokamera laufen lassen.

Das Urteil über uns, die Zeitgenossen von heute, wird sehr viel weniger milde und verständnisvoll ausfallen als das der Heutigen über die Menschen der 30er Jahre. Was könnte man auch als Entschuldigung für uns finden? Wenn es die nackte Not wäre, die uns zwingt, radioaktive Abfälle zu produzieren für die nächsten Jahrtausende; so viele Megatonnen an Kohle und Erdöl zu verbrennen, daß das Klima der Erde irreparabel geschädigt wird; soviel chemische Giftstoffe und Schwermetalle in den Boden zu pflügen, daß er auf Jahrhunderte unfruchtbar wird - wenn es nackte Not wäre, hätten unsere Enkel ein gewisses, wenn auch vielleicht bitteres Verständnis. Aber unser Problem ist ja nicht, wie man satt werden, sondern wie man trotz des Überflusses schlank bleiben kann.

Welche Verzweiflung, welches Elend könnte für uns als mildernder Umstand geltend gemacht werden?

EIN SYSTEM SIEGT SICH ZU TODE

Vielleicht das Elend in Afrika und anderen Ländern der Dritten Welt? Wer uns damit entlasten will, muß schon äußerst naiv oder bodenlos zynisch sein. Wir beziehen unseren obszönen Wohlstand aus einem Weltwirtschaftssystem, das mit seinen Terms of Trade optimal darauf angelegt ist, die Ärmsten der Welt bis auf den letzen Blutstropfen auszusaugen.

Wußten wir, was wir taten? Um dieser Frage nachzugehen, braucht der Autor des Films nur mit einigen hundert Filmrollen in den Schneideraum zu gehen, und sein einziges Problem wird sein, aus den Kilometern von Bändern, aus den Stunden, Tagen und Wochen von gescheiten, prophetischen, anklagenden Magazinbeiträgen und Dokumentarfilmen der 60er, 70er und 80er Jahre auszuwählen. Das Material wird so erdrückend sein, daß er sich an dieser Stelle an den Kopf fassen und fragen wird, ob er nicht in einer Wahnvorstellung befangen ist, denn die Frage „Wie konnte das geschehen?" wird von dem sicheren Gefühl „Es kann nicht wahr sein" verdrängt werden. Dann muß er vielleicht ans Fenster gehen und ein paar Minuten in den Sandsturm starren, der durch den ehemaligen Englischen Garten tobt, bevor er weitermachen kann.

Keine Frage: Wir wußten es alle. Und: Niemand hinderte uns daran, dagegen zu sein, dagegen zu protestieren, dagegen Sturm zu laufen, oder, wenn das nichts hilft, auszusteigen. Warum haben so wenige dies getan? Warum haben so viele treusorgende, verantwortungsvolle Familienväter, so viele liebevolle Mütter, die kein Opfer und keine Mühe scheuten, um ihren Kindern eine gute berufliche Zukunft zu sichern, die systematische Zerstörung der Zukunft an sich vor ihren Augen verdrängt? Im Gegensatz zur Nazizeit hätten sie nicht ihre Existenz, sondern schlimmstenfalls ihre bürgerliche Existenz aufs Spiel gesetzt.

Keine Frage also: Wir konnten es wissen. Ob wir es wissen wollten, ist eine andere Frage - genau wie in der Nazizeit. Natürlich kann man die Augen verschließen, heute wie damals: die Massengräber lagen ja nicht vor unserer Haustür, sondern irgendwo in Mähren - heute liegen sie im Jahr 2000 oder noch später.

Warum schweigen wir? Haben wir kein christliches Gewissen mehr? Oder ist es das verschworene Schweigen, die Omerta der Ehrenwerten Gesellschaft, deren Mitglieder alle mehr oder weniger vom organisierten Verbrechen profitieren? You never had it so good. Stimmt. Etwa, weil wir so viel härter, so viel länger arbeiten als unsere Vorfahren? Wie wissen sehr wohl, daß das nicht der Fall ist. Und wir wissen und wollen es nicht wahrhaben, wir wollen gefälligst nicht mit der Nase darauf gestoßen werden, daß hinter diesem nie dagewesenen Wohlstand dunkle Machenschaften, dunkle Geschäfte stehen müssen, von denen wir lieber nichts wissen wollen. (Wir wissen, daß es irgendwo ein Dachau, ein Majdanek geben muß, und wir

LESEBUCH

K5.5

wollen nicht, daß irgend ein instinktloser Journalist daherkommt und uns Fotos davon vor die Nase hält.) Aber sind wir so korrupt, daß wir auch dann noch schweigen würden, wenn wir wüßten, wenn wir uns eingestehen müßten, daß das Heroin unserer Mafiabosse auch unseren eigenen Kindern auf dem Schulhof verkauft wird? Und doch ist es so. Wir verbrauchen die Wälder, die eigentlich auch unseren Kindern gehören sollten. Wir hinterlassen ihnen einen Boden, der so sauer und reich an Schwermetallen sein wird, daß er, wenn überhaupt, nur noch giftige Früchte tragen wird. Wir verseuchen ihr Grundwasser mit Nitraten, und wir geben ihnen Becquerels und Cadmium schon mit der Muttermilch. Und trotzdem schweigen wir - weil es uns so gut geht wie noch nie.

Warum schweigen wir? Bei uns kommt heute keiner wegen Wehrkraftzersetzung ins KZ oder als Dissident in eine psychiatrische Anstalt. Insofern geht es bei uns zweifellos menschlicher zu, auch wiederum ein Grund, uns beruhigend auf die Schulter zu klopfen und unser System, im Vergleich zum sozialistisch-totalitären, gut zu finden. Keine Frage, das System verkauft sich gut.

Sind wir also die Mitläufer des ökologischen Holocausts? Zerbricht mit uns noch einmal, und diesmal noch gründlicher, eine Welt? (Lothar Mayer, Q62).

EIN SYSTEM SIEGT SICH ZU TODE

Die ökologische Modernisierung des Kapitalismus   K6.1

Durch die atemberaubenden Umwälzungen bei unseren östlichen Nachbarn wird vielleicht in Vergessenheit geraten, daß das Jahr 1989 auch in unserem Land eine bemerkenswerte politische Wende gebracht hat (oder hatte?). Die Berücksichtigung ökologischer Erfordernisse, die noch mit Spott und Unverständnis vom Tisch gefegt wurden, als sie vor zehn Jahren von den Grünen eingeklagt wurde, hat Eingang in Parteiprogramme gefunden. Die „ökologische Marktwirtschaft" avancierte zum Schlagwort des Jahres; die SPD setzt sich in ihrem Programm „Fortschritt 90" intensiv mit vor kurzem noch ketzerischen Ideen wie Ökosteuern und Energieverteuerung auseinander, und auf CDU-Parteitagen wird über die „Bewahrung der Schöpfung" diskutiert.

Wie könnte eine solche ökologische Erneuerung unseres Wirtschaftssystems, wenn sie je (z. B. durch eine rot-grüne Koalition) über die geduldigen Seiten von Kommissionspapieren hinauskommt, aussehen?

1. Das SPD-Modell

Die SPD hat im Jahre 1989 einen neuen politischen Begriff in Umlauf gebracht (auch wenn er lange vorher von den Grünen geprägt wurde, s. „Umbauprogramm" der Grünen von 1986): den „ökologischen Umbau der Industriegesellschaft." Das SPD-Grundsatzprogramm (Bremer Programm der SPD, im folgenden BP), das dann im Dezember 1989 in Berlin verabschiedet wurde (Grundsatzprogramm der SPD, 20.12.1989, im folgenden GP), hat der Partei hohe Ziele gesetzt:

„Der Markt darf nicht die Richtung angeben, in der sich die Gesellschaft entwickelt. Er darf nicht anstelle der Gesellschaft über grundlegende Techniken und Wachstumsfelder entscheiden" (BP S. 67). „Die Wettbewerbswirtschaft hat durch ihre Tendenz zu ungehemmtem Ressourcenverbrauch und unkontrollierter technischer Innovation zur Verschwendung von Rohstoffen und zur Zerstörung der natürlichen Lebensgrundlagen geführt. Der Staat muß diesen ökologischen Gefährdungen entgegenwirken" (GP S. 34). Das wäre in der Tat eine radikale Abkehr von der institutionaliserten Verantwortungslosigkeit des Neoliberalismus. Aber wird dieser Grundsatz je in die praktische Politik vordringen?

„Ökologisch und sozial verantwortliches Wirtschaften läßt sich nur erreichen, wo der Vorrang demokratischer Entscheidungen vor Gewinninteressen und Wirtschaftsmacht durchgesetzt wird" (BP S. 67). Sätze wie diese zeigen viel guten

LESEBUCH — **K6.1**

Willen, aber vor allen Dingen, daß die SPD das ökologische Problem der Industriegesellschaft nicht verstanden hat: nämlich die Tatsache, daß der Verwertungsdrang des Kapitals längst nicht mehr ein Anliegen nur einiger Wirtschaftsbosse, sondern die Lebens- oder auch Luxusgrundlage der demokratischen Mehrheit ist, als deren Anwalt sie sich betrachtet.

Auch an anderer Stelle werden Modernisierungsillusionen gehegt, die von einer geradezu magischen Vorstellung vom Funktionieren des Spätkapitalismus genährt scheinen: der Vorstellung, daß Wirtschaftswachstum in den Kultur-, Pflege-, Bildungs- und Freizeitbereich verlegt werden kann. „Je weniger für den Grundbedarf ausgegeben wird, umso mehr öffnen sich Spielräume für Bildung, Kultur, soziale Zuwendung, und sinnvolle Freizeit. Deshalb werden wir Wachstum in diesen Bereichen fördern" (BP S. 63). Hier besteht die Gefahr, daß Selbsttäuschung zur Wählertäuschung wird, wenn man den Wählern in Aussicht stellt, daß eine kapitalistische Marktwirtschaft ohne eine ans Mark gehende Reform auf die ökologisch verträgliche Produktion „sozial wertvoller Güter und Dienstleistungen" umgepolt werden kann, ohne daß sie dabei ihre Produktivität, ihre Fähigkeit, Überfluß für (fast) alle zu erzeugen, einbüßt.

Aber die ganzen Überlegungen dürften wohl illusorisch sein, weil sie dem SPD-Entwurf viel mehr Wirkung zutrauen, als die SPD in ihren kühnsten Träumen will. Das zeigt sich an dem praktischen Kernstück des Entwurfs, nämlich der geplanten Verteuerung der Energie, um Energieeinsparung zu fördern, und speziell der Erhöhung der Mineralsteuer zur Eindämmung des Autoverkehrs. Aus Rücksicht auf den Wähler (Wasch mir den Pelz, aber mach mich nicht naß) wird dabei gleichzeitig in Aussicht gestellt, daß die dabei entstehenden Steuermehreinnahmen an Bürger und Wirtschaft in Form von Steuersenkungen und Senkung von Sozialversicherungsleistungen zurückgegeben werden. Diese sogen. „Aufkommensneutralität" wird also dazu führen, daß zwar Autofahren vielleicht ein bißchen teurer wird, aber daß man genausowenig Grund haben wird, es einzuschränken, wie heute, weil die Mehrausgaben auf einem Umweg schon wieder in den Geldbeutel zurückgeflossen sind. Der Spagat, mit dem die SPD, wie schon so oft, versucht, das Unvereinbare auf einen Nenner zu bringen, kommt am prägnantesten in den beiden Grundsatzzielen zum Ausdruck, die für den Strukturwandel formuliert werden:

- „ökologischer Umbau der Industriegesellschaft
- Erhaltung der wirtschaftlichen Leistungsfähigkeit" (GP S. 39).

Dabei kann wohl von vorherein kein Zweifel daran bestehen, welches der beiden Ziele, wenn sie in der politischen Tagesarbeit unausweichlich miteiananderkollidieren werden, Vorrang erhält.

Was kann man noch von der praktischen Politik einer Partei erwarten, wenn sie schon im Vorfeld, in der Programmdiskussion, von jedem Anflug von jener Radikalität frei ist, die langsam in die Köpfe der Menschen eindringen muß, wenn ein Ausstieg jemals denkbar werden soll? Und woher soll sie kommen, wenn nicht von jener Partei, die im Kampf gegen die Unmenschlichkeit des kapitalistischen Modells ihre Wurzeln hat?

2. Das grüne Realo-Modell

Der weitestgehende Entwurf eines „Real"-Politikers ist zweifellos der von Joschka Fischer, so wie er im „Umbau der Industriegesellschaft" (jfui) dargestellt ist. Es handelt sich um die Utopie eines Realisten, eines grünen Realos, der für diejenigen in seiner Partei, die jedes Arrangement mit dem Kapitalismus für den Sündenfall halten, nur Spott und Hohn übrig hat.

Kann ein ökologisch modernisierter Kapitalismus die Umweltkrise in den Griff bekommen, die Biosphäre retten[19]?

Wenn man die Frage nur falsch genug stellt, kann man auch, wie Joschka Fischer S. 58, auf eine überzeugende falsche Antwort kommen. Die Frage lautet, „ob man ... für eine tiefgreifende ökologische Veränderung unserer Gesellschaft nicht zuvor und daneben eine vielleicht sogar revolutionäre, sozialistische Umgestaltung der Produktions- und Eigentumsverhältnisse brauche." Antwort: „Der Glaube, man könne mit der Umweltpolitik die fragwürdig gewordenen heiligen Werte des alten Sozialismus wiederbeleben, als da sind: die Enteignung des Privateigentums an den Produktionsmitteln und ihre Vergesellschaftung (und d. h. Verstaatlichung), der nationale und internationale Klassenkampf u. ä., dieser Glaube wird unmittelbar in einer Sackgasse der Hilflosigkeit landen, denn die zentrale Frage des 19. Jahrhunderts wurde in den achtziger Jahren des 20. Jahrhunderts wohl definitiv entschieden: der Kapitalismus hat gewonnen, der Sozialismus hat verloren."

Mal langsam. Was hat der Kapitalismus gewonnnen, der Sozialismus verloren? Den Wettbewerb darum, wer am schnellsten und umfassendsten die Welt „durch den Fleischwolf der Akkumulation drehen" kann (Hartwig Berger). Es kann nicht der geringste Zweifel daran bestehen, daß der marktwirtschaftliche, auf dem Privat-

LESEBUCH

K6.1

eigentum beruhende westliche Kapitalismus in dieser Hinsicht dem zentralgelenkten Staatskapitalismus des Ostens haushoch überlegen ist[20]. Daß er sich damit im Prinzip zum potentiellen Retter der Biosphäre qualifiziert hätte (nach einer gründlichen Umerziehung, versteht sich), ist ein abenteuerlicher Kurzschluß.

Ein Kurzschluß, dem man seine Geburt aus der Verzweiflung ansieht. Gerade jemand wie Joschka Fischer müßte es besser wissen. „Die ökologische Kritik der Industriegesellschaften prüft, inwieweit deren Produktions- und Konsumweise der globalen Selbsterhaltung dienen oder nicht, inwieweit dadurch also die Lösung der Gattungsfrage Umwelterhaltung für die Menschen und durch die Menschen gelingen oder nicht gelingen kann" (jfui60).

Zugegeben, zu loben ist der Versuch, aus der sterilen altlinken und fundamentalistisch-grünen Verweigerungshaltung gegenüber dem Kapitalismus auszubrechen. Aber was hat es für einen Sinn, wenn der Ausbruchsversuch aus der Selbstblockierung in die Selbsttäuschung führt? Hat es denn einen Sinn, zu sagen: Wenn wir den Waldbrand mit Wasser nicht löschen können, versuchen wir es doch mal mit Benzin?

Der ganze Aberwitz dieser geistigen Selbstverstümmelung scheint aus Überlegungen wie der folgenden: „Ohne eine »unternehmerische Linke«, die einen ökologischen Umbau nicht nur will und trägt, sondern die ihn auch praktisch mit der Entwicklung eines zunehmend wachsenden Umweltsektors in der Volkswirtschaft realisiert und damit ihre Gewinne macht, wird es niemals zu einer erfolgreichen praktischen Politik des ökologischen Umbaus der Industriesysteme kommen" (jfui61).

Woher sollen die Mittel für Investitionen im Umweltsektor kommen, wenn nicht aus den Gewinnen der umweltverbrauchenden und -zerstörenden Industrie? Der Hase Umweltschutz wird immer mit hängender Zunge ankommen, wenn der Igel Industrie schon längst da war (und abgeräumt hat - so viel, daß er dem Hasen davon spielend das Startgeld bezahlt).

Oder: „Die Kunst einer ökologischen Wirtschaftspolitik wird nun darin bestehen, ... wesentliche Anteile von Arbeitsplätzen und Gewinnen auf die Seite der Umwelt herüberzuziehen" (jfui89). Und woher sollen diese Gewinne kommen, wenn nicht aus den Erträgen der „normalen" Industrie, die diese Erträge nur so lange erwirtschaften kann, wie sie die Umwelt zum Mondscheintarif verbrauchen darf?

In der stillschweigenden Annahme, daß der Wohlstand auch durch umweltschonende oder gar -reparierende Technik und Industrie gewahrt oder gar gemehrt werden

EIN SYSTEM SIEGT SICH ZU TODE

kann, kommt ein weitverbreiteter Denkfehler zum Ausdruck, dem auch ein grüner Vordenker nicht entrinnt, wenn er die ökologische Quadratur des kapitalistischen Kreises erzwingen will. Er beruht darauf, daß, wissentlich oder unwissentlich, übersehen wird, daß es in einer sozialen Marktwirtschaft, sobald die Ausbeutung der Natur unterlassen wird, keinen Mehrwert gibt, der das Kapital anzieht und die hohen Arbeitseinkünfte ermöglicht. Das heißt: eine „ökologisch verträgliche" Wirtschaft impliziert naturnotwendig schlechter bezahlte Arbeitsplätze oder höhere Verbraucherausgaben, was so oder so niedrigeren Lebensstandard bedeutet. Wer etwas anderes behauptet, macht sich und seinen Sympathisanten etwas vor.

Die gleiche Überlegung gilt auch für den Übergang zu den „sauberen" Dienstleistungsbranchen (mit mitleidigem Blick auf die „smoke-stack industries"). Womit werden die teuren und immer teurer werdenden Dienstleistungen bezahlt? Woher kommt der Mehrwert (s. a. K7.8)?

Er wird, zur Bezahlung der teuren Dienstleistungen, nur dann zur Verfügung stehen, wenn er vom akkumulierten Kapitalstock mit hohem Energie- und Materialeinsatz, also mit wachsender Entropievermehrung, geschaffen wird. (Die zweite Mehrwert-Quelle, die Ausbeutung der 3. Welt, spielt daneben eine untergeordnete und eher mittelbare Rolle).

An diesem Widerspruch muß natürlich auch die ökologische Beschäftigungspolitik scheitern, die Joschka Fischer auf S. 90 anpreist. „... muß sich eine Politik des ökologischen Umbaus der Industriegesellschaft auch die wirksame Bekämpfung der Massenarbeitslosigkeit zur zentralen Aufgabe machen, und bei der Bewältigung dieser Aufgabe hat sie als eine aktive ökologische Investitionspolitik exzellente Erfolgsaussichten." Auch diese ökologische Beschäftigungspolitik kann (wenn nicht um den Preis einer radikalen Senkung des Lebensstandards) nur parasitär auf eine ertragreiche „normale", also umweltzerstörende Industrie aufgepfropft werden.

Neben der oben dargestellten ökonomischen Selbsttäuschung krankt das ökologische Reparaturmodell auch daran, daß es das Entropiegesetz ignoriert, das bei Sanierungsmaßnahmen ebenso wie bei Recycling-Projekten unerbittlich (und praktisch nachweisbar) sein Recht verlangt (s. dazu die Ausführungen zum „Gesetz der sinkenden Erträge" in Kap. 7).

So würde die Umsetzung des Nordseeschutzprogrammes (falls es nicht, wie zu erwarten, bei schönen Umweltministerworten bleiben sollte) den Bau einer großen Anzahl neuer Kläranlagen erfordern. Das führt unweigerlich zu einer Vermehrung des anfallenden Klärschlamms. Wird man ihn, da unsere Deponien ohnehin am Überlaufen sind, in die Nordsee kippen?

LESEBUCH

K6.1

Nun, das vielleicht nun doch nicht. Man wird ihn stattdessen auf Äcker und Weiden aufbringen (Q30), und die im Klärschlamm konzentrierten Schwermetalle, Dioxine und chlorierten Kohlenwasserstoffe werden statt in die Nordsee ins Grundwasser sickern.

Ebenso führen die Bemühungen zur Luftreinhaltung durch die schrittweise Anwendung der Großfeuerungsanlagenverordnung, der TA Luft und die Verschärfung von Emissionsgrenzwerten dazu, daß in den Filteranlagen riesige Mengen an Stäuben, Schwermetallen und Kohlenwasserstoffen anfallen, die anschließend „beseitigt" werden müssen, d. h. daß immer ein gewisser Anteil über Verbrennungsanlagen in der Luft oder über Sondermülldeponien in Boden und Grundwasser landet.

Wieder anders stellt sich die Unerbittlichkeit des Entropiegesetzes bei der Energieumwandlung in Kraftwerken dar. Ein modernes, fortschrittliches Wärmekraftwerk kommt auf einen Wirkungsgrad (Verhältnis zwischen eingesetzter Primärenergie und erzeugter Nutzenergie) von 45 Prozent, eine beträchtliche Verbesserung gegenüber dem Wirkungsgrad konventioneller Kraftwerke, bei denen noch 65 Prozent der Primärenergie in Abwärme verwandelt werden. Der Wirkungsgrad von 45 Prozent gilt für den Strom, wie er an den Generatorklemmen abgenommen werden kann. Davon muß man abziehen 3 Prozent für den Eigenbedarf des Kraftwerks und 7 Prozent für die Betrieb moderner Enstickungs- und Entschwefelungsanlagen. Und siehe da, der Wirkungsgrad ist wieder bei jenen ziemlich armseligen 35 Prozent angelangt.

Für die Abschaffung des Kapitalismus sieht Joschka Fischer - mit Recht - keine Chance. Also versucht er, sich mit ihm zu arrangieren, indem er ihn ökologisch modernisiert.

Wenn das so weit gehen sollte, daß durch „wirtschafts- und finanzpolitische Maßnahmen des Staates ... die notwendige Preiskorrektur hin zu den realen ökologischen und sozialen Kosten umweltbelastender Produkte, Verfahren und Dienstleistungen" durchgesetzt wird (jfui95), ist eine antikapitalistische Revolution auch nicht mehr nötig: durch ein solches Prinzip und vor allem seine Durchsetzung würde der Kapitalismus auf dem Verwaltungsweg abgeschafft. (Mit den markt- und preistheoretischen Aspekten der Internalisierung externer Kosten befaßt sich K6.5).

Was das z. B. für die chemische Industrie bedeuten würde, illustriert Joschka Fischer auf S. 86. Er fordert für sie eine über zwei Seiten reichende Latte von Einschränkungen und Auflagen (s. K7.4), die, wenn sie in die Tat umgesetzt würde, nicht nur den gesamten Gewinn, sondern auch den gesamten Cash-Flow der Chemie-Industrie aufzehren, sie also, und das ist nur logisch, zum Tod verurteilen würde.

EIN SYSTEM SIEGT SICH ZU TODE

Eine Ökologisierung der Chemie, oder allgemein eine ökologische Unschädlichmachung der Industrie würde genau so viel kosten, wie heute damit verdient wird (und zwar nicht im Sinn der ausgewiesenen Gewinne, sondern mit Rücklagen und Abschreibungen, also des Brutto-Cash-Flows). Die Beseitigung der Altlasten aus der Wildwestära der Chemieindustrie ist dabei noch nicht berücksichtigt.

Die bittere Wahrheit („You cannot have your cake, and eat it, too") kommt bei Joschka Fischer auf einer halben Seite zu Wort. Er zitiert dort Christian Leipert mit einem zwar akademisch verklausulierten, aber doch deutlichen Hinweis. „Die Umorientierung der Wirtschaft auf das Ziel der Naturverträglichkeit hin hat seinen ökonomischen und einkommenspolitischen Preis. Naturverträglichkeit von Produktion und Konsum und die Einkommens- und Komfortvorteile der heutigen naturdegradierenden Produktions- und Konsumweise sind nicht gleichzeitig zu haben. ... Das Wachstum der Realeinkommen wäre gewiß geringer gewesen, wenn von vornherein Umweltgesichtspunkte berücksichtigt worden wären. Wirtschaft und Gesellschaft haben eine Anleihe bei der Umwelt genommen, ohne sofort mit der Rückzahlung zu beginnen" (jfui108). So ist es. Den Raubbau an der Natur, den unentgeltlichen Verbrauch von „Umwelt" in Form von Verschmutzung von Luft, Boden und Wasser als „Wertschöpfung" zu deklarieren und an Aktionäre und Mitarbeiter auszuschütten, ist glatter Betrug, auch dann, wenn davon die privilegierte Bevölkerung der Industrieländer, zu Lasten einer stummen Mehrheit (der übrigen Dreiviertel der Menschheit und der übrigen Schöpfung) profitiert.

Öko-soziale Marktwirtschaft? K6.2

Der Markt ist selbstverständlich keine unveränderliche, außerhalb unserer Macht stehende Naturgewalt, sondern eine gesellschaftliche Institution, die man gestalten und zu allem gebrauchen und mißbrauchen kann.

Dort, wo wir bestimmte politische oder soziale Ziele verfolgen (z. B. im Arbeitsmarkt oder Agrarmarkt), verfälschen und verzerren wir ihn bis zur Unkenntlichkeit. Dort, wo uns sein Walten und seine Ergebnisse prächtig in den Kram passen (Weltmarkt), berufen wir uns auf seine unantastbare Freiheit, setzen wir sie mit unserer überlegenen Handels- und Finanzmacht und, wenn's gar nicht anders geht, auch mit militärischer Macht durch.

Jüngstes Beispiel: Brasilien, bis zum Hals verschuldet, mußte dem Druck der USA weichen und die Handelsschranken, die es zum Schutz seiner jungen

LESEBUCH

K6.2

heimischen Industrie errichtet hatte, beseitigen, um seinen Markt der amerikanischen Industrie zu öffnen.

Eine willkommene, gesellschaftlich sinnvolle Form einer Marktverfälschung wäre ohne Zweifel die Einführung von Ökosteuern zur Abgeltung des Umweltverbrauchs, der von einem freien Markt nicht in Form von Preisen berücksichtigt werden kann.

Als Modell für diese Mutation des Marktes kann die historische Entwicklung des Arbeitsmarktes dienen.

Der Frühkapitalismus konnte die Arbeitskräfte verbrauchen, ohne sich darum zu kümmern, wo sie herkamen und wie sie sich regenerierten. Der Lohn, den der Zechenbesitzer oder Fabrikant den Taglöhnern bezahlte, war ein Marktpreis: Es gab mehr als genug verhungerte Arbeiter, die vom Land in die Städte kamen und die Arbeit um jeden Preis annahmen. Die soziale Bewegung, die Entstehung von Parteien und Gewerkschaften im 19. Jahrhundert führten dazu, daß im Bereich der Arbeitskräfte die externen Kosten (nämlich die der Reproduktion der Arbeitskraft) internalisiert wurden. Durch Lohnverhandlungen und den Abschluß von Tarifverträgen nicht mit einzelnen, Wehrlosen, die man gegeneinander ausspielen konnte, sondern mit Arbeiterorganisationen, die ebenfalls Macht in Form von Streik einsetzen konnten, wurde der Arbeitsmarkt auf ein anderes Gleichgewichtsniveau gehoben, wurde der Preis der Ware Arbeit durch eine künstlich oder gesellschaftlich eingeführte Komponente erhöht. Eine Komponente, die auch die (für den Unternehmer ursprünglich externen) Kosten der Ausbildung, von Krankheit und Urlaub und der Versorgung im Alter in die Kostenrechnung des Unternehmens einbezog oder „internalisierte."

Das bedeutet nicht, daß der Arbeitsmarkt abgeschafft wurde. Er bleibt weiterhin, auf seinem durch soziale Konvention hochgehaltenen Ausgangsniveau, für den einzelnen Arbeitnehmer wirksam, für den es über diesem Niveau durchaus noch Schwankungen aufgrund von Qualifikation und Leistung gibt, und spielt vor allem für die betriebswirtschaftliche Kostenrechnung weiter seine ungeschmälerte Rolle in allen Rationalisierungsentscheidungen, in denen die Kosten der menschlichen Arbeit gegen die Kosten von Investitionen abgewogen werden.

Der Arbeitsmarkt ist also ein äußerst gelungenes Beispiel eines künstlich, durch soziale Fantasie, Engagement und beständige Bereitschaft zur politischen Auseinandersetzung „verfälschten" Marktes, der Kern der vielgerühmten Sozialen Marktwirtschaft.

EIN SYSTEM SIEGT SICH ZU TODE

Es gibt damit ein überaus erfolgreiches, von keiner Seite ernsthaft in Frage gestelltes Modell für die Weiterentwicklung der Marktwirtschaft zu einer ökologischen. In diesem Fall geht es darum, die Vorlauf- und Folgekosten, die die industrielle Produktion bei ihrer Nutzung von natürlichen Gegebenheiten im weitesten Sinn außer acht läßt, in die wirtschaftliche Kostenrechnung einzubeziehen. Ich spreche hier bewußt von natürlichen Gegebenheiten, weil alle üblichen Begriffe wie Ressourcen, Bodenschätze, Umweltgüter eine zu enge Vorstellung vermitteln von den natürlichen Vorleistungen, die die Industrie mehr oder weniger kostenlos in Anspruch nimmt. Dazu gehören also nicht nur die klassischen Bodenschätze wie Kohle, Erdöl, Erdgas und metallhaltige Erze, die Umweltgüter wie Luft und Wasser, die Lebensgrundlagen wie fruchtbare Böden, sondern auch die Tier- und Pflanzenwelt einschließlich der alle Vorstellungen sprengenden Massen von Kleinlebewesen, die Atmosphäre mit Wind und Wetter, die Meere mit ihren horizontalen und vertikalen Strömungen und Schichtungen (s. K9.4 Lebenserhaltungssysteme), ohne die keine menschliche Existenz und schon gar keine industrielle Tätigkeit möglich wäre.

Das Instrument, das z. Zt. in die ernsthafte politische Diskussion eindringt und wohl die größten Chancen hat, unter Beibehaltung einer demokratischen und marktwirtschaftlichen Ordnung die Wirtschaft (und natürlich den Verbraucher) zur Begleichung ihrer Umweltkosten zu zwingen, ist die Ökosteuer.

Am weitesten ausgearbeitet wurde der Gedanke von Dieter Teufel[21] und seinen Mitarbeitern am UPI (Umwelt- und Prognose-Institut Heidelberg).

Der Gedanke ist im Prinzip so einleuchtend, daß er geradezu trivial wirkt: Da die Umwelt sich nicht, wie streikende oder mit Streik drohende Arbeiter, selbst zu Wort meldet und ihre Forderungen anmeldet, werden die vergessenen Kosten der Umweltnutzung vom Staat in Form einer Steuer erhoben und damit in die betriebswirtschaftliche Kostenrechnung (und auch in die des Verbrauchers) eingebracht.

Ökosteuern hätten die willkommene doppelte Wirkung, daß sie einerseits die Mittel für die Reparatur, den Ersatz oder die Wiederherstellung von verbrauchten Naturgütern aufbringen würden, andererseits die Nutzung dieser Güter mit ihrem wahren Preis kennzeichnen würden, der wohl in allen Fällen sehr viel höher wäre als ihr jetziger, marktoberflächlicher und marktkurzsichtiger Preis und damit die Verschwendung, und den gedankenlosen Verbrauch und die ungehemmte Zerstörung von Umweltgütern einschränken würden.

Zwei Beispiele sollen die Wirkungsweise von Ökosteuern veranschaulichen.

LESEBUCH

K6.2

Das erste bezieht sich auf Energieerzeugung und -verbrauch. Bei der Erzeugung von Strom in Kohlekraftwerken fallen, auch mit modernster Filtertechnologie, SO_2- und NO_x-Emissionen an, die im Lauf des letzten Jahrzehnts fern von ihrem Ursprungsort als Waldsterben sichtbar geworden sind. Die Stromerzeugung und das Heizen mit Erdöl haben nicht nur die gleichen Folgen, sondern zerstören schon vor der Umwandlung in Nutzenergie bei der Gewinnung und beim Transport Umweltgüter auf den Meeren und an den Küsten.

Durch eine auf alle Energieformen erhobene Ökosteuer, deren Höhe willkürlich ist[22] und deshalb auch nach Bedarf variiert werden kann, z. B. 30 Pf/kWh Strom aus Atom- und Wärmekraftwerken[23], können die nicht vom Markt vermittelten Kosten (einschließlich der künftigen Knappheit durch die Erschöpfung der Ressourcen) wirksam gemacht werden. Die bewußt herbeigeführte Verteuerung der Energie mit dem Ziel, daß „die Preise die ökologische Wahrheit sagen" (Ernst Ulrich von Weizsäcker, ewep), würde dazu führen, daß vermehrt Intelligenz und Kapital eingesetzt würden, um den Energieverbrauch zu senken (Energieeinsparung) bzw. ihn aus anderen, die Umwelt nicht belastenden Quellen zu speisen (alternative Energien wie Sonne und Wind).

Als zweites Beispiel sei der Straßenverkehr erwähnt, dessen verheerende Wirkung selbst auf die unmittelbar erlebte Lebensqualität keiner Schilderung bedarf.

Durch eine Treibstoffsteuer in Höhe von etwa 2 DM, mit der nach Berechnungen des UPI[24] die erkennbaren Schäden durch den Straßenverkehr in etwa abgedeckt wären, könnte zweifellos ein beträchtlicher Teil des Individual- und Güterverkehrs entweder eingespart oder auf die Schiene verlagert werden. Gleichzeitig könnten mit dem Aufkommen aus dieser Steuer Eisenbahn und Nahverkehrssysteme, die umweltschonende Alternative zum Straßenverkehr, modernisiert und ausgebaut werden.

Internalisierung K6.3

Voraussetzung dafür, daß der Markt einer ökologisch ausgerichteten Wirtschaft dienen kann, ist, daß sein perfektes Sensorium für Knappheiten künstlich auf Effekte ausgedehnt wird, für die er weder im Einzelnen noch im Kollektiv eine Wahrnehmung hat.

Bei diesen Überlegungen zur „Internalisierung externer Kosten" ist streng zu unterscheiden zwischen (1) einer Nutzung des Marktes zur Bestimmung des Preises externer Effekte (Schnittpunkt zwischen Grenznutzen der Vermeidung und Grenznutzen des materiellen Wohlstands) einerseits und (2) einer interventionistischen Korrektur oder Gewichtung der Preisbildung auf der Grundlage von umweltpolitischen Zielen, andererseits.

(1) Das Pigousche Modell[25] setzt voraus, daß die Marktteilnehmer ihre Bewertung von Umweltgütern wie unverschmutztes Grundwasser oder Freiheit von Lärmbelästigung ebenso wahrheitsgemäß äußern, „wie sie ihre Präferenzen hinsichtlich der Zahlungsbereitschaft für private Güter *faktisch* tagtäglich kundtun. Die einzelnen Wirtschaftssubjekte müßten zum Beispiel - ohne für den tatsächlich eintretenden Fall auf die Kostenübernahme anderer oder des Staates zu hoffen - sagen (können), welche Anteile ihres individuellen Budgets sie für gesunde Luft oder eine saubere Nordsee zu zahlen bereit wären. Nicht wahrheitsgetreu geäußerte Präferenzen, strategisches Verhalten, sogenanntes free-raider-Verhalten, widerspricht jedoch der normativen Grundüberzeugung der Neoklassik von der sozial optimierenden Funktion individueller Handlungsakte" (Q34-50). Anders ausgedrückt:

Der Versuch, die Wirtschaft über eine ökologisch rationale Preisbildung umzubauen, muß auch daran scheitern, daß die (im marktwirtschaftlichen Ansatz implizierten) individuellen Präferenzen und deren Verrechnung bei sozialen Gütern und Zukunftsgütern nicht funktionieren kann. Die Marktwirtschaft funktioniert ja gerade deswegen so blendend, weil sie sich auf die aus der Zinstheorie bekannte „Gegenwartsvorliebe" stützt („Besser ein Spatz in der Hand als eine Taube auf dem Dach"); das räumliche Äquivalent dazu ist die „Nahbereichspräferenz", die dafür sorgt, daß nur die Wirkungen unsere Entscheidungen beeinflussen, die sich in unserer nächsten Nähe bemerkbar machen („Aus den Augen, aus dem Sinn").

Eine „Monetarisierung" der Umwelt läßt sich also glaubhaft für meßbare Güter wie Luft oder Wasser darstellen; bei den verbauten Wahlmöglichkeiten unserer Enkelkinder oder beim Artenschwund kann die Methode nicht greifen.

(2) Ganz anders stellt sich die Situation dar, wenn man versucht, vorgegebene Umweltziele über den Preis zu verwirklichen. So läßt sich durch Besteuerung bestimmter, als schädlich erkannter Produkte deren Verwendung einschränken oder auch ganz eliminieren, läßt sich durch geeignete Umlagen (z. B. der Kosten des

LESEBUCH

K6.3

Straßenverkehrs - Straßenbau, Unfallfolgen und -folgenbeseitigung, Naturzerstörung, Lärmschutzmaßnahmen) auf die Nutzung von LKWs und PKWs der Anteil der Bahn am Personen- und Güterverkehr erhöhen.

Allerdings hat auch diese Art von Eingriffen ihre Tücken. So besteht u. a. die Gefahr, daß man ein bekanntes Übel durch ein unbekanntes ersetzt.

Ein Beispiel dafür ist der enorm anwachsende Einsatz von Katalysatoren für die Abgasreinigung (nicht nur in Automobilen, sondern vor allem auch in den Filteranlagen von Großkraftwerken und Industrieanlagen). Dafür werden riesige Mengen von Schwermetallen (Wolfram, Titan, Vanadium) verarbeitet, die nach relativ kurzer Zeit zu einem problematischen Sondermüll werden.

Hier spielen sich die gleichen Substitutionsprozesse ab wie in den Fällen, in denen bestimmte Produkte verboten werden, weil sie nachweislich gesundheitsschädlich sind. So werden jetzt z. B. anstelle des jetzt verbotenen, weil wahrscheinlich krebsfördernden Lindans zunehmend Ersatzmittel eingesetzt, die das noch giftigere Cypermethrin enthalten. „Die Pyrethroiden", eine Klasse von Holzschutzmitteln, die als Nervengift wirken und zu denen Cypermethrin gehört, „lassen sich (anders als z. B. das Cocain) nicht wieder aus den Nervenbahnen auswaschen, sondern akkumulieren dort sogar noch ihre Wirkungen; obendrein lassen sie sich nur sehr schwer nachweisen" (Q3).

Es dauerte 20 Jahre, bis die Gefährlichkeit von Asbest anerkannt wurde. Seit einigen Jahren sind Asbestfasern in den meisten Industrieländern als krebserregend eingestuft und ihre Produktion und Verarbeitung zumindest eingeschränkt, wenn nicht gar verboten. Sie wurden in vielen Anwendungsbereichen durch Mineralfasern ersetzt, von denen inzwischen bekannt ist, daß der von ihnen ausgehende Staub lange, mikroskopisch dünne Nadeln enthält, die tief ins Lungengewebe eindringen und zum Teil ebenso gefährlich wie Asbestfasern sind. „Es geht um einen Markt, den Experten weltweit auf 200 Milliarden Mark schätzen. Und es geht um Kindergärten, Schulen und andere öffentliche Gebäude, um Büro- und Privathäuser, in denen der hochgiftige Asbest durch vermeintlich ungefährliche Dämmstoffe aufwendig ersetzt wurde" (Q65).

Weitere Hindernisse, die die Internalisierung der externen Kosten über den Preismechanismus erschweren, werden unter den Stichworten Zuordnung und Anpassung kurz skizziert.

Zuordnung

Zu den personalen, subjektiven Bewertungsproblemen kommt ein objektives Zuordnungsproblem: Bei Schäden mit komplexen Ursachen erweist es sich als unmöglich, den Schaden, selbst wenn man ihn in Geld bewerten könnte, einzelnen Verursachern quantitativ zuzuordnen.

EIN SYSTEM SIEGT SICH ZU TODE

So wirken beim Waldsterben die Schwefeldioxid- und Stickoxidemissionen von Kraftwerken, Industriebetrieben und Haushalten, von LKWs und PKWs und die Chlorkohlenwasserstoffe aus Lösungsmitteln und Pestiziden zusammen - und damit sind nur einige der vielen Ursachen des Waldsterbens angesprochen.

Anpassung

Hier ist nicht von der (biologisch gemeinten) Anpassungfähigkeit des Menschen an veränderte Umweltbedingungen die Rede, die als Stammtischparole nicht totzukriegen ist, sondern der psychosozialen Anpassung der Erwartungen an die veränderten Verhältnisse.

Wieso wundert es niemand mehr, daß Menschen bereit sind, tagtäglich Fahrzeiten zu ihrem Arbeitsplatz von einenhalb bis zwei Stunden, bei den regelmäßigen Staus noch etwas mehr (in Los Angeles bis zu vier Stunden) in Kauf zu nehmen?

Daß junge Mütter in deutschen Städten die Nahrung für ihre Säuglinge einmal mit Mineralwasser zubereiten würden, weil sie dem Wasser aus der städtischen Wasserleitung nicht mehr trauen können, hätte gewiß vor 50 Jahren niemand vorherzusagen gewagt.

Daß heute viele Menschen anfangen, sich nur noch in Maßen zu sonnen, statt sich den ganzen Tag an den Strand zu knallen, kann ja durchaus als eine vernünftige Verhaltensänderung gelten. Daß man sich jedoch (wie in Kalifornien und Australien) auf die veränderte Situation einstellt, indem man den Körper mit undurchlässigen Hautcrèmes einhüllt, regelmäßig zum Hautarzt geht (so wie man bisher seine Zahnarzttermine einhielt) und zwischen zwölf und drei Uhr die Kinder nicht mehr im Freien spielen läßt, gehört zu den Arten der Anpassung, die eine fortlaufende Verschlechterung der Umwelt durch Angleichung der Erwartungen ermöglicht.

Diese Art der psychosozialen Anpassung führt dazu, daß Umweltgüter nicht nur verloren gehen, sondern daß sie selbst als Erinnerungsposten aus dem Nutzenkalkül verschwinden.

Abgesehen von diesen und den in K7.7 skizzierten systemischen Hindernissen liegt das prinzipielle Problem der Internalisierung über den Preis darin, daß sie ihre Werkzeuge nur betriebswirtschaftlich ansetzen kann: durch eine Energiesteuer können z. B. Kunststoffverpackungen, klimatisierte Hochhäuser und Autofahren teurer gemacht werden. In einer Volkswirtschaft mit hoher Produktivität und Flexibilität wird das jedoch die Produktion und den Konsum der betreffenden Güter, wenn ein entsprechender Marketingaufwand dahintersteht, nicht beeinträchtigen, weil es immer genügend andere Wirtschaftsbereiche gibt, in denen soviel „Wertschöpfung" produziert (*und* verteilt) wird, daß die Preissteigerungen die Nachfrage nur unbedeutend beeinflussen. In der Sprache der Wirtschaftswissenschaft: die geringe Preiselastizität der Nachfrage, die in der klassischen Nationalökonomie für Güter des Grundbedarfs postuliert wird, greift in einer reichen Volkswirtschaft mit Massenwohlstand unvorhersehbar auf alle möglichen Güter über, die gesellschaftlich (oder „lifestylemäßig") als unverzichtbar empfunden werden.

Damit soll nicht gesagt werden, daß dies ohne Mühe und Aufwand geschieht: dafür werden Heerscharen von Marktforschern, Produktentwicklern, Marketingstrategen, Psychologen und Statistikern, Designern, Merchandisern, Verpackungskünstlern, Kundendienstberatern, Absatzförderern bis hin zu Verkaufsmannschaften und Drückerkolonnen bezahlt, werden Promotionen, Schlußverkäufe, Sonderangebote, Rabattstaffeln, Wühl- und Krabbeltische eingesetzt, werden jährlich 37 Milliarden DM für Werbung in Zeitungen, Zeitschriften, Beiheftern und Beilagen, Kino und Fernsehen, auf Plakatwänden und in Postwurfsendungen verbraten, werden erschlaffende Wünsche durch Produktinnovationen, Facelifts und Modellpflege wieder in Schwung gebracht, wird die Kaufentscheidung durch Verbraucherkredite, steuersparende Leasingverträge, Anschaffungsdarlehen, Bausparverträge mit Versicherungsschutz, Mietkaufverträge und Kreditkarten erleichtert.

Das ist der tiefere Sinn der Entwicklung zur Dienstleistungsgesellschaft: der „produzierende" Sektor schrumpft ständig zugunsten des Dienstleistungssektors; daraus abzuleiten, daß wir uns mehr und mehr zur Dienstleistungsgesellschaft entwickeln, also einer Gesellschaft, die immer weniger (Dreck) produziert, ist eine allzu willkommene optische Täuschung; der „saubere" Dienstleistungssektor steht zum überwiegenden Teil im Dienst des produzierenden Sektors, bzw. ist integraler Bestandteil des Produktions- und Konsumtionskreislaufs.

Weitere Faktoren, die den Marktmechanismus für die Bewertung ökologischer Güter untauglich machen, werden unter den Stichworten Pipeline-Effekt, Schwellenwerte, Synergismus, Hebelwirkung und Anreicherung in K7.7 dargestellt.

Externalisierung der Kosten K6.4

Auf die fatalen Wirkungen des Marktes als Institutionalisierung der Verantwortungslosigkeit geht Kap. 6 ein.

Dabei soll nicht die Tatsache übergangen werden, die uns durch den Zerfall der östlichen Planwirtschaften so drastisch wie nie vor Augen geführt wird, daß der Markt als Steuerungsinstrument für den optimalen Einsatz von knappen Ressourcen allen anderen Methoden haushoch überlegen ist.

Die euphorischen Überlegenheitsgefühle, mit denen hierzulande der Sumpf der zentralgelenkten Wirtschaft kommentiert wird, versperren uns allerdings nur allzuleicht den Blick für das, was man, wenn man einmal die Brille der neoliberalen Wirtschaftslehre absetzt, aus dem Systemvergleich lernen könnte.

So schreibt der SPIEGEL (47/89) in einem Artikel über die DDR-Wirtschaft: „... wer seine Kosten nicht kennt, der muß zwangsweise unwirtschaftlich produzieren." Das paßt auch haargenau auf den kapitalistischen Raubbau: Wer (aufgrund seiner definitorisch beschränkten betriebswirtschaftlichen Kostenrechnung) seine Kosten nicht kennt, der muß zwangsweise unökologisch produzieren.

Und mit kaum verhohlener Häme wird das beliebteste Beispiel ostdeutscher Fehlallokation zitiert: „Da das subventionierte Brot im Laden billiger ist als das Getreide, das den Bauern abgekauft wird, füttert man in der DDR die Hühner mit Brot statt mit Getreide."

Wie wär's mit dieser Variante: „Da das subventionierte Autofahren billiger ist als die Bahn, fahren in der BRD 95 Prozent der Leute mit dem Auto statt mit dem Zug, obwohl sie dabei doppelt soviel Energie verbrauchen, zehnmal so viel Lärm erzeugen und zwanzigmal so stark die Luft verschmutzen und mit jedem gefahrenen Kilometer zum Baumsterben beitragen."

Weiter heißt es im SPIEGEL: „Pleite war, gemessen an den Maßstäben moderner Industrienationen, das östliche Murks-Unternehmen schon lange; die bisherigen Geschäftsführer hatten allerdings den Konkurs über Jahre mit getürkten Bilanzen verschleppt." Sp 47/89

Gespenstisch wirkt diese Beschreibung der DDR-Wirtschaft, wenn man den fiktiven Maßstab der „modernen Industrienation", also die kapitalistische Kostenrechnung, durch einen realen, nämlich die „sustainability" oder nachhaltige Überlebensfähigkeit ersetzt, und dann das Ganze auf eine westliche Volkswirtschaft, wie z. B. die BRD, anwendet. Also: „Pleite war, gemessen an den Maßstäben der Nachhaltigkeit, das westliche Murks-Unternehmen schon lange; die bisherigen Geschäftsführer hatten allerdings den Konkurs über Jahre mit getürkten Bilanzen verschleppt."

Kluge Einsichten in die Fehler der östlichen Planwirtschaft zeigt auch die Neue Zürcher Zeitung (18.11.89):

LESEBUCH

K6.4

„"... wenn die Preisrelationen weiterhin stark von den tatsächlichen relativen Knappheiten abweichen, geben die verzerrten Signale einen Anreiz zu unwirtschaftlichem Umgang mit den Ressourcen." Richtig. Weil frische Luft und sauberes Wasser so billig sind, von der oberen Atmosphäre und den Weltmeeren gar nicht zu reden, denn die gibt es ja zum Nulltarif, geben die verzerrten Signale einen Anreiz zu unwirtschaftlichem Umgang mit den Ressourcen.

Mit einem Wort: der Markt funktioniert perfekt, aber er erzeugt (wenn auch bei wachsendem individuellem Wohlstand und Komfort in den westlichen Industrieländern) Schadwirkungen, die unsere Lebensgrundlage bedrohen.

Der Konstruktionsfehler, der zu diesen fatalen Auswirkungen führt, wurde schon, wenn auch nicht im Zusammenhang mit Umweltproblemen, vor siebzig Jahren von Arthur Pigou[26] thematisiert. Er stellte fest, daß diejenigen, die im Marktgeschehen über Produktion und Konsum, und damit auch über die Allokation von Ressourcen, entscheiden, unter bestimmten Umständen durch die Preise nicht über alle Kosten ihrer Handlungen informiert werden. „Ein Teil der Wirkungen - als *externe Effekte* bezeichnet - bliebe unberücksichtigt und würde daher den Verursachern nicht angelastet. Es fehle daher ein Anreiz, die negativen externen Effekte zu reduzieren. Ein großer Teil der Umweltschäden (dies die heutige Nutzanwendung von Pigous Gedanke) könne als externer Effekt interpretiert werden, der von den Verursachern nicht getragen werde. Die Tatsache, daß hier soziale Kosten nicht von den Verursachern getragen würden, führe daher zu Abweichungen vom optimalen Ergebnis der volkswirtschaftlichen Ressourcennutzung. Oder in anderen Worten: Die Ursachen der Umweltschäden liegen *nicht in marktbedingten Fehlallokationen*, sondern darin, daß im Umweltbereich aufgrund der Bedeutung externer Effekte die selbstregulierende Marktlösung sich nicht durchsetzen kann. Ein marktkonformer Vorschlag unterstelle demgegenüber, daß die sozialen Zusatzkosten auf den Preis aufgeschlagen werden: die sog. *Internalisierung* externer Kosten. Durch Abgaben oder Steuern, die sich in ihrer Höhe jeweils an den externen Kosten orientieren, könne eine markteffiziente Lösung erreicht werden" (iölg22, Hervorhebung vom Verf.).

Obwohl dieser Ansatz systematische Schwachstellen hat (so lassen sich viele Schadensarten wie z. B. Baumsterben weder quantifizieren noch eindeutig zuordnen, von Bedrohungen, die in der Zukunft liegen, wie Treibhauseffekt, Ressourcenerschöpfung oder Zerstörung der Ozonschicht, gar nicht zu reden), scheint er prinzipiell geeignet, dem Markt die Steuerungsvorgabe zu verpassen, die ihn im Sinn einer ökologisch orientierten Wirtschaft funktionsfähig machen würde. Gewiß ist es nicht möglich, eine Internalisierung durchgehend auf wissenschaftlich und juristisch nachweisbare Verursacherketten und nachvollziehbare Kostenzuordnungen aufzubauen. Hier wäre, bei der Konstruktion und Ausgestaltung einer ökologischen Steuerung, politischer Wille, klares Krisenbewußtsein und daraus abgeleitete Übernahme von Verantwortung notwendig. Dafür könnte man jedoch die Einzelentscheidungen im Markt weiterhin dem egoistischen, zweckrationalen Kalkül des einzelnen bzw. des Unternehmens überlassen - dort haben Appelle an Verantwortungsbewußtsein ohnedies keine Chance.

Daß der Gewichtungs- oder Korrekturprozeß auf der politischen Ebene prinzipiell funktionieren kann, zeigt sich wiederum deutlich an der vergleichsweise viel schlimmeren Umweltmisere in den Kommandowirtschaften Osteuropas. Gerade weil Politik in den westlichen Industrieländern wie ein Markt funktioniert, in dem gesellschaftliche Kräfte und Zielvorstellungen wie in einem orientalischen Basar unter zähem Feilschen gegeneinander verrechnet werden, konnte sich hier das Bedürfnis nach Lebensqualität in Form von Abgasfiltern, Kläranlagen, Einleitungsverboten, wenn auch in viel zu geringem Umfang, so doch auffallend wirksamer als in unseren östlichen Nachbarstaaten durchsetzen.

Ein durch ökologische Zielvorstellungen korrigierter Markt hätte also durchaus das Potential, den Industriekapitalismus in seinen schlimmsten Auswüchsen zu beschneiden und damit sein Zerstörungswerk zu verlangsamen - wobei man nie aus dem Auge verlieren darf, daß die dabei erreichten Verbesserungen tendenziell dadurch bezahlt werden, daß die Schadwirkungen mit einer aufwendigen entropievermehrenden Technologie und einem reichhaltigen Arsenal von Tricks versteckt oder verschoben werden (s. K7.2 und K2.5). Wenn wir uns von dieser Umweltpolitik des reichen Mannes, so sehr sie uns auch vorübergehend das Leben erleichtern mag, nicht verblenden lassen, sondern die gewonnene Zeit nutzen, um den Übergang zu einer mit der Biosphäre verträglichen Wirtschaftsweise voranzutreiben (s. K10.1, K10.4), wird der sog. „Umbau der Industriegesellschaft" durch Ökosteuern zu einer sinnvollen Komponente einer Doppelstrategie (s. a. Kap. „Zwischenruf").

LESEBUCH

Recycling

K7.1

Christian Schütze leitet sein Kapitel über das Recycling mit der Kernaussage ein: „Die Verminderung der Materie-Entropie durch Recycling ist naturgesetzlich verbunden mit beträchtlicher Vermehrung der Energie-Entropie" (csgn58). Mit anderen Worten, die Rückgewinnung einmal in die Umwelt entlassener Rohstoffe schlägt sich immer negativ in der Energiebilanz nieder, und zwar streng nach dem Gesetz der sinkenden Erträge: während die ersten 50 Prozent eines Rohstoffes (wie bei Glas, Papier, Stahl oder Aluminium) noch mit relativ geringem Aufwand nach Gebrauch wieder eingesammelt werden können, ist dies bei den vorletzten zehn Prozent längst unwirtschaftlich geworden und wird es bei den letzten zehn Prozent schlicht unmöglich. Von vornherein unmöglich ist Wiedereinsammeln bei den Stoffen, die, wie Cadmium, Blei, Titan oder Chrom, als feinste Partikel in die Luft, die Erde und das Wasser oder Grundwasser verstreut werden.

Dabei können wir uns nicht damit trösten, daß Schwermetalle, Dioxine, Furane nur in Bruchteilen von Prozent in den Abgasen oder Abwässern enthalten sind, und daß die Anteile durch die Verbesserung der Filtertechniken immer weiter zurückgehen.

Erstens einmal addieren sich die Prozentbruchteile an der Quelle (am Abfluß einer Papierfabrik oder einer Chemieanlage) zu Tausenden von Tonnen in den Transportkanälen wie dem Rhein und den Senken wie der Nordsee, wo sie ihre schädliche Wirkung entfalten, und konzentrieren sich zu toxischen Prozentsätzen in den Organismen von Fischen, Muscheln, Krebsen und Seehunden (Bioakkumulation). Zweitens vermehren sich unaufhaltsam die Quellen, aus denen umweltschädigende Stoffe, wenn auch in winzigen Mengen, entweichen. So hat das Parlament neuerdings ein Gesetz verabschiedet, nach dem Sondermüllabfälle, bei deren Verbrennung z. B. Dioxin durch die hohen Temperaturen überhaupt erst erzeugt wird, künftig auch in normalen Industrieöfen, z. B. in Zementwerken, verbrannt werden dürfen.

Entweder nur mit riesigem Aufwand oder überhaupt nicht lassen sich die Materialien zurückgewinnen, die mit anderen zusammen als „Verbundstoffe" verarbeitet werden. Dazu gehören Alu-Kunststoff-Papier-Folien ebenso wie kupfer- oder chrom-kaschierte Kunststoffolien, Verbundplatten aus Holzschliff und Melamindeckschichten, um nur ein paar Beipiele aus einer Flut von Verbundwerkstoffen zu nennen, deren Verbreitung rasant ansteigt. So wird auch die Verwertung von Autowracks nicht gerade dadurch erleichtert, daß in ihnen über 100 verschiedene Kunststoffe verbaut sind.

EIN SYSTEM SIEGT SICH ZU TODE

Ökologische Modernisierung der Produktion K7.2

Die ökologische Modernisierung der Industrie stützt sich auf den technischen Umweltschutz, der mit administrativen Maßnahmen (Regulation), das sind Verbote, Grenzwerte für Emissionen und Immissionen und Abgaben, das heißt Gebühren für erlaubte Umweltverschmutzung, vorangetrieben wird. Es besteht, außer bei den interessierten Kreisen der Wirtschaft, weitgehend Einigkeit darüber, daß die Bilanz von 20 Jahren Umweltpolitik bedrückend ist. Zwar gingen die Emissionen von Schwefeldioxid und Kohlenmonoxid in den letzten zehn Jahren deutlich zurück. Aber das Waldsterben geht unvermindert weiter, weil dazu auch Stickoxide und eine Reihe anderer Schadstoffe, wie z. B. Chlor, beitragen, deren Immissionen weiter angestiegen sind. Rhein, Main und Neckar sind weiterhin die Abflußgräben der Chemie- und Papierindustrie, die u. a. Tausende von Tonnen Chloride und krebserzeugende Kohlenwasserstoffe in die Nordsee tragen. Pestizide und Nitrate aus der Intensivlandwirtschaft kommen, nach ihrer langen Reise durch die Erdschichten, allmählich im Grundwassser an und lassen sich mehr und mehr in den Trinkwasserbrunnen nachweisen.

Der technische Umweltschutz, dessen Umsätze gern in Festreden als Beleg für den ökologischen Fortschritt zitiert werden, beschränkt sich im wesentlichen darauf, mit immer aufwendigeren Filtern einen Teil des Dreckes zurückzuhalten, der bei unverändert unökologischen Produktionsmethoden erzeugt wird. Diese End-of-pipe-Technologien schützen, ähnlich wie die hohen Schornsteine (s. u.), in erster Linie die nähere Umgebung - sie schaffen die Schadstoffe nicht aus der Welt, sondern bestenfalls, als Giftmüllexport, aus dem Land. Außerdem darf in einer Gesamtbilanz der Material- und Energieaufwand nicht übersehen werden, den Herstellung und Betrieb der Entsorgungsanlagen mit sich bringen, wodurch wiederum dem Gesetz der sinkenden Erträge Vorschub geleistet wird.

Eine weitere Aufwands„falle" ist die Bürokratie, die zur Durchsetzung und Überwachung der wachsenden Zahl von Umweltschutz-Auflagen erforderlich wäre, ohne die eine ökologische Zähmung der Industrie nicht gelingen kann. Schon heute, da die Regulierungsmaßnahmen offensichtlich noch weit hinter dem Notwendigen zurückbleiben, ist aufgrund des Personalmangels in den zuständigen Ämtern auf weiten Strecken ein „Vollzugsdefizit" zu beklagen. Welch prohibitiven Umfang der Personaleinsatz in den Überwachungsbehörden annehmen würde, wenn der Umweltschutz tatsächlich die Priorität bekäme, die ihm nach Meinungsumfragen und Politikersprüchen zukommt, kann man sich ausmalen, wenn man die Forderungen liest, die Joschka Fischer an eine umweltverträgliche Chemieindustrie stellt (s. K7.6).

LESEBUCH

K7.2

In der ökologischen Modernisierung der kapitalistischen Wirtschaftsweise treffen zwei entgegengesetzte Kräfte aufeinander, das Verwertungsinteresse des Kapitals und der Widerstand gegen die Beeinträchtigung der Lebensqualität, der über Bürgerinitiativen, Naturschutzverbände, die Grünen und die Medien allmählich auch in die Rhethorik und in die Programme der traditionellen Parteien eingeflossen ist. Dabei läßt sich beobachten, daß der Druck der Kapitalverwertung, einerseits, und der Druck von Politik und öffentlicher Meinung, andererseits, dazu führt und, da der Druck der Kapitalverwertung in keiner Weise beschränkt wird, sondern weiter ansteigt, dazu führen **muß**, daß ökologische Schäden nicht etwa vermieden, sondern aus dem sichtbaren, spürbaren, nachweislich gesundheitsschädlichen Bereich verdrängt werden (1); darüber hinaus sorgen Multiplikation (2) und Kumulation (3) dafür, daß auch bei im einzelnen real abnehmenden Schadenswirkungen keine Besserung im Gesamtsystem eintreten kann.

(1) Die ökologische Modernisierung der kapitalistischen Wirtschaft bedeutet, daß sich die Entropievermehrung verlagert, und zwar

■ qualitativ: die offensichtlichsten, lästigsten, in Auge und Kehle brennenden Abfallprodukte der Industrie verschwinden; sie werden ersetzt durch unsichtbare, geruchlose und oft nur in kaum meßbaren Spuren vorhandene, aber dafür umso heimtückischere Substanzen. So sind bei uns die dicken, beißenden Rauchschwaden, die in Halle oder Leuna den Himmel verdunkeln, eine Sache der Vergangenheit; dafür dringen aus den Kaminen von Kraftwerken und Müllverbrennungsanlagen unsichtbare, aber krebserzeugende Spuren von Dioxinen und Furanen, aus Kernkraftwerken und Wiederaufarbeitungsanlagen auch im Normalbetrieb radioaktive Substanzen, für deren Wahrnehmung wir kein Organ besitzen.

■ optisch (mittels politischer Selbsttäuschung): durch die Politik der hohen Schornsteine wurde in den 60er Jahren die Luftverschmutzung in den westdeutschen Industriegebieten fühlbar verringert - wie einschneidend, kann man wie auf einer Zeitreise am aktuellen Vergleich mit den Belastungen in den Regionen um Halle oder Leipzig ermessen. Freilich kamen die Schadstoffe, die nun den Bewohnern des Ruhrgebiets nicht mehr in der Kehle kratzten und den Himmel verdunkelten, dadurch nicht aus der Welt. Sie verursachen stattdessen „neuartige Waldschäden" an den Hängen der industriefernen Alpen, des abgelegenen Bayerischen Waldes, und der Schwefel, der den Einwohnern von Pittsburgh und von Leeds erspart bleibt, tötet stattdessen das Tier- und Pflanzenleben von Seen in unberührten Naturregionen in Kanada oder Schweden, indem er deren Wasser sauer macht.

EIN SYSTEM SIEGT SICH ZU TODE

■ administrativ: Das neue Gesetz über die thermische Verwertung von Sondermüll erlaubt die Verbrennung nicht mehr nur in speziellen Müllverbrennunganlagen, sondern in Kraftwerken, Zementfabriken etc. Das bedeutet, daß die Restmengen an Dioxinen und Furanen noch weiter verteilt werden (also eine Neuauflage der Politik der hohen Schornsteine, s. o.), und daß die Kontrolle der Einhaltung der technischen Vorschriften noch unmöglicher gemacht wird, als sie es heute schon ist. Es handelt sich also um Entropievermehrung nicht nur im materiellen, sondern auch in einem strukturellen Sinn: nicht nur die Schadstoffe werden immer feiner und immer weiter und damit unrückholbar verteilt, sondern auch die Quellen, womit der notwendige Kontrollaufwand exponentiell steigt. Dies wiederum erhöht die Empfindlichkeit des Systems gegen Funktionsstörungen, insbesondere in wirtschaftlichen Krisensituationen, wenn die Kontroll- und Rückhaltemaßnahmen nicht mehr bezahlt werden können (wir könnten dann überraschend schnell in eine mit der DDR oder der Tschechoslowakei vergleichbare Situation geraten).

■ geographisch: Wiederum bietet die DDR handgreifliches Anschauungsmaterial. Mit Schaudern sehen wir die Bilder der vom Braunkohleabbau verwüsteten Landschaften, erleben wir die beißende Atmosphäre in den Städten, deren Häuser mit den staubigen, schwefelhaltigen Briketts geheizt werden. Wie relativ genießbar wirkt dagegen die Luft in den Wohngebieten einer westdeutschen Stadt! Wir heizen nämlich und betreiben unsere industriellen Prozesse mit Öl. Und verlagern damit unseren Beitrag zur Umweltzerstörung auf die Ozeane und Küsten, die alle paar Wochen von einem Tankerunglück heimgesucht und ständig vom illegalen Ausspülen der Laderäume verdreckt werden. Wir erzeugen 33 Prozent unserer Elektrizität mit „sauberen, umweltfreundlichen" Atomkraftwerken - und verschicken die radioaktiven Abfälle der Kernspaltung nach Frankreich und nach England, wo sie aufgearbeitet werden, und wo die unvermeidlichen Reste aus der Verarbeitung den Atlantik und die Irische See verseuchen, wo statt unserer eigenen Kinder die Kinder von Sellafield an Leukämie erkranken.

Die Eisenerze, die im Ruhrgebiet und im Saarland zu Stahl und in Wolfsburg zu VWs verarbeitet werden, verwüsten durch ihren Abbau keine deutsche Landschaft. Sie kommen zu 40 Prozent aus Brasilien, wo Eisenerzabbau, Transport- und Infrastruktur Regenwaldgebiete von der Größe der Bundesrepublik zum Opfer gefallen sind. Sehr gut funktioniert die Marktwirtschaft nach der Devise „Aus den Augen, aus dem Sinn" auch dort, wo es darum geht, ihre giftigen Abfälle möglichst kostengünstig zu verstecken, zu versenden, zu verschieben, zu verkaufen. Müllexporte in die DDR, Giftmüllexporte nach Frankreich und in Entwicklungsländer sind eine bewährte und systemgerechte Methode, um zu verhindern, daß Belastungen lästig werden.

LESEBUCH

K7.2

(2) Multiplikation

■ Schadstoffemissionen werden im Einzelfall eingeschränkt, bleiben aber insgesamt durch die Vermehrung des Multiplikators gleich.
Beispiele: Energieeinsparungen durch modernere Heizungssysteme und durch bessere Isolierung, gleichzeitig wachsende Nachfrage nach immer mehr Wohnraum durch gesellschaftliche Veränderungen (Single-Haushalte, höhere Ansprüche) und immer mehr Investitionen im Freizeit- und Dienstleistungsbereich (Mehrzweckhallen, Hallenbäder, Hotels, Disneyworlds, Konsumpaläste).

Automotoren werden immer sparsamer, bei der Internationalen Automobilausstellung 1991 gab es fast nur noch „Öko"modelle. Wie kommt es, daß der Treibstoffverbrauch trotzdem von Jahr zu Jahr steigt, 1991 auf ca. 50 Milliarden Liter? Weil immer mehr Autos immer mehr Kilometer fahren, weil die Autos schwerer statt leichter werden, und weil der Anteil der Autos mit stärkeren Motoren wächst. (Das Verkehrsministerium rechnet mit einem Verkehrswachstum von 26 Prozent bis zum Jahr 2000).

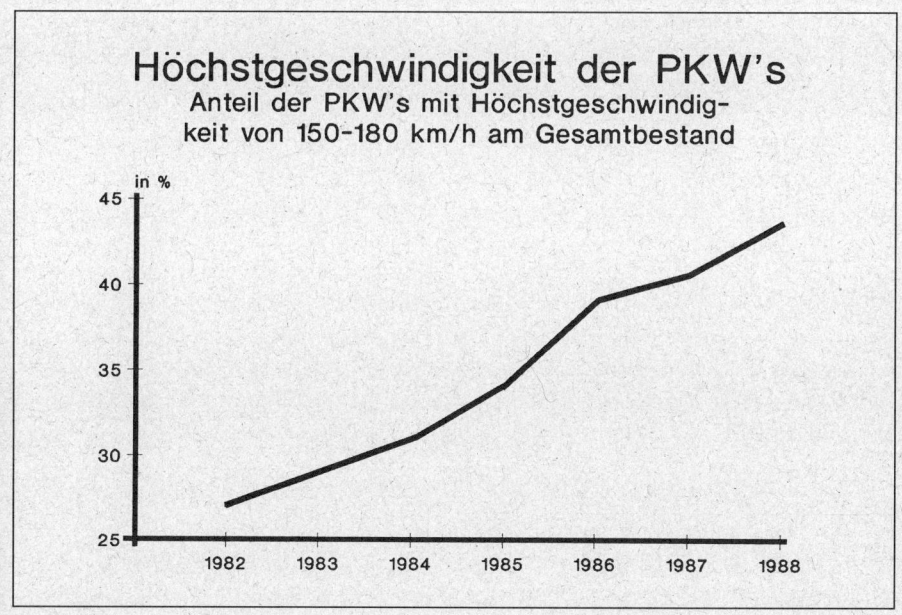

Abb. 4

EIN SYSTEM SIEGT SICH ZU TODE

Darüber hinaus erfolgt die Einführung von sparsameren und umweltfreundlicheren Autos nicht auf einen Schlag, sondern in vielen aufeinanderfolgenden Erneuerungszyklen, wobei der Energieeinsatz und die Umweltbelastung durch die Produktion und die Beseitigung der immer neuen, immer schneller aufeinanderfolgenden Generationen insgesamt höher ist als die Energie und die Schadstoffemissionen, die beim Betrieb eingespart werden können.

In den Vereinigten Staaten rechnet man damit, daß der Wirkungsgrad der Stromerzeugung und -verteilung bis zum Jahr 2010 um 15 Prozent verbessert werden kann. Werden dadruch die CO_2-Emissionen um 15 Prozent zurückgehen? Mitnichten. Da der Stromverbrauch in den nächsten 20 Jahren um 46 Prozent steigen soll, wird sich die CO_2-Produktion der USA aus der Stromerzeugung um weitere 39 Prozent erhöhen (Q67). (Dabei ist die USA heute schon Weltspitze in der Produktion von CO_2, mit 25 t pro Kopf und fünf Milliarden Tonnen CO_2 insgesamt).

Die Einbettung der industriellen Volkswirtschaften in die Weltwirtschaft, die weltweite Durchsetzung des westlichen „Entwicklungs"modells bedeutet, daß die zusätzlichen Segmente der Weltbevölkerung, die nacheinander in den kapitalistischen Wirtschaftsprozeß eintreten, als Multiplikator für den Umweltverbrauch der herrschenden Wirtschaftsweise erscheinen.

So wird sich, wenn der gegenwärtige Trend anhält, die Anzahl der Autos von heute ca. 500 Millionen in 35 Jahren weltweit verdoppeln (bei einer Fahrleistung von 10 000 km im Jahr produziert ein Auto etwa fünf Tonnen CO_2/Jahr. Das heißt: von zweieinhalb Milliarden heute Verdoppelung auf fünf Milliarden Tonnen CO_2/Jahr). Wenn erst jeder chinesische Haushalt mit einem Kühlschrank ausgestattet ist, der, weil die westlichen Länder nicht bereit sind, China bei der Entwicklung alternativer Technologien zu unterstützen, mit einem Freon-ähnlichen Gas betrieben wird, wird sich die Belastung der Stratosphäre mit FCKW verdoppeln, wird sich damit die Wirksamkeit der UV-Bestrahlung vervierfachen und die Häufigkeit von Hautkrebs verachtfachen (ghot15). Wenn die „unterentwickelten" drei Viertel der Weltbevölkerung ihren Energieverbrauch auch nur auf die *Hälfte* des Verbrauchs der westlichen Industrieländer anheben, steigt der CO_2-Beitrag zum Treibhauseffekt auf das *Zwanzigfache* an.

Unter der Voraussetzung, daß das westliche Modernisierungsmodell auf den Rest der Welt ausgedehnt werden soll (und warum sollte sich die Mehrheit der Menschheit auf Dauer mit den Brosamen vom Tisch der Reichen, garniert mit ihren Abfällen, zufrieden geben?), erscheinen die vielgerühmten Erfolge der westlichen Industrie bei der Rückhaltung von Schadstoffen wie das Kratzen eines Kindes mit der Spielzeug-

LESEBUCH

K7.2

schaufel an einer Abraumhalde, die auf der anderen Seite von einem Hundert-Tonnen-Schaufelradbagger aufgeschüttet wird.

(3) Kumulation

Die Industriezivilisation unterscheidet sich von einer naturnahen Lebensweise radikal dadurch, daß sie sich aus den natürlichen Kreisläufen absetzt bzw. sie stört oder aufbricht. Das bedeutet, daß ihre Stoffwechselprodukte nicht mehr wie bei Organismen oder Arten, die im Naturzusammenhang stehen, kostenlos, unbemerkt, sozusagen automatisch beseitigt, d. h. rezykliert werden (s. K7.3 Koevolution). Das heißt weiterhin, daß sich ein großer Teil dieser Produkte, sofern er nicht von den Pufferkapazitäten des Gaia-Systems (s. K9.1) verschluckt wird, in der Ökosphäre akkumuliert.

Dies ist ein entscheidender Punkt, der bei vielen der Szenarien, die auf eine Verlangsamung oder Stabilisierung des Wachstums abzielen, übersehen wird: die Freisetzung von Schwermetallen, Fluorchlorkohlenwasserstoffen, Kohlendioxid führt auch dann zu einer ständig weiter steigenden Belastung bzw. näherrückenden Zerstörung der Lebenserhaltungssysteme, wenn sie stabilisiert oder langsam reduziert wird. Schwermetalle, Anthrazine und Nitrate akkumulieren sich im Grundwasser. Jedes Jahr, in dem die gleiche Menge in die Umwelt entlassen wird, erhöht den Anteil im Grundwasser, so daß er sich in wenigen Jahren verdoppelt, verdreifacht, verzehnfacht - auch wenn die Produktion an der Quelle stagniert.

Am klarsten läßt sich der entsprechende Vorgang heute am Beispiel der FCKW darstellen. Da sie äußerst stabil sind, werden sie auf ihrem Weg durch die Atmosphäre nicht abgebaut. Die in der Stratosphäre vorzufindende Menge steigt mit einer gewissen Verzögerung und einem geringen „Schwund" in dem Maß, in dem sich die produzierten Mengen Jahr für Jahr addieren (vgl. Abb. 5 in K7.7)

Der fatale Irrtum, daß wir uns beruhigt zurücklehnen können, wenn es uns gelingt, das Wachstum zu verlangsamen, wird in aller Öffentlichkeit als politischer Fortschritt verkauft. So endete die UNO-Umweltkonferenz im Mai 1990 in Oslo, auf der Maßnahmen gegen den Treibhauseffekt beschlossen werden sollten, mit der folgenden Absichtserklärung: „Nach Auffassung der meisten Teilnehmerstaaten soll der Kohlendioxidausstoß spätestens im Jahr 2000 auf dem heutigen Niveau stabilisiert werden" (Q21). Was nichts anderes bedeutet, als daß mindestens in den nächsten zehn Jahren der Anteil des Treibhausgases CO_2 in der Atmosphäre nicht etwa, wie es zur Vermeidung von Klimaänderungen notwendig wäre, reduziert, ja nicht einmal stabilisiert wird, sondern daß er weiter Jahr für Jahr mit einer wachsenden Menge von CO_2

steigt und dann, ab 2000, stetig Jahr für Jahr um die dann erreichten 30 Milliarden t weiterwächst.

Internalisierung externer Kosten   K7.3

Man könnte sich ausmalen, daß, wie Joschka Fischer das skizziert (jfui S.86 - vgl. K7.4), eine Chemieindustrie so gebändigt, so an die Leine genommen wird, daß sie nur noch Umweltverträgliches produziert. (Gegen die Entropievermehrung durch den Energieverbrauch wäre damit noch nichts getan). Es läßt sich aber auch glaubhaft argumentieren, daß die Chemieindustrie keinen Pfennig mehr verdienen könnte, wenn sie alle Produkte, die sie produziert, anstatt sich auf die Gutmütigkeit der Natur zu verlassen, nicht nur einzeln auf ihre Umweltverträglichkeit prüfen müßte, nicht nur die Abbauprodukte dieser Substanzen im Boden und in den Organismen, sondern auch die Kombinationswirkungen dieser Produkte sowie die Kombinationswirkungen zwischen den Abbauprodukten dieser Substanzen. Es ist auf einen Blick zu erkennen, daß der Prüfungsaufwand schon bei einer Handvoll von Produkten, die in die Umwelt entlassen werden, exponentiell gegen unendlich wächst. Heute geht es in der chemischen Industrie jedoch nicht um einige, sondern um etwa 100.000 synthetische Stoffe. Dem gegenüber stehen die rund 50 Chemikalien, die z. Zt. pro Jahr tatsächlich untersucht werden. In der Regel dauert es über drei Jahre, um die Mindestinformationen über die Toxizität einer einzigen Substanz zu sammeln (jfui 10, dort zitiert FR 4.11.88).

Die sanfte Abschaffung der Chemie   K7.4

Forderungen von Joschka Fischer an eine umweltverträgliche Chemie

■ „erhebliche Verschärfung der Zulassungsbestimmungen für neue chemische Stoffe und Produkte und dabei vor allem die gesetzliche Nachweispflicht ihrer biologischen Verträglichkeit, d. h. ihrer Abbaubarkeit in einer Umwelt und Menschen nicht belastenden Weise und in angemessenen Zeiträumen als unverzichtbare Genehmigungsvoraussetzung im Chemikaliengesetz, Pflanzenschutzgesetz, Düngemittelgesetz, Waschmittelgesetz, Lebensmittelgesetz und Arzneimittelgesetz (die gegenwärtigen Regelungen reichen bei weitem nicht aus und sind für die akute Misere verantwortlich);

LESEBUCH

K7.4

■ der Nachweis einer umwelttoxikologischen Unbedenklichkeit ist vor der Genehmigung eines neuen chemischen Produktes zu erbringen;

■ der Nachweis der Verwertung oder umweltverträglichen Beseitigung der Produkte als Abfall ist ebenfalls bei der Genehmigung durch den Hersteller zu erbringen;

■ die Herstellung, der Handel mit und die Verwendung von krebserzeugenden Stoffen werden verboten;

■ gefährliche Stoffe, auf deren Anwendung verzichtet werden kann oder die durch unweltverträgliche Stoffe ersetzt werden können, werden ebenso verboten wie alle jene Stoffe, die zwar nicht ersetzt werden können, deren Nutzen aber in keinem Verhältnis zu ihrer offensichtlich Umwelt und Menschen schädigenden Wirkung steht;

■ chemische Grundstoffe mit hoher Schädigungswirkung für die Umwelt (z. B. Chlor, Schwermetalle etc.) werden besteuert, die Steuereinkünfte werden für Umweltsanierungsmaßnahmen zweckgebunden;

■ die gefährlichsten und mengenmäßig bedeutsamsten, als umwelt- und wassergefährdend erkannten Altstoffe werden innerhalb von zehn Jahren Schritt für Schritt aus dem Verkehr gezogen;

■ für die größten chemischen Risikopotentiale werden regionale Risikoanalysen erstellt und veröffentlicht;

■ für die Produktionsanlagen von gefährlichen chemischen Stoffen wird ein erheblich verschärfter Sicherheitsstandard eingeführt, der eine Mehrfachredundanz zentraler Sicherheitsvorrichtungen und von der Umwelt abgeschlossener Kreisläufe zwingend vorschreibt, ebenso geschlossene Kreisläufe für chemische Produktionen;

■ die Sicherheitsvorschriften zur Lagerung chemischer Produkte werden weiter verschärft;

■ ein den kurz- und langfristigen Risiken der Großchemie angemessenes Haftungsrecht wird gesetzlich eingeführt, ebenso ein Haftungsfonds mit gesetzlicher Zwangsmitgliedschaft, um gegenwärtig noch nicht erkannte Schadensspätfolgen einmal abdecken zu können;

■ es wird gesetzlich eine Abfallvermeidungs- und Abfallverwertungspflicht konkret für die einzelnen genehmigungspflichtigen Anlagen und genehmigungspflichtigen

Produkte festgeschrieben, die gefährliche oder umweltbelastende Abfälle produzieren;

■ die Hersteller von noch nicht verzichtbaren umweltgefährdenden Produkten (z. B. Lösungsmittel, Lacke, Pestizide, Batterien, etc.)werden zur Abfallrücknahme und umweltverträglichen Verwertung oder Beseitigung verpflichtet, die Kosten trägt der Hersteller;

■ nach dem Stand der Technik nicht vermeidbare Umweltbelastungen und unumgänglicher Umweltverbrauch werden besteuert, jährliche Umweltbilanzen von Unternehmen, die die Umwelt belasten, zur Pflicht;

■ selbstverständlich werden Altanlagen mit einem geringeren Sicherheitsstandard und anhaltenden Schadstoffemissionen und gefährlichen Abfällen entsprechend hoch besteuert, um so die materiellen Anreize für eine zügige Modernisierung zu verstärken" (jfui S. 86, Gliederung in Punkte vom Verf.).

Koevolution   K7.5

Wenn wir von der Vertreibung aus dem Paradies sprechen, meinen wir damit in einem anthropologischen Sinn gemeinhin den Verlust der Harmonie mit der Natur, des fraglosen Eingebettetseins in die Welt, durch die Entstehung des Bewußtseins.

Ein anderes plausibles Korrelat zu diesem Mythos ist der Ausstieg des Menschen aus der Ko-evolution.

Die Evolution der übrigen Arten läuft weitgehend in der gleichen Zeitskala ab. Die Geschwindigkeit der Evolution aller Arten wird gleichförmig gebremst durch die Tatsache, daß der für die Anpassung und Entwicklung verantwortliche Informationsfluß nur in einer Richtung fließt: von der Keimbahn (der genetischen Ausstattung) zum Soma (dem daraus entstehenden Individuum mit seinen Eigenschaften), nicht jedoch umgekehrt. Das heißt: der Erfahrungserwerb oder Erkenntnisgewinn des Individuums kann nicht der Entwicklung der Art zugutekommen. Die Anpassung und Verbesserung der Fitness erfolgt nur durch die Auslese der zufallsbedingten Variationen.

Diese für alle Arten (mit Ausnahme von Mikroorganismen aufgrund ihrer hohen Vermehrungsrate) gleich langsame Anpassungsgeschwindigkeit erzeugt nun wiederum das, was wir als die „Harmonie" der Natur empfinden und auch wissenschaftlich als die geschlossenen Energie- und Stoffkreisläufe der Natur nachweisen können. Die

LESEBUCH

K7.5

Entwicklung der Arten besteht ja nicht nur in Anpassung an sich verändernde Bedingungen der geo-physikalischen, sondern ebenso sehr der lebendigen Umwelt. Das heißt, daß auch die Stoffwechselvorgänge zwischen den Arten sich so weiterentwickeln, daß immer tendenziell geschlossene Kreise entstehen bzw. erhalten bleiben.

Aufgrund der Entwicklung seines Zentralnervensystems und der Kultur, die als Vehikel der sozialen Informationsverarbeitung und -weitergabe dient, ist der Mensch (als Spezies) aus dem koeveolutionären Feld ausgeschert und zu einer um ein Vielfaches erhöhten Evolutionsgeschwindigkeit aufgelaufen. Seine kulturelle Evolution funktioniert nicht mehr darwinistisch, sondern lamarckistisch[27] (rsus 46). Dieser sich beschleunigenden Desynchronisierung zwischen dem Menschen und dem Rest der Welt entspricht die nicht mehr zu übersehende Tatsache, daß es für einen großen Teil unserer Stoffwechselprodukte keine Abnehmer gibt. (Diese Aussage gilt natürlich quantitativ ebenso wie qualitativ.)

Die kulturvermittelte Evolutionsbeschleunigung des Menschen hat sicher auch schon in der Steinzeit, und nachweislich schon in der Antike zu regionalen Umweltschäden geführt. Daß sie heute in eine globale Umweltkatastrophe einmündet, hängt einerseits mit dem exponentiellen Charakter des Veränderungspotentials und andererseits mit der Anzahl der Individuen zusammen, die die Eingriffe und Veränderungen in die Tat umsetzen, an den veränderten (linearen und nicht mehr kreisförmigen, offenen statt geschlossenen) Stoffwechselprozessen teilnehmen. Damit wird die „Resilienz und Pufferungskapazität der Biosphäre" (rsus), die die relativ unbedeutenden Eingriffe relativ kleiner Individuenzahlen noch auffangen konnte, überschritten.

Mit der Entwicklung des Gehirns, dem Erwerb der Fähigkeit zum Gebrauch von Werkzeugen und der Beschleunigung der Evolution durch das Vehikel der Kultur ist ein „Zusammenstoß" des Menschen mit seiner Umwelt also vorprogrammiert.

Andererseits haben die verschiedensten Kulturen mit wechselndem Erfolg dieser Tendenz gegenzusteuern versucht, indem sie menschliches Verhalten und den Umgang mit der Natur durch religiöse oder kultische Vorschriften, Tabus und Gebote regelten. Bekannte Beispiele dafür sind Geburtenbeschränkung durch Verlängerung der Stillzeiten, Fruchtwechselvorschriften, die Beseelung von Pflanzen und Tieren durch mythische Gestalten.

Wie gut solche Vorschriften, deren umwelterhaltende Bedeutung sicher nur in den wenigsten Fällen bewußt war, den Raubbau an der Natur verhindern oder aufhalten konnten, war zweifellos ein Kriterium für ihre Überlebensfähigkeit.

EIN SYSTEM SIEGT SICH ZU TODE

Es ist eine bittere Ironie der Geschichte, daß dieselbe Aufklärung, die den wissenschaftlichen Geist von den Fesseln des Überkommenen befreite und damit zu seinen schwindelerregenden Fortschritten befähigte, gleichzeitig auch die Verbindlichkeit übergeordneter Verbote und Gebote beseitigte und dem Menschen der westlichen Kultur eröffnete, daß er alles dürfe, was er kann.

Urvertrauenskrise K7.6

Bill McKibben erzählt in „Das Ende der Natur" einige Ereignisse, die hinter der Hitze des gerade vergangenen Sommers (1989) etwas Neues, Fremdes hervorscheinen lassen. „Immer wieder muß ich an Mary Austins Vögel in der schattenlosen Wüste denken oder an die purpurroten Schwalbenjungen in der Nähe von Penny Mosers Farm in Illinois, die in der Sommerhitze von 1988 buchstäblich »zu Tode schmorten«. Es sind reale Ereignisse und zugleich Metaphern. Die Hitze wird die Eier der Vögel schmoren, und diese Zerstörung - und die Orkane und der steigende Meeresspiegel und die im wahrsten Sinn des Wortes blendende Sonne - wird uns das Gefühl der Geborgenheit nehmen. Es wird keinen Grund mehr geben, sich geborgen zu fühlen, weil es keine Geborgenheit mehr geben wird. Der alte Planet ist nicht mehr derselbe" (bmen 144).

Es könnte sein, daß die subtile Vergiftung der Welt (s. K7.2: qualitative und geographische Verschiebung), die subliminale Veränderung der Realität, auf die wir körperlich und geistig geeicht sind, schon zu einer Verwirrung unserer Orientierungssysteme führt, noch bevor uns die massive Vergiftung mit schweren organischen Schädigungen schlägt. Das rasante Ansteigen der Immundefekte aller Art zeigt in diese Richtung.

So zeigten Untersuchungen an Kindergartenkindern in Hamburg, daß Dioxinbelastungen, die um Größenordnungen unter denen liegen, die in Seveso bei Betroffenen Chlorakne auslösten, nicht ohne Wirkung blieben. „Je höher die Dioxinbelastung in den Räumen, in denen die Kinder lebten, desto mehr biochemische Abweichungen stellten sich ein. Ihr Fettstoffwechsel war gestört, die Spiegel von Vitamin A und Schilddrüsenhormon gesenkt sowie das Immunglobulin erhöht. Forscher der Universität Berlin fanden kürzlich heraus, daß bereits Neugeborene auf Dioxinzufuhr mit gesteigerter Enzymaktivität reagieren" (Q56).

Ozon in Konzentrationen um 0,1 ppm = 1 zu 10 Millionen lähmt die Abwehreinrichtungen in der Lunge. „Dazu zählen:

LESEBUCH

K7.6

- *Lungenmakrophagen.* Sie sollen das empfindliche Gewebe vor eindringenden Mikroben und Partikeln bewahren. Ihre Funktionen sind noch Wochen nach ein paar kräftigen Ozon-Lungenzügen deutlich gehemmt.

- *Zilien.* Die Flimmerhärchen auf der Schleimhaut der Bronchien befördern Fremdkörper aus den Luftwegen. Vom Ozon werden sie in ihrer Beweglichkeit gebremst.

- *Surfactant-Schicht.* Sie besteht aus Eiweißen und Fettstoffen und kleidet die Lungenbläschen (Alveolen) aus. Kontakt mit Ozon zerstört die Molekülschicht. Die Konsequenz: Die Lungenbläschen kollabieren" (Q56).

Während zumindest in den fortgeschrittenen, demokratisch verfaßten Industrieländern die schwersten, handgreiflich gesundheitsschädlichen Folgen der Industrieproduktion, wie Schwefel-, Staub- und Stickoxidbelastung der Luft und die Giftstoffeinleitung in Flüsse und Seen durch den Bau von Filter- und Kläranlagen eingedämmt werden (die Umweltschutz-Investitionen betragen in der Bundesrepublik immerhin ca. 40 Milliarden DM pro Jahr), macht die Verteilung der industriellen Abfallstoffe in niedrigster Konzentration, dafür aber bis in die letzten Ecken, Spalten und Nischen, bis in die letzte Zelle des kleinsten Lebewesens in der Tiefe des Pazifiks, unaufhaltsame Fortschritte.

„Wir haben die Natur abgewürgt - jene von uns unabhängige Welt, die vor uns da war und die unsere menschliche Gesellschaft umgeben und erhalten hat. ... Statt dessen trägt jeder Liter Luft, jeder Quadratmeter Boden unauslöschlich unseren primitiven Stempel, unser X" (Bill McKibben, bmen 104).

Unser Immunsystem reagiert auf die Veränderungen, die unter unserer Wahrnehmungsschwelle liegen, indem es verrückt spielt - wie die Nadel eines Kompasses, die sich ziellos im Kreis dreht, wenn sie nicht von einem feststehenden Magnetpol angezogen wird, sondern von einer wechselnden Zahl beweglicher Eisengegenstände umgeben ist. Das Immunsystem ist ein unvorstellbar kompliziertes Gebilde, das die Fähigkeit besitzt, alle die Integrität des Körpers bedrohenden Fremdstoffe und -organismen aufzuspüren und zu eliminieren. Es scheint sogar eine gewisse Fähigkeit zu besitzen, auf Eindringlinge zu reagieren, auf die es niemals, weder genetisch noch phänotypisch, programmiert wurde. Aber damit es funktionieren kann, müssen solche „Exoten" wohl die Ausnahme bleiben. Wenn sich dagegen das gewohnte Profil der Welt durch Tausende von nie dagewesenen Substanzen bis zur Unkenntlichkeit verändert, kann es wohl nicht ausbleiben, daß die vielfach verschlungenen Informationswege und Wirkmechanismen überdrehen und schließlich ausrasten.

EIN SYSTEM SIEGT SICH ZU TODE

Durch die Rekombination von Genen, die Schaffung von Chimären, die Überschreitung von einst als „gottgegeben" gesehenen Grenzen zwischen biologischen Arten, zwischen Leben und Tod, die Auflösung der elementaren, eindeutigen Beziehung zwischen Eltern und Kindern, die Erschaffung alptraumartiger Verwandtschaften, durch die Verwischung der Grenze zwischen Natur und Kunst in der angewandten Gentechnik wird die kognitive Ausstattung, die superb entwickelte menschliche Fähigkeit der Gestaltwahrnehmung entwertet. Das auf die Erfahrung Tausender Generationen gestützte ganzheitliche Erkennen vermittels weniger flüchtig wahrgenommener Merkmale wird von einer fast übernatürlichen Gabe zu einer gefährlichen Falle, wenn das feingeknüpfte, sichere Netz der Merkmale verwirrt wird. Der Natur kann das egal sein, die Evolution geht weiter. Auch auf einem Trümmerhaufen wachsen schon im nächsten Jahr neue Pflanzen.

Unter Urvertrauen verstehen wir die psychologische Sicherheit und Geborgenheit, die wir, wenn wir gut sind und Glück haben, unseren Kindern mit auf den Lebensweg geben: die Liebe, die Zuneigung, das bedingungslose Angenommenwerden durch Mutter und/oder Vater, das uns die Basis gibt, auf der wir stehen, den unerschütterlichen Felsen, an den wir uns anlehnen können, wenn die Erde bebt, sich Abgründe auftun und Orkane uns zu entwurzeln drohen. Wir wissen auch, was es für einen Menschen bedeutet, wenn er dieses Urvertrauen nicht entwickeln konnte. Die Sprechstunden der Therapeuten sind voll von ihnen, und es ist fast unmöglich, ihnen im Erwachsenenalter nachzuliefern, sie „nachzurüsten" mit dem, was ihnen als Säuglingen und Kleinkindern vorenthalten wurde.

Es gibt noch ein zweites Urvertrauen, von dem wir nichts wissen, weil es so selbstverständlich ist wie die Luft, die wir atmen. Es ist das Vertrauen in die grundlegende Gutartigkeit, Bekömmlichkeit, Verläßlichkeit der physischen Welt, in der wir leben. Wir rechnen fest damit, ohne je daran zu denken, daß unter normalen Umständen der Boden, auf den wir den Fuß setzen, uns trägt, die Sonne am Himmel uns wohlig wärmt und nicht verbrennt; wir die Luft um uns herum ungeprüft atmen und Quellwasser unbesehen trinken können; daß wir Fische oder Pilze, die von Generationen von Menschen als eßbar befunden worden sind, unbeschadet essen können.

Es ist ein teils phylogenetisches, teils kulturell tradiertes Vertrauen darauf, daß die Grundgegebenheiten der Welt auf uns passen, so als hätte sie ein gütiger Schöpfer eigens für uns geschaffen (man denke an die wunderbar anthropozentrischen Lobpreisungen Gottes aus dem 18. Jahrhundert, nach denen Gott die Gemse so geschaffen hat, daß der Mensch aus ihrem Horn die Krücke seines Spazierstocks machen kann), so daß wir unsere Vorsicht und Aufmerksamkeit auf die wenigen

LESEBUCH

K7.6

Ausnahmen konzentrieren können, die uns als notorische Störenfriede gefährlich werden können, wie Meeresstürme, Flutwellen und Feuersbrünste, ein paar wilde Tiere, ein paar giftige Pflanzen und schließlich einige Mikroorganismen, denen wir wie ein eigens von Gott für sie geschaffenes Schlaraffenland erscheinen mögen.

Worauf wir nicht, weder phylogenetisch noch kulturell, vorbereitet sind, ist Atemluft, die so voller Asbestfasern, Formaldehyd, Bleitetraäthyl und Kohlenwasserstoffen ist, daß wir sie aushusten würden, wenn wir diese Beimischungen schmecken oder riechen könnten; sind - in unserem Katalog der eßbaren, bekömmlichen Pflanzen verzeichnete - Salate oder Spinate, die mehr Nitrate als Vitamin C enthalten; ist kristallklares, aus fünfzig Meter Tiefe heraufgepumptes Wasser, das man nicht trinken darf, auch wenn es noch so erfrischend aussieht und schmeckt, weil es mit Schwermetallen, Nitraten und Pestiziden vergiftet ist.

Persistente Chlorkohlenwasserstoffe in Frauenmilchproben
(Probenanzahl = 445; 1984 (mg/kg Fett)

Rückstand	Median	Streubreite	Höchstmenge[28]
HCB	0,35	0,008-2,73	0,5
ß-HCH	0,14	0,005-1,38	0,05
y-HCH	0,03	0,003-1,42	0,2
HepE	0,003	n.n. -0,06	0,1
Dieldrin	0,03	n.n. -0,28	0,1
DDT (Gesamt)	0,84	0,07 -5,34	1,0
PCB	2,07	0,20-11,91	0,45

aus wgöl176

Vermutlich kann der Erwachsene, der das Urvertrauen in die Gutartigkeit der Welt, zu Recht oder zu Unrecht, als Kind noch mitbekommen hat, seinen Katalog der störenden, mit Vorsicht zu genießenden Ausnahmen rational erweitern, ohne daß seine Vertrauensbasis im Grunde erschüttert wird. Ein Säugling, der an der Brust einer Mutter saugt, die sich verzweifelt fragt, ob sie es überhaupt verantworten kann, ihr Kind mit einer Milch zu nähren, die mehr DDT enthält, als für Kuhmilch erlaubt ist; ein Kleinkind, das von seiner Mutter schreiend aus dem Gras gerissen wird, in dem

EIN SYSTEM SIEGT SICH ZU TODE

es sich wohlig herumrollt, weil das Gras - ungesehen, ungehört, ungerochen - radioaktiv verstrahlt ist; ein Kind, dem man klarmachen muß, daß Wasser aus dem Wasserhahn oder aus einer Quelle gefährlich sein kann, daß die roten und gelben Äpfel, die üppigen Trauben und die herrlichen Pflaumen am Obststand mit einem unsichtbaren Giftfilm überzogen sind ... wie können diese Kinder das Urvertrauen erwerben, daß die Welt, in die sie hineingeboren sind, es gut mit ihnen meint?

Das Entsetzen, als die Folgen von Tschernobyl bekannt wurden und das einige Frauen zu „Müttern gegen Atomkraft" machte, ist erst der Anfang. Wenn erst einmal genetisch manipulierte Mikroorganismen unterwegs sind, gegen die unser Immunsystem mangels Erfahrung wehrlos ist, wenn von Menschen gemachte „neuartige" Krankheitskeime in der Luft schweben, auf Parkbänken sitzen oder in und auf dem Körper unserer Mitmenschen auf uns lauern - dann wird der vormals so sichere Boden, auf dem wir uns so selbstverständlich bewegen, trügerisch werden.

Es gibt in unseren Breiten vielleicht sogar ein südlicheren Völkern rätselhaftes Grundvertrauen in den Staat: daß er den Schutz seiner Bürger als seine vornehmste Aufgabe betrachtet. Wenn sich allmählich der Verdacht breit macht, daß der Staat uns ohne Not zynisch kalkulierte Risiken, sog. Restrisiken wie z. B. einen gelegentlichen GAU, zumutet, wird dieses Vertrauen rapide abschmelzen.

Der Vater, die Mutter, die nicht aus praktischen Erwägungen oder aus Resignation die Augen verschließen, stehen vor einer Abwägung, die so unzumutbar ist, daß sie nur mit Wut, Verzweiflung und Zähneknirschen in der einen oder anderen Richtung abgebrochen werden kann: entweder ich lasse mein Kind blind, aber vertrauensvoll aufwachsen und setze es damit ahnungslos nicht nur den schon vorhandenen, sondern auch den ständig weiter produzierten künstlichen Risiken der Industriegesellschaft aus; oder ich rüste es aus mit der zum Überleben nötigen Vorsicht und riskiere dabei, es zu einem seelischen Krüppel - und damit erst recht anfällig - zu machen, der sich nur mit Angst und Zittern in seiner (einstmals von Gott für ihn geschaffenen?) Umwelt bewegen kann.

Ich kann gut verstehen, daß es Menschen gibt, die es ihren Kindern lieber ersparen, geboren zu werden.

„Wenn ich 30 bin, wird es vielleicht keine Bäume mehr geben."
Nikki, 10 Jahre, in einem Schulaufsatz

Systemeffekte

K7.7

Pipeline-Effekt

„Wenn man sich mit dem Hammer auf den Daumen klopft, und der Schmerz würde erst zwölf Stunden später eintreten, hätten wir alle keine Daumen (und wahrscheinlich auch keine Köpfe und keine Beine) mehr." Das Aperçu beschreibt den Pipeline-Effekt besser als jede langatmige Definition.

Umweltschäden sind oft dadurch gekennzeichnet, daß sie erst lange (Wochen, Monate, Jahre, Jahrzehnte) nach der Setzung ihrer Ursache eintreten. Sie sind noch „in the pipeline", also unterwegs von ihrem Ursprung zu dem Ort und zu der Zeit, an denen sie ihre Wirkung entfalten werden.

Zwei Beispiele:

1 - Schwermetalle, Nitrate und chlorierte Kohlenwasserstoffe, die heute in den Boden eingetragen werden, brauchen 20 bis 30 Jahre, bevor sie im Grundwasser ankommen, dort nachweisbar werden, die Trinkwasserqualität bedrohen und damit Anlaß zu Gegenmaßnahmen geben. Selbst wenn in diesem Augenblick sofort wirksame Gegenmaßnahmen ergriffen würden, würden sich die Schad- und Giftstoffe, die noch unterwegs (in the pipeline) sind, noch weitere 20 bis 30 Jahre im Grundwasser akkumulieren.

2 - Die Schädigung der Ozonschicht durch FCKW. Die Treibgase, die aus Kühlaggregaten und Schaumstoffen freigesetzt werden, brauchen Jahrzehnte, bis sie ihre volle Wirkung entfalten. (Die Hauptursache dafür, daß die in der Atmosphäre aufsteigenden FCKW den UV-Schutzschild der Erde schädigen und zu zerstören drohen, ist gerade ihre unmittelbare Unschädlichkeit und Ungefährlichkeit im Vergleich z. B. zum ökologisch harmlosen, aber feuergefährlichen Butan oder Propan).

Selbst wenn die Produktion von Fluorchlorkohlenwasserstoffen heute eingestellt würde, würde die Konzentration der FCKW in der Stratosphäre weiter ansteigen, und es würde 75 Jahre dauern, bis sie wieder auf das Niveau von 1986 (das ja bereits die Ozonschicht schädigte) abgesunken wäre.

EIN SYSTEM SIEGT SICH ZU TODE

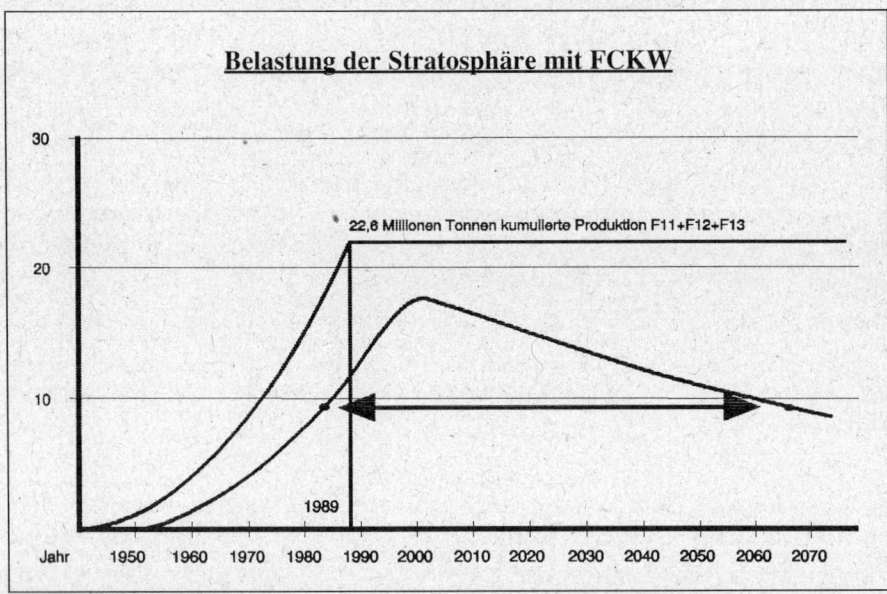

Abb. 5: Selbst wenn die FCKW-Produktion 1989 eingestellt worden wäre, wäre die Belastung der Stratosphäre weiter bis fast auf die doppelte Konzentration angestiegen, und erst in 75 Jahren wäre sie wieder auf den (schon viel zu hohen) Stand von 1989 zurückgegangen (nach rgot 33)

Schwellenwerte und Sprünge

Die ungeklärten Abwässer der Millionenstadt Mailand, die Gülle von Millionen von Schweinen und Rindern und der Stickstoffdünger der Intensivlandwirtschaft der ganzen Poebene (jährlich 82.000 t Stickstoffverbindungen, 14.000 t Phosphor, 7.000 t Pestizide) fließen seit zwanzig Jahren in die Adria, ohne daß dies die deutschen Touristen von Rimini ferngehalten hätte. Bis 1989 die Nährstoffanreicherung in dem Meeresarm mit seinem beschränkten Wasseraustausch eine solche Konzentration erreicht hatte, daß ein explosives Algenwachstum eintrat und die Küste auf Hunderte von Kilometern von einem schmierigen Algenteppich gesäumt war.

In vielen Ökosystemen werden Schäden durch den Umfang des Mediums (z. B. Wassermenge eines Sees) oder durch funktionierende Abbauprozesse lange abgepuffert, bis es zu einer Überlaufreaktion kommt. Erst die Verschiebung des pH-Wertes mobilisiert z. B. im Gewässergrund gebundene Giftstoffe zu toxischer Lösung (rkön 114).

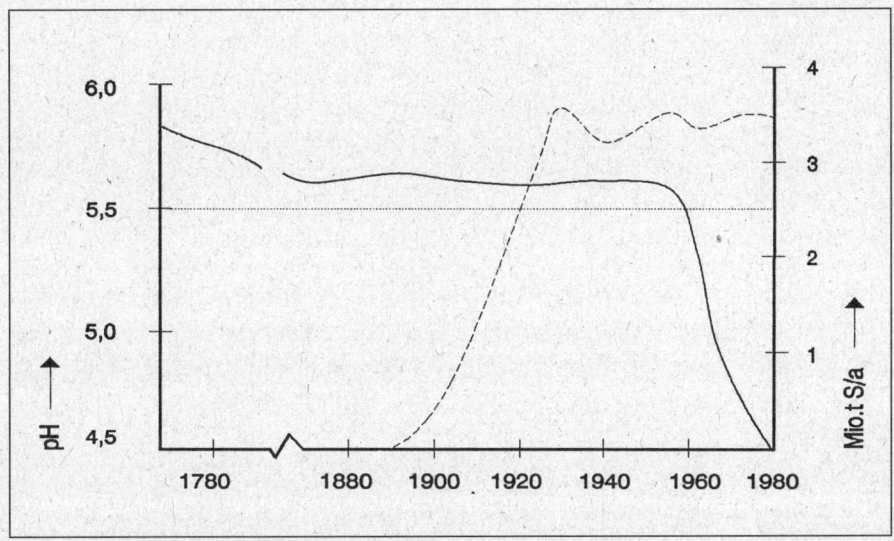

Abb. 6: Gut fünfzig Jahre dauerte es, bis der saure Regen den Großen Elchsee zum Umkippen brachte (nach ewep9)

Ein weiteres Beispiel: Es sind 1000 fortpflanzungsfähige Individuen nötig, um das Überleben einer Art langfristig zu sichern. Wenn diese Schwelle unterschritten wird, ist das Todesurteil gesprochen, auch wenn es immer noch genug „Vorzeigeexemplare" gibt, die anscheinend das Gegenteil beweisen (wie die „living dead", die Berggorillas in Kenia/Uganda).

Synergismus, Kombinationswirkungen

Hiermit wird die einfache Tatsache angesprochen, daß ein Stoff, der z. B. im Labor vorschriftsmäßig auf seine Toxizität geprüft wird, nur im Reagenzglas allein ist. Obwohl er in der Natur oder im menschlichen Organismus mit Tausenden anderer Stoffe zusammentrifft und zusammenwirken kann, beschränkt sich die Laborprüfung darauf, seine Wirkung streng isoliert von allen anderen möglichen Wechselwirkungen zu prüfen. Eine realistischere Vorgehensweise würde auch sehr schnell an Grenzen stoßen: Wollte man das Zusammenwirken mit jeweils einer oder mehreren anderen chemischen Verbindungen auch nur für einige tausend der hunderttausend künstlich produzierten Chemikalien prüfen, würden Zulassungsprüfungen Jahrtausende in Anspruch nehmen.

Ein weiteres Beispiel: DDT löst sich nicht gut in Salzwasser; man könnte also damit rechnen, daß Meerestiere dadurch vor der Aufnahme dieses Giftes geschützt sind. „Da sich DDT aber gut in Öl löst, das von Schiffen in überreichlicher Menge abgegeben wird, besteht die Gefahr der Kontamination der zumindest zeitweilig in den Oberflächengewässern der Ozeane lebenden Meeresorganismen immer dann, wenn beide Einflüsse zusammentreffen. Die gefährliche Anreicherung von DDT in den Meeresorganismen, und damit in der Nahrungskette, wird also durch die Kombination von DDT, das durch Wind und Niederschläge ins Meer gelangt, und Maschinenöl, das von der Schiffahrt eingeleitet wird, bewirkt. Beide Einflüsse sind zwar schon schädlich genug für das Leben des Meeres, durch die Kombination beider Einflüsse werden die schädigenden Einflüsse jedoch beträchtlich verstärkt"(mtvl 32).

Hebelwirkung

Die Hebelwirkung oder der Verstärkereffekt, der für viele Systeme kennzeichnend ist, zeigt besonders drastisch, daß unsere eingefleischte lineare Denkweise systemaren Zusammenhängen nicht gewachsen ist.

Mit diesem Begriff wird die Tatsache angesprochen, daß Inputs in Systeme aufgrund der ihnen eigenen Informations- und Steuerungsschleifen in der Regel eine unter- oder überproportionale und nur in Ausnahmefällen eine proportionale Wirkung entfalten. Bei natürlichen, also durch Evolution entstandenen Systemen heißt das im Hinblick auf menschliche Einwirkungen insbesondere, daß man bei Stoffen, die während des Evolutionsvorganges nicht oder in vernachlässigbaren Mengen im Spielwaren, immer auf Überraschungen gefaßt sein muß (s. a. weiter unten „Anreicherung").

Das bekannteste Beipiel für dieses Phänomen ist die Schädigung der Ozonschicht durch Fluorchlorkohlenwasserstoffe, einer chemischen Verbindung, die in der Natur nicht vorkommt. Mit 1,4 Millionen Tonnen liegt die Menge an FCKW, die jährlich in die Atmosphäre gelangen, im Verhältnis zur Lufthülle der Erde in einer lächerlichen Größenordnung: Die Erdatmosphäre hat ein Gewicht von 5×10^{15} Tonnen (das sind fünf Millionen Milliarden Tonnen), davon waren vor der Synthese der FCKW drei Millionen Tonnen Chlor; diese Menge hat sich bisher aus der Produktion von

LESEBUCH

K7.7

Treibgasen um ca. 10 Millionen Tonnen erhöht. Systemeigenschaften der Lufthülle (energiereiche UV-Strahlung in 15 km Höhe, extrem niedrige Temperaturen und geringer Luftaustauch über den Polarregionen, die dazu führen, daß bestimmte Wolkenarten, „polare stratosphärische Wolken" entstehen, in denen sich Kristallisationskerne bilden, die die Wirkung der FCKW katalysieren) und die Tatsache, daß FCKW selbst als Katalysator wirken, d. h. 100 000 Ozonmoleküle spalten können, bevor sie selbst zerfallen, bilden die Voraussetzung dafür, daß ein vergleichsweise mikroskopisch kleiner Input in die Atmosphäre deren Schutzfunktion für das ganze Leben auf dem Planeten bedroht.

Ein weiteres Beipiel für eine Hebelwirkung ist der Flugverkehr. Sein Beitrag zur Luftverschmutzung, der in der Bundesrepublik bei etwa 1 Prozent liegt, gilt als vernachlässigbar.

Diese einfache Rechnung geht jedoch an der Wirklichkeit des Systemgeschehens in der Atmosphäre vorbei. In der Reiseflughöhe moderner Düsenflugzeuge von 10 000 bis 13 000 m hat der Wasserdampf, der von den Triebwerken ausgestoßen wird, eine hoch überproportionale Wirkung, weil die natürliche Wasserkonzentration in der Stratosphäre sehr gering ist. Die Eiskristalle, die sich aus dem Wasserdampf bilden, „lassen die Sonneneinstrahlung nahezu ungehindert durch, verringern aber die Erdabstrahlung, so daß der Strahlungshaushalt der Atmosphäre gestört und ein zusätzlicher Treibhauseffekt bewirkt wird" (mtvl 16).

Im dritten Beispiel geht es zwar nicht nur um Spuren, sondern um gewaltige Tonnagen an Schmutzstoffen, die überall auf der Welt in die Meere eingeleitet werden. Aber obwohl es sich dabei um Hunderte von Millionen Tonnen handelt, zeigen sich auch hier fürs erste die schlimmsten Auswirkungen über einen Hebeleffekt.

Flache Küstengewässer sind besonders gefährdet, weil sich in diesen Regionen einerseits die Abwässer aus den Industrie- und Siedlungsgebieten konzentrieren, weil sie andererseits „90 Prozent aller Meereslebewesen beherberg(en) und durch die Photosynthese des Planktons 70 Prozent des globalen Sauerstoffs" produzieren (mtvl 16). Dazu kommt, daß Wattenmeere für viele Meerestiere die Laich- und Aufzuchtplätze für ihre Nachkommen sind.

EIN SYSTEM SIEGT SICH ZU TODE

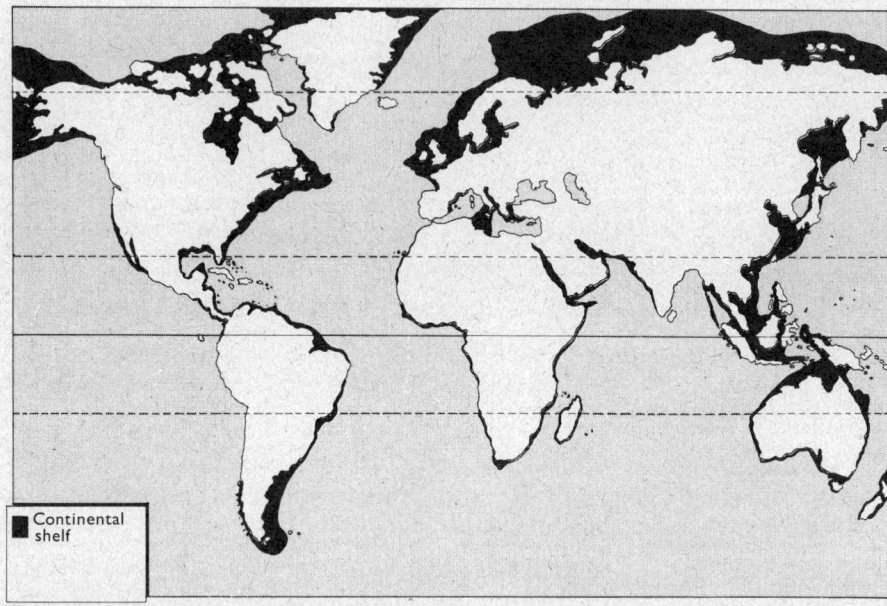

Abb. 7: Der dunkle Rand, der fast durchgehend die Landmassen umgibt, bezeichnet das Kontinentalshelf. In diesem schmalen Band flacher Küstengewässer, das nur einen winzigen Bruchteil der Wassermassen der Meere enthält, konzentrieren sich sowohl die Auswirkungen der industriellen Tätigkeit als auch die Reproduktions- und Regenerationsfähigkeit der Ozeane (aus magf158).

Anreicherung (Bioakkumulation)

Eine spezielle Form der Verstärkung entsteht durch das Eindringen von künstlichen, naturfremden Stoffen in die vernetzten Nahrungsketten der natürlichen Umwelt.

Viele Chemikalien, die von der Industrie produziert werden, haben die Eigenschaft, daß sie in der Natur nicht oder nur schwer abgebaut werden. Besonders gravierend wirkt sich dies bei den synthetischen Kohlenwasserstoffen aus, weil sie durch ihre Zusammensetzung den organischen Stoffen, mit denen die Natur arbeitet, sehr ähnlich sind und deshalb von Pflanzen und Tieren (einschließlich Menschen) wie andere Nährstoffe aus den Nahrungsmitteln aufgenommen werden. Andererseits

LESEBUCH

K7.7

entziehen sie sich, da sie gut fettlöslich sind, weitgehend den Ausscheidungsvorgängen. So werden sie im Gewebe von Algen und Kleinlebewesen eingelagert und sammeln sich, da sie bei der Nahrungsaufnahme und -verwertung nicht abgegebaut werden, in immer größeren Konzentrationen in den aufeinanderfolgenden Stufen der Nahrungskette an.

Anreicherung von PCB (polychlorierten Biphenylen) in einer Nahrungskette im Bereich der Nordsee (Angaben in mg/kg, bezogen auf den Fettgehalt der Organismen)

Meerwasser	0,0000011-0,0000031
Sediment	0,005-0,16
Phytoplankton	8,4
Zooplankton	10,3
Wirbellose Tiere	4,6-11
Fische	0,8-37
Meeressäuger	160
geschossene Seevögel	110

(Quelle: wgöl177)

Der Systemeffekt

Allgemein: Wir sehen (und bekämpfen, wenn überhaupt) immer nur einzelne, isolierte Phänomene, die plötzlich in unserer Umwelt auftauchen und uns erschrecken oder belästigen. So wird der Contergan-Skandal vom Asbestschrecken, das Formaldehydproblem von der PCB-Heimsuchung abgelöst. Wenn in einem Bach die Fische mit dem Bauch nach oben vorbeischwimmen, suchen wir nach einer Fabrik, die Gift eingeleitet hat, und wenn die Bäume im Bayerischen Wald sterben, merken wir, nach einigem Nachdenken, daß wir in unseren Kraftwerken und auf unseren Straßen zuviel Schwefel- und Stickoxide produzieren. Was uns dabei mit unserem primitiven monokausalen Wahrnehmungsapparat entgeht, ist die Tatsache, daß wir mit unseren Millionen von ahnungslosen Eingriffen das ganze komplexe Beziehungsgefüge zwischen Boden, Luft und Wasser und den Lebensgemeinschaften, die sie beherbergen, gestört haben und weiter massiv stören.

EIN SYSTEM SIEGT SICH ZU TODE

Wenn wir also bereit wären, unseren Verstand zu gebrauchen, könnten wir aus dem Waldsterben, dem Ozonloch, dem Treibhauseffekt etwas lernen: daß es nicht damit getan ist, den SO_2- und NO_x-Ausstoß, die FCKW-Produktion und die CO_2-Emissionen zurückzufahren; das kann nur die erste, dringende Abhilfe in einer Notsituation sein, nicht anders, als wenn man den unmittelbar lebensbedrohenden Ausdruck einer Krankheit, ein hohes Fieber, erst einmal mit fiebersenkenden Mitteln bekämpft.

Wenn wir uns darauf beschränken, das Fieber zu bekämpfen, können wir mit Sicherheit darauf rechnen, daß die Krankheit (ob als Seehundsterben oder Algenpest oder als Vergiftung des Grundwassers oder vielleicht irgendwann als Zusammenbruch unseres überlasteten Immunsystems) in immer neuen Formen zum Ausbruch kommen wird.

Was uns bis jetzt vor den Folgen unserer ahnungslosen Eingriffe geschützt hat, ist die „Gutmütigkeit" der Natur, das heißt, ganz nüchtern, ihre Resilienz, das homöostatische Potential ihrer Subsysteme und die Größenverhältnisse zwischen menschlichen Einwirkungen und den Stoff- und Energiemengen, die in den natürlichen Systemen wie Atmosphäre, Meere, Boden und Wetter lagern oder bewegt werden. Der sich selbst potenzierende Erfolg der Industriezivilisation, die die Mitglieder einer explosiv wachsenden Spezies mit einem hundertmal so hohen Energieumsatz ausstattet, als ihnen von Natur aus zusteht, hat diesen Abstand immer schneller schrumpfen lassen, und der Treibhauseffekt, die Gefährdung der Ozonschicht und der rapide Rückzug der Wälder von der Erdoberfläche weisen unübersehbar darauf hin, daß die Resilienz der großen Umweltsysteme an ihre Grenze stößt.

Die Mär von der Dienstleistungsgesellschaft K7.8

Es ist ein Gerücht, das nicht dadurch wahrer wird, daß es immer wieder nachgeplappert wird, daß in den westlichen Industrieländern Energieverbrauch, Materialverbrauch und Umweltverschmutzung automatisch zurückgehen müssen, weil sich die wirtschaftliche Tätigkeit mehr und mehr in den tertiären Sektor verlagert. (Aus dieser Fiktion bezieht auch das Umbauprogramm der SPD zweifelhafte Hoffnungen, s. K6.1).

Dabei wird übersehen, daß der Dienstleistungsbereich sich zwar ausbreitet, der produktive Bereich aber keineswegs entsprechend schrumpft[29]. Die Ausdehnung im Dienstleistungsbereich wird deswegen möglich, weil in der Güterproduktion durch die ständig fortschreitende Rationalisierung dieselbe Produktionsmenge mit sehr viel weniger Arbeitskräften, jedoch weitgehend unverändert hohem Material- und Energieeinsatz möglich ist.

K7.8

Die Stahlindustrie, als einer der wichtigsten und energieintensivsten Industriebereiche, bietet dafür eine gute Illustration. Die Weltrohstahlerzeugung ist in den letzten 15 Jahren, also während dieses sog. Übergangs zur Dienstleistungsgesellschaft, um etwa 1/7 (ca. 15 Prozent) auf 800 Millionen Tonnen angestiegen. In der chemischen Industrie, einer ebenfalls energieintensiven Branche, hat sich die westdeutsche Produktion in den letzten 20 Jahren wertmäßig verdreifacht.

Die Fälle, in denen durch Automatisierung der Energie- und Materialeinsatz sinkt, sind die Ausnahme. Es gibt selbstverständlich viele Beispiele, in denen der Energie-Input bei einzelnen Produkten zurückgegangen ist - das ändert nichts daran, daß die Wirtschaftsleistung insgesamt, die sich ja aus zahllosen Einzelleistungen außerhalb der reinen Produktion zusammensetzt, mit früher steigendem, in den letzten Jahren etwa gleichbleibendem Energieeinsatz erbracht wird. Was bestenfalls zurückgeht, sind die Zuwachsraten - und das ist kein Grund zur Beruhigung, s. K7.2.

Die vielzitierte Verschiebung der Wirtschaftstätigkeit hin zum „sauberen" Dienstleistungsgewerbe bedeutet also in Wirklichkeit, daß auf der Grundlage einer nach wie vor unverändert hohen Grundproduktion mit ihrem unverändert hohen Material- und Energieeinsatz ein tertiärer Bereich florieren kann, der seinerseits der Grundstoffproduktion und dem verarbeitenden Gewerbe die Feinsteuerung verpaßt und die wirtschaftlichen Impulse liefert.

Tatsache ist, daß die überwiegende Masse aller Dienstleistungen nicht Dienst am Menschen ist, sondern dem Wirtschaftsprozeß dient: das gilt ohne Zweifel für den Banken- und den größten Teil des Versicherungssektors, für einen großen Teil des Gaststätten- und Beherbungsgewerbes, den überwiegenden Teil des Verkehrssektors und der Telekommunikation. Natürlich betätigen sich auch Rechtsanwälte, Steuerberater und Wirtschaftsprüfer in erster Linie für Unternehmen. In einer ausgereiften Wirtschaft wie der westdeutschen schrumpfen die reinen Rohstoff- und Produktionskosten auf einen immer kleineren Bruchteil des Verkaufspreises einer Ware. Dafür steigen die Anteile für Marktforschung, Produktentwicklung, Produktgestaltung, Marketing, Werbung (zu Deutsch: Bedürfnisweckung), Vertrieb, Organisation und Kommunikation ständig weiter an.

EIN SYSTEM SIEGT SICH ZU TODE

> Wie der Dienstleistungssektor der Schaffung wirtschaftlicher Wachstumsimpulse dient, läßt sich daran ablesen, wie der Lebensstil durch entsprechende Dienstleistungsangebote dem Kapitalverwertungsinteresse angepaßt wird:
>
> Die Bedürfnisse sind erfüllt, man kann nur eine gewisse Menge Kleider abtragen, man kann - leider - nur eine begrenzte Menge essen. Also muß man den Gaumen mit neuen Kombinationen, mit neuen Aufmachungen kitzeln. Auch das hat seine Grenzen. Also versucht man es mit neuen Ambientes.
>
> Ein Beispiel: Die City von Hamburg wurde in den letzten drei Jahren völlig umgestaltet. Ganze Straßenblocks der Innenstadt füllen sich mit neuen Luxuseinkaufsgalerien, die in der Lage sind, den verwöhnten, blasierten Verbraucher mit neuen Dekors, neuen, luxuriösen Innenräumen anzuziehen und zum weiteren Kaufen von Luxusgegenständen, zum Verzehr von erlesenen Kleinstmahlzeiten aus Crevetten, Garnelen, Lachs und Kaviar zu Champagner in postmodern gestylten Bistros und Cafés zu verführen. Hier zeichnet sich eine Tendenz ab, daß Geschäfte, Verkaufsräume, Restaurants oder Friseursalons, die früher einmal für die Lebenszeit des Besitzers eingerichtet und oft auch noch unverändert auf die Kinder vererbt wurden, ja selbst Bahnhöfe, die früher generationenlang unverändert bleiben konnten, jetzt alle paar Jahre radikal umgestaltet werden.

Hierher gehört auch das Märchen von der Informationsgesellschaft: „Die postmoderne Gesellschaft baut nicht auf Energie, sondern auf Information." Information ersetzt natürlich nicht Energie, sondern dient dazu, die Produktion noch besser, noch wirtschaftlicher zu steuern (manchmal fällt dabei, als Nebenprodukt, auch ein bißchen Energieeinsparung ab), den Absatz zu verbessern, den Umsatz zu erhöhen. So kann Lothar Späth von den „sauberen Industrien (Chips, Steuerungselemente, Computer, EDV, Glasfasernetze)" schwärmen, die kaum Energie verbrauchen, und er bemerkt noch nicht einmal den Widerspruch, wenn er ein paar Sätze später vom Binnenmarkt 1992 sagt: „Es fehlt uns noch die Infrastruktur, um die ganzen Güter des dann 320 Millionen Verbraucher umfassenden Marktes zu transportieren."

LESEBUCH

Gaia

K9.1

1961 betrat der erste Mensch den Mond. Die bleibende Wirkung dieses Ausflugs in den Weltraum, die unser Lebensgefühl veränderte, waren die Bilder der Erde, zum ersten Mal zu sehen als Ganzes, als eine blauweiße Kugel, die im Weltall schwebt.

Aus der Weltraumforschung kamen auch die ersten Impulse, die zu einem revolutionären neuen Bild der Erde führten, der Gaia-Hypothese, der Vorstellung von der Erde als einem lebenden Organismus.

James Lovelock, der diese Hypothese mit Lynn Margulis aufgestellt und inzwischen zu einer Theorie entwickelt hat, bezog seinen ersten Anstoß zu diesem Konzept aus seiner Arbeit für die NASA, für die er Instrumente bzw. Experimente zur Entdeckung von Leben auf dem Mars entwickeln sollte.

Anstatt nach Organismen oder den uns bekannten Bausteinen von Organismen, wie Proteinen oder Nukleinsäuren zu suchen, stellte sich Lovelock die Frage, worin sich wohl die Atmosphäre eines mit Leben besetzten Planeten von der Atmosphäre eines toten Sterns unterscheiden würde. Diese Frage ging von einer viel allgemeineren, nicht an die zufälligen irdischen Verhältnisse gebundenen Definition von Leben aus. Lebende Systeme zeichnen sich dadurch aus, daß sie Energie und Materie aus ihrer Umwelt aufnehmen und in veränderter Form wieder an ihre Umwelt abgeben. Das „Leben auf einem Planeten müßte also die Atmosphäre und die Meere als Transportmedien für Rohstoffe und als Deponie für die Produkte seines Stoffwechsels benutzen. Dadurch würde sich die chemische Zusammensetzung der Atmosphäre verändern, so daß sie sich von der eines unbelebten Planeten erkennbar unterscheiden würde" (jlag5).

Für Lovelock beantwortete sich damit die Frage nach Leben auf dem Mars auf sehr einfache und unspektakuläre Weise (und ohne daß dazu ein Labor auf dem Mars hätte landen und Proben nehmen müssen): die Atmosphäre des roten Planeten ist nahe dem chemischen Gleichgewicht[30] und besteht zum größten Teil aus Kohlendioxid, sie befindet sich in einem mit Tod gleichzusetzenden Ruhezustand.

Nachdem diese Suche so schnell zu einem negativen Ergebnis geführt hatte (das übrigens von den Viking-Labors der Mars-Expedition wenig später bestätigt wurde), drehte sich Lovelock, bildlich gesprochen, um und richtete sein Gedankeninstrument, das er für die Untersuchung des Mars entwickelt hatte, auf die Erde.

EIN SYSTEM SIEGT SICH ZU TODE

Da es sich bei der Erde nicht darum handeln konnte, die Existenz von Leben nachzuweisen, drehte Lovelock auch die Frage um. Sie lautete jetzt: Erhielte man, wenn man die Atmosphäre der Erde untersuchte, schlüssige Hinweise darauf, daß es auf der Erde Leben gibt?

Die Antwort war überwältigend, und immer neue Details dieser Antwort kommen bis zum heutigen Tag zum Vorschein.

- Die Erdatmosphäre enthält 21 Prozent Sauerstoff. Eine Erde ohne Leben hätte, ähnlich wie der Mars, praktisch keinen freien Sauerstoff.
- Sie enthält (noch) 0,03 Prozent Kohlendioxid; ohne Leben wäre der CO_2-Anteil, ähnlich wie auf dem Mars, 98 Prozent.
- Der Stickstoffanteil in der Erdatmosphäre liegt bei 79 Prozent; ohne Leben würde er, ähnlich wie auf dem Mars, zwei Prozent betragen.

Diese Einsicht (denn es handelte sich ja um keine neuen Entdeckungen, die Fakten waren längst bekannt, sondern „nur" um einen ganz neuen, unvoreingenommen Blick auf diese Fakten) war der zündende Funke für die GAIA-Hypothese. Weitere Überlegungen, die von dieser neuen Sichtweise ausgingen, zeigten nämlich, daß diese chemische Zusammensetzung „fern vom Gleichgewicht" seit Jahrmilliarden stabil ist (im Fall des Sauerstoffs z. B. wurde die Marke 21 Prozent vor eineinhalb Milliarden Jahren erreicht und ist seitdem unverändert geblieben). Das gleiche Phänomen läßt sich bei der Temperatur feststellen: statt der 240 - 340°, die auf einer Erde ohne Leben herrschen würden, hat unser Heimatplanet eine Durchschnittstemperatur von 13° - und dies mit geringen Schwankungen (zwischen 10 und 20°), obwohl die Energieeinstrahlung von der Sonne in den letzten vier Milliarden Jahren um 30 Prozent angewachsen ist!

Wir beobachten also, daß der Planet Erde als Ganzes seine Temperatur, die Zusammensetzung seiner Atmosphäre („fern vom Gleichgewicht") und zahllose weitere Merkmale und Randbedingungen seiner 'Physiologie' innerhalb enger Grenzen konstant hält, daß er also genau das Verhalten zeigt, das Claude Bernard im 19. Jahrhundert mit dem Begriff der „Homöostase" als ein hervorstechendes Merkmal lebender Systeme definiert hat. James Lovelock war auf dem Weg zur „Entdeckung von Gaia, dem größten lebenden Organismus des Sonnensystems" (jlag8).

Als Lovelock seine GAIA-Hypothese vor 15 Jahren aufstellte (lmol 93-103), war sie noch eine Provokation für das konventionelle wissenschaftliche Denken. Heute wirkt die These, daß „die Atmosphäre der Erde und die Kreisläufe ihrer Elemente durch die *Biosphäre* aktiv erhalten und reguliert werden", nicht mehr so kühn wie damals, weil es inzwischen viele wissenschaftliche Disziplinen gibt, in denen das

LESEBUCH

K9.1

kausale lineare Folgern durch die Analyse vielfach verknüpfter Kreisprozesse ersetzt wurde.

Außerdem wurde die Hypothese, nachdem einmal der Blick auf diese ganzheitliche Auffassung gelenkt war, inzwischen durch viele Einzelarbeiten im Bereich der Meeresbiologie, der Geophysik, der Atmosphären- und Klimaforschung erhärtet.

Lovelock geht von der inzwischen unbestrittenen Vorstellung aus, daß die heutige Erdatmosphäre mit ihrem hohen Anteil an freiem Sauerstoff (21 Prozent) und anderen reaktionsfähigen Gasen wie Methan, Wasserstoff, Ammoniak, die das Leben in seiner heutigen Form erst möglich machen, durch Mikroorganismen erzeugt wurde. Er vertritt darüber hinaus die These, daß diese Zusammensetzung der Atmosphäre fern vom chemischen Gleichgewicht, ebenso wie viele andere Eigenschaften der Biosphäre, durch die Tätigkeit lebender Organismen *aktiv* aufrechterhalten und auch gegen Störungen „verteidigt" werden. Mit anderen Worten, es handelt sich, nach Lovelock, um ein dynamisches System, das, aufgrund der ihm eigenen vielfach ineinandergreifenden Rückkopplungsmechanismen, in der Lage ist, Störungen von einer bestimmten Größenordnung auszugleichen und zu seinem dynamischen Gleichgewicht zurückzukehren (Homöostase).

Die These der Selbstregulierung ist inzwischen durch die Modellierung verschiedener Systemkomponenten plausibler geworden. Dafür drei Beispiele:

Wenn die Erdatmosphäre soviel Kohlendioxid enthielte wie ein toter Planet, wie Venus oder Mars, nämlich 95 bis 96 Prozent, läge ihre Oberflächentemperatur wie gesagt zwischen 240 und 340°. Die Energiemenge, die die Erde von der Sonne erhält und speichert, wird u. a. durch den CO_2-Anteil der Luft (den bekannten Treibhauseffekt) und von ihrem Rückstrahlungsvermögen (der sog. Albedo) bestimmt: Das Kohlendioxid absorbiert die von der Erdoberfläche zurückkommende Infrarotstrahlung und heizt damit die Erdatmosphäre auf, die hellen Flächen der Erdoberfläche und der Atmosphäre (Wüsten, Eisflächen, Wolken) reflektieren die Sonnenstrahlen in den Weltraum zurück. Wenn sich nun durch einen Rückgang der Strahlungsenergie der Sonne der Energiezufluß und damit die Temperatur verringert, wäre in einem „toten" System - also auf einer Erde ohne Leben - zu erwarten, daß sich die Eiskappen an Nord- und Südpol vergrößern, dadurch die Albedo des Planeten ansteigt, dadurch die Temperatur weiter sinkt, wodurch die Polkappen weiter wachsen, und so fort. Infolge einer positiven Rückkopplung zwischen Energieabstrahlung, Temperaturrückgang, wachsender Vereisung, Vergrößerung der Albedo würde also das System in eine sich ständig weiter beschleunigende Spirale der Abkühlung und Vereisung geraten.

EIN SYSTEM SIEGT SICH ZU TODE

Im Gegensatz dazu hat das dynamische System Erde in seiner Biosphäre Regelungsschleifen, die einer solchen Exkursion des Systems entgegenwirken. Eine der Systemkomponenten, die in einem solchen Fall wirksam wird, ist das Pflanzenleben der Meere. Bei einem Rückgang der Temperatur würde, natürlich mit einer gewissen Verzögerung, die Produktivität der photosynthetisch aktiven Meeresorganismen zurückgehen; dadurch erhöht sich der CO_2-Gehalt der Atmosphäre, da jetzt weniger CO_2 in Pflanzen und im Meer gebunden werden. Dies wiederum verstärkt den Treibhauseffekt des Kohlendioxids in der Luft, wodurch der Druck auf die Durchschnittstemperatur weitgehend ausgeglichen wird.

Die Rolle des Planktons als „Thermostat" scheint auch in der entgegengesetzten Richtung wirksam zu sein. Bei einem Ansteigen der Temperatur geben die im Meer schwimmenden Algen Dimethylsulfid (DMS) ab, eine Verbindung, die Kondensationskeime für die Wolkenbildung über den Ozeanen stellt. Wolken vergrößern ihrerseits die Albedo und sorgen damit dafür, daß mehr Wärme in den Weltraum abgestrahlt wird (Q32).

Das zweite Beispiel betrifft die Regelung der Nährstoffkreisläufe in den Meeren.

Nach der Gaia-Hypothese sind „die Organismen so eng mit der Umwälzung der Elemente in der Atmosphäre und in den Meeren verwoben, daß sie, über eine komplexe Reihe von Rückkopplungsmechanismen, die Wasser-Umwelt tatsächlich kontrollieren" (Michael Whitfield, gaia81, Übers. vom Verf.).

Wie wir gesehen haben, wird durch das Plankton in den Oberflächenschichten des Meeres Kohlenstoff aus der Atmosphäre entfernt. Dieser Kohlenstoff sinkt, zusammen mit anderen Nährstoffen der Oberflächenschichten, auf den Meeresgrund, wenn die Pflanzen absterben oder von weidenden Fischen gefressen und als Kot wieder ausgeschieden werden. Das müßte dazu führen, daß im Lauf der Zeit die oberen Wasserschichten aller Nährstoffe beraubt werden.

Das wird dadurch verhindert, daß die herabgesunkenen organischen Stoffe zuerst auf dem Meeresgrund durch Mikroorganismen wieder abgebaut (mineralisiert) und dann durch Meeresströmungen wieder an die Oberfläche gebracht bzw. mit anderem, weniger nährstoffreichem Wasser vermischt werden. Ein bedeutender Rückkopplungsmechanismus mit dem Potential zur Selbststeuerung zeichnet sich ab, wenn man berücksichtigt, daß Meeresströmungen nicht nur durch die Rotation der Erde, sondern vor allem auch durch die Temperaturdifferenzen zwischen äquatornahen und äquatorfernen Meeresteilen verursacht werden, und die Temperaturen wiederum von dem durch das Pflanzenleben im Meer gesteuerten Kohlendioxidgehalt der Atmosphäre abhängen.

LESEBUCH

K9.1

Das dritte Beispiel ist mehr spekulativer Natur, aber es zeigt recht gut, zu welch fruchtbaren (und überlebensrelevanten) Forschungsansätzen die Gaia-Theorie hinführt.

Der CO_2-Gehalt der Atmosphäre hat sich bis jetzt unter menschlichem Einfluß bereits um 25 Prozent (1988) erhöht, und wenn keine baldige und drastische Änderung eintritt, wird er bis zur Mitte des nächsten Jahrhunderts um weitere 75 Prozent steigen und damit um mehr zugenommen haben, als zwischen der letzten Eiszeit und heute[31].

Die voraussichtlichen Folgen des Treibhauseffekts sind inzwischen ausführlich beschrieben: Verschiebung der Klimagürtel mit entsprechenden landwirtschaftlichen Katastrophen, Ansteigen des Meeresspiegels mit Überschwemmung riesiger Landstriche. Das Abschmelzen der Polkappen könnte dabei eine positive Rückkopplungsschleife in der Form anstoßen, daß durch die gleichzeitige Verringerung der Albedo die Temperatur auch auf diesem Weg ansteigt, so daß der CO_2-bedingte Treibhauseffekt dadurch weiter verstärkt wird.

Eine weitere denkbare Folge wäre, daß durch die generelle Erwärmung der Temperaturunterschied zwischen äquatorialen und äquatorfernen Zonen, der die Meeresströmungen antreibt, schrumpft. Dadurch würde, wie oben geschildert, die Nährstoffzufuhr zu den vegationsreichen Oberflächenschichten reduziert, das würde zu einem Rückgang des Planktons und seiner Photosynthesetätigkeit führen. Dies wiederum hätte eine weitere massive Erhöhung des CO_2-Anteils der Luft zur Folge und würde damit eine weitere positive Rückkopplungswirkung auf den Treibhausprozeß in Gang setzen.

Betrachtungen dieser Art, die von einem GAIA- oder ähnlichen Systemmodell der Erde ausgehen und über die herkömmlichen linear-kausalen Argumentationsketten der Geowissenschaften hinausgehen, weisen darauf hin, daß die klimaverändernden Folgen unseres Energieverbrauchs sehr viel gravierender sein könnten, als sich heute vorhersagen läßt und ohne lange Vorwarnung in eine exponentielle Spirale einmünden könnten, die die Erde in kurzer Zeit zu einem ganz anderen Planeten machen würde - einem Planeten, auf dem alles Mögliche gedeihen könnte, der gewiß weiterhin Leben tragen würde - aber bestimmt kein menschliches.

EIN SYSTEM SIEGT SICH ZU TODE

Leben und Entropie K9.2

Lebende Systeme, Organismen, sind dadurch gekennzeichnet, daß sie gegen den Strom der Entropie schwimmen. Diese auf den ersten und auch auf den zweiten Blick unerklärliche Eigenschaft, das Geheimnis des Lebens, an dem sich Philosophen seit fünftausend und Physiker und Chemiker seit dreihundert Jahren die Zähne ausbeißen, scheint damit zusammenzuhängen, daß (selbstorganisierende) Systeme jeder Größenordnung, von Proteinbläschen[32] bis hin zu Gesellschaften von Pflanzen, Tieren und Menschen, auf den Trick verfallen, den Mix der Naturgesetze zu ihren Gunsten zu verändern, aus dem Spektrum der Naturgesetze das eine oder andere zu suspendieren. Das betreffende System hat einen Weg gefunden (sicher durch Versuch und Irrtum, also auch durch 'Selektion'), die physikalischen Gesetze in ihrer Wirkung einzuschränken, einige von ihnen „auszublenden". Es schafft keine neuen Gesetze, es ändert den Mix der wirksamen Gesetze und kann sich damit vom thermodynamischen Gleichgewicht entfernen (Davis, pdcb-149).

Voraussetzung dafür ist: Die 'Schließung' eines Systems nach außen (s. Luhmann nlek S. 14) und das dadurch ermöglichte Senden und Empfangen von Informationen, (Rück)-Kopplung. Ein einfaches Beispiel dafür, wie sich Gesetze austricksen lassen, ist das Öffnen und Schließen von Klappen, um das Abwärtsfließen einer Flüssigkeit einmal zu behindern und zum anderen auszunutzen; ein anderes das Vergrößern und Verkleinern von Wärmetauscherflächen, um eine Temperaturdifferenz gegenüber der Umwelt zu erhalten (Homöostase, Blutkreislauf). Der einfachste und urtümlichste Repräsentant dieses Prinzips sind wahrscheinlich die oben erwähnten Mikrosphären, mit denen vor vermutlich vier Milliarden Jahren dieses Spiel begann: sie „entdeckten" die Möglichkeit, gelöste Stoffe aus ihrer Umgebung gegenläufig zu der thermodynamischen Tendenz zu gleichförmiger Verteilung aufzunehmen und, wenn sie eine gewisse Größe erreicht hatten, in zwei Teile zu zerfallen.

Hier könnte auch eine Antwort auf die Frage von Paul Davis, pdcb S. 112, zu finden sein: Könnte diese Eigenschaft von Systemen den Trend zu immer größerer Komplexität erklären (je komplexer, desto mehr Fähigkeiten, den Gesetzen ein Schnippchen zu schlagen, und dementsprechend mehr freie Energie und Materie an sich zu binden)? Unter den Bedingungen der Konkurrenz um knappe Ressourcen erfordert die bessere Ausnutzung von Rohstoffen und Energieangebot höhere Komplexität.

LESEBUCH

Source and Sink

K9.3

Bei der Betrachtung der Schäden, die unser Wirtschaften auf der Erde anrichtet, stellt sich mehr und mehr heraus, daß die künftigen Krisen noch mehr mit den Senken als mit den Quellen der Negentropie zusammenhängen werden, die beim Bericht an den Club of Rome noch im Vordergrund standen.

Das Bild von den Quellen und Senken - im englischen eleganter und bildhafter „Source" und „Sink" -stammt aus der Elektronik. Von dort fand es allmählich in die Chemie und andere technisch-wissenschaftliche Bereiche Eingang.

Bei einem Transistor muß es, damit ein Strom fließen kann, eine Quelle von Elektronen geben, aber auch einen Abfluß oder Gully, in den die Elektronen hineinfließen können - sonst tritt nach kürzester Zeit Sättigung ein.

Für die Beschreibung von Systemen, die von der Ausnutzung vorhandener Inseln negativer Entropie leben, sind Source und Sink ein äußerst handliches - wenn auch nicht streng wissenschaftliches - Begriffspaar: Unter „Quelle" lassen sich all diejenigen Ressourcen zusammenfassen, die sich durch ihre höhere Konzentration, ihre höherwertige Energie, von ihrer Umgebung abheben (dazu gehören Eisen- oder Kupfererze, Goldadern und Kohlenflöze ebenso wie Lagerstätten von Erdöl und Erdgas); unter „Senke" diejenigen Umweltbereiche, die durch ihre Größe, Reinheit oder Isolation in der Lage sind, alles Unerwünschte aufzunehmen und gewissermaßen „verschwinden zu lassen", d. h. durch Verdünnung unschädlich zu machen. Dazu gehören auch lebende Systeme, wie z. B. Wälder, die aufgrund ihres Stoffwechsels überschüssiges CO_2 wieder zu gebundenem Kohlenstoff und freiem Sauerstoff umwandeln können. So benutzt die Industrie Bäche und Ströme, Seen und Meere, Boden und Luft und die Vegetation, also unsere gesamte Umwelt als „Abflußrohr", als „Vorfluter", als „Klärteich", als „Konverter" für ihre Stoffwechselprodukte. All diese Bereiche dienen der Industriezivilisation als Reservoire niedriger Entropie dazu, ihre Entropieproduktion abzuführen oder zu „exportieren" - nach dem Zweiten Hauptsatz (s. K1.1) die unabdingbare Voraussetzung dafür, daß sie überhaupt Energie nutzen und Ordnungsstrukturen schaffen kann.

Die wichtigste Senke, ohne die überhaupt keine industrielle Tätigkeit möglich gewesen wäre, ist die relativ niedrige Umgebungstemperatur auf der Erdoberfläche, die durch Abstrahlung in den Weltraum weitgehend konstant gehalten wird; nur weil diese Senke ihre tiefe Durchschnittstemperatur aufrechterhält, obwohl sie ständig mit gigantischen Mengen von Abwärme gefüttert wird, sind die Verbrennungsprozesse möglich, aus denen die Industriezivilisation den überwiegenden Anteil ihrer Energie bezieht. Was gemeinhin unter dem Namen „Kühlung" auftritt - also die Flüsse oder

EIN SYSTEM SIEGT SICH ZU TODE

das Meerwasser, die durch Kraftwerke gepumpt werden, die forcierte Wasserverdunstung in Kühltürmen - ist der sichtbare Ausdruck der physikalischen Tatsache, daß Energie"erzeugung" nur dort möglich ist, wo ein Temperaturunterschied ausgenutzt werden kann. Wenn sich - z. B. durch einen Ausfall des Kühlsystems Erde-Weltraum - die Umgebungstemperatur der Dampftemperatur eines Kraftwerkes annähern würde, wäre Schluß mit der Energieerzeugung.

Source und Sink bezeichnen also bildhaft das „obere" und das „untere" Ende des Entropiegefälles, innerhalb dessen Leben und wirtschaftliche Tätigkeit möglich sind - und das von Lebensprozessen aufrechterhalten und von wirtschaftlicher Tätigkeit unablässig abgebaut wird (Vgl. dazu K9.1 Gaia).

Lebenserhaltungssysteme K9.4

Es ist naiv, zu glauben, daß der Regen fällt, wie er immer gefallen ist, daß ein Bach fließt, daß Quellwasser rein ist, daß die Luft zum Atmen da ist, ohne daß wir etwas dazu tun - oder vielmehr, etwas dafür lassen.

Man muß nur einmal erleben, wie in einem Mittelmeerland, in Portugal oder Italien, nach einem heftigen Winterregen all die „Torrenti", die zahlreichen Trockentäler, bei denen man jedesmal, wenn man über die Brücke fuhr, dachte: „Wie sie wieder aufschneiden, diese Italiener", wie diese trockenen Rinnen plötzlich zu tosenden Bächen anschwellen und nach ein paar Stunden ebenso schnell wieder versiegen, um plötzlich zu begreifen, was für ein Wunder ein Bach ist, der immer, Sommer, Winter, Herbst und Frühling, gleichmäßig fließt, vielleicht einmal ein bißchen mehr Wasser führt, aber nie versiegt. Was für eine „Leistung" dahintersteckt, das Regenwasser, das einmal tagelang in Strömen herunterkommt und dann wochenlang ausbleibt, in einen gleichmäßig fließenden Bach zu verwandeln: Bäume und Mutterboden, Bodenpflanzen, die ihn schützen und festhalten, mit Milliarden Kleinstlebewesen, die ihn ständig erneuern.

Eine Arbeitsgruppe am UPI (Umwelt- und Prognose-Institut) in Heidelberg hat ausgerechnet, daß „das gesamte Wasser auf der Erde seit Beginn des Lebens schon rund 50 000mal von Lebewesen aufgenommen, in deren Organismus als Pflanzensaft oder Blut umgewälzt und wieder als Wasserdampf oder Urin ausgeschieden wurde" (Q63). Und dabei wurde das Wasser nicht etwa immer mehr verschmutzt, sondern es ist (oder war bis vor kurzem) noch genau so rein wie vor Milliarden Jahren. „Wird es dagegen nur einmal zur Papierherstellung oder in der chemischen Industrie als Lösungsmittel verwendet, ergießt es sich als giftige, stinkende Brühe in einen

LESEBUCH

K9.5

Abwasserkanal und verseucht unsere Flüsse, das Grundwasser und die Meere" (Q63-45).

Man muß erst einmal begreifen, daß eine gigantische Klimamaschine am Werk ist, die das Wasser aus salzigen Meeren und verschmutzten Seen absaugt und gereinigt wieder herunterregnen läßt; daß dieser „Organismus" der Biosphäre, der uns auf allen Seiten umgibt, der uns wie ein Mutterschoß hält und schützt, daß die Fähigkeit dieses Organismus, mit Verletzungen, Beschädigungen, Belastungen fertig zu werden und trotzdem die Leistungen weiter zu erbringen, ohne die wir nicht leben können, daß diese Fähigkeit zwar groß, aber nicht unbegrenzt ist - vielleicht ist dieses Begreifen eine Komponente eines emergenten Bewußtseins vom Ganzen.

Spurensuche K9.5

Wieviel Katastrophe braucht der Mensch? (Peter Sloterdijk)

Die in diesem Buch vorgestellte Analyse und die darin implizierte Prognose läßt sich natürlich nicht beweisen. Da es sich um einen einmaligen Ablauf handelt, kann er seinen Beweis nur selbst liefern - durch sein Gelingen oder Scheitern. The proof of the pudding is in the eating („Hypothetizität").

Man kann jedoch, wie bei jeder Hypothese, Indizien zusammentragen, die ihre Plausibilität erhärten. Einen endgültigen mathematischen Beweis wird man dabei nie in den Händen halten. Aber man kann damit die feste Überzeugung gewinnen, die als Handlungsgrundlage dienen kann.

In diesem Abschnitt sind ein paar Hinweise zusammengestellt - als Anleitung zur Spurensuche.

■ Akkumulation im Wohlfahrtsstaat: das exponentielle Anwachsen der Ansprüche

Es findet seinen Ausdruck im explosiven Anwachsen der Schulden: derjenigen der 3. Welt (inzwischen fast 1500 Mrd. $), der einzelnen Staaten wie der Bundesrepublik (Verschuldung der Öffentlichen Haushalte 1983 744 Milliarden, 1987 945 Milliarden, 1990 1138 Milliarden DM, 1992 voraussichtlich 1474 Milliarden DM), der USA (3000 Milliarden $, bei Berücksichtigung von Zahlungsverpflichtungen außerhalb der Haushalte 5000 Milliarden $). Schulden der öffentlichen Hand sind die in Geld verbrieften Ansprüche, die Einzelpersonen, Unternehmen oder Organisationen

EIN SYSTEM SIEGT SICH ZU TODE

(wie z. B. Versicherungen oder Pensionsfonds) an die verschuldeten Staaten oder Körperschaften haben.

■ Recycling der Petrodollars

Petrodollars stellen in exemplarischer Form Ansprüche in Höhe von Hunderten von Milliarden Dollar dar, die auf dem Papier entstanden, weil ein in Millionen Jahren Erdgeschichte angesammelter Schatz von negativer Entropie mit vernachlässigbarem Aufwand gehoben und durch die industrielle Verwertungsmaschine gejagt wurde. Glücklicherweise fand man eine Gruppe von Schuldnern, die sich bereit erklärten, für die künftige Befriedigung dieser Ansprüche geradezustehen. Der Verkauf von tropischen Hölzern aus dem Regenwald, die Rodung von Wäldern für die Produktion von Rindfleisch, das man gegen Devisen verkaufen kann, die Verdrängung von Kleinbauern durch die Anlage von gigantischen Sojafarmen, deren Produkte exportiert werden können, das sind einige der verzweifelten Versuche, mit denen die Schuldnerländer versuchen, diese Ansprüche zu befriedigen.
(Die Banken feierten in den siebziger Jahren das gelungene Recycling der Petrodollars als eine finanzpolitische Großtat).

■ Ozonschicht: Innerhalb von zehn Jahren wurde aus einer vermuteten Verdünnung der Ozonschicht ein eindeutig beobachtbares, von Jahr zu Jahr wachsendes Ozonloch über der Antarktis.

■ Die Schwermetalle, die vor zwanzig Jahren aus der Luft oder über Klärschlämme in die Erde eingebracht wurden, fangen an, im Grundwasser aufzutauchen.

■ Das Verschwinden von Tier- und Pflanzenarten, ein einfaches Spiegelbild der hemmungslosen Ausbreitung der menschlichen Zivilisation, folgt einer Exponentialkurve.

■ Die Abtragung der Erdkrume auf allen Kontinenten: die Erosion von jährlich 25 Milliarden Tonnen fruchtbarer Erde allein in Asien, 1 Milliarde Tonnen in USA, 1 Milliarde Tonnen in Äthiopien (!), weltweit 75 Milliarden Tonnen (gaöa40), in den letzten 20 Jahren gingen 200 Millionen Hektar Ackerland verloren (Barbara Ward) - auch das ist ein Vermögen, das die Biosphäre in Jahrhunderttausenden der Entropie abgetrotzt hatte. (Die Natur braucht, je nach Klima und Bodentyp, 100 bis 10000 Jahre, um 10 cm Mutterboden zu bilden).

■ Allergien und Störungen des Immunsystems, die aller Wahrscheinlichkeit nach durch die Häufung von Fremdstoffen in Luft, Wasser, Nahrung und Kleidung ausgelöst bzw. vorbereitet und gefördert werden, greifen fast epidemieartig um sich. In der Bundesrepublik (alt) gibt es derzeit 5-10 Millionen Allergiker (Q29).

LESEBUCH

K9.5

■ Einerseits: Die heutigen CO_2-Emissionen müssen nach Aussage der amerikanischen Umweltbehörde um 50 bis 80 Prozent gesenkt werden, wenn ein katastrophaler Treibhauseffekt vermieden werden soll. Andererseits: Der Weltenergieverbrauch ist in den letzten beiden Jahren weiter angestiegen und wird nach Angaben der Weltenergieagentur bis zum Jahr 2005 um weitere 40 Prozent auf 12,1 Milliarden Tonnen Erdöläquivalent wachsen. Die Weltenergiekonferenz von Montreal (September 1989) sagt einen Anstieg des Verbrauchs an fossilen Energien um fast 80 Prozent bis zum Jahr 2020 voraus (Q40).

■ Wer mit offenen Augen durch die Landschaft wandert (z. B. in Oberbayern, in Graubünden, im Harz und im Schwarzwald), sieht auf Schritt und Tritt mit eigenen Augen, was die Zahlen in den Waldschadensberichten bedeuten: kaum mehr ein Baum, der nicht durchsichtiger geworden ist, der nicht im Sommer, wenn er im vollen Saft stehen sollte, schon etwas schütter aussieht, als wäre es Anfang Herbst, und jeder vierte oder fünfte sieht so aus, als hätte er den Kampf verloren.

Wer mit dem Segelschiff im Mittelmeer kreuzt, begegnet auf hoher See ganzen Feldern von Plastikflaschen, -tüten und -folien. Dem Segler in der Karibik (diesem Bilderbuchparadies der weißen Strände und der blaugrünen See) schwinden die Illusionen, wenn er zum fünften oder sechsten Mal einen Ölteppich durchquert.

■ Nach einer Untersuchung der Stanford University wird heute bereits ein Drittel der Primärproduktion der Erde (d. h. der nachwachsenden Biomasse) durch den Menschen genutzt. In 40 Jahren, wenn die Zahl der Menschen von jetzt fünf auf zehn Milliarden gewachsen ist, werden es demnach zwei Drittel sein. Für alle anderen Arten wird noch ein Drittel verbleiben. Damit ist über jeden Zweifel und allen verzweifelten Tierschutzbemühungen zum Trotz klar, daß das Artensterben sich immer weiter beschleunigen wird: Eine weitere Erklärung, warum in den nächsten Jahrzehnten 80 bis 90 Prozent aller heute noch lebenden Tier- und Pflanzenarten sterben werden, braucht es nicht (nach Schätzung von Prof. Josef Reichholf, Bayerische Zoologische Staatssammlung, Q43).

■ Alpen: in den Bayerischen Alpen sind 80 Prozent, im Kanton Uri 60 Prozent der Bäume geschädigt. Ursache: Fernlastverkehr, Autoverkehr der 100 Millionen Touristen, zusammen mit den geballten Abgasen der europäischen Industrie.

■ Urlaub an der Côte d'Azur, im spanischen Binnenland: kahlgebrannte Hügel, riesige Wüsten (Provinz Almeria, 72 Prozent des Bodens erodiert), ein Viertel Spaniens ist Wüste.

EIN SYSTEM SIEGT SICH ZU TODE

■ Juli 1989: Algenpest in der Adria. Hauptursache ist die Überdüngung des Meeresarms durch die industrialisierte Landwirtschaft und Massentierhaltung der Poebene.

■ 1990 haben neuseeländische Forscher nahe dem Südpol dichte Teppiche von braunen und rosafarbenen Algen entdeckt (sz 17.1.91). Es handelt sich um Cyanobakterien, die aus der Urzeit der Erde stammen, als noch kein Ozonschild die harten UV-Strahlen der Sonne zurückhielt. Es dürfte nicht überraschen, wenn diese Blaualgen in der Antarktis, wo das Ozonloch am größten und durchlässigsten ist, das „modernere", uv-empfindliche Phytoplankton, das die Grundlage der marinen Nahrungskette bildet, verdrängen würden (s. a. K2.6).

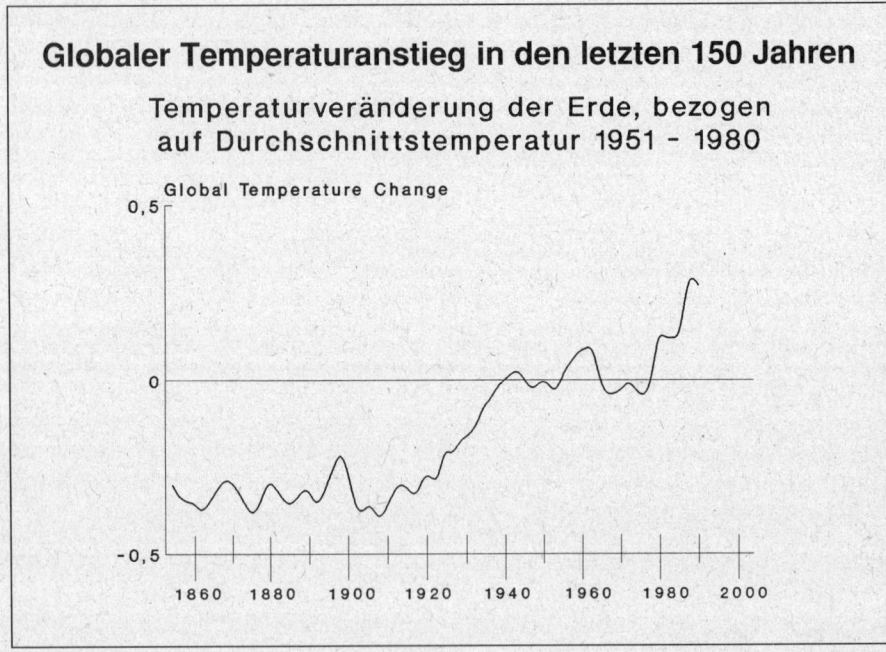

Abb. 8: (nach natur 5/90)

LESEBUCH

Revolution oder Resignation?

K10.1

Es wäre ein kardinales Mißverständnis, wollte man aus diesen Ausführungen schließen, daß sie das Heil in einem Rückzug ins Private, Unpolitische suchen. Das Gegenteil ist der Fall. Wer zu diesem Schluß käme, hätte die Radikalität dieser Analyse und Diagnose nicht wahrgenommen.

> The world is now too dangerous for anything less than Utopia
> *Buckminster Fuller*

Die Analyse der Wirtschaftsökologie unter kapitalistischen Bedingungen läßt keinen anderen Schluß zu, als daß die Zerstörung unserer Lebensbedingungen ohne eine Demontage des Kapitalismus keine Chance hat. Demontage ist nicht zu verwechseln mit sozialer Domestizierung und ökologischem Facelift (s. K6.1, K6.2 und K7.2).

Den Eigennutz als stärkste Triebfeder menschlichen Handelns nicht nur anzuerkennen, sondern für die Erreichung eines erstrebenswerten Zieles einzuspannen, war zu Beginn der industriellen Revolution rational. Da war, einerseits, das ebenso rationale wie humanitäre Ziel die Überwindung der Armut oder die Befriedigung und Sicherung der Grundbedürfnisse der Massen. Andererseits konnte Adam Smith nichts ahnen von der Dynamik des Industriekapitalismus, zu dessen geistigen Vätern er zählt.

Kapitalismus hat einen Zweck, den er blind(wütig) verfolgt: Kapitalverwertung, einst legitimiert (Jeremy Bentham) durch die Annahme, daß dies das beste Mittel für die Schaffung und die Mehrung des Wohlstands ist („the greatest happiness of the greatest number" wird dadurch erreicht, daß ein jeder seinen Eigennutz verfolgt). Der Verwertungsdrang des Kapitals nährt sich aus der positiven Rückkopplung zwischen Mehrwert und Akkumulation: der erzeugte Mehrwert wird dem Kapital zugeschlagen, damit verbreitert sich die Basis für die Mehrwerterzeugung, der dadurch erhöhte Mehrwertanteil verbreitert weiter die Kapitalbasis, und so fort.

Dieser blinden exponentiellen Dynamik folgt unsere Wirtschaft immer noch, obwohl längst offensichtlich geworden ist, daß der Kapitalismus als Motor des Wirtschaftens sein Soll erfüllt und längst übererfüllt hat. Er ist damit als Motor, Lokomotive, Zugpferd des Wirtschaftens nicht nur überholt, unzweckmäßig, irrational, sondern lebensgefährlich geworden (wie ein rasender Bulle, den man vor einen Wagen gespannt hat, um ihn einen steilen Berg hochzuziehen, und der jetzt mit dem vollbeladenen Wagen zutal rast, weil man versäumt hat, ihn oben auf dem Gipfelpunkt der Straße auszuspannen).

Wachstum, das auf der Mehrwert-Akkumulationsspirale beruht, kann in einer realen Welt (im Gegensatz zu einer fiktiven Welt der Zahlen und Finanzen) nicht andauern. Auf Dauer lebensfähig und tolerierbar („sustainable") ist nur die Form des Wachstums, wie sie für Prozesse in der realen Welt charakteristisch ist (s. Kurve a in Abb. 9): ein gemächlicher Beginn, eine relativ steile Wachstumskurve bis zur Reife, eine Verlangsamung und dann Abflachung auf stabilem Niveau, wenn das System seine artgemäße Größe erreicht hat.

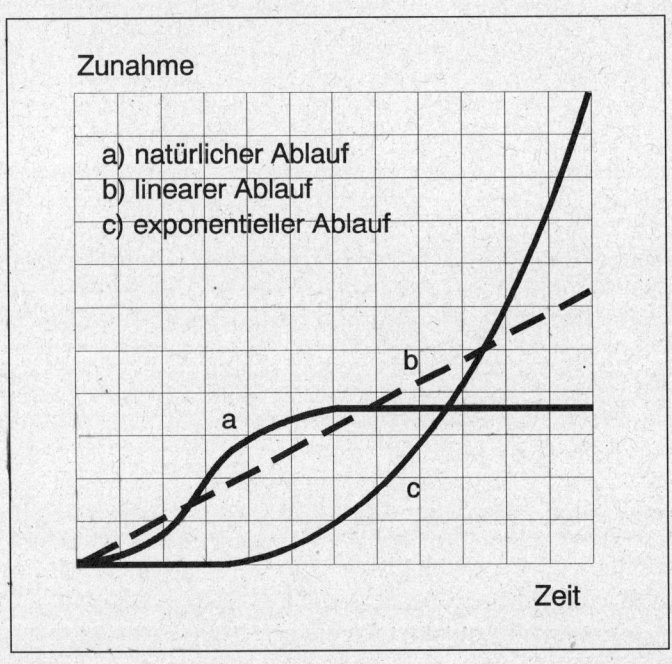

Abb.9

Wie immer man an das Thema nachhaltiges Wirtschaften herangeht, immer kommt man zu einer Forderung, die das Gegenteil von schrankenloser Freiheit, Liberalismus, laissez-faire - und von immerwährender Emanzipation des Individuums bedeutet.

In traditionellen Gesellschaften war das wirtschaftliche Verhalten - wie alles andere Verhalten - eingebettet in ein Netz von sozialen Regeln und Beziehungen. In

LESEBUCH

K10.1

einer stabilen Gesellschaft - also einer, die Jahrtausende überleben konnte, ohne ihre Lebensgrundlage zu zerstören - waren diese Regeln und Tabus ebenso die Garanten der Nachhaltigkeit, wie sie dieser entsprangen. Dazu gehören die Einbettung der wirtschaftlichen Tätigkeiten in die Sozialbeziehungen (Polanyi, kpgt), die Heiligung von Tieren und Pflanzen, Bergen und Gewässern, Quellen und Hainen oder die natürliche Geburtenregelung - es gibt in traditionellen Gesellschaften keine Bevölkerungsexplosion.

Jeder Entwurf, der eine durchhaltbare Wirtschaft als Nachfolgerin unseres kurzatmigen Raubbaus beschreiben will, muß zu analogen Begrenzungen kommen, gleich ob er sie bürokratisch durch Myriaden von Ge- und Verboten zu erreichen versucht[33], oder ob er das Heil in einem radikal veränderten kulturellen Paradigma sucht, oder ob er sich darauf beschränkt, die allgemeinsten Prinzipien einer solchen Wirtschaftsweise zu beschreiben, wie Edward Goldsmith in „The Way":

„Alle Lebensprozesse brauchen materielle Ressourcen. Die Biosphäre ist jedoch, auch wenn sie hinsichtlich der Energie ein offenes System sein mag, ein geschlossenes System hinsichtlich der Materie. Wenn also die Degradierung der Biosphäre vermieden und die in ihr verkörperte Ordnung vergrößert werden soll, wie dies während der letzten paar Milliarden Jahre der Fall war, bedeutet das, daß die Rohstoffe des Lebens auf eine außerordentlich subtile Art ausgebeutet werden, wobei ein jeder mittels komplexer sozialer und ökologischer Prozesse rezykliert wird, wodurch sie ständig wiederverwendet und ihre Ansammlung als Abfall vermieden werden kann.

Der grundlegendste dieser Prozesse ist die 'Nahrungskette', die man besser als 'Nahrungskreislauf' bezeichnen sollte, in dem die Primärproduzenten (Gras, Algen, Phytoplankton), die als einzige die Sonnenenergie einspannen können, von Pflanzenfressern gefressen werden, die ihrerseits den Fleischfressern zur Beute werden, während ihre toten Körper zusammen mit anderem organischem Material von den Aasfressern gefressen werden, und was übrigbleibt, wird von Mikroorganismen zu den Nährstoffen abgebaut, die die Primärproduzenten brauchen.

Alle Lebewesen (der 'primitive' Mensch eingeschlossen) sorgen gemeinsam dafür, daß dieser Schlüsselzyklus funktioniert, ohne den kein Leben existieren könnte" (Q48-181).

Als beherrschendes Steuerungsprinzip ökologischer Systeme formuliert Goldsmith den Begriff der „Homöotelie" („The Way, Q48-160). Homöotelie (von griechisch *homoios* gleich und *telos* Ziel) beschreibt die Voraussetzung für das Funktionieren und die Erhaltung selbstorganisierender Systeme, nämlich daß alle Subsysteme und Systemkomponenten so funktionieren und sich so verhalten, daß dieses übergeordnete Ziel gefördert wird. Jedes davon abweichende Verhalten signalisiert eine Systemstörung und, wenn sie stark genug ist, eine Gefährdung des Überlebens des Systems. Für einen durchhaltbaren Wirtschaftsprozeß kann Homöotelie nur bedeuten, daß sich das Verhalten des Einzelnen nicht nur nach seinem Vorteil richtet (die Unsichtbare Hand hat bei der Verwirklichung des allgemeinen Guten allzu offensichtlich versagt), sondern daß es sich längerfristigen, durch Markt und Preis allein nicht mehr zu transportierenden Erhaltungskriterien der Biosphäre unterordnen muß.

Dies wäre denn auch eine Form der Versöhnung von Ökonomie und Ökologie, über die man ernsthaft reden könnte (im Gegensatz zu der „Versöhnung von Ökonomie und Ökologie" in den Sonntagsreden fortschrittlicher Unternehmensführer und Politiker, in der die Ökologie regelmäßig zu dem Restposten schrumpft, den „angemessene Gewinne" und der „zur Erhaltung der Wettbewerbsfähigkeit erforderliche Cash-flow" unterm Strich übriglassen). Das Wort *oikos*, das beiden Begriffen, Ökonomie und Ökologie, zugrundeliegt, bedeutet Haushalt, Hausstand; beide Begriffe bezeichnen Wissenschaften und Techniken, die sich mit dem Haushalten befassen, und es kann kein Zweifel daran bestehen, daß sie nur dann sinnvoll zusammenpassen und also zu versöhnen sind, wenn die Befriedigung der menschlichen Grundbedürfnisse nach Nahrung, Kleidung, Wohnung (also die Ökonomie) als Teilbereich der Pflege und Erhaltung des Hausstandes im weitesten Sinn, also der Bewahrung der Lebenserhaltungssysteme (der Ökologie), untergeordnet ist.

Ein Markt, der durch die damit gesetzte Priorität reguliert wird, wäre für eine durchhaltbare Wirtschaftsweise nicht nur akzeptabel, sondern nach allem, was wir wissen, als Instrument zur Verteilung von Gütern und zum rationellen Einsatz von Ressourcen wohl auch unverzichtbar. Das Triebwerk der kapitalistischen Marktwirtschaft dagegen, die Mehrwerterzeugung und Kapitalakkumulation, ist dem Ziel des Haushaltens im Sinn der Bewahrung der Lebenserhaltungssysteme diametral entgegengesetzt. Dieses Prinzip, das für die ursprüngliche Akkumulation, also die Schaffung und Bereitstellung einer gewerblichen Infrastruktur für die Befriedigung der Grundbedürfnisse noch zu rechtfertigen sein mag, erscheint in der heutigen Industriegesellschaft wie ein Wachstumshormon, das auch dann unverändert ausgeschüttet wird, wenn der Körper längst seine Zielgröße erreicht hat, und ihn zu monströsen Dimensionen weiterwachsen läßt.

Würde man versuchen, einen solchen Körper in ein eisernes Korsett einzuzwängen, oder ihm die Nahrung verweigern, um ihn am Weiterwachsen zu hindern? Oder auch, ihn mit guten Worten dazu zu bringen, mit dem Wachsen aufzuhören?

LESEBUCH

K10.1

Etwa von dieser Art sind die Methoden, mit denen in einem modernen Industriestaat versucht wird, die nicht mehr erträglichen Folgen des Wachstums zu begrenzen: Rauchgasentschwefelung, Abwasserabgaben, Drei-Wege-Katalysator, Fahrverbote bei Smog, Produktionsverbot für Atrazin, Rücknahmegebote für Verpackungen, Startverbote bei Nacht, geregelte Deponieverpflichtung für Abfälle, Verbrennungsvorschriften für Giftmüll, und von Zeit zu Zeit ein Bekenntnis zur Bewahrung der Schöpfung und eine Sonntagsrede über die Notwendigkeit, zu teilen und wieder bescheidener zu werden.

Bei einem kranken Körper, der nicht aufhören kann zu wachsen, würde man wohl unverzüglich nach der Ursache suchen, einer Drüse mit Hyperfunktion oder einem anderen Hormon, das die verantwortliche Drüse immer weiter stimuliert, obwohl die Zeit dafür abgelaufen ist, und man würde die Drüse operativ entfernen oder verkleinern oder ihre Ausschüttung durch Gegenmittel einzuschränken versuchen. Wie auch immer im einzelnen, würde man das Problem grundsätzlich auf die übliche, rationale wissenschaftliche Art dadurch lösen, daß man den das Wachstum stimulierenden Mechanismus entfernt oder unterdrückt.

Was hindert uns daran, den selben einfachen und einleuchtenden Gedanken auf eine exponentiell wachsende Wirtschaft anzuwenden, deren Wachstumsschäden einem bösartig wuchernden Krebs vergleichbar sind?

Unsere Wirtschaftsordnung ist skandalös ungerecht, nicht durchhaltbar, sie vernichtet mit ihrem exponentiellen Wachstum unsere Mitkreaturen und zerstört gleichzeitig unsere Lebensgrundlage. Und trotzdem halten wir an der Gesellschaftsform, die diesen Prozeß systematisch vorantreibt, dem kapitalistischen Industriesystem, fest wie an einem unantastbaren Heiligtum. Die Entwicklung der Weltbevölkerung, Artensterben, die drohende Klimakatastrophe, das wachsende Wohlstandgefälle zwischen Nord und Süd - es ist ganz klar, wenn man nicht krampfhaft die Augen zukneift, daß welterschütternde Veränderungen auf uns zukommen. Wir können versuchen, unsere Rentenansprüche auszurechnen und die Veränderungen auszusitzen. Die Chancen, daß das funktionieren wird, sind sehr gering. Oder, von der Tatsache ausgehend, daß nichts mehr wie früher sein wird, die Treibstoffzufuhr abstellen, den Fuß vom Gas nehmen, den Motor abschalten und sehen, was passiert.

Das wäre nichts weniger als eine Revolution. Wobei kein Zweifel daran bestehen kann, daß diese Revolution keine jakobinische, kein gewaltsamer Umsturz sein kann. Weder bestehen dafür die Voraussetzungen - im Gegenteil, noch nie ist es einer Mehrheit in den Industrieländern materiell so gut gegangen - noch würde ein Umsturz der Herrschaftsverhältnisse und eine Vergesellschaftung des Eigentums an den

Produktionsmitteln das geringste am Zerstörungkurs des Industriesystems ändern: warum sollte sich eine Mehrheit von Kapitalbesitzern anders verhalten als eine Minderheit? Es kann sich also nur um eine Kulturrevolution handeln, die in den Köpfen und Herzen beginnen muß, bevor sie zu einem politisch-gesellschaftlichen Paradigmenwechsel werden kann (s. a. K10.6).

Währungsreform *oder* Die Reale Marktwirtschaft   K10.2

Die Verkünder der Staatsreligion, die Professoren der Nationalökonomie, erklären immer gern in ihrer Einführungsvorlesung, daß Wirtschaften eine Veranstaltung zur (möglichst kostengünstigen) Befriedigung menschlicher Bedürfnisse ist.

Sie versäumen es regelmäßig, darauf hinzuweisen, daß diese primäre Zweckbindung nur solange (also nur für die primitivsten aller Wirtschaften) galt, als es kein funktionierendes Geld- **und** Kapitalsystem gab. Von der Zeit an (langsamer Übergang vom 16. - 19. Jahrhundert), als das Geld- und Kapitalsystem weltweit zu funktionieren begann, fand eine unmerkliche, aber entscheidende Verschiebung statt: die Bedürfnisbefriedigung wurde zu einem Mittel, mit dem sich Kapital verwerten und vermehren ließ. Daraus ergab sich als unvermeidliche Folge: das Ziel des Wirtschaftens konnte nicht mehr die (möglichst abschließende oder zumindest langanhaltende) Befriedigung einer möglichst geringen Zahl von Bedürfnissen sein, sondern im Gegenteil die Schaffung immer neuer Bedürfnisse und ihre möglichst ephemere Befriedigung. Erst diese (höchst subversive, niemals offiziell zur Kenntnis genommene oder gar anerkannte) Verschiebung schuf die Voraussetzung dafür, daß das sich akkumulierende Kapital immer weiter verwertet und vermehrt werden konnte und daß die kapitalistische Wirtschaft nicht, wie ihr immer wieder prophezeit worden war, an Übersättigung erstickte.

Die zweite sehr wesentliche unterlassene Aufklärung des Standard-Einführungskollegs ist der Hinweis, daß „kostengünstig" unterm Strich immer heißt: möglichst geringer Aufwand an Geld und Kapital bzw. möglichst hoher Ertrag desselben im Verhältnis zum eingesetzten.

Wirtschaftlichkeit ist das Verhältnis zwischen Aufwand und Ertrag, gemessen in Geld, das dabei als Knappheitsmaßstab hauptsächlich aufgewendete Arbeit und eingesetztes Kapital reflektiert. Nach diesem Maßstab kann es wirtschaftlich sein, einen Sänger 10 000 Meilen fliegen zu lassen, um eine Arie oder eine Popnummer vorzutragen - solange die Kasse stimmt. Oder eine Nutzlosigkeit wie eine Praline in drei oder vier Lagen von Alufolie, Acryltray, Pappschachtel und Acrylfolie einzu-

LESEBUCH

K10.2

packen - solange man einen entsprechend hohen Preis erzielen kann. Oder acht Millionen Zeitungen zu drucken, obwohl von vornherein klar ist, daß nur viereinhalb Millionen verkauft werden - solange die überzähligen dreieinhalb Millionen Exemplare, bevor sie wieder eingestampft werden, verhindern, daß auch nur eine einzige Zeitung nicht gekauft wird, weil sie vielleicht nicht mehr vorrätig ist.

Dieses hirnverbrannte Wirtschaftlichkeitsmaß beruht auf der vor 200 Jahren eingeführten Fiktion, daß nur das einen Wert hat, was durch Aneignung und Bearbeitung zu einer Ware gemacht worden ist. Und deshalb bleibt bis auf den heutigen Tag die verschmutzte Luft, das verbrauchte Wasser, das emittierte CO_2, der Wasserdampf in der Stratosphäre, das Müllgebirge, das das Grundwasser vergiftet, prinzipiell unberücksichtigt außer in den wenigen Fällen, in denen ein Gesetz oder eine Verwaltungsvorschrift die offensichtlichsten Mißhandlungen unserer Umwelt zu begrenzen versucht.

Wirtschaften ist die Lehre vom Umgang mit knappen Gütern. Dabei werden, in der klassischen Nationalökonomie, diejenigen Güter als knapp definiert, die aus der ungegliederten Fülle der natürlichen Gegebenheiten abgesondert und durch Arbeit angeeignet wurden. Im Umkehrschluß sind alle diejenigen Güter frei und daher nicht knapp, die durch keinen menschlichen Eingriff abgesondert, in scheinbar unbegrenzter Fülle vorhanden und allen Menschen uneingeschränkt zugänglich sind, wie Luft, Wasser, Meere, Wind und Wetter, Tiere und Pflanzen. In diesem Begriffssystem ist Geld das knappe Gut par excellence, da es als Tauschmittel alle anderen knappen Güter vertreten kann. Infolgedessen wacht das Geld als Zuchtmeister über die Verwendung der knappen Güter - daher die oben erwähnte Selbstverständlichkeit, mit der das Wort „kostengünstig" als „mit minimalem Aufwand an Geld" übersetzt wird, sowie die fatale, inzwischen lebensbedrohend gewordene Gepflogenheit, die sog. freien Güter aus Wirtschaftlichkeitsbetrachtungen auszuschließen.

Es liegt auf der Hand, daß dieses Steuerungsprinzip, wenn es einmal sinnvoll war, längst nicht mehr zeitgemäß ist, das heißt nicht mehr der Entwicklungsstufe der Industriegesellschaft entspricht. Die ehemals „freien" Güter wie saubere Luft und reines Wasser haben sich in knappe verwandelt, die ehemals knappen Güter sind zu einer Lawine von Waren geworden, deren Herstellungswert oft weit von den Kosten all der Prozesse übertroffen werden, die erforderlich sind, sie an den Verbraucher loszuschlagen.

Das zweite Funktionsprinzip der kapitalistischen Wirtschaft, das der Mehrwerterzeugung und Kapitalakkumulation, das für die ursprüngliche Akkumulation, also die Schaffung und Bereitstellung einer gewerblichen Infrastruktur für die Befriedigung der Grundbedürfnisse sinnvoll gewesen sein mochte, ist nach 200 Jahren exponentiell verlaufender industrieller Entwicklung zu einem unvorstellbar gefräßigen Monster geworden, das in jeder Sekunde in Jahrtausenden gebildetes Naturvermögen (Syntropie) in sich hineinschlingt, um es als Waren wieder auszustoßen und damit in Geldansprüche zu verwandeln.

Um diesen Kreislauf, in dem zwangsläufig immer mehr Naturvermögen immer schneller industriell „verwertet" wird, ohne Rücksicht auf echte Bedürfnisse und ohne Rücksicht darauf, ob die Ausbeutung der Biosphäre unsere Lebensgrundlage zerstört, um diesen Kreislauf zu bremsen, gibt es einen kardinalen Ansatzpunkt: den Motor der Kapitalverwertung auszubauen, die Vermehrung von Kapital durch das Aufeinandertürmen von Mehrwert abzuschaffen. Wenn nicht mehr Kapitalverwertung, sondern (wieder) Bedürfnisbefriedigung das Ziel des Wirtschaftens ist, nimmt das Kriterium „kostengünstig" automatisch eine völlig andere Bedeutung an: nämlich, mit möglichst geringem Aufwand an Arbeit und natürlichen Ressourcen.

Eine derartiger Umsturz, mit dem die „Veranstaltung zur Befriedigung menschlicher Bedürfnisse" wieder vom Kopf auf die Füße gestellt würde, wäre also gleichbedeutend mit einer radikalen „Währungsreform": Wertmaßstab einer nachhaltigen Wirtschaftsweise ist die Entropievermehrung oder der Verbrauch an negativer Entropie. „Kostengünstig" bedeutet in dieser Währung: mit möglichst geringem Aufwand an Syntropie. Das heißt, daß das Geld in seiner Funktion als Tauschmittel auf einem „Syntropiestandard" beruhen müßte.

Die Reale Marktwirtschaft

Wie läßt sich die Forderung, die Minimierung der Entropievermehrung zum wirtschaftlichen Steuerungsprinzip zu machen, praktisch realisieren?

Müssen wir das Geld als Wurzel allen Übels abschaffen?

Natürlich nicht. Es ist weder möglich, noch wünschenswert, noch nötig, zur Tauschwirtschaft zurückzukehren. Als Zahlungsmittel ist Geld konkurrenzlos effizient, und seine fatalen Folgen hängen zum allergeringsten mit dieser Eigenschaft zusammen, sondern damit, was es repräsentiert.

Geld - ob in Form von Münzen oder Scheinen - hat ja keinen Wert an sich sondern nur kraft der Tatsache, daß es jederzeit eintauschbar ist gegen etwas, was einen realen Wert hat. Das war die Basis des Goldstandards: die Notenbank verpflichtete sich, jeden Geldschein jederzeit gegen eine bestimmte Menge Gold einzutauschen.

LESEBUCH

K10.2

In einer modernen Gesellschaft ist der Gegenwert der Währung nicht mehr Gold, sondern die Produktivkraft der Wirtschaft, also ihre Fähigkeit, Werte zu schaffen. Deshalb wird, logischerweise, die Produktion von Waren und Dienstleistungen mit Geld, also dem Anspruch auf einen entsprechenden Gegenwert, bezahlt.

Nun ist Geld nicht deswegen schlecht, weil es als Steuerungsmedium der Wirtschaft fungiert - im Gegenteil, in dieser Funktion ist es unschlagbar -, sondern weil der Gegenwert, also der Standard, schlicht die Realität ignoriert (s. o. „knappe Güter"): als Wertschöpfung wird der Preis in die Bücher eingetragen, den eine Ware oder eine Dienstleistung auf dem Markt erbringt - wobei dieser Preis im allgemeinen die Arbeitskosten, die Zinsen für eingesetztes Kapital, Renten für die Eigentümer des Bodens und einen völlig unangemessenen Bruchteil der Kosten von Energie, Rohstoffen und Negentropieverbrauch wiederspiegelt. Auf der Grundlage dieser Vorgaben kann es nicht überraschen, wenn das perfekte Steuerungsinstrument Geld die Art von Wertschöpfung prämiiert, die den Einsatz von Arbeit, Boden und Kapital minimiert (wobei Kapital wiederum dazu dient, den Einsatz der beiden anderen Produktionsfaktoren zu ersetzen), und den Verbrauch der fast geschenkten Produktionsfaktoren Energie, Rohstoffe, Luft und Wasser, also allgemein der Negentropievoräte maximiert.

Um eine durchhaltbare Wirtschaftsweise zu verwirklichen, muß nicht das Geld abgeschafft, sondern es muß an einen anderen, nämlich realen, Wertmaßstab gebunden werden. Dieser Wertmaßstab ist das vorhandene Naturvermögen, die Syntropie, von der alle unsere wirtschaftlichen Tätigkeiten zehren und abhängen.

Dazu gehören, am augenfälligsten,

■ Energieträger und Rohstoffe; weniger sichtbar, aber ebenso unentbehrlich,
■ der Sauerstoffgehalt der Luft (das Sauerstoffpotential in der Atmosphäre, das um 20 Prozent über dem chemischen Gleichgewicht liegt, ist wie eine Batterie des Lebens und der industriellen Tätigkeit, die ständig aufgeladen wird: ohne dieses Potential gäbe es keine Verbrennung, gäbe es kein tierisches und menschliches Leben, das nur mit Hilfe der Oxidation seinen Energiebedarf decken kann)
■ das saubere Wasser in einem Fluß oder See und der Wasserkreislauf (Verdunstung, Vegetation, Niederschläge, Wasserläufe, Grundwasser), der es sauberhält
■ der Kohlendioxidgehalt der Atmosphäre, der die Temperatur auf einem Niveau hält, das für das Leben bekömmlich ist
■ die Ozonschicht der Stratosphäre, die gerade soviel UV-Strahlung durchläßt, daß sie das Leben fördert, ohne es zu schädigen

EIN SYSTEM SIEGT SICH ZU TODE

■ die Abwesenheit von giftigen Stoffen und Schwermetallen in Luft, Wasser und Boden, bzw. ihr Vorhandensein in so geringen Konzentrationen, daß sie ihre Funktionen als Spurenelemente erfüllen könnne, ohne Schaden anzurichten.

Dies sind einige greifbare Elemente und Aspekte des Naturvermögens, des Syntropievorrates, der unser Leben ermöglicht und ohne den es keinerlei wirtschaftliche Tätigkeit geben könnte. Es sind gleichzeitig die Elemente, oder Kompartimente, die wir durch unsere industrielle Hypertrophie am stärksten überbeanspruchen - so nachhaltig, daß die Produktivität und Resilienz dieser Systeme bedroht und zum Teil bereits stark beeinträchtigt ist.

Die Störung und Schädigung der Lebenserhaltungssysteme durch die Industriezivilisation deutet unübersehbar darauf hin, daß die Syntropievorräte begrenzt sind, und daß deshalb ihre Nutzung beschränkt werden muß.

> Nur ein Wirtschaften in geschlossenen Prozeßkreisläufen oder, vielleicht besser: in Prozeß-Spiralen, die von Sonnen-Syntropie angetrieben werden, kann letztlich den Menschen und sein Handeln mit der Umwelt verträglich machen
> (Hans-Peter Dürr, Q41-39).

Beispielhaft für diese Beschränkung ist die Aufnahmefähigkeit der Atmosphäre für zusätzliche Mengen von Kohlendioxid, das ja gleichzeitig eine Art „Leitemission" der Industriegesellschaft ist. Falls eine Klimakatastrophe mit unabsehbaren Folgen vermieden werden soll, muß nach Ansicht der Klimaforscher der Kohlendioxidausstoß pro Kopf auf zwei Tonnen pro Jahr begrenzt werden11.

Da die CO_2-Produktion durch ihre Kopplung an den Energieverbrauch als zwar grober, aber doch repräsentativer Indikator des Syntropieverbrauchs gelten kann, bietet er einen griffigen Maßstab für den Anspruch an die irdischen Lebenserhaltungssysteme, der einem Menschen zusteht, und eignet sich daher bestens als Standard einer realen Währung.

Die Einführung der Realen oder oder auch Reellen Marktwirtschaft besteht also darin, daß jedem Menschen ein Guthaben von zwei Tonnen CO_2-Produktion eingeräumt wird. Über dieses Guthaben kann er nach Belieben verfügen - er kann es

LESEBUCH

K10.2

auch, wenn er es nicht für seine eigenen Bedürfnisse braucht, verkaufen oder verschenken.

Mit der Einführung dieser Währung würde ein Haus aus Holzbalken und Lehm trotz des höheren Arbeitsaufwandes sehr viel günstiger abschneiden als ein Gebäude aus Stahl und Beton (jetzt würde der Energieverbrauch für die Förderung des Erzes, seinen Transport, die Förderung der Kohle für seine Verhüttung, den Transport der Zuschlagstoffe wie Kalk, Energieverbrauch bei der Zementproduktion, Luftverschmutzung, Wasser- und Landschaftsverbrauch bei beiden Prozessen, um nur einige wenige entropievermehrende Prozeßschritte herauszugreifen, zu Buche schlagen).

Auf einmal würde eine Bahnfahrt, bei begrenztem Syntropiebudget, nur noch ein Viertel einer Autofahrt kosten; man würde anfangen, sich Gedanken darüber zu machen, wie man nicht nur die verschiedensten Fahrten für Erledigungen, Besuche, zu Veranstaltungen, sondern auch leichte Transporte mit dem Fahrrad und einem entsprechenden Anhänger erledigen kann.

Es kämen wieder Tätigkeiten zu Ehren, die jetzt von jeder rationalen Erwägung abgewertet werden: Warum soll ich mein altes Fahrrad wiederherrichten und renovieren, wenn mich das drei Tage kostet - drei Tage, in denen ich soviel verdiene, daß ich mir ein neues Fahrrad kaufen kann? Die Rechnung lautet jetzt anders: ein neues Fahrrad kostet mich 500 Syntropiepunkte. Davon kann ich 400 einsparen, wenn ich das alte repariere.

Es würde sich herausstellen, daß Bananen aus Ecuador zehnmal soviel kosten wie Birnen aus dem Garten, und die Autos aus Fernost wären plötzlich unerschwinglich. Eine Urlaubsreise nach Australien würde soviel Syntropie verbrauchen, daß man ein halbes Leben eisern dafür sparen müßte.

Man würde auf einmal bemerken, daß eine Getränkedose 20mal so viel Punkte kostet wie das darin enthaltene Getränk; daß mit jeder Einwegflasche, die klirrend im Flaschencontainer zerspringt, fünf kostbare Punkte verschwinden; daß auch die vielgerühmten Mehrwegflaschen, in denen wir - umweltbewußt - unser Bier und unsere Milch aus dem Supermarkt holen, mit einem Punkt belastet sind, weil ihr Rücktransport Energie verbraucht und die scharfen Laugen für ihre Reinigung die Gewässer belasten. Wirklich kostenlos für das Syntropiebudget wäre nur die Flasche, die man selbst mitbringt und beim Weinhändler mit Wein und im Laden mit Milch füllen läßt.

EIN SYSTEM SIEGT SICH ZU TODE

Das Schnitzel oder das Steak käme vielleicht nicht mehr täglich auf den Tisch, wenn sein Preisschild den Hinweis enthielte, daß es 70mal soviel Syntropiepunkte verschlingt wie Karotten oder Brot, und der Krabbencocktail würde nicht mehr ganz so preiswert aussehen, wenn man wüßte, daß er 130mal soviel Energie-Input verkörpert wie ein organisch angebauter Salat.

Die Zeitschrift, die auf dem üblichen chlorgebleichten Hochglanzpapier daherkommt, würde neben ihrem Preis 150 Punkte kosten, eine andere auf sauerstoffgebleichtem Papier nur 75 und die Zeitschrift auf Recyclingpapier nur 30 Punkte - wenn dadurch die Auflage in Frage gestellt würde, wäre die Umstellung auf umweltfreundlicheres Papier plötzlich Chefsache.

Holländische Treibhaustomaten, schon lange ungenießbar, wären auf einmal auch unbezahlbar - oder wer wollte schon kostbare 80 Syntropiepunkte hinlegen für eine Veranstaltung, die im wesentlichen darin besteht, mit einem hohen Aufwand an Energie holländisches Wasser aus dem Boden zu ziehen, in eine rote Schale zu verpacken und mit dem Lastwagen nach Deutschland zu schicken?

Wenn ich mit Freunden in einer Kleinstadt ein Haus kaufe und modernisiere, gehen erst mal meine Syntropievorräte für die ersten zwei Jahre drauf. Farben, Dachziegel, Zement, Sonnenkollektoren, Doppelfenster und der neue Heizkessel - das alles stellt so viel Energie- und Rohstoffverbrauch dar, wie uns zu sechst in zwei Jahren zusteht.

Aber wenn ich dann mein Gemüse aus dem Garten hole (ohne Pestizide, ohne Mineraldünger, nur mit unserem eigenen Kompost gedüngt), wenn ich am morgen mit sonnengewärmtem Wasser dusche, wenn unser Heizölverbrauch, dank Sonne und Isolierung, von 5000 l auf 1000 l sinkt, wenn ich zum Einkaufen, zur Arbeit, zu meinen Freunden mit dem Fahrrad fahre statt mit dem Auto, wenn ich meine Ferien unter dem schönen alten Apfelbaum in unserem Garten verbringe statt in der Karibik - dann habe ich schon im nächsten Jahr soviel Syntropiepunkte auf meinem Konto übrig, daß ich sie meistbietend verkaufen kann - an den Fialialleiter, der seiner Freundin 14 Tage Malediven bieten wollte - und damit sein Syntropiebudget für zwei Jahre aufbrauchte, an die Direktrice, die sich jetzt endlich ihre Vier-Zimmer-Wohnung leisten kann - von ihrem Gehalt, versteht sich, aber nicht von ihrem Syntropieguthaben, das schon von der Anschaffung des neuen BMW weit überzogen ist, an den Banker, der leicht seine 80 000 km im Jahr zusammenfliegt (24 t CO_2) - und damit den Syntropieanspruch seiner ganzen Familie für zweieinhalb Jahre verbraucht hat: was bedeutet, daß auch mit 200 000 DM Jahreseinkommen keine einziger Punkt mehr übrig ist, um Wohnung, Essen, Auto und Ferienreise zu bezahlen, vom Sprachaufenthalt der Tochter in Amerika einmal ganz abgesehen[34].

LESEBUCH

K10.2

Ein höheres als das Standardeinkommen von 20 000 Punkten würde nicht mehr derjenige erhalten, der zehnmal oder hundertmal soviel Energie und Naturvermögen in Profit verwandelt wie andere, sondern es gäbe Gutschriften für syntropievermehrende Tätigkeiten: Kompostieren, Kompost ausbringen, Bäume pflanzen und pflegen, verschmutzte Gewässer reinigen, begradigte Bäche renaturalisieren, und für soziale Tätigkeiten, die der Selbstorganisation der Gesellschaft dienen.

Jährliches Syntropie-Guthaben:	
2 t CO_2	20.000 Punkte
1 t CO_2	10.000 Punkte
1 kg CO_2	10 Punkte
1 l Benzin	25 Punkte

Heutiger durchschnittlicher Syntropieverbrauch pro Kopf pro Jahr BRD (alt)

Heizung	800 l Öl	= 2.000 kg CO_2	= 20.000 Punkte
PKW	1.300 l Treibstoff	= 3.250 kg CO_2	= 32.500 Punkte
Einkaufskorb	2.000 l Öl	= 5.000 kg CO_2	= 50.000 Punkte

Weitere Beispiele:

Flugreise Karibik	600 l Treibstoff	= 1.500 kg CO_2	= 15.000 Punkte
Flugreise Malediven	1.000 l Treibstoff	= 2.500 kg CO_2	= 25.000 Punkte

(nach Reiner Klingholz, Q50-28)

Dann werden auf einmal Investitionen rentabel, die Energie und Rohstoffe sparen (und nicht, indem sie, wie beim Steuer- und Abgabensystem, auf andere Syntropiequellen ausweichen oder die höheren Kosten auf die zahlungskräftigen Verbraucher abwälzen, sondern real einsparen, weil *alle* Syntropiequellen ein Loch ins Budget reißen). Auf einmal wird menschliche Arbeit wieder bezahlbar - der Syntropieverbrauch ihrer Reproduktion ist geradezu lächerlich, es sei denn, die Arbeiter und Angestellten fahren eine Stunde mit dem Auto zur Arbeit, und verbringen zusätzlich eine Stunde im Stau, wenn sie nach Hause fahren. Auf einmal

EIN SYSTEM SIEGT SICH ZU TODE

bekommt der Laden an der Ecke wieder eine Chance, auch wenn dort die Milch, das Bier und die Brötchen ein paar Pfennige teurer sind: das gleicht sich dadurch aus, daß man die wertvollen Punkte für die Autofahrt zum Verbrauchermarkt draußen vor der Stadt einspart. Auf einmal ist es nicht nur eine Frage des Geldes, ob man eine Woche zum Skilaufen in die Alpen fahren will: 2000 Punkte für die Autofahrt, 500 für den Wochenskipaß für die unbegrenzte Benutzung von Schleppliften und Kabinenbahnen - das wird man sich überlegen, wenn man für die letzten Wochen des Jahres nur noch 1000 Punkte übrig hat. Und die ganze Rechnung könnte bös ins Auge gehen, wenn's nicht genug schneit: mit Schneekanonen wird das Vergnügen dann nämlich doppelt so teuer.

Man wird einwenden, das sei ja viel zu kompliziert und würde eine ungeheure Bürokratie erfordern. Weit gefehlt. Die Verwaltung wäre nicht aufwendiger als die einer Bibliothek und mit Abstand einfacher und billiger als die Kontenverwaltung einer Bank. Die erforderliche Technik und Infrastruktur ist bereits voll im Einsatz. Im Zeitalter der Kreditkarten, der Laser-Kassen, der Magnetstreifenleser und der Scanner könnte in kürzester Zeit der gesamte Waren- und Dienstleistungsverkehr in dieses Abrechnungssystem einbezogen werden. Die P.O.S.-Terminals, die zur Zeit in Supermärkten und an Tankstellen eingeführt werden, könnten mit vernachlässigbarem Aufwand für diesen Zweck programmiert werden. Ebenso, wie sie die Kontonummer des Kunden von seiner Magnetstreifenkarte ablesen und damit sofort seinen Kontostand bei der Bank abfragen bzw. sein Konto mit dem Preis für die eingekauften Waren belasten, könnten sie die Syntropiepunkte, die im Strichcode des Etiketts gespeichert sind, von seinem Syntropiekonto abbuchen lassen.

Über die Frage der Bewertung der verschiedenen Waren und Dienstleistungen im Sinn der Entropievermehrung könnte man natürlich Jahrzehnte streiten, bis sich das Verfahren von selbst erübrigt. Dabei kann nicht der geringste Zweifel daran bestehen, daß ein solcher Streit keinen anderen Sinn haben könnte, als die Währungsreform zu verschleppen. Einzig und allein wichtig wäre erst einmal das Prinzip, der Währung eine reale Grundlage zu geben. Für den Anfang würde es genügen, bei der Berechnung des Syntropieverbrauchs den Energieverbrauch zugrundezulegen, da er sich in den meisten Fällen mühelos ermitteln läßt. Wie Wolfram Ziegler (wzbös) gezeigt hat, ist die Umweltbelastung dem Energieverbrauch weitgehend proportional. Eine genauere Anpassung an die tatsächliche Entropievermehrung, soweit sie dem Energieverbrauch nicht proportional ist, wie z. B. Zerstörung von Naturlandschaften, Emission von giftigen Verbindungen und radioaktiven Substanzen, könnten schrittweise korrigiert werden.

LESEBUCH

K10.2

Die Festlegung der Syntropieäquivalente sollte einem unabhängigen Gremium, wie etwa dem Sachverständigerat für Umweltfragen, assistiert von einem Runden Tisch, übertragen werden.

Natürlich läßt sich eine solche Revolution nicht von heute auf morgen verwirklichen. Aber bis übermorgen haben wir keine Zeit. Man könnte also an eine Übergangszeit von einigen Jahren denken, in denen, ausgehend von 5 t pro Jahr, das Syntropie-Guthaben schrittweise auf die langfristig tragbaren 2 t reduziert wird. Das ist jedoch kein Grund, nicht sofort damit anzufangen.

Analog zum internen Syntropiemarkt wäre auch auf internationaler Ebene zu verfahren: wir könnten während dieser Übergangszeit den Ländern der Dritten Welt, die unter der zulässigen Quote von 2 t liegen, ihren Minderverbrauch abkaufen, und durch die Entwicklung und Lieferung von umweltverträglicher Technik damit beginnen, unsere angehäuften Syntropieschulden zurückzuzahlen (s. K10.4).

Im Gegensatz zu all den unüberschaubaren administrativen Einschränkungen unserer Freiheit in Produktion und Verbrauch, den Myriaden von Verboten und Geboten, die unvermeidlich kommen werden, soweit sie nicht schon unterwegs sind, wäre ein syntropiegekoppeltes Währungssystem eine gigantische und höchst befriedigende Herausforderung an die menschliche Phantasie[35]: wie lassen sich die wichtigsten menschlichen Bedürfnisse innerhalb eines gegebenen Syntropiebudgets verwirklichen? Was für eine lohnende Aufgabe für die ganze entsetzlich verschwendete Kreativität, die sich in unserer Wirtschaft damit abquält, uns mit immer wieder umgedrechselten Sprüchen, mit immer neu hinfrisierten Produkteigenschaften, mit immer wieder neukonzipiertem Styling immer neue Varianten derselben alten Klamotten aufzuschwätzen.

Falls es nicht ohnehin zu spät ist, dürfte eine kybernetisch funktionierende Ankopplung unserer Produktions- und Konsumtionsweise an die reale Welt auf diese oder eine ähnliche Art die einzige Chance sein, den Supertanker von seinem jetzigen Kurs abzubringen, bevor er an der Felsenküste zerschellt. Wir könnten damit die weitere Chance gewinnen, einige Glanzpunkte unserer sozialen Organisation, wie den Rechtsstaat, die Demokratie, die zivile Gesellschaft, das Solidaritätsprinzip in das Zeitalter der Knappheit hinüberzuretten. Die frontale Kollision mit der physischen Realität, auf die wir mit unserem jetzigen Kurs zusteuern, und die brutalen Verteilungskämpfe, die ihr folgen werden, werden von diesen zarten Blüten der gesellschaftlichen Evolution wenig übriglassen.

Geld ohne Zinsen   K10.3

Den Wachstumsmotor ausbauen, die Brennstoffzufuhr abstellen - was heißt das konkret? Wie soll man sich eine Wirtschaft vorstellen, die ohne Mehrwert, ohne „arbeitsloses" Einkommen aus Kapital funktioniert?

Der Sozialreformer und Kaufmann Silvio Gesell (1862-1930) schlug 1916 die Einführung eines sog. „Freigeldes" vor[36]. Die Bezeichnung „Freigeld" bezog sich darauf, daß dieses Geld zinsfrei sein und stattdessen mit einer Einbehaltungs- oder Aufbewahrungsgebühr belegt werden sollte.

Nun erscheint uns die Vorstellung, daß Geld Zinsen trägt, so selbstverständlich, daß wir sie fast schon einem Naturgesetz gleichsetzen. Der Zins ist eine Einrichtung, die mindestens so alt ist wie die ersten Stadtkulturen. Sie tritt überall dort auf, wo mehr produziert als verbraucht wird, der Überschuß wird gegen Zins ausgeliehen (bereits belegt für Babylonien, wo z. B. 33 Prozent für vorgeschossenes Getreide verlangt wurde, oder auch für das Athen zur Zeit des Perikles).

Anderseits ist der Zins im Islam und war der Zins im christlichen Mittelalter verboten.

Während dieses Zinsverbot vorwiegend sozial motiviert war, spielten für Silvio Gesell, den Kaufmann, volkswirtschaftliche Überlegungen eine mindestens gleichwertige Rolle. (Das soll nicht etwa heißen, daß die Frage der Verteilungsgerechtigkeit zu vernachlässigen wäre, s. Abb. 10). Er nahm vor allem daran Anstoß, daß Geld, dadurch, daß es einen Preis (den Zins) hat, zu einer Ware wird, deren Angebot als Reaktion auf Preisveränderungen schwankt. Das aber bedeutet, daß die Wirtschaftstätigkeit von einem Medium gesteuert - nämlich gedrosselt oder beschleunigt - wird, das mit den Bedürfnissen einerseits und den Produktionsmöglichkeiten andererseits nichts (oder doch nur sehr vermittelt) zu tun hat.

Geld ist eine der intelligentesten und elegantesten Erfindungen menschlicher Kultur. Es dient Wirtschaft und Handel

1. als Tauschmittel
2. als Wertmaßstab
3. als Wertspeicher.

Ohne Geld als Tauschmittel könnte sich kein wirklicher Handel entwickeln, ohne Geld als Wertmaßstab gäbe es keine Preisbildung. Geld als Wertspeicher löst die wirtschaftliche Tätigkeit aus ihrer Gebundenheit an die Zeit: es ermöglicht eine

LESEBUCH

immaterielle Form der Vorsorge und ist die Voraussetzung dafür, daß Geld als Kapital investiert und damit zur Erhöhung der Produktivität der menschlichen Arbeitskraft eingesetzt wird.

K10.3

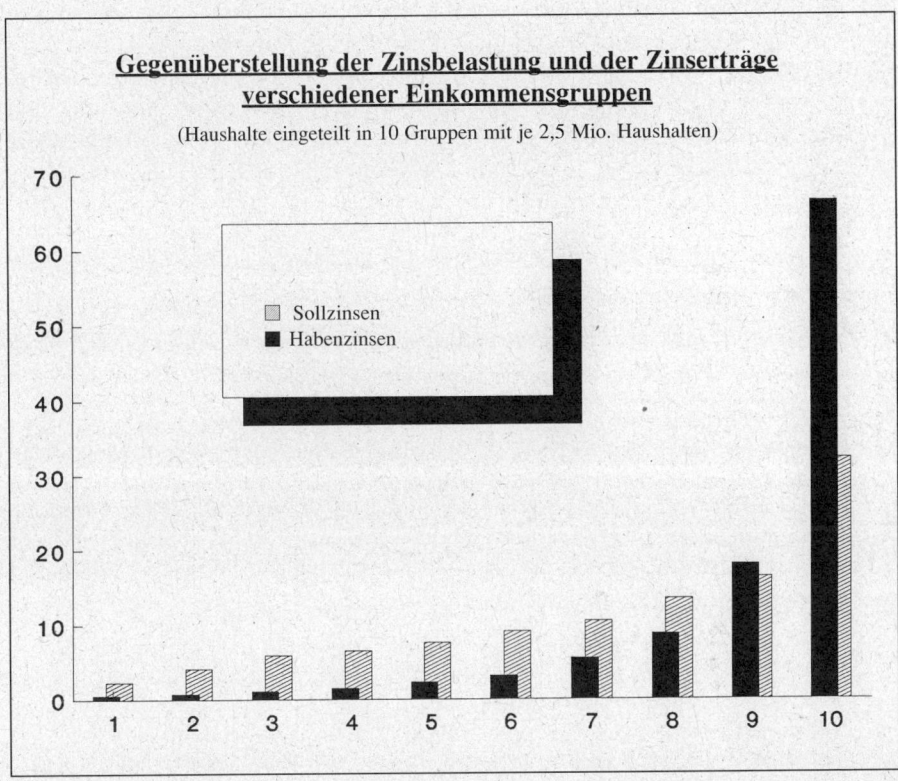

Haushaltsgruppen nach Einkommen gestaffelt	1	2	3	4	5	6	7	8	9	10
Zinslasten in Tsd. DM je Haushalt	2,3	4,1	5,9	6,5	7,6	9,1	10,5	13,5	16,3	32,3
Zinserträge in Tsd. DM je Haushalt	0,5	0,7	1,1	1,5	2,3	3,2	5,5	8,8	18,0	66,5
Zinssalden	-1,7	-3,4	-4,8	-5,0	-5,3	-5,9	-5,0	-4,7	1,7	34,2

Abb. 10: (nach mkgo20)

EIN SYSTEM SIEGT SICH ZU TODE

In seiner Eigenschaft als Kapital wird es zum Produktionsfaktor, der nach herrschender Meinung wie jeder andere Produktionsfaktor entlohnt werden muß - durch eine „Rente" oder „Rendite", deren Höhe mit dem Zinssatz in einer komplexen Wechselwirkung steht.

Gesell schlug vor, die Situation vom Kopf auf die Füße zu stellen, indem man nicht das Ausleihen von Geld mit einer Prämie, dem Zins, belohnt, sondern das Zurückbehalten von Geld mit einer Strafgebühr belegt. Dahinter stand die Überlegung, daß Geld in Form von Kapital eine durch nichts zu rechtfertigende privilegierte Position gegenüber allen anderen Waren einnimmt, indem es sich lohnt, Geld zurückzuhalten (weil es nicht verderben kann) und abzuwarten, bis der Preis (Zins) so weit ansteigt, daß es vorteilhaft wird, es auszuleihen.

Die Kapitalfunktion des Geldes wird durch eine solche „Rückhaltegebühr" zwar nicht abgeschafft, aber radikal verändert. Geld wird, unter Strafe des Wertverlusts (nämlich der Hortungsgebühr), in den Umlauf gezwungen und damit nicht durch die Aussicht auf eine Rendite, sondern durch die Androhung einer Entwertung, dazu veranlaßt, sich zu Anlagekapital zu verwandeln. (Daß das damit verbundene Risiko in irgendeiner Form ausgeglichen werden muß, wird weiter unten angesprochen).

Der Grundgedanke Gesells wurde in jüngerer Zeit von Helmut Creutz, Dieter Suhr, Yoshito Otani und Margrit Kennedy[37] aufgegriffen und weiterentwickelt. Dabei trat der Aspekt der ökologischen Zerstörung, der mit dem Zins- bzw. Akkumulationsprinzip untrennbar verbunden ist und der für Gesell noch nicht erkennbar war, zu den sozialen Überlegungen über die Verteilungsungerechtigkeit und deren Verstärkung durch das Zinsprinzip hinzu.

Die praktische Verwirklichung eines „Geldes, das rostet", hatte Silvio Gesell sich folgendermaßen vorgestellt: am Ende eines jeden Monats sollten Geldscheine, um ihre Gültigkeit zu behalten, mit einer Gebührenmarke beklebt werden, die eine Belastung von etwa 5 Prozent im Jahr bedeutete. Dieser „Strafzins" für das Horten von Geld, also der angedrohte Wertverlust, sollte dafür sorgen, daß Geld nicht gehortet, sondern möglichst schnell in Umlauf gebracht wird.

Genau in dieser Form wurden Gesells Vorstellungen in der österreichischen Gemeinde Wörgl umgesetzt, die zwischen 1932 und 1933 einen der erfolgreichsten Versuche mit zinslosem Geld durchführte.

Unter den heutigen völlig veränderten Bedingungen der Geldwirtschaft, in der 90 Prozent des Geldes „Buchgeld" ist (mkgo36) - also kein Geld in Form von Metall und Papier, sondern in Form elektronischer Daten in den Computern der Banken -, wäre nur ein programmiertechnischer Handgriff erforderlich, um vorgehaltene Liquidität nicht nur monatlich, sondern täglich mit einem geringen Wertverlust zu belasten. Wollte man das Geld diesem Wertverlust entziehen, müßte man es auf ein Sparkonto überweisen -

LESEBUCH

K10.3

wo es zwar keine Zinsen tragen würde, aber vor Wertverlust geschützt wäre und damit seine Funktion als Wertspeicher weiter erfüllen könnte. „Die Hortung barer Scheine des neuen Geldes könnte auf elegantere Weise als mit dem Aufkleben von Marken auf die Rückseite von Banknoten verhindert werden. *Man könnte z. B. Banknoten in Serien mit verschiedenen Farbmarkierungen und Größen drucken, von denen eine Serie ein- oder zweimal im Jahr ohne Vorankündigung eingezogen würde, so daß niemand größere Mengen von Banknoten ohne Verlust horten könnte.* Das wäre für den Staat nicht viel aufwendiger als das Ersetzen von abgenutzten Banknoten durch neue, wie es heute üblich ist" (mkgo37).

Das auf den Sparkonten angesammelte Geld könnte, genau wie das jetzt der Fall ist, für Investitionen ausgeliehen werden; allerdings wären für Kredite keine Soll-Zinsen zu zahlen (ebensowenig, wie auf Einlagen Haben-Zinsen gezahlt würden), sondern nur eine Risikoprämie, die in der Art einer Versicherungsprämie das Risiko von Krediten abdeckt, die nicht zurückgezahlt werden (können).

Es ist klar, daß ein solches revolutionär neues Geldsystem nicht auf Anhieb reibungslos funktionieren, daß es Störungen, Unruhen, Verwerfungen, daß es radikale Veränderungen der wirtschaftlichen Abläufe mit sich bringen würde - Veränderungen, die von vielen abgelehnt und bekämpft würden, weil sie ihre bestehenden Rechte, Erwartungen und Gewohnheiten berühren. Eine der entscheidenden offenen Fragen wäre, wie sich ein zinsloses Geldsystem und damit eine Wirtschaft ohne Mehrwert und Akkumulation auf die Investitionstätigkeit auswirken würde. Ohne jeden Zweifel würde sie erst einmal zurückgehen - unter dem Gesichtspunkt der Vermehrung des materiellen Wohlstands ein Desaster, für die herschende Wirtschaftspolitik der Weltuntergang, unter dem Blickwinkel des Ressourcenverbrauchs und der Umweltzerstörung der erste Schritt in die richtige Richtung. Gleichzeitig ist damit zu rechnen, daß Investitionen unter völlig veränderten Beurteilungskriterien entschieden und verwirklicht würden, weil nicht mehr die gebotene Verzinsung oder Investitionsrendite, sondern der tatsächliche Bedarf den Ausschlag geben würde. Bei Kapitalmarktzinsen von sechs oder neun Prozent ist es irrational, 20 000 Mark in eine Sonnenkollektoranlage zu investieren, wenn ich damit im Jahr nur 500 Mark an Brennstoffkosten sparen kann. Sobald jedoch die Verzinsung entfällt, wird eine solche Anlage sofort rentabel. Sie ist sogar zu rechtfertigen, wenn ich damit überhaupt kein Geld spare - weil sie Ressourcen einspart und die Umwelt entlastet, ohne daß diesem Vorteil Kosten in Form von (verlorenen) Zinsen gegenüberstehen.

Der überraschende Wechsel in den Kriterien für Investitionsentscheidungen ist leicht zu erklären. Unter den heutigen Bedingungen der Kapitalverwertung kann eine Investition wie ein Sonnenkollektor, eine Biogasanlage, eine Solaranlage zur Stromerzeugung, ein Windgenerator nicht mit Kapitalanlagen konkurrieren, die ihren Mehrwert, und damit die hohe Kapitalverzinsung, letzten Endes aus der kostenlosen Ausbeutung der begrenzten Vorräte an negativer Entropie (also Erdöl, Erdgas, Kohle, Uran) beziehen, weil wirklich umweltverträgliche Anlagen definitionsgemäß auf diese Einkommensquelle verzichten und sich auf die weniger konzentrierten, dafür aber dauerhaft nutzbaren Energiequellen (Sonne, Wind, organische Abfälle) beschränken.

Was immer auch die Folgen im einzelnen wären - wir werden es nie erfahren, wenn wir es nicht ausprobieren. Margrit Kennedy schlägt vor, daß die zinslose Geldwirtschaft in einzelnen Regionen (z. B. in strukturschwachen Gebieten, in denen dazu ein größerer Anreiz besteht), versuchsweise eingeführt wird - sie kann, wie sich in Wörgl gezeigt hat, mit dem bestehenden Geldsystem koexistieren.

Angesichts der verheerenden, unsere Lebensgrundlagen bedrohenden Wirkungen, die von der kapitalistischen Akkumulation nicht zu trennen sind, können wir es überhaupt nicht verantworten, denkbare Alternativen *nicht* auszuprobieren, auch wenn sich unerwünschte Nebenwirkungenn nicht ausschließen lassen.

In einem kurzen Artikel wie diesem lassen sich selbstverständlich nur einige Grundelemente eines zinslosen Geldsystems skizzieren, und es ist nicht möglich, auf die zahlreichen Fragen einzugehen, die es aufwirft. Eine knappe, allgemeinverständliche Darstellung gibt Margrit Kennedy in „Geld ohne Zinsen und Inflation" (mkgo), ausführlicher in ihrem im September 1991 im Goldmann-Verlag erschienenen Buch mit dem gleichen Titel.

Erdpolitik K10.4

Wenn jemals ein „planetarisches Bewußtsein" entstehen soll, müssen wir erst einmal ganz konkret begreifen lernen, was unser Leben auf der Erde mit anderen 5 oder 8 oder 10 Milliarden Menschen zusammen, bedeutet (wir haben offenbar keine Ahnung, sonst könnten wir nicht so leben, wie wir leben).

Auf dieser Ebene zeichnet sich, im nationalen wie auch im internationalen Bereich, etwas ab, was man mit Ernst U. von Weizsäcker als „Erdpolitik" bezeichnen könnte.

Der Bericht der Nord-Süd-Kommission unter dem Vorsitz von Willy Brandt, der Brundtland-Bericht, die Untersuchungen und Berichte der Enquête-Kommission „Vorsorge zum Schutz der Erdatmosphäre", die Klima-Konferenz von Toronto im

LESEBUCH

K10.3

Juni 1988 lassen Ansätze zu einer völlig neuen Einstellung zum sog. „Umweltproblem" erkennen: gegen die drohende Verschlechterung unserer Lebensbedingungen durch die Verschmutzung von Luft und Wasser, die Ausdünnung der Ozonschicht und die drohende Klimaveränderung werden keine Überlegungen über neue Grenzwerte und „saubere" Technologien angestellt, sondern sie werden in einen globalen Zusammenhang eingeordnet, und in diesem Zusammenhang wird unser eigenes Verhalten, unsere Wirtschaftsweise, unser Lebensstil in den Industrieländern kritisch hinterfragt.

Einer der ersten Ansätze dieser Art, Global 2000, wurde durch die bodenlose Dummheit, Selbstsucht und Kurzsichtigkeit der Reagan-Administration zur Unwirksamkeit verurteilt. Andere, wie der Brandt- und der Brundtland-Bericht, finden mit ihren aufrüttelnden Analysen weltweites Gehör, während die Umsetzung ihrer Empfehlungen bisher an der Übermächtigkeit der wirtschaftlichen Interessen und der Feigheit der politischen Akteure gescheitert ist.

Auf internationaler Ebene war die Klimakonferenz von Toronto ein bedeutender Schritt in diese Richtung (auch wenn er auf den bisherigen nachfolgenden Konferenzen wieder abgeschwächt wurde); in der „Erklärung von Den Haag" vom 11. März 1989 einigten sich die Regierungschefs von 24 Ländern auf weitreichende Vorschläge zum Klimaschutz und unterschrieben offiziell das Prinzip des Lastenausgleichs zwischen Nord und Süd.

Daß dieses Bewußtsein von einer globalen Verantwortung in der Bundesrepublik am Wachsen ist, war sehr deutlich während des Golfkrieges festzustellen, als die Zusammenhänge zwischen unserem Umgang mit Energie und Ressourcen einerseits und internationalen Konflikten und weltweiter Umweltzerstörung andererseits wie nie zuvor in der Öffentlichkeit, von Fernseh- und Presseberichten bis zu Demo-Transparenten thematisiert wurde. Dieses Bewußtsein, das bei einem aufgeklärten, wachen und kritischen Teil der Bevölkerung immer stärker Fuß faßt, findet sichtbaren Ausdruck in dem Verfassungsentwurf, der im Juni 1991 in der Paulskirche in Frankfurt vorgestellt wurde (er formuliert die Ökologie als Staatsziel: damit sollen die natürlichen Lebensgrundlagen gegenwärtiger und künftiger Generationen auch um ihrer selbst willen unter den besonderen Schutz des Staates gestellt werden)[38]; oder in der Stellungnahme zum Klimaschutz der Arbeitsgruppe Ökologische Wirtschaftspolitik[39], die weiter unten noch ausführlicher zu Wort kommt.

Das wachsende Bewußtsein, daß wir eine globale Verantwortung haben, nährt sich aus
1. der sachlichen Erkenntnis, daß alles zusammenhängt

EIN SYSTEM SIEGT SICH ZU TODE

2. der moralischen Anerkenntnis, daß wir Menschen der Industrieländer nicht mehr Rechte haben als andere und der sachlichen Einsicht, daß wir uns nicht mehr nehmen können, wenn wir in Würde überleben wollen. Unter 3. werden die Folgerungen dargestellt, die sich daraus ergeben, unter 4. die Möglichkeiten und Aussichten einer praktischen Umsetzung.

1. Ozonproblem und Treibhauseffekt haben einer breiten Öffentlichkeit eine Ahnung davon vermittelt, daß von unserer Wirtschafts- und Lebensweise Gefahren ausgehen, die sich nicht mehr lokalisieren und deshalb auch nicht mehr lokal lösen lassen. Der Regenwald, vor zehn Jahren noch ein Fachbegriff, der nur Botanikern geläufig war, ist zu einem der wichtigsten Themen der öffentlichen Diskussion geworden - in Ländern, die Tausende von Meilen von ihm entfernt sind.

Aber nicht nur die Abholzung der Tropenwälder, sondern auch die Ausbreitung der Wüsten in die Savannen und Trockengebiete bedroht das Klima und die Ernährungsgrundlagen der Welt. Ein Gebiet, das größer ist als der afrikanische Kontinent und das von einer Milliarde Menschen bewohnt wird, läuft bereits Gefahr, unfruchtbar zu werden, und in jedem Jahr dehnen sich die Wüsten um sechs Millionen Hektar aus. Das World Watch Institute schätzt den jährlichen Verlust von Mutterboden auf 25 Milliarden Tonnen - das ist ungefähr die Menge, die das australische Weizenanbaugebiet bedeckt (Q39). 1990 zeigte ein (bis jetzt noch fiktiver) Fernsehfilm, wie die hungernden, landlosen Afrikaner zu Millionen zur Küste wandern und das Mittelmeer überqueren - Richtung Europa.

Wir fangen langsam an zu begreifen, daß auch die Bevölkerungsexplosion in der Dritten Welt etwas mit uns zu tun hat. Solange wir mit der heutigen Weltwirtschaftsordnung dazu beitragen, daß drei Viertel der Menschheit in Armut leben, solange also in diesen Ländern viele Kinder die einzige Altersversorgung sind, wird die Weltbevölkerung weiterhin stark anwachsen. Nach Berechnungen des World Watch Intitute müßte die Weltgemeinschaft in den nächsten zehn Jahren etwa 150 bis 200 Milliarden Dollar jährlich aufwenden, um in der Dritten Welt eine nachhaltige Entwicklung mit dem Ziel der Befriedigung der Grundbedürfnisse in Gang zu bringen und damit das Bevölkerungswachstum abzubremsen. Die Zahl erscheint vielleicht entmutigend hoch; im Vergleich zu den weltweiten jährlichen Rüstungsausgaben von 1000 Milliarden erscheint sie eher bescheiden.

Die drohende Veränderung des Weltklimas, die durch den Energieverbrauch der Industrievilisation herbeigeführt wird, weist unübersehbar darauf hin, daß der Mensch zu einem „geophysikalischen" Faktor geworden ist. Wir haben den

LESEBUCH

K10.3

Kohlenstoffkreislauf der Erde um 20 Prozent, den Stickstoffkreislauf um 50 Prozent, den Schwefelzyklus um über 100 Prozent hochgefahren (jlue161; s. a. K9.1). Es ist Zeit, daß wir uns dieser Rolle bewußt werden und unser Handeln darauf einstellen.

2. Die Industrieländer, in denen nur ein Viertel der Weltbevölkerung lebt, verbrauchen 80 Prozent der global verfügbaren Güter; mit drei Vierteln der Weltbevölkerung haben die Entwicklungsländer nicht einmal zu einem Viertel am Reichtum dieser Welt teil. Sollten die Entwicklungsländer auf den Lebensstandard der Industrieländer angehoben werden, wäre in den nächsten 50 Jahren eine Zunahme der wirtschaftlichen Aktivitäten um das Fünf- bis Zehnfache erforderlich, um die Bedürfnisse und Erwartungen der rasch wachsenden Weltbevölkerung zu befriedigen. Allein der Energieverbrauch müßte um das Achtfache zunehmen - und zwar nur, um die heutige Bevölkerung der Entwicklungsländer auf das gleiche Versorgungsniveau zu bringen, wie wir es in den Industrieländern vorfinden (Q39-90).

> Faktisch setzen wir hier mit unserer Lebensweise
> die Grund- und Menschenrechte der Zweidrittelwelt und derjenigen, die in
> der Zukunft leben, außer Kraft (Hustedt u. a., Q40-43).

Allein der drohende Treibhauseffekt sorgt dafür, daß eine solche Verbrauchssteigerung absolut ausgeschlossen ist. Die Gesamtemissionen von CO_2 betragen z. Zt. 23 Milliarden Tonnen weltweit. Schon dieses Volumen führt zu einer Verdoppelung des CO_2-Gehaltes in der Atmosphäre von 270 ppm (parts per million, also 0,27 Promille) vor der industriellen Revolution auf 540 ppm bis 2050 und zu einer entsprechenden Erwärmung von 1,5 bis 4,5°. Um diesen Klimaeffekt in Grenzen zu halten, hält die Enquête-Kommission „Vorsorge zum Schutz der Erdatmosphäre" des deutschen Bundestages 1990 es für erforderlich, den derzeitigen Welt-CO_2-Ausstoß auf ein Viertel zu senken (bis 2005 um 30 Prozent, bis 2050 um 50 Prozent).

Heißt das, daß die Entwicklungsländer auf jede wirtschaftliche Entwicklung verzichten müssen?

3. Seit Beginn der industriellen Revolution haben die Industrienationen die CO_2-Senke der Erde für den Aufbau ihres Kapitalstocks und des damit erzeugten Wohlstandes mit 500 bis 800 Milliarden t CO_2 belastet. Nach der oben erwähnten

EIN SYSTEM SIEGT SICH ZU TODE

Stellungnahme der „Arbeitsgruppe Ökologische Wirtschaftspolitik" begründet diese Vorteilnahme „Entwicklungsschulden", die die Industriestaaten zurückerstatten müssen. „Wenn die Industriestaaten nicht wollen, daß sich die Entwicklungsländer die gleichen «Atmosphärenverschmutzungsrechte» herausnehmen, wie sie es selbst bereits getan haben, weil dies katastrophale ökologische Konsequenzen hätte, müssen sie Kompensationsleistungen erbringen und gleichzeitig (in der Reduzierung ihrer CO_2-Emissionen) glaubwürdig voranschreiten" (Q52).

Weiterhin empfiehlt die Stellungnahme, eine „klimaverträgliche Gesamtemissionsmenge" oder „Assimilationskapazität" zu ermitteln, die als Grundlage für den zulässigen Energieverbrauch pro Kopf dienen könnte.

Derartige Vorschläge spiegeln eine Denkweise wieder, der man bescheinigen muß, daß sie radikal im besten Sinne des Wortes ist, indem sie versucht, das Übel von der Wurzel her zu verstehen und zu heilen. Sie beruht auf der gleichen „geophysiologischen" Betrachtungsweise, die der in K10.2 vorgeschlagenen Syntropiewährung zugrundliegt.

Neben der Ausbeutung der Natur erfolgte die ursprüngliche Akkumulation zu Beginn der Industrialisierung, auf der der heutige Wohlstand der Industrieländer beruht, auf Kosten der Arbeiter, mit dem ganzen sozialen Elend des Frühkapitalismus. Ganz analog versuchen die Entwicklungsländer heute ihre ursprüngliche Akkumulation auf Kosten der Umwelt zu erreichen, setzen die Industrieländer ihre Akkumulation auf Kosten der Umwelt und der 3. Welt fort. Aber: dieses Mal gibt es, im Gegensatz zu damals, keine Ankunft im Sozialstaat mit einem Umschlag auf ein anderes Objekt der Ausbeutung. Die Erde ist das letzte, das wir haben.

Wie an verschiedenen Stellen dargelegt (Kap. 2.3, K2.31 und K2.32), verhindert die bestehende Weltwirtschaftsordnung zuverlässig, daß die Entwicklungsländer sich wirklich entwickeln können. Wir müssen also, statt die Entwicklung dem mörderischen Zugriff des freien Weltmarkts zu überlassen, zu einer „Abkehr vom ... nördlichen Verschwendungswohlstand" kommen und mit den Entwicklungsländern „über ein dauerhaft tragfähiges Entwicklungsmodell ... sprechen" und ihnen „Vorzugsbedingungen für den Transfer umweltfreundlicher Technologien" anbieten (ewep 126).

LESEBUCH

K10.4

> Die Autoren (von Global 2000) hatten ihren Blick 20 Jahre in die Zukunft gerichtet. Sie entwarfen ein Szenario einer Welt, wie sie sein würde, wenn nicht in allernächster Zukunft gegengesteuert würde.
> Es ist ein sehr düsteres Bild.
>
> Im ersten dieser beiden Jahrzehnten ist dank einer Weltöffentlichkeit, die immer noch nichts begriffen hat, und die von der Reagan-Administration perfekt repräsentiert wurde, nichts geschehen. Das Bild, das die Global 2000-Autoren entworfen haben, ist in weiten Bereichen eingetreten (Zwischenbilanz von Jürgen Streich jsg1).
> Werden wir ein weiteres Jahrzehnt verstreichen lassen?

4. Als Konsequenz aus den oben geschilderten Zusammenhängen fordert die Arbeitsgruppe Ökologische Wirtschaftspolitik eine konsequente Ausrichtung der Energie-, Verkehrs-, Agrar- und Chemiepolitik auf das übergeordnete Ziel des Klimaschutzes. Das bedeutet,

- in der Energiepolitik: „Negawatt statt Megawatt", d. h. rationelle Energienutzung, Energiedienstleistung mit dem Hauptaugenmerk auf Energieeinsparung, Kraft-Wärme-Kopplung, dezentrale Strukturen;
- in der Verkehrspolitik: Verkehrsvermeidung, Verlagerung von Straße auf Bahn, Verlangsamung, Erhöhung der Mineralölsteuer;
- in der Agrarpolitik: den Industrialisierungsprozeß stoppen, der durch Massentierhaltung, hohen Mineraldünger- und Pestizideinsatz und hohen Energieverbrauch wesentlich zur Klimaproblematik beiträgt.
- in der Chemiepolitik: Verbot der FCKW und Verhinderung eines Ausweichens auf sog. weiche (teilhalogenierte) FCKW; kritische Überprüfung der gesamten Chemieproduktion, insbesondere der Chlorchemie.

Konkret erwartet Ernst U. von Weizsäcker von künftigen Verhandlungen und Konventionen über den Klimaschutz ein Paket von Maßnahmen und Verpflichtungen, das nicht nur die bedrohliche Veränderung der Atmosphäre verlangsamt und schließlich stoppt, sondern darüber hinaus den unterentwickelten Ländern gegenüber demonstriert, daß auch die Industrieländer bereit sind, für die Rettung des Lebenserhaltungssystems Regenwald Opfer zu bringen und nicht nur die Verantwortung auf die unterentwickelten Länder schieben wollen: Reduzierung

EIN SYSTEM SIEGT SICH ZU TODE

der CO_2-Emissionen mit konkreten Mengen und Terminen; Schutz der Tropenwälder mit Finanzierungsmechanismus; ein aus den CO_2-Abgaben gespeister Weltklimafonds, aus dem Technologiehilfe für die umweltschonende Energieversorgung der unterentwickelten Länder gezahlt wird; CO_2-Absorptionsprämie für die Erhaltung von Wäldern; Artenvielfaltsprämie für die Erhaltung großer natürlicher Waldgebiete; Brandrodungsverbot (ewep 209, 211).

Bei der Umweltkonferenz in Toronto 1988 forderten die Teilnehmer ihre Regierungen auf, „einen Erdatmosphärenfonds zu schaffen, der zum Teil aus einer Klimaschutzsteuer gespeist werden sollte: die Industrieländer müßten Abgaben für ihren Verbrauch von fossilen Brennstoffen zahlen, und die Mittel würden den Entwicklungsländern zur Verfügung gestellt, um ihnen zu helfen, die Folgen des Treibhauseffekts und des Ansteigens des Meeresspiegels zu begrenzen oder sich daran anzupassen" (Q39-98). Nach dem Protokoll von Montreal wären folgende Schritte dringend erforderlich: „Bei einer erwarteten Zunahme der Verbrennung fossiler Energieträger von 0,5 statt 2,5 Prozent betrüge der CO_2-Anteil der Atmosphäre im Jahr 2030 statt 450 nur 400 ppm, der Anstieg der Temperatur könnte so um 0,5° Celsius geringer gehalten werden. Dazu müßte der gegenwärtige Ausstoß um 30 bis 60 Prozent gemindert werden." Da den Entwicklungsländern ein vorübergehender Anstieg des Energieverbrauchs nicht vorenthalten werden kann, bedeutet das, „daß die Industrienationen ihren Primärenergieverbrauch um 80 bis 90 Prozent senken müssen" (jsg1-105).

Auch für die Entwicklung der Länder der Dritten Welt gibt es Konzepte, die diesen Namen wirklich verdienen: „sustainable development", also durchhaltbares, auf Dauer angelegtes Wachstum, eine qualitative Entwicklung zur Selbsterhaltung, die nicht die eigenen Voraussetzungen, nämlich eine intakte Umwelt, untergräbt.

Die meisten Entwicklungsländer sind Rohstofflieferanten. Ihr Reichtum besteht (vor allem) „aus ihren Umweltressourcen: den Böden, Wäldern, Fischgründen, Tier- und Pfanzenarten, Gewässern und Landschaften. Ihre langfristige wirtschaftliche Entwicklung hängt davon ab, daß sie diesen Bestand erhalten - wenn nicht gar mehren - und ihre Fähigkeiten ausbauen, Land- und Forstwirtschaft sowie Fischerei, Bergbau und Tourismus zu betreiben ... Während der letzten zwei Jahrzehnte ist dieses Kapital in den ärmeren Entwicklungsländern in bedrohlichem Maß verschlissen worden" (Q39-91).

Die Arbeitsgruppe Ökologische Wirtschaftspolitik hält eine solche Trendwende in der „Entwicklung" mit Recht nur für denkbar, wenn es neben einer gezielten

LESEBUCH

Hilfe im Rahmen einer Klimakonvention (s. o.) zu einer „Änderung der weltwirtschaftlichen Rahmenbedingungen und der Entwicklungszusammenarbeit" kommt (Q52) (vgl. auch K2.31 u. 2.32).

K10.4

> Wenn das Dreigestirn aus natürlicher Biosphäre, menschengemachter Technosphäre und vom Menschen geschaffener Soziosphäre in ein dauerhaftes Gleichgewicht gebracht werden soll, dann sind im Weltmaßstab mindestens sieben große Übergänge erforderlich:
>
> ■ der Übergang von ressourcen-, energie-, emissions- und risikointensiver-Großtechnologie zu sparsamer, intelligenter und fehlerfreundlicher Öko-Technik;
>
> ■ der Übergang von einer Ökonomie, die das Naturkapital aufzehrt, den Akteuren falsche Signale gibt und an Wachstumszwang leidet, zu einer Ökonomie, die mit dem Natureinkommen arbeitet, ökologisches Verhalten belohnt und danach fragt, was wie wachsen oder schrumpfen soll;
>
> ■ der Übergang von einer gespaltenen Welt, in der die Reichen auf Kosten der Armen, die Armen auf Kosten ihrer eigenen Existenzgrundlagen leben, zu einer Welt, in der die Armut durch ooperation überwunden oder doch immerhin begrenzt wird;
>
> ■ der Übergang von einem anhaltenden, jeden ökologischen Fortschritt aufzehrenden Bevölkerungswachstum zu einer Stabilisierung der Weltbevölkerung durch Armutsbekämpfung, Verbesserung der sozialen Stellung von Frauen und Maßnahmen zur Begrenzung der Sterblichkeit;
>
> ■ der Übergang von abgeschlossenen und wirtschaftslastigen Institutionen zu offenen, kooperativen und an ökologischen Zielen orientierten Institutionen auf allen Ebenen: lokal, national und international;
>
> ■ der Übergang von der Expertokratie zur Herausbildung eines umfassenden ökologischen Bewußtseins möglichst aller Menschen;
>
> ■ der Übergang des Bewußtseins vom Freund-Feind-Denken zu einem Denken, das die gesamten Menschheitsinteressen einschließt, auch die zukünftigen.
>
> Klimaschutz im weitesten Sinne hat das baldige Gelingen dieser Übergänge zur Voraussetzung. Die Trägerinnen und Träger eines solchen neuen Denkens lassen sich längst überall finden: in Umweltverbänden ebenso wie in Konzernzentralen, in Kirchen ebenso wie in Gewerkschaften, in West und Ost ebenso wie im Süden unseres Planeten (Q53-48).

Eines der größten Hindernisse für die internationale Durchsetzung von Zielen dieser Art, selbst wenn sie als überlebenswichtig erkannt sind, ist die Art von Konferenz- und Verhandlungstheater, die Cornelius Mayer-Tasch als „symbolische Politik" bezeichnet. Sie läuft darauf hinaus, daß man vielversprechende Verpflichtungen und wohlklingende Grundsätze von Sperrklauseln, Bedingungen, Gegenseitigkeit abhängig macht: „damit kann das Ausbleiben von umweltpolitischen Fortschritten immer dem jeweiligen Partner angelastet werden" (mtvl 102).

Die „symbolische Politik" ist das diplomatische Äquivalent des populären Seufzers „Was können wir schon machen, wenn die anderen nicht mitmachen." Fortschritte in Richtung auf das als notwendig Erkannte sind, im Gegenteil, nur möglich, wenn ein Land ohne die üblichen Vorbehalte die Initiative ergreift, im Alleingang z. B. die von der Enquête-Kommission vorgeschlagenen Ziele der Emissionsverminderung setzt und ansteuert und damit ein Vorbild schafft, auf das sich die Kräfte der Vernunft in anderen Länder berufen können.

Außerdem muß die Konferenzdiplomatie mit ihren oft unverbindlichen Lamentos und Erklärungen, mit ihrem Mangel an Konsequenz und Kontinuität, mit ihrer Abhängigkeit von der Tagespolitik durch Einrichtungen ergänzt werden, die internationale Beschlüsse durchsetzen können. „Ein wichtiger Schritt hierzu wäre die Institutionalisierung eines internationalen 'ökologischen Gewaltmonopols', codifiziert in einem internationalen Umweltrecht. Es könnte die Legitimation und Grundlage schaffen, weltweiten Gefahren durch umweltverachtendes Wachstum gegenzusteuern und internationales Umweltverbrechertum wirksam zu bekämpfen" (Udo Knapp, Q66).

Emergenz K10.5

Der Emergenzbegriff hat eine lange Tradition insbesondere in der angelsächsischen Philosophie. Schon John Stuart Mill (1806 - 1873) sprach von Verbindungen, deren Eigenschaften, als Ganzes genommen, nicht aus den Eigenschaften der Teile abgeleitet werden können, allerdings ohne den Terminus Emergenz zu verwenden (rret 119).

G. H. Lewes, in *Problems of Life and Mind* (1874), benutzt den Begriff Emergenz für das Phänomen des Neuen, das durch die Verbindung von Teilen in die Welt tritt: „Wir nehmen nicht an, daß, wenn die physischen Bewegungen der Moleküle zu sogenannten chemischen Vorgängen angeordnet werden und überraschend neue

LESEBUCH

K10.5

Phänomene hervortreten, daß den urprünglichen Molekülen und ihren Kräften etwas Wesentliches hinzugefügt worden ist. Ebensowenig nehmen Biologen heute an, daß, wenn physische und chemische Vorgängen in besonderer Weise angeordnet werden und Lebensphänomene hervortreten, den ursprünglichen Fäden der objektiven Existenz etwas Wesentliches hinzugefügt worden ist. Das chemische Phänomen ist neu, das Lebensphänomen ist neu; aber die Neuheit ist die einer speziellen Anordnung der alten Materie und der alten Energie. Ebenso geschieht, wenn das psychische Phänomen aus dem Lebensphänomen, und das soziale aus dem Lebendigen, hervortritt, eine Neuanordnung, nicht jedoch eine Neueinführung von neuem Material, und vor allem kein Wegwerfen des alten" (vol. 1, p.189, zit. nach rret 121, Übers. vom Verf.).

Zum Thema Emergenz im philosophischen Sinn schreibt Ivor Leclerc in *The Philosophy of Nature*, gestützt auf A. N. Whitehead: „Der Begriff (der Emergenz) ... führt dazu, daß die Vorstellung vom Ganzen als nichts weiter als einem Zusammengesetzten verworfen wird. Aber *Emergenz* transportiert auch die Vorstellung, daß Eigenschaften des Ganzen sich aus den Bestandteilen *ergeben* ... der 'emergente Charakter' des Ganzen hängt offenbar zusammen mit den 'Beziehungen' zwischen den Bestandteilen, wie das z. B. in der Chemie ganz klar der Fall ist (S. 158). ... Derartige emergente ungeteilte zusammengesetzte Einheiten sind im eigentlichen Sinn 'Organismen'. Denn der Begriff eines 'Organismus' ist der einer Einheit, in der die Teile mit Bezug auf das Ganze funktionieren; das heißt, die Teile oder Bestandteile sind 'Organe' (im ursprünglichen griechischen Sinn des Wortes als 'Instrumente') des Ganzen. Ein 'Organismus' ist, mit anderen Worten, eine Einheit, in der das Ganze das Funktionieren, d. h. Handeln der Teile oder Bestandteile bestimmt. Das Ganze bestimmt teleologisch die Teile dazu, das Ganze zu konstituieren, da 'Handeln' per se kein einfaches zufälliges 'Geschehen' ist, sondern notwendigerweise, als 'Handeln', *zweckgerichtet* - und das Ganze übt, wenn es konstituiert ist, als Subjekt seines Handelns eine Bestimmung über die Handlungen seiner Bestandteile aus zur Erreichung seiner 'Zwecke' " (ilpn 167).

Die gewundenen Definitionen von Lewes und Leclerc lassen erkennen, daß sie aus einer defensiven Haltung gegenüber dem dominierenden positivistischen Paradigma formuliert sind.

Die Entwicklung der Systemtheorie (Bertalanffy in den 40er Jahren, General Systems Theory 1968), der Informationstheorie (Shannon, in den 40er und 50er Jahren), der Kybernetik (Wiener, 1948), der Synergetik (Haken, 1977) und der Theorie der selbstorganisierenden Systeme (Prigogine Ende der 70er Jahre) eröffnete

EIN SYSTEM SIEGT SICH ZU TODE

erst die Sehweise, mit deren Hilfe sich die Naturwissenschaft aus der reduktionistischen Zwangsjacke befreien konnte.

Das Denkinstrument „Emergenz" erweist sich jetzt als gewissermaßen spiegelbildlich zur systemtheoretischen Betrachtungsweise: Während die Systemtheorie die regelhaften Beziehungen zwischen den Komponenten eines Systems als die Grundlage und Voraussetzung des Systemverhaltens analysiert, wird mit dem Begriff Emergenz das Hervortreten kategorisch neuer Eigenschaften oder Verhaltensweisen auf einer jeweils höheren Komplexitätsebene beschrieben. Wenn die reduktionistische Position darauf beharrt, daß „Leben *nichts als* Chemie", „Geist *nichts als* chemische und elektrische Prozesse in den Hirnzellen" ist, beschreibt die Emergenz-Sichtweise die manifest *neuen* Phänomene oder Verhaltensweisen auf der Hierarchie der Komplexitätsebenen als etwas, was sich ergibt oder eben *emergiert* aus der speziellen Anordnung und regelhaften Verknüpfung von Bestandteilen des Ganzen - als etwas Neues (und das bedeutet nun überhaupt nichts Überirdisches, nichts, was aus irgendeinem jenseitigen Raum herangezogen werden muß, sondern nur eine erfahrungsnähere Beschreibung. In der Tat ist, wie Ernst Mayr sagt, „die Theorie von der Emergenz ... eine durch und durch materialistische Philosophie" [emeb53]).

„Der extreme analytische Reduktionismus versagt, da er der Wechselwirkung der Komponenten eines komplexen Systems nicht das ihr zukommende Gewicht beimessen kann. Isoliert hat eine Komponente fast immer andere Eigenschaften als wenn sie Teil eines Ganzen ist, und in isoliertem Zustand enthüllt sich nicht, welchen Beitrag sie zu den Wechselwirkungen leistet" (emeb50).

Das Entstehen eines neuen Modells in der Evolution nennt Konrad Lorenz mit einem an Leibniz anlehnenden Ausdruck eine Fulguration, einen Blitz. „Speziell gebrauchte er den Ausdruck für den Übergang von den Gesetzmäßigkeiten einer Schicht, einer Organisationsstufe im Sinne der Systemtheorie, zu den Gesetzmäßigkeiten einer höheren, vorher nicht existierenden Schicht durch den Zusammenschluß mehrerer spezieller Systeme zu einem umfassenden System. So fügen sich Wassermoleküle zu einem Schneekristall zusammen, Einzeller zum vielzelligen Organismus, Individuen zur verhältnismäßig integrierten Gesellschaft" (Carl Friedrich von Weizsäcker, cwbw48).

Wenn die Komponenten eines Systems nach feststehenden Regeln in Wechselwirkung stehen, wenn Systemteile durch Informationsfluß und Steuerungsmechanismen aneinander gekoppelt sind, zeigt das ganze System ein Verhalten, das in keinem der Teile für sich genommen zu beobachten ist.

LESEBUCH

K10.5

Wenn strömende Luft durch ein Hindernis abgelenkt wird, bilden sich an der Oberfläche des betreffenden Körpers Luftwirbel. In Abhängigkeit von seiner Form entsteht an bestimmten Stellen ein Unterdruck.

Fliegen als eine neue, nie dagewesene Fähigkeit emergiert, wenn ein solcher Körper gezielt im Verhältnis zu einer Luftströmung so gesteuert wird, daß der Unterdruck an seiner Oberseite auftritt. Wird ein solcher Körper so gerichtet, daß der Unterdruck seitlich an einer senkrecht stehenden Fläche auftritt, emergiert (diesmal mit menschlicher Hilfe) ein neues Verhalten, was es nie zuvor gegeben hat: Segeln.

Das Emergenzphänomen ist eine Voraussetzung dafür, daß die Evolution über eine folgenlose Rekombination atomarer Bausteine zu immer neuen bedeutungslosen Mustern hinaus zu einem Schöpfungsprozeß werden konnte.

Daß die Evolution durch Zufall und Auslese von den Molekülen der Uratmosphäre bis hin zu den höchstentwickelten Organismen und bis zum menschlichen Gehirn geführt haben könnte, wird gern mit dem Hinweis bezweifelt, daß selbst vier Milliarden Jahre nicht ausreichen würden, Zufallskombinationen von der Komplexität eines Ohrs oder einer Leber, oder auch nur eines Bakteriums zu produzieren. Harald Morowitz, Physiker an der Universität Yale, hat die Wahrscheinlichkeit, daß aus einer geeigneten Anhäufung von Atomen in einem Gefäß spontan ein Bakterium entsteht, auf 1 zu $10^{100.000.000.000}$ geschätzt. Wenn man diese Zahl ausschreiben wollte, würde sie mehrere hunderttausend Bücher füllen (nach Robert Shapiro, rsor128).

Dabei wird übersehen, daß ein Organismus bei seinem Tod zwar in seine kleinsten Bausteine (Atome) zerfällt, sich jedoch nicht daraus zusammensetzt. Ein toter Mensch besteht aus Stickstoff-, Phosphor-, Kohlenstoff-, Eisen-, Natrium- und noch einer Menge anderer Atome, ein lebender Mensch dagegen ist schon genauer beschrieben, wenn wir seine Organe wie Gehirn, Augen, Ohren, Mund, Blutkreislauf, Verdauungstrakt, Nieren, Leber und Geschlechtsorgane, Arme und Beine als seine funktionalen Teile aufführen.

Lebende Systeme erschließen sich, mit anderen Worten, nur dann einer sinnvollen Analyse, wenn man sie in eine fortlaufende Hierarchie von Untersystemen aufgliedert. Daß eine Gesellschaft nicht aus Molekülen oder Organen, sondern aus Menschen besteht, ist so einleuchtend, daß es geradezu banal ist - aber die gleiche Forderung, auch im biologischen Bereich immer streng und ohne Sprung von einer hierarchischen Ebene zur nächsten hinabzusteigen, scheint weniger selbstverständlich.

Dabei spiegelt diese Forderung genau den Weg wieder, den - in umgekehrter Reihenfolge - die Evolution genommen hat. Natürlich ist ein Schmetterlingsflügel nicht aus Kohlenstoff-, Stickstoff- und Phosphormolekülen entstanden, sondern aus einer Körperausbuchtung, die sich als Wärmetauscherfläche bewährt und zu einer immer größeren und immer dünneren Folie entwickelt hatte. Die Evolution arbeitet also nicht - und das wäre in der Tat ein hoffnungsloses Unterfangen - mit den Grundbausteinen der Materie, sondern mit Systemen, schon komplexen Ganzheiten, die zu immer komplexeren Ganzheiten zusammengeführt werden.

Deep Ecology K10.6

Auf der Suche nach einem ökologischen Bewußtsein

Der Begriff „*Deep Ecology*" wurde 1972 von dem norwegischen Philosophen Arne Naess geprägt. Erst ab Beginn der 80er Jahre fand er allmählich in der ökologischen Bewegung Verbreitung. Er wurde, insbesondere in den USA, immer mehr von ökologischen Denkern und Autoren aufgegriffen, die das Fehlen einer kohärenten Philosophie als Grundlage einer ökologischen Politik und ökologischen Handelns als schwerwiegenden Mangel empfanden. Im Laufe dieser Rezeption kristallisierte sich *Deep Ecology* als Gegensatz zu einer pragmatischen, reformorientierten, reparaturbeflissenen *Shallow Ecology* heraus.

Deep Ecology ist eine radikale Abkehr von der anthropozentrischen Weltanschauung der westlichen Kultur und deshalb zutreffend als „Ökozentrismus" zu umschreiben. Sie fordert gleiche Rechte für alle Mitglieder der Ökosphäre. „Das Wohlergehen und Blühen menschlichen und nichtmenschlichen Lebens auf der Erde haben einen Eigenwert. Dieser Wert ist unabhängig davon, welchen Nutzen die nichtmenschliche Welt für menschliche Zwecke haben mag" (Arne Naess, Q48-130). Dieses Prinzip, das Arne Naess und George Session in einer Aufstellung der Grundüberzeugungen der ökologischen Bewegung formuliert haben, stellt die extreme Gegenposition zum Verwertungsprinzip des Kapitalismus dar.

Was *Deep Ecology* ist und was von einer solchen Bewußtseinserweiterung zu erwarten ist, läßt sich kaum knapper und klarer beschreiben, als es Fritjof Capra in „Wendezeit" getan hat:

„Das oberflächliche Umweltdenken ('*shallow ecology*') sorgt sich um eine wirksame Kontrolle und ein besseres Management der natürlichen Umwelt zum Nutzen der Menschheit, während die tiefe Ökologiebewegung ('*the deep ecology*

K10.6

movement') erkennt, daß das ökologische Gleichgewicht tiefgreifende Wandlungen in unseer Auffassung von der Rolle des Menschen im planetaren Ökosystem erforderlich macht. Es verlangt, kurz gesagt, eine neue philosophische und religiöse Basis.

Deep Ecology stützt sich auf die moderne Wissenschaft, und speziell auf den neuen Systemansatz, hat jedoch ihre Wurzeln in einer Wahrnehmung der Wirklichkeit, die über den wissenschaftlichen Rahmen hinausgeht zu einem intuitiven Bewußtsein von der Einheit allen Lebens, der wechselseitigen Abhängigkeit seiner vielfältigen Erscheinungen und seiner Kreisläufe der Veränderung und der Transformation. Wird der Begriff des menschlichen Geistes in diesem Sinne verstanden, als Bewußtseinsform, in der sich das Individuum mit dem Kosmos als Ganzem verbunden fühlt, dann wird deutlich, daß ökologisches Bewußtsein im wahrsten Sinne des Wortes spirituell ist" (fcwz465, Übers. vom Verf. geändert und nach dem Original ergänzt).

Warwick Fox hat in „Toward a Transpersonal Ecology" (wfte) den Vorschlag entwickelt, „*Deep Ecology*" als „Transpersonale Ökologie" zu bezeichnen. Grundlage dieses Vorschlags ist die Vorstellung von einem Ich, das nicht isoliert, in sich abgeschlossen, „skin-encapsulated" ist wie in der abendländischen Tradition, sondern erweitert, grenzenauflösend, mit dem Ganzen verschmelzend - und eine entsprechende Ich-Erfahrung als hohes, erstrebenswertes Ziel betrachtet. „Das hat die hochinteressante, ja verblüffende Konsequenz, daß Ethik (als eine Sammlung von moralischen Geboten) überflüssig wird! Das ergibt sich daraus, daß, wenn man ein erweiteretes, expansives, feldartiges Selbst-Bewußtsein hat, man (unter der Annahme, daß man nicht selbstzerstörerisch ist) natürlich (d. h. spontan) die natürliche (spontane) Entfaltung dieses expansiven Selbst (der Ökosphäre, des Kosmos) in allen seinen Aspekten schützen wird. Naess erkärt dies folgendermaßen:

> Liebevolle Zuwendung kommt spontan zustande, wenn das „Selbst" so erweitert und vertieft ist, daß der Schutz der freien Natur als Schutz unseres eigenen Selbst gesehen und empfunden wird ... Genauso wie wir keine Moral brauchen, um uns zum Atmen anzuhalten, so braucht man, wenn das „Selbst" im weiten Sinn ein anderes Wesen umfaßt, keine moralische Anweisung, um liebevolle Zuwendung zu zeigen. Man liebt sich selbst, ohne daß es dazu eines moralischen Druckes bedarf - vorausgesetzt, man hat nicht irgendeine Neurose, einen Selbsthaß mit selbstzerstörerischen Zügen" (wfte 217).

Ein solches Bewußtsein befände sich im Einklang mit einer Vorstellung von der Welt, wie sie von der Gaia-Hypothese beschrieben wird (K9.1).

Aber wie läßt sich, in einem ganz und gar diesseitigen Sinn, ein bis zum äußersten erweitertes Selbst-Gefühl verwirklichen?

EIN SYSTEM SIEGT SICH ZU TODE

Für Arne Naess liegt die Antwort auf diese Frage in der Identifikation mit dem Ganzen, mit dem Kosmos; sie entspringt dem Verstehen, daß „das Leben ... eins ist" (zit nach wfte259).

Das Gleichnis, mit dem Arne Naess diese Identifikation beschreibt, nämlich wie „ein Tropfen im Ozean", ist allerdings nicht sehr glücklich gewählt: das wäre eine Identifikation mit Identitätsverlust, also eher beängstigend. Sehr viel überzeugender erscheint das Bild der Blätter und Zweige an einem Baum, das Warwick Fox dafür wählt. Es lebt aus der Tatsache, daß „alles, was existiert, aus einem einzigen Samen entstanden ist, der im Lauf der Zeit zu einer unendlich viel größeren und unendlich differenzierteren Einheit gewachsen ist ... Zweitens weist das Bild von Blättern an einem Baum deutlich auf die Existenz einer Einheit hin, die in all ihren Aspekten genährt und gehegt werden muß, wenn sie in all ihren Aspekten gedeihen soll. Wenn man ein Blatt stark genug beschädigt, stirbt es; wenn man den Ast [eines Baumes] (zum Beispiel den Ast der kosmischen Differenzierung, der vor etwa 4,6 Milliarden Jahren die Erde hervorgebracht hat) stark genug beschädigt, sterben alle [Zweige und] Blätter an diesem Ast. ... Das Bild der Blätter an einem Baum hat weitere speziellere Vorteile. Obwohl es deutlich erkennen läßt, daß alle Einheiten (alle Blätter) miteinander verbunden sind (durch die Tatsache, daß sie alle Teil desselben Baumes sind), läßt es auch die relative Autonomie der verschiedenen Einheiten (der verschiedenen Blätter) gelten (wfte261).

Unser gesunder Realitätssinn sträubt sich dagegen, die verläßliche Unterscheidung zwischen Subjekt und Objekt zu verwischen, den festen Boden der Wirklichkeit zu verlassen, die auf der klaren Trennung zwischen Ich und Welt gründet.

Was ist das für eine Wirklichkeit?

Es ist die Wirklichkeit, die der Reichweite der menschlichen Sinne entspricht. Diese wiederum - also das Ensemble von evolutionär erworbenen Formen der Wahrnehmung und Verarbeitung - spiegelt genau das Konstrukt von Wirklichkeit wieder, das für das Überleben eines Menschen von Bedeutung ist.

Ob diese Realität - nennen wir sie Realität M - einer wie immer gearteten absoluten Wirklichkeit (falls es so etwas gibt) entspricht oder nicht, diese Frage ist im wahrsten Sinne des Wortes akademisch: ein interessanter Gegenstand gelehrter Diskussionen, aber ohne jede praktische Bedeutung.

Die Welt, in der lebende Organismen ihrem einzigen Geschäft nachgehen - nämlich zu leben -, in der sie schwimmen, fliegen, angewachsen sind, in der sie fressen, atmen, geboren werden, spielen, sich anschleichen, schlafen, assimilieren,

LESEBUCH

K10.6

sich teilen und verschmelzen, in der sie sich von einigen driftenden Molekülen oder von einer aus einem weltweiten Markt zusammengestellten Garderobe zur Paarung verlocken lassen - diese Welt ist für jede dieser Organismenarten eine andere. Eine Fledermaus sieht mit ihrem Ultraschall-Nachtsichtgerät die Konturen der harten Gegenstände, denen sie ausweichen muß, und die Flugobjekte, die sie jagt - die „Farben" von Blättern oder Blüten interessieren sie nicht. Ein HIV-Virus sieht die Form des Rezeptors an einem menschlichen Lymphozyten, an den er andocken muß, um sich zu vermehren - die Haarfarbe, die Locken, die Muskeln, das Lachen, der Geruch, die Gedanken, die gesprochenen Worte des Menschen, den er gerade infiziert, interessieren ihn nicht: für sein Geschäft braucht er sie nicht zu kennen, und deshalb existieren sie für ihn nicht.

Die menschliche Kultur hat „Sinnesorgane" entwickelt, die weit über die natürliche Ausstattung der menschlichen Art hinausgehen. Mit dem Mikroskop können wir erkennen, daß in einem „leeren" Wassertropfen Einzeller herumschwimmen. Mit einem Elektronenmikroskop können wir sehen, daß auf der glatten Oberfläche eines Zahns ein undurchdringlicher Dschungel von Pilzen und Bakterien wuchert. Die Röntgenkristallographie verrät uns, daß der Stuhl, auf dem wir sitzen, oder der Türpfosten, an dem wir uns den Kopf anschlagen, hauptsächlich aus leerem Raum besteht.

Diese ungeheure Erweiterung unserer Wahrnehmung, diese Entdeckung und Erkundung von Welten innerhalb von Welten, die hier nur mit wenigen Strichen angedeutet werden kann, hat offenbar keinen Einfluß auf die Realität M - die Konstruktion der Wirklichkeit, in der der Mensch lebt, in der er sich bewegt. Die Realität M - eine Realität unter Millionen möglicher Realitäten - ist diejenige, die wir als Art als „die beste aller möglichen Welten" entwickelt haben. Sie ist die Realität, die - in einer unauflösbaren Wechselwirkung - optimal unserer sinnlichen Ausstattung und neuronalen Verarbeitungskapazität entspricht, und die ebendiese Ausstattung in ihre optimale Paßform gebracht hat.

Diese programmierte Realität ist - gottseidank - ganz und gar immun gegen die Einflüsterungen unseres „besseren" Wissens. Wir lassen uns doch nicht von jeder pfiffigen neuen Entdeckung in einem Labor unserem Glauben in die Wirklichkeit erschüttern - wo kämen wir da hin! Wir kämen in Teufels Küche - wir würden wortwörtlich den Boden unter den Füßen verlieren: bei jedem Schritt würde sich ein Abgrund vor uns auftun, in dem, in kosmischer Einsamkeit, ein paar winzige Moleküle schweben.

EIN SYSTEM SIEGT SICH ZU TODE

Das ist die eine, das Leben und Überleben ermöglichende Seite der Stabilität unseres Weltbildes. Sie brauchte uns nicht weiter zu beunruhigen: wir könnten die nächsten zehn- oder zwanzigtausend Jahre damit zubringen, uns mit dieser kognitiven Diskrepanz zu beschäftigen und unseren Wahrnehmungs- und Verarbeitungsapparat allmählich und in kleinen, tastenden Schritten weiterzuentwickeln und den Fortschritten unseres vorauseileneden Wissens so weit wie nötig anzupassen - wären diese Fortschritte auf das Wissen beschränkt.

Die andere, lebensgefährliche Seite der unerschütterlichen Invarianz unserer evolutionär erworbenen Realität rührt nämlich daher, daß sich zusammen mit der explosiven Erweiterung unserer Erkenntnismöglichkeiten unsere Fähigkeit zur Veränderung der Welt ins Gigantische gesteigert hat. Das Wort gigantisch ist hier keine hyperbolische Sprachfigur, sondern beschreibt die Situation ziemlich genau: die Menschheit ist zu einem Riesen geworden, der mit der Welt spielt, sie umbauen, neu ordnen, durcheinanderwerfen und zerstören kann.

Diese gigantische Fähigkeit zur Weltveränderung verlangt, daß die Realität M aus ihrer steinzeitlichen Ruhe geweckt und aus ihrem neuzeitlichen Autismus aufgescheucht und auf einen Stand gebracht wird, der diese Fähigkeit entspricht, in dem sie sie in ihrer globalen Tragweite erfassen und kontrollieren lernt.

Die Suche nach einem transpersonalen Bewußtsein ist also, auch wenn sie manchmal so daherkommen mag, keine müßige Freizeitbeschäftigung saturierter Bildungsbürger, enttäuschter 68er und abgehobener Freaks, sondern eine Antwort auf die lebensbedrohende Krise, in die wir mit unserem zurückgebliebenen Bewußtsein geraten sind. Es handelt sich um die tastenden Schritte, die von den mystischen Traditionen vieler Kulturen, von den Sufis bis zu den christlichen Mystikern, immer wieder in den verschiedensten Formen ausprobiert wurden, um, ausgehend von der ichumhüllenden Kapsel des Individuums, das darin gefangene Bewußtsein zu erweitern. Diese Bewußtseinserweiterung könnte eine Vorstufe sein, die dem emergenten Bewußtsein vom Ganzen entgegenkommen, es vielleicht überhaupt erst ermöglichen könnte.

Die Reisenden, die sich auf diese Suche begeben haben, senden ihre Zwischenberichte in einer fremden Sprache, und ob sie fündig geworden sind, läßt sich nicht beweisen: man kann es wohl nur herausfinden, indem man sich selbst auf den Weg macht.

Die Aussicht auf ein erweitertes, die Grenzen der engen, in einen Körper verschanzten Identität überschreitenden Bewußtseins erscheint wie ein schwach schimmerndes Licht in der hoffnungslosen Situation, in der wir uns befinden -

LESEBUCH

K10.7

vielleicht ist es auch nur ein Jucken der Netzhaut. So schwach das Licht auch glimmen mag - wir können es uns, in der totalen Finsternis der evolutionären Sackgasse, in die wir uns kulturell hineinmanövriert haben, nicht leisten, es ungeprüft zu übersehen.

Was wäre, wenn ... Eine unzensierte Utopie   K10.7

(Planning and acting as if survival mattered ... with apologies to Ernst Fritz Schumacher)

> We are not going to be able to operate our Spaceship Earth
> successfully nor for much longer unless we see it as
> a whole spaceship and our fate as common
> *(Buckminster Fuller).*

„Zum ersten Mal seit Beginn der Schöpfung ist das Überleben der wilden Natur - zumindest der größeren Tiere - völlig in unserer Hand. Die Wildnis ist in Gefahr: bei der jetzigen Geschwindigkeit könnte alles innerhalb der Lebenszeit eines heute geborenen Kindes gezähmt oder zerstört sein. Die Aktivitäten der Industrienationen, der Machtblöcke im Westen und im Osten haben die Zusammensetzung der Erdatmosphäre verändert, nicht nur lokal, nicht nur um die Städte und Industriestandorte, sondern überall. Infolge derselben Aktivitäten beginnt sich die Erde zu erwärmen: innerhalb weniger Jahrzehnte könnte die Welt wärmer sein, als sie es in den letzten 100 000 Jahren war, als direkte Folge der Verbrennung von Kohle, Öl und Erdgas. Durch die Entwicklung der Industrie wird die Zusammensetzung der Ozonschicht bedroht, die uns alle vor den energiereichsten Strahlen der Sonne schützt. Riesige Landstriche der Welt verwandeln sich in Wüste: die Meere und Flüsse werden so unbarmherzig ausgebeutet, daß die Fischbestände zurückgehen und die Laichgründe, aus denen sie sich wieder aufstocken könnten, werden verseucht." Mit diesem Ausblick beginnt Tim Radford seinen Bericht über den Gesundheitszustand des Lebens auf der Erde am Ende des zweiten Jahrtausends (The Crisis of Life on Earth, trcl).

Es kann wohl kein Zweifel mehr daran bestehen, daß die Bevölkerungsbombe zusammen mit dem Sprengsatz des exponentiell wachsenden Verbrauchs der Biosphäre durch die Industrieländer unsere Chance, in Würde zu überleben, rapide gegen Null gehen läßt.

EIN SYSTEM SIEGT SICH ZU TODE

Angesichts dieses Szenarios, in das wir mit schon fast tödlicher Sicherheit hineinschlittern, sei es erlaubt, in groben Strichen eine theoretisch mögliche Alternative zu skizzieren. Daß seiner Verwirklichung die Trägheit, die Unbeweglichkeit, der Egoismus und die Angst von Milliarden Menschen entgegenstehen, soll uns nicht daran hindern, einen schönen, konstruktiven Traum zu träumen - denn wenn wir diesem Traum nicht zur Verwirklichung verhelfen können, ist uns ein nicht auszumalender Alptraum gewiß.

> „Wenn wir einen 'Ausweg aus dem globalen Treibhaus' finden können, so lautet die Botschaft dieses Buches, dann nur, wenn wir radikal umdenken, wenn wir einsehen, **daß nichts so bleiben kann wie es ist**"
> (Dirk Rumberg, Q54).

Nach Schätzungen des Worldwatch-Instituts wären jährlich 30 Milliarden $ nötig, um eine weltweit wirksame Bevölkerungskontrollpolitik einzurichten und zu tragen. Ist es nicht bemerkenswert, daß kein Mensch in unserem Land auf die Idee käme, wir sollten diese für das Überleben der Menschheit unerläßliche Investition notfalls „im Alleingang" vornehmen, während wir uns offenbar durchaus vorstellen können, uns die deutsche Einheit 100 - 200 Milliarden DM im Jahr kosten zu lassen?

Dabei wäre es durchaus realistisch, anzunehmen, daß viele andere westliche Länder sich einer Initiative der Bundesrepublik anschließen würden, wenn sie ein derartiges Programm mit der erforderlichen Großzügigkeit in Angriff nähme (Norwegen, Dänemark, Schweden und die Niederlande zahlen ohnehin einen doppelt so hohen Prozentsatz ihres Bruttosozialprodukts an Entwicklungshilfe als die Bundesrepublik).

Natürlich wäre dies nur ein Anfang. Geburtenkontrolle kann nur funktionieren, wenn die sozialen Voraussetzungen geschaffen werden, die es den Menschen erlauben, vom Kinderzeugen und -gebären als Alterssicherung, als einzige Bestimmung der Frau, als Mittel zur Gewinnung billiger Arbeitskräfte Abstand zu nehmen. Das heißt, daß ein wesentlich größerer Transfer von Mitteln in die Entwicklungsländer notwendig wäre, um ihnen zu helfen, die Strukturen zu schaffen, die eine Sicherung der Grundbedürfnisse, eine Anhebung des Bildungsniveaus und damit eine Veränderung in der Rolle der Frau und der Kinder ermöglichen.

LESEBUCH

Vorstellbare „Quellen"
für ökologische und Entwicklungsaufgaben

K10.7

Militärische Priorität	Kosten (US$)	Ökologische Priorität
2 Tage globale Militärausgaben	4,8 Mrd.	Jährliche Kosten für den UN-Plan zur Eindämmung der Wüstenausdehnung
SDI-Forschung 1987	3,7 Mrd.	Mittel, um eine 200.000-Einw.-Stadt im Süden der USA komplett mit Energie zu versorgen
Rd. 4 Tage globale Militärausgaben	8,0 Mrd.	Aktionsplan zum Schutz der tropischen Regenwälder mit einer Laufzeit von 5 Jahren
2 Monate äthiopische Militärausgaben	50 Mio.	Jährliche Kosten für das Anti-Desertifikationsprogramm für Äthiopien
1 Atombombentest	12 Mio.	Installation von 80.000 Handpumpen zur nachhaltigen Wassernutzung in Dritte-Welt-Dörfern

Abb. 11: „Trade-offs" zwischen Militär- und Ökologieausgaben. Die weltweite Entspannung bietet die einmalige Chance, von Konfrontation auf Kooperation umzuschalten und Militärausgaben zum Schutz der natürlichen Lebensgrundlagen umzuwidmen (Q53-38).

Ein weiterer Bereich, in den die Industrieländer massiv investieren müßten, wäre die Entwicklung alternativer, angepaßter und dezentraler Technologien der Energieversorgung und der Rohstoffverwendung. Die Tragfähigkeit der Biosphäre ist durch die verschwenderische Technik und den ungehemmten Verbrauch der Industrieländer bereits jetzt so enorm beansprucht, daß offensichtlich auch nicht die geringste Chance besteht, mit den bestehenden Techniken auch nur die Grundbedürfnisse der unterentwickelten drei Viertel der Menschheit zu befriedigen.

EIN SYSTEM SIEGT SICH ZU TODE

Wenn wir uns nicht zu einer solchen, nach heutigen Maßstäben gewaltigen Hilfe entschließen können, müssen wir damit rechnen, daß ein Land wie China, das jedes Jahr viele Millionen neue Arbeitsplätze schaffen muß, ohne Rücksicht auf das Weltklima seine üppigen Kohlevorräte dafür einsetzen und damit im Jahr 2030 drei Milliarden t Kohlendioxid in die Atmosphäre blasen wird - genau die Menge, auf die die CO_2-Emissionen der ganzen Welt bis dahin begrenzt werden müßten, um eine Klimakatastrophe zu vermeiden (trcl 106).

Für den Einsatz von Geld in der Entwicklungshilfe gibt es Grenzen - nicht nur auf der Geberseite, sondern auch in den Empfängerländern. Bei den gegebenen Strukturen wäre es nicht möglich, mehr als etwa 100 Milliarden $ pro Jahr in den Entwicklungsländern sinnvoll einzusetzen. Aber ein Betrag ähnlicher Größenordnung müßte in den Industrieländern für die Entwicklung von Technologien eingesetzt werden, die sich in die natürlichen Kreisläufe der Biosphäre einpassen.

Das ist, auf den ersten Blick, eine schwindelerregende Zahl, eine Zahl, die ein solches Gedankenspiel von vornherein als utopisch erscheinen lassen könnte. Aber schon, wenn man sie zu den öffentlichen Haushalten, dem privaten Verbrauch, der Sparquote in den Industrieländern ins Verhältnis setzt, wirkt sie durchaus nicht mehr wirklichkeitsfremd (Das Bruttosozialprodukt der Bundesrepublik liegt bei jährlich 2500 Milliarden DM)[40]. Aber das entscheidende Argument für diesen gigantischen Transfer ist, daß er gar nicht hoch genug sein kann. Da es sich nämlich dabei nicht um gewinnbringende Anlagen oder hochverzinsliche Darlehen, sondern um „unwirtschaftliche" Investitionen, eine Übertragung ohne Gegenleistung und ohne den Erwerb von Ansprüchen handelt, ist dies genau der Mechanismus der De-Investition, der notwendig ist, um das immer schneller drehende Karussell der Kapitalvermehrung abzubremsen (s. K2.14).

> „49 Nobelpreisträger haben einen Apell an Präsident Bush gerichtet, die Emission von Treibhausgasen zu reduzieren, mit der Begründung, daß sich 'eine globale Erwärmung als die ernsteste ökologische Bedrohung des 21. Jahrhunderts ankündigt ... nur indem wir jetzt einschreiten, können wir dafür sorgen, daß künftige Generationen nicht gefährdet werden'"
> *(Tim Radford, trcl9).*

LESEBUCH

K10.7

Warum lassen wir es zu, daß die von Angst und Eigensucht diktierte Selbstbeschränkung des Denkens, die unser politisches Handeln bestimmt, mit dem Wort „realistisch" besetzt wird? Es ist ein „Realismus", der sich an den Kriterien einer verlustangstgeprägten Wahnwelt mißt - und bestätigt.

■ Spätestens seit Rachel Carsons „Stummer Frühling" (1962) weiß die Welt, daß der Einsatz von Chemie gegen unerwünschte Tiere und Pflanzen auch die erwünschten langsam ausrottet.

■ Spätestens seit den „Grenzen des Wachstums" von Meadows (1972) weiß die Welt, daß das exponentielle wirtschaftliche Wachstum die Lebensgrundlagen zerstört. Wachstum ist bis heute das herausragende Ziel der Politik geblieben.

■ Spätestens seit der Atmosphären-Konferenz in Toronto 1988 kann kein Zweifel mehr daran bestehen, daß eine weitere Steigerung der CO_2-Emissionen (und auch ein gleichbleibender Energieverbrauch) das Klima, ja die empfindliche Balance der gesamten Biosphäre bedrohen. Aber es gibt keine Volkswirtschaft der Erde, die mehr als eine symbolische Anstrengung zur Erforschung und Förderung der Energieeinsparung unternimmt.

■ Spätestens seit dem Golfkrieg im Januar und Februar 1991 ist für jedermann sichtbar geworden, zu welch unermeßlichen menschlichen und ökologischen Katastrophen die Abhängigkeit von den fossilen Energiereserven führen kann und führen wird. Die weitreichendste Konsequenz für die Führungsmacht des Westens bestand darin, die Exploration neuer Ölvorkommen in bisher noch nicht ruinierten Teilen des amerikanischen Kontinents durch die Lockerung von Umweltgesetzen zu erleichtern.

Niemand kann behaupten, er habe nichts gewußt.

EIN SYSTEM SIEGT SICH ZU TODE

Moribundus K10.8

Vor einigen Monaten besuchte ich einen Freund, der gerade aus dem Krankenhaus entlassen war. Er hatte sich schon tagelang nicht wohlgefühlt, war aber trotzdem mit zusammengebissenen Zähnen weiter seiner Arbeit nachgegangen. Eines Abends, als er sich so elend fühlte, daß er sich von einem Taxi nach Hause bringen ließ, schaute er in den Spiegel und erblickte, wie er mir erzählte, die Fratze des Todes, die ihn anschaute.

Er rief eine Ambulanz, die ihn ins Krankenhaus brachte, wo er, im letzten möglichen Augenblick, operiert wurde. Er hatte als Folge eines Darmdurchbruches eine Bauchhöhlensepsis, die in wenigen Stunden einen tödlichen Verlauf genommen hätte.

Freud hat die erstaunliche These aufgestellt, daß wir uns für unsterblich halten. Wir wissen zwar, daß wir wie alle anderen Menschen sterben werden und müssen, aber wir glauben es nicht.

Was für das Individuum gilt, gilt offenbar in gleicher Weise für menschliche Gesellschaften. Wir können uns nicht ernsthaft vorstellen, daß unsere Kultur, oder das menschliche Leben insgesamt, von der Erde verschwinden könnte.

Dies ist der Grund, weshalb es einen Sinn hat, das Unausweichliche zu beschreiben. Nur wer sich als Moribundus im Spiegel erkennt, bringt möglicherweise die Kraft auf, harte, unbequeme, schmerzliche Entscheidungen zu treffen, zu denen ihn sonst nichts und niemand zwingt. Die bewußte intellektuelle Konfrontation mit der programmierten Selbstvernichtung könnte so, wenn sie ehrlich und schonungslos versucht wird und wenn wir zulassen, daß sie sich in Gefühle umsetzt, gewissermaßen den realen Leidensdruck ersetzen, der, wenn er erst eintritt, für den Anstoß der notwendigen Veränderungen zu spät kommt.

Wir stehen in einem Wettlauf zwischen der apokalyptischen Eigendynamik der Industriegesellschaft und den verzweifelten Versuchen, einen Paradigmenwechsel herbeizuführen. Das einzigartige Dilemma unserer Situation ist, daß wir nicht auf den Zusammenstoß des alten Paradigmas mit den von ihm ignorierten Realitäten warten können.

Die Geschwindigkeit der Weltveränderung durch den Menschen und vor allem durch die Industriekultur ist im Verhältnis zu ihrem Substrat, der Geosphäre und Biosphäre, so rasant geworden, daß die wichtigsten Rückmeldungen aus dem System erst ankommen, wenn alles vorbei ist. Der *Pipeline-Effekt*, von dem in K7.7 die Rede

LESEBUCH

K10.8

ist, ist ja nichts anderes als die Abbildung des Auseinanderklaffens der Ablauf- und Entwicklungsgeschwindigkeit im menschlich industriellen System auf der einen und der der Natur auf der anderen Seite.

Man stelle sich, um sich davon ein Bild zu machen, ein steinzeitliches Hüttendorf vor, in dem im Morgengrauen ein Pioniertrupp mit Baggern, Sattelschleppern und Kranen anrückt; während sich die aus dem Schlaf geschreckten Bewohner noch die Augen reiben, sind ihre Hütten schon beiseite geräumt und durch Wohncontainer ersetzt; Hühner, Schweine und Ziegen sind in einem rollenden Verbrennungsofen verschwunden, und auf dem Dorfplatz steht ein Supermarkt-Container, in dem Schweineschnitzel und Hühnerfricassé in mikrowellengerechter Schrumpfpackung in der Tiefkühltruhe lagern.

Die Kultur, in der diese Menschen fraglos aufgehoben waren, hat sich verflüchtigt, noch bevor sie sich recht die Augen reiben konnten. Dem Verlust ihrer kulturellen Identität wird, nach allen Erfahrungen, die wir mit der Begegnung zwischen Zivilisation und Stammesvölkern haben, ihre physische Vernichtung (gleich ob durch eingeschleppte Epidemien, systematisches Abschießen oder Alkoholismus) auf dem Fuße folgen.

Über die Menschheit kommt dieses Schicksal nicht von außen, nicht von überlegenen Mächten aus dem Weltall, wie es zahllose Science-Fiction-Romane ausgemalt haben. Sie bereitet sich ihren Untergang eigenhändig - wenn sie ihre amoklaufende evolutionäre Überlegenheit nicht in letzter Sekunde durch ein Bewußtsein vom Ganzen in den Griff bekommt.

Erst wenn wir ein Bewußtsein dafür entwickeln, daß wir kein Recht haben, uns zehnmal soviel von den Ressourcen der Erde unter den Nagel zu reißen, als für die übrigen drei Viertel der Menschheit bleibt, bekommen politische Initiativen, die das Wachstum begrenzen und zurückfahren wollen, eine Chance.

Erst wenn wir die Einsicht zulassen, daß wir mit unserer Bequemlichkeit und unserem schrankenlosen Konsum die Lebensgrundlage unserer Kinder und Kindeskinder verbrauchen, können wir anfangen, uns mit dauerhafteren, wenn auch etwas beschwerlicheren Lebens- und Arbeitsformen auseinanderzusetzen.

Erst wenn die organisierte und als kollektives Lebensziel sanktionierte Ausräuberung der Zuspätgekommenen und der Natur durch einen Paradigmenwechsel als das erkannt, empfunden und gebrandmarkt wird, was es ist: ein Verbrechen an Mensch und Natur, können wir beginnen, die rasende Entropiemaschine zu bremsen.

EIN SYSTEM SIEGT SICH ZU TODE

Hier hört dieses Buch auf, und hier hört das auf, was ein Buch bewirken kann. Nicht umsonst werden tiefgreifende Sinnesänderungen, Bekehrungen (wie von Saulus zu Paulus, oder der Ruf, der Moses aus dem Dornbusch ereilte), als Ereignisse beschrieben, die außerhalb der gewohnten Realität stattfinden. Nichts weniger als das muß geschehen, wenn wir, ohne eine Katastrophe als Zuchtmeister, an den Ängsten vorbeikommen wollen, die uns daran hindern, aus unseren Einsichten die Konsequenzen zu ziehen.

Vielleicht haben das diejenigen begriffen, die sich mit den Mitteln der Meditation, der fernöstlichen Philosophie oder der abendländischen Mystik, mit neuen (wiedergefundenen uralten) Gemeinschaftsformen und Ritualen auf einen Weg gemacht haben, von dem sie hoffen, daß er sie hinausführt aus der materialistischen Gefangenschaft und wieder eins macht mit dem Ganzen.

Ob sie damit in andere Wirklichkeiten vorstoßen, mag für den Skeptiker dahingestellt bleiben. Wenn sie damit die Möglichkeit sichtbar und erfahrbar machen, daß es ein Leben jenseits des materialistischen Paradigmas gibt, könnte das der Beginn einer Hoffnung sein.

Literaturvorschläge zu einzelnen Kapiteln:

Kap. 1 — Christian Schütze, Das Grundgesetz vom Niedergang München 1989

Kap. 2 — Jeremy Rifkin, Entropie, Frankfurt 1985

Kap. 2.1.2 — Hans Immler, Vom Wert der Natur, Opladen 1989

Kap. 2.3 — Franz Nuscheler, Lern- und Arbeitsbuch Entwicklungspolitik, 1991

Brigitte Erler, Tödliche Hilfe, Köln 1990

Volker Hauff (Hrsg.), Unsere Gemeinsame Zukunft, Greven 1987 (Brundtland-Bericht)

Kap. 2.6 — Elmar Altvater, Die Zukunft des Marktes, Münster 1991

Kap. 5 — Carl Amery, Natur als Politik, Reinbek 1978

Hans Jonas, Das Prinzip Verantwortung, Frankfurt 1984

Kap. 6 — K. William Kapp, Soziale Kosten der Marktwirtschaft, Frankfurt 1979

Joschka Fischer, Der Umbau der Industriegesellschaft Frankfurt 1989

Kap. 7 — Frederic Vester, Unsere Welt - ein vernetztes System München 1978

Kap. 9 — James Lovelock, Unsere Erde wird überleben, München 1982

Ilya Prigogine/Isabelle Stengers, Dialog mit der Natur München 1981

Kap. 10 — Erich Jantsch, Die Selbstorganisation des Universums, München 1982

Peter Russel, Die erwachende Erde, München 1984

Ernst Ulrich von Weizsäcker, Erdpolitik, Darmstadt 1990

Quellennachweis 1 (Bücher)

bmen   Bill McKibben, The End of Nature, London 1990,
       deutsch: Das Ende der Natur, München 1990

brundt Volker Hauff (Hrsg.), Unsere Gemeinsame Zukunft, Greven 1987

clhk   Christian Leipert, Die heimlichen Kosten des Fortschritts, Frankfurt 1989

cmeb   Crutzen/Müller, Das Ende des blauen Planeten? München 1989

csgn   Christian Schütze, Das Grundgesetz vom Niedergang, München 1989

crgr   Bericht des Rates des Club of Rome: Die globale Revolution, Hamburg 1991

cwbw   C. F. von Weizsäcker, Bewußtseinswandel, München 1988

dsga   Dieter Seifried, Gute Argumente - Verkehr, München 1990

eaan   Elmar Altvater (Hrsg.), Die Armut der Nationen, Berlin 1987

eazm   Elmar Altvater, Die Zukunft des Marktes, Münster 1991

elev   Ervin Laszlo, Evolution - The Grand Synthesis, Boston 1987,
       deutsch: Evolution - die neue Synthese, Wien 1987

ewep   Ernst Ulrich von Weizsäcker, Erdpolitik, Darmstadt 1990

ewos   Ernst von Weizsäcker (Hrsg.), Offene Systeme I, Stuttgart 1974

fcwz   Fritjof Capra, Wendezeit, Bern 1990

fnla   Franz Nuscheler, Lern- und Arbeitsbuch Entwicklungspolitik, Bonn 1991

gaia   GAIA - the Thesis, the Mechanisms and Implications, Proceedings of the First Annual Camelford Conference on the Implications of the Gaia Hypothesis, Hrsg. Peter Bunyard und Edward Goldsmith, 1988

gaöa   Gaia Der Öko-Atlas unserer Erde, Hrsg. Norman Myers, Frankfurt 1985

gawo   Günter Altner (Hrsg.), Die Welt als offenes System, Frankfurt 1986

LESEBUCH

ghei Günther Hesse, Die Entstehung industrialisierter Volkswirtschaften, Tübingen, 1982

ghot Rainer Grieshammer u. a., Ozonloch und Treibhauseffekt, Hamburg 1990

hjpv Hans Jonas, Das Prinzip Verantwortung, Frankfurt 1984

hjtm Hans Jonas, Technik, Medizin und Ethik, Frankfurt 1987

iölg Institut für ökologische Wirtschaftsforschung, Lösungsansätze für ein ganzheitliches System von Umweltsteuern und -sonderabgaben in der BRD. Gutachten im Auftrag der Bundestagsfraktion der Grünen, Berlin 1989

ilpn Ivor Leclerc, The Philosophy of Nature, 1986 (ohne Erscheinungsort)

jfui Joschka Fischer, Der Umbau der Industriegesellschaft, Frankfurt 1989

jlag James Lovelock, The Ages of Gaia, Oxford 1988

jlue James Lovelock, Unsere Erde wird leben, München 1982

jsgl Jürgen Streich, Global 1990, Hamburg 1989

kzak Karl Georg Zinn, Arbeit, Konsum, Akkumulation, Hamburg 1986

lmol Lovelock, J. E. und Margullis, L., Homeostatic tendencies of the Earth's atmosphere, *Origins of Life*, 1975

mtvl C. P. Mayer-Tasch, Die verseuchte Landkarte, München 1987

ngel Nicolas Georgescu-Roegen, The Entropy Law and the Economic Process, 1971

nger Nicolas Georgescu-Roegen, The Entropy Law and the Economic Process in Retrospect, Berlin 1987

nlek Niklas Luhmann, Erkenntnis als Konstruktion, Bern 1988

öiem Öko-Institut Freiburg, Die Energiewende ist möglich, Frankfurt 1985

öiew Öko-Institut Freiburg, Energie-Wende, Wachstum und Wohlstand ohne Erdöl und Uran, Frankfurt 1980

owzk Otto Karl Werckmeister, Zitadellenkultur, München 1989

pdcb Paul Davies, The Cosmic Blueprint, London 1987

pkga Peter Kafka, Das Grundgesetz vom Aufstieg, München 1989

pönw Politische Ökologie, Sonderheft 1: Nachhaltiges Wirtschaften, München 1990

rnrc Richard North, The Real Cost, London 1986, deutsch: Wer bezahlt die Rechnung?, Wuppertal 1988

rgot Rainer Grießhammer u. a., Ozonloch und Treibhauseffekt, 1990

rkön Ragnar K. Kinzelbach, Ökologie - Naturschutz - Umweltschutz, Darmstadt 1989

rret Robert G. B. Reid, Evolutionary Theory, Ithaca 1985

rsor Robert Shapiro, Origins - A Skeptic's Guide to the Creation of Life on Earth, 1986

rsus Rolf Peter Sieferle, Die universalgeschichtliche Struktur des Umweltproblems, Scheidewege

trcl Tim Radford, The Crisis of Life on Earth, Wellingborough 1990

ubsb Ulrich Beck, Die Selbstwiderlegung der Bürokratie, Merkur 474

upi9 Umwelt- und Prognose-Institut Heidelberg e. V., Öko-Steuern als marktwirtschaftliches Instrument im Umweltschutz - Vorschläge für eine ökologische Steuerreform, Heidelberg 1988

wfte Warwick Fox, Toward a Transpersonal Ecology, Boston 1990

wgöl Hartwig Wallatschek/Jochen Graw, Öko-Lexikon, 1990

whzg Wolfgang Hingst, Zeitbombe Gentechnik, Wien 1988

wkan Wolfgang Kessler, Aufbruch zu neuen Ufern, Oberursel 1990

Quellennachweis 2 (Zeitungen und Zeitschriften)

Q1 taz 14.7.88

Q2 taz 11.11.88

Q3 Süddeutsche Zeitung 19.9.91

Q4 Spiegel 11-14/89

Q5 ZEIT 5.5.89

Q6 ZEIT 12.5.89

Q7 Süddeutsche Zeitung 8.8.89

Q8 International Herald Tribune 27.9.89

Q9 FAZ 12.9.89

Q10 Süddeutsche Zeitung 25.6.88

Q11 ZEIT 3.11.89

Q12 Süddeutsche Zeitung 25.11.89

Q13 ZEIT 8.12.89

Q14 Spiegel 36/89

Q16 Kommune 2/90

Q17 ZEIT 24.3.89

Q18 Spiegel 16/90

Q19 Spiegel 17/90

Q20 Süddeutsche Zeitung 16.2.90

Q21 Spiegel 21/90

Q22 ZEIT 20.4.90

Q23 Spiegel 21/90

Q24 Süddeutsche Zeitung 16.6.90

Q25 Spiegel 24/90

Q26 Süddeutsche Zeitung 24.4.90

Q27 ZEIT 26.10.90

Q28 Süddeutsche Zeitung 17.1.91

Q29 Weltwoche 13.6.91

Q30 ZEIT 28.10.88

Q31 Süddeutsche Zeitung 9.1.1988

Q32 New Scientist 1.4.89

Q33 Greenpeace 4/89

Q34 Kommune 11/89

Q35 natur 8/89

Q36 natur 5/90

Q37 fairkehr 4/89

Q38 Forum entwicklungspolitischer Aktionsgruppen, Juni 1986

Q39 Spektrum der Wissenschaft Sonderheft 9 (1990)

Q40 Kommune 6/9

Q41 natur 6/89

Q42 Evangelische Akademie Baden, Ökologie und Ökonomie, 1985

Q43 natur 9/90

Q44 epd 10/89

Q45 natur 3/91

EIN SYSTEM SIEGT SICH ZU TODE

Q46 Kommune 7/91

Q47 Ecologist 3/91

Q48 Ecologist 4/89

Q49 natur 8/91

Q50 GEO 17.12.89

Q51 Süddeutsche Zeitung 19.7.91

Q52 Frankfurter Rundschau 29.11.90

Q53 Kommune 8/90

Q54 Süddeutsche Zeitung 5.12.90

Q55 Süddeutsche Zeitung 19.9.91

Q56 natur 7/90

Q57 Interdisciplinary Science Reviews, Vol. 6, No. 1, 1981

Q58 Spiegel 32/91

Q59 Süddeutsche Zeitung Magazin 4.1.91

Q60 Spiegel 33/91

Q61 Spiegel 13/90

Q62 Süddeutsche Zeitung 25./26.6.88

Q63 natur 1/90

Q64 ZEIT 17.11.89

Q65 Süddeutsche Zeitung 19.9.91

Q66 taz 14.9.91

Q67 TIMES 27.8.91

Q68 Süddeutsche Zeitung 7.10.91

Q69 The Ecologist, Juli 1980

Anmerkungen

Anmerkungen zum Hauptteil des Buches

1) Um mir und dem Leser/der Leserin einen ständigen Eiertanz zwischen DDR, ex-DDR, ehem. DDR und FNL zu ersparen, werde ich einfach von DDR sprechen (wobei es sich auch meistens um die historische DDR handelt).

2) Das „Gesetz vom abnehmenden Ertragszuwachs", auch kurz Ertragsgesetz genannt, ist eine empirisch feststellbare Ausprägung des Nernstschen Theorems, das auch als 3. Hauptsatz der Thermodynamik bezeichnet wird.

3) Wir lassen uns darin nur noch übertreffen von Volk und Politikern der ex-DDR, so z. B. Prof. Succow, stellvertretender Umweltminister der ausgehenden DDR, der in einer Fernsehdiskussion im Februar 1990 in der Bundesrepublik schon die öko-soziale Marktwirtschaft verwirklicht sieht. Aber wenn er schon nicht wissen kann, daß auch bei uns ein Fünftel aller Brunnen mehr Nitrate enthalten, als die Trinkwasserverordnung zuläßt; daß wir mit unseren Autos, Kraftwerken und Fabrikanlagen allen eingebauten Filtern und aller hochgezüchteten Filtertechnologie zum trotz, unseren Beitrag zum Waldsterben und zur globalen Erwärmung leisten; wenn es ihm schon entgangen sein sollte, daß wir die strahlenden Abfälle unserer technisch so überlegenen Atomkraftwerke dadurch verschwinden lassen, daß wir sie nach Frankreich oder England schicken und von den dortigen WAAs den Atlantik und die irische See verseuchen lassen, und daß wir mit unserem Verbrauch von 45 Milliarden Liter Kraftstoff unseren überproportionalen Beitrag zur Verpestung von Küsten und Zerstörung von Meeren leisten; dann müßte ihm doch zumindest aufgefallen sein, daß wir, die hochentwickelte „öko-soziale" Marktwirtschaft, ihnen, den armen, devisengierigen Hinterhausbewohneren der BRD, jährlich 1,5 Millionen Tonnen von unserem Müll und 700 000 t Sonderabfälle vor die Füße kippten.

4) Im Verhältnis zur Lebensspanne des Universums sind das winzige Funken in der Unendlichkeit, die aufleuchten und schon wieder vergangen sind: 15 Mrd. Jahre (Kosmos) zu 100 Jahre (Menschenleben) verhält sich wie ein Menschenleben zu einem Augenblick von 20 Sekunden:

$$\frac{15 \times 10^9}{10 \times 10} \text{ (Jahre)} = \frac{3 \times 10^9}{2 \times 10} \text{ (Sekunden)}$$

5) Christian Schütze, Das Grundgesetz vom Niedergang, München 1989
Peter Kafka, Das Grundgesetz vom Aufstieg, München 1989

6) „Was als Protest gegen wachsende Unzuträglichkeiten in Teilbereichen begann - wie die Übermotorisierung mit ihren Problemen der Luftvergiftung und der Versiegelung

EIN SYSTEM SIEGT SICH ZU TODE

immer größerer Flächenanteile in dichtbesiedelten Ländern bei dennoch unvermindert fortschreitender Kompression des Individualverkehrs zu Stauansammlungen -, führt über Fragen nach den Ursachen und Zusammenhängen zu einer immer kritischeren Betrachtung vom immer kritischer werdenden Verhältnissen in immer weiteren Lebensbereichen, von der chemikalienintensiven Übernutzung landwirtschaftlicher Böden bis zum Landschafts- und Umweltverbrauch durch den Massentourismus.... Umweltkatastrophen wie Tschernobyl und Bhopal, der Chemieunfall von Basel, das Auslaufen von Tankern wie der „Valdez" in Alaska, die Algenpest im Mittelmeer und die mediale Beförderung von ökologischen Krisenthemen wie saurer Regen, Waldsterben, Brandrodung der tropischen Regenwälder, Ozonloch und Treibhauseffekt haben inzwischen dazu beigetragen, daß von den aktionistischen Randgruppen ausgehend die ganze Breite der Gesellschaft von einem allgemeinen, wenn auch weithin unreflektierten Krisenbewußtsein erfaßt worden ist." (Geschäftsbericht 1989 der Deutschen Bank AG)

7) „...das Prinzip, daß in Dingen einer gewissen Größenordnung - solchen mit apokalyptischem Potential -der Unheilsprognose größeres Gewicht als der Heilsprognose zu geben ist" (hjpv 76)

Anmerkungen zum Lesebuch

8) und damit Fundament der Klassenkampfidee

9) Diese Richtzahl ergibt sich u. a. aus einer Schätzung der amerikanischen Umweltschutzbehörde EPA, nach der die CO_2-Emissionen um 50 bis 80 Prozent reduziert werden müssen, damit ihre atmosphärische Konzenzentration auf dem gegenwärtigen Niveau stabilisiert werden kann (Q40-36); zu einer ähnlichen Richtzahl kommt der schwedische Metereologe Edgar Bolin (cmeb22). Auf 2 t CO_2 pro Kopf kommmt man, wenn man den dann noch verbleibenden Sockelbetrag von etwa 10 Milliarden t CO_2 gleichmäßig auf die Weltbevölkerung aufteilt.

10) Aus Rindermägen (d. h. allgemein den Mägen von Wiederkäuern) entweicht Methan, das mit 19 Prozent zum Treibhauseffekt beiträgt und 20mal so treibhauswirksam wie CO_2 ist. Nach einer Untersuchung der EPA (Umweltschutzbehörde der USA) ist die Methanproduktion in der Intensivtierhaltung stark erhöht.

11) „Obwohl die Quellen der steigenden Konzentration von Stickoxiden in der Atmosphäre - einem Treibhausgas, das 270mal wirksamer ist als CO_2 - quantitativ noch nicht genau feststehen, geht man davon aus, daß ein großer Teil dieses Anstiegs auf den Einsatz von Mineraldünger zurückzuführen ist" (Q47-89).

12) Auch das Methan aus Reisfeldern leistet einen beträchtlichen Beitrag zum Treibhauseffekt. Nach Untersuchungen, die von Edward Goldsmith im Ecologist zitiert werden,

„sind die Methan-Emissionen aus Reisfeldern, die mit Kunstdünger gedüngt werden, bis zu viermal höher als in nicht gedüngten Reisfeldern" (Q47-90).

13) In Afrika könnte, nach FAO-Berichten, die Erosion die landwirtschaftliche Produktion zwischen 1975 und 2000 um ein Viertel reduzieren (Q47-83).

14) Nach konservativen Schätzungen (FAO) ist ein Fünftel (nach Lester Brown ein Viertel) des bewässerten Landes der Welt - etwa 40 Millionen Hektar - durch Versumpfung oder Versalzung beeinträchtigt.

In Ägypten sind 35 Prozent des bewirtschafteten Landes durch Versalzung und 90 Prozent durch Versumpfung geschädigt.

15) In Indonesien hat die Zerstörung des Waldes dazu geführt, daß 8,6 Millionen Hektar offiziell als „kritisches Land" klassifiziert werden - das bedeutet Land, das so heruntergekommen ist, daß es im allgemeinen nicht einmal mehr für die Subsistenzlandwirtschaft geeignet ist (Q47-83).

16) Nach der (heute als irrig geltenden) Lehre Lamarcks können Individuen einer Art die im Laufe ihres Lebens erworbenen Eigenschaften an ihre Nachkommen vererben - eine plausibel erscheinende Erklärung für den zu beobachtenden Fortschritt in der Evolution. Nach der auf dem Darwinismus fußenden heute allgemein anerkannten Evolutionslehre entstehen Variationen im Erbgut zufällig, und ihre Weitergabe an Nachkommen (und damit ihre Integration in das Erbgut der Art) wird dadurch entschieden, ob sie zur Fitness und damit zum Fortpflanzungserfolg des betreffenden Lebewesens beitragen oder nicht.

17) vgl. Peter Kafkas Beschreibung des Evolutionsmechanismus: „Durch «Versuch und Irrtum» beim Herumtasten der zufälligen Schwankungen werden wahrscheinlich die relativ langlebigen Beziehungen gefunden, und definitionsgemäß überleben sie" (pkga52), oder den Satz Carl Friedrich von Weizsäckers: „Beide Entwicklungsgesetze (nämlich die Entwicklung differenzierter Gestalten wie auch der Zweite Hauptsatz) besagen, daß das Wahrscheinliche eintreten wird" (ewos203).

18) „Die Ozonschicht dünnt über der nördlichen Hemisphäre etwa drei- bis fünfmal schneller aus als bislang vorhergesagt. Sie hat damit in den vergangenen zehn Jahren um etwa acht Prozent abgenommen. Zu diesen Ergebnissen kamen Wissenschaftler der amerikanischen Umweltbehörde. Sie haben die Daten der letzten elf Jahre neu analysiert. Das Ergebnis: Mehr Menschen als bisher befürchtet werden in den nächsten 50 Jahren an Hautkrebs erkranken. Die Zahlen müssen drastisch nach oben korrigiert werden. Anstatt der erwarteten 0,5 Millionen prognostizieren die Forscher jetzt 12 Millionen Fälle" (Q49-81).

19) Wenn die Auseinandersetzung mit Joschka Fischers programmatischer Schrift härter ausfällt als die mit den Parteitagspapieren der SPD, dann deshalb, weil die Grünen, die im Streit um den Inhalt und die Realisisierbarkeit einer ökologischen Politik ihre politische

EIN SYSTEM SIEGT SICH ZU TODE

Existenz aufs Spiel gesetzt haben, einen Anspruch darauf haben, ernster genommen zu werden als die grüngefärbten Worthülsen der anderen Parteien.

20) Daß der Staatskapitalismus die Umwelt noch gnadenloser verheizt als der Privatkapitalismus, ist angesichts der ökologischen Katastrophensituation in den Ostblockstaaten nicht zu bestreiten. Nur: der Unterschied ist ein gradueller, quantitativer, kein wesentlicher, qualitativer. S. dazu Kap. 7 und K2.5

21) UPI-Berichte Nr. 9 und Nr. 17; frühere Arbeiten, die weniger Echo fanden (aber auch weniger konkret): Hermann Laistner, Ökologische Marktwirtschaft, München 1986; Hans Christoph Binswanger u. a., Arbeit ohne Umweltzerstörung, Frankfurt 1983

22) Als Ausgangsbasis gibt es Berechnungen wie die von Lutz Wicke oder von Christian Leipert über die Umweltschäden von wirtschaftlichen Tätigkeiten; sie können aus verschiedenen Gründen, mit denen sich K6.2 befaßt, nicht als eine unbestreitbare wissenschaftliche Grundlage, sondern nur als grobe Anhaltspunkte dienen, von denen die politische Auseinandersetzung ausgehen kann.

23) Vorschlag von Ernst Ulrich von Weizsäcker in ewep

24) UPI-Bericht Nr. 17: Umwelt- und Prognose-Institut Heidelberg e. V., Öko-Bonus als marktwirtschaftliches Instrument im Umweltschutz - Vorschläge zu einer neuen Kostenverteilung im Verkehrsbereich, Heidelberg 1990

25) Arthur Pigou, The Economics of Welfare, London 1920

26) Arthur Pigou, a. a. O.

27) s. Fußnote 18

28) Höchstmengen für Trinkmilch

29) Die Basis der Wirtschaft bleibt weiterhin die gewerbliche Industrie. In den USA blieb der Anteil der Industrie am Bruttosozialprodukt (BSP) von 1950 bis 1984 unverändert 21 - 22 Prozent. Von 1973 bis 1985 stieg die Industrieproduktion in den USA um 40 Prozent, gleichzeitig war ein Rückgang der gewerblichen Arbeitskräfte um fünf Millionen zu verzeichnen: ein Spiegelbild der wachsenden Produktivität, aber keineswegs der schrumpfenden Bedeutung des Industriesektors.

30) Wenn man ein Stoffgemisch unter Einwirkung von Wärme sich selbst überläßt, tritt nach einer mehr oder weniger langen Zeit, aber letztendlich immer, das chemische Gleichgewicht ein. Das heißt, das alle Reaktionen, die zwischen diesen Stoffen stattfinden können, stattgefunden haben (also z. B., daß aller Kohlenstoff, soweit freier Sauerstoff vorhanden war, zu CO_2 oxidiert ist), und daß sich das Gemisch bei gleichbleibenden Bedingungen nicht mehr verändern wird.

LESEBUCH

31) Zahlen aus cmeb S. 60: 190 ppm CO_2 vor 18000 Jahren, auf dem Höhepunkt der letzten Eiszeit; 280 ppm vor Beginn der Industrialisierung; 350 ppm 1988. Der Unterschied in der Durchschnittstemperatur zwischen der letzten Eiszeit und der jetzigen Warmzeit beträgt nur 4°C.

32) S. W. Fox, The evolutionary sequence: origin and emergence, zit. nach Mae-Wan Ho, in gaia169

33) - ein Verfahren, das die Industriegesellschaft offensichtlich nicht mehr in den Griff bekommen kann: „Es reicht nicht mehr aus, die Unzahl chemischer Stoffe zu regelementieren. In der Zeit, in der ein Stoff geprüft wird, werden hundert neue synthetisiert und produziert" (Q40-42).

34) Die Bewertungspunkte in diesem Abschnitt sind z. T. über den Daumen gepeilt und stellen nur Größenordnungen dar. Ich bedanke mich schon im voraus dafür, daß jemand, der mir das alles um die Ohren hauen möchte, die genauen Zahlen ausrechnet.

35) Wer alt genug ist, wird sich an die Nachkriegszeit erinnern, als die Rationierung des Treibstoffs den Holzvergaser hervorbrachte (ein mit Brennholz betriebenes Auto), oder aus Gasmaskenfiltern Leimdosen wurden.

36) Silvio Gesell, Die natürliche Wirtschaftsordnung, Nürnberg 1904, 9. Auflage Lauf bei Nürnberg 1949

37) Helmut Creutz, Dieter Suhr, Werner Onken, Wachstum bis zur Krise?, Berlin 1988, und zahlreiche Einzelschriften zum Thema Zins und Freigeld, z. B. Die fatale Rolle des Zinses im gegenwärtigen Wirtschaftssystem, Eigenverlag Helmut Creutz, Aachen

Dieter Suhr, Geld ohne Mehrwert - Entlastung der Marktwirtschaft von monetären Transaktionskosten, Frankfurt/Main 1983 und Befreiung der Marktwirtschaft vom Kapitalismus, Berlin 1986

Yoshito Otani, Ursprung und Lösung des Geldproblems, Hamburg 1981

Margrit Kennedy, Geld ohne Zinsen und Inflation, Steyerberg 1990

38) Kuratorium für einen demokratisch verfaßten Bund deutscher Länder

39) Die Arbeitsgruppe „Ökologische Wirtschaftspolitik" ist aus dem Umfeld der Evangelischen Akademien und der Forschungsstätte der Evangelischen Studiengemeinschaft (FEST) in Heidelberg entstanden.

40) allein die Investitionsquote beträgt 500 Milliarden DM, die private Vermögensbildung erreichte 1989 eine Höhe von 170 Milliarden DM, die Deutschen haben ein Geldvermögen (ohne Immobilien) von 2600 Milliarden DM, für die EG wird als Folge des Binnenmarktes 1992 ein unmittelbarer Wachtumsschub vor 430 Milliarden $ erwartet, die weltweiten Rüstungsausgaben liegen bei 1000 Milliarden $

Stichwortverzeichnis

1. Hauptsatz der Thermodynamik 17, 20
2. Hauptsatz der Thermodynamik 17, 69, 73, **85**, 205
3. Hauptsatz der Thermodynamik Fußnote 2
4. Hauptsatz der Thermodynamik 85

Abschmelzen der polaren Eiskappen 133, 139, 203
Abwärme 18
Agrarindustrie 117
Agrobusiness 26
Akkumulation 21, 22, 25, 31, 32, 38, 67, 91, 93, 96, 109, 207, 211, 214, 229
Albedo 133, 201, 203
Algenpest 196, 210
Algenteppich 190
Allergien 56, 208
Allmende 121
Allokation 21, 25, 34, **109**
Aneignung 21, 24, 25, 93, 96, 217
Angepaßte und dezentrale Technologien 249
Anpassung **125**, 168
Anpassungsfähigkeit 21, 30, 53
Anpassungsfalle 129
Anthropogener Beitrag 136
Arbeit 28, 91, 219
Arbeitsloses Einkommen 226
Arbeitsteilige Produktion 120
Arbeitsteilung 21, 45, 121
Asbest 167
Aufkommensneutralität 157
Ausbeutung 25, 96
Ausdünnung der Ozonschicht 135
Auslandsschulden 114

Aussterben der Arten 140
Automation 24

Bahnverkehr 102, 106
Bayer 14
Beck Ulrich 130
Bedürfnisse 216
Bentham Jeremy 65, 120, 211
Bertalanffy Ludwig von 239
Bevölkerungsexplosion 33
Bewässerung 118
Bewußtseinsänderung 58
Bewußtseinsveränderung 105
Bewußtseinswandel 54
Bewußtwerdung 72, 77
Bioakkumulation 173, **194**
Biosphäre 37, 39, 80, 91, 249
Biotechnologie 102
Boden 28, 119, 219
Brandt Willy 78, 230
Brundtland-Bericht 78, 230
BST 102
Buchgeld 228

Capra Fritjof 242
Cash crops 110, 112, 113, 114, 116, 118
Chemisches Gleichgewicht 199
Chimären 186
Chlor- und Kohlenstoffchemie 64
Club of Rome 78, 80, 87, 205
CO_2 133, 217
CO_2-Absorptionsprämie 236
Commerzbank 75
Creutz Helmut 228
Cyanobakterien 137, 210
Cypermethrin 167

LESEBUCH

Daimler-Benz 14, 75
Darwinismus 43
De-Investition 100, 250
Deep Ecology 242
Demographischer Übergang 33
Deutsche Bank 75
Development 111
Dienstleistungen 160
Dienstleistungsgesellschaft 169, **196**
Dürr Hans-Peter 86, 220
Durchhaltbar 214, 215

Eigen Manfred 29
Emergenz 72, **73**, 238
Enclosure 120
End-of-pipe-Technologien 174
Energieeinsparung 165
Energiesektor 106
Energieumwandlungsprozeß 18
Energieverteuerung 151
Energiewirtschaft 106
Enquête-Kommission 230, 233
Entropie 17, **19**, 20, 37, 38, 69, 70, 71, 73, **85**, 86, 87, 88, 89, 90, 94, 95, 100, 105, 173, 204, 205, 206, 208, 253
Entropiegesetz 17, 18, 60, 61, 64, 69, **85**, 161
Entropievermehrung 19, 31, 37, 38, 53, 63, 64, 67, 73, 90, 176, 218, 224
Entwicklung **111**, **116**
Entwicklungsdekaden 116
Entwicklungsländer 26
Entwicklungsmodell 33, **112**, 116
Entwicklungspolitik 111
Erdatmosphäre 200
Erdpolitik 230
Erhaltungssatz 17
Ethik 41, 42, 47
Exkursion **31**, 39, 138, 202

Externalisierung der Kosten 169
Externe Effekte 171
Externe Kosten 31, 163

FCKW-Produktion 196
Fehlallokation 171
Fern vom thermodynamischen Gleichgewicht 71, 88, 105, 200
Fließenergie 100
Flugverkehr 193
Fossile Brennstoffe 19
Fox Warwick 243
Free-raider-Verhalten 166
Freie Güter 217
Freigeld 226
Fruchtwechsel 117
Frühkapitalismus 30
Fukuyama Francis 65
Fulguration 240

Gaia **199**
Gaia-Hypothese 199
Geld 218
Geldvermögen 98
Genom 93
Gentechnologie 22
Georgescu-Roegen Nicolas 17, 85, 86
Geronnene Arbeit 91
Geschlossenes System 17, 86
Gesell Silvio 226
Gesellschaftliche Kosten 103
Gesetz der sinkenden Erträge 60, 61, 63, 173, 174
Gestaltwahrnehmung 186
Gewerkschaften 32
Global 2000 231
Global Village 36
Goldsmith Edward 38, 152, 213

Haken Hermann 239
Hardin Garrett 87
Hebelwirkung 192
Hierarchie 241
High Yield Varieties 116
Hoechst 14
Holzexporteure 112
Homo oeconomicus 145
Homöostase 200, 204
Homöotelie 213
Hybridweizen 116
Hyperzyklus 29

Immunsystem 54, 185, 208
Industrial take-off 120
Industrialisierung der Landwirtschaft 119, 210
Industrielle Revolution 94, 136
Informationsgesellschaft 198
Ingenium 27, 92, 94, 100
Intensivlandwirtschaft 116, 174
Internalisierung externer Kosten **166**, 167, 168, 171, 180
Investitionstätigkeit 229

Jonas Hans 28, 75, 135
Just-in-Time 146

Kant Immanuel 44
Kapital 28, 219
Kennedy Margrit 228
Kettenreaktion 138
Kleptokratie 113
Klimaänderung 136
Klimaschutzsteuer 236
Klimax 91
Knapp Udo 238
Knappe Güter 217
Knappheiten 171

Knappheitsmaßstab 216
Knappheitsrenten 96
Koestler Arthur 72
Koevolution 182
Kohlenstoff-Kreislauf 135
Kohlenwasserstoffe 194
Kombination 35
Kombinationswirkungen 180, 191
Kommandowirtschaft 130
Komplizität 32
Konsumverzicht 124
Kostenrechnung 164, 170
Kreislaufmodell 24
Kreislaufprozeß 94
Kühlung 205
Kumulation 35, 175

Lamarckistisch 124, 183
Landflucht 118
Landwirtschaft 106
Lang August 41
Laszlo Ervin 67
Lebenserhaltungssystem 71, 100, 119, **206**
Leclerc Ivor 239
Leitemission 220
Lewes G. H. 238
Living dead 191
LKW-Verkehr 103
Locke John 94
Logistische Wachstumskurve 91
Lorenz Konrad 240
Lovelock James 199

Malthus 92
Margulis Lynn 199
Markt 21, **25**, 34, 42, 44, 106, 162
Marktverfälschung 163
Marktwirtschaft 47

LESEBUCH

Marx 91
Massentierhaltung 117, 148, 210
Materie-Entropie 173
Mayr Ernst 240
Mehrwert 21, 22, 24, 31, 32, 37, 38, 67, 93, 95, 96, 98, 211, 226, 229
Methan 133
Mill John Stuart 238
Mineraldünger 118
Mineralfasern 167
Monetarisierung 166
Müller-Armack Alfred 41
Müllexporte 176
Müllverbrennungsanlagen 141
Multiplikation 175
Mutterboden 26, 206, 208, 232

Nachhaltig, Nachhaltigkeit 78, 79, 170, 213
Naess Arne 242
Nahrendorf Rainer 41
Nährstoffanreicherung 190
Nahrungskette 194, 210, 213
Naturvermögen 26, 29, 218, 219, 220
Naturvorräte 29
Negative Entropie, Negentropie 27, 67, 69, 70, 71, 86, **88**, 89, 90, 91, 205, 208, 218, 230
Neoliberal 24
Nettokapitaltransfer **27**, 113
Nettokreditaufnahme 98
Nettotransferzahlungen 109
Neurodermitis 56
Nord-Süd-Kommission 230

Offene Gesellschaft 34
Offenes System 70, 86
Öko-soziale Marktwirtschaft 39, 53, 61, 162

Ökologische Modernisierung 35, **53**, 144, **156**, 174
Ökologischer Umbau der Industriegesellschaft 39, 156
Ökosphäre 21, 38, 179, 242
Ökosteuern 53, 163, 164
Ökozentrismus 242
Otani Yoshito 228
Ozonschicht 39, 68, 71, 196, 208, 219
Ozonschild 49, 210

Permafrostgebiete 133
Perpetuum mobile 18, 59
Pestizide 118
Physiokraten 93
Phytoplankton 135
Pipeline-Effekt 46, 189
Piper Susanne 48
Polanyi Karl 126, 213
Polkappen 133, 139, 201, 203
Positionelle Armut 144
Positioneller Reichtum 143
Präferenzen 166
Preisbildung 34
Preiselastizität der Nachfrage 169
Preuß Ulrich 66
Prigogine Ilya 239
Primärproduzenten 90, 213
Produktionsfaktoren 25, 219, 228
Produktivkräfte 96, 97
Profit 96
Pufferkapazität 46
Pyrethroiden 167

Radioaktive Stoffe 64
Rationalisierung 24
Real existierender Sozialismus 13, 125, 128, 130
Recycling 63, **173**

Reduktionismus 240
Regenwälder 26, 39, 49, 54, 68, 114, 118
Regulation 126, 174
Rekombination 186
Rente 228
Reproduktion der Arbeitskraft 163
Resilienz 183, 196, 220
Revolution 215
Rinderwachstumshormon 102
Rückkopplung 21, 23, 49, **131**
Rückkopplung, negative 23, 31, **131**
Rückkopplung, positive 22, 31, 67, **131**, 139, 201, 203
Run-away 139

Schulden 207
Schuldendienst 114
Schuldenkrise 116
Schuldenzyklus 112
Schwellenwert 190
Schwermetalle 208
Seehundsterben 196
Selbstorganisation 73
Selbstverstärkung 21, 28
Sellafield 176
Senke 24, 70, 87, 88, 100, 173, **205**, 233
Session George 242
Shallow Ecology 242
Shannon Claude 239
Shapiro Robert 241
Siemens 14, 141
Smith Adam 25, 65, 91, 93, 105, 120
Source and Sink 205
Soziale Kosten 171
Soziale Güter 166
Sozialstaat 30, 41, 97, 98, 126
Spekulationsgewinne 96
Staatskapitalismus 36, 50, 66, 125, 130, 159

Standardtheorie 74
Standortwahl 109
Stoffwechselprodukte 183
Straßenverkehr 102, 106, 165, 167
Substitutionsprozesse 167
Suhr Dieter 228
Sustainability 170
Sustainable 78
Sustainable development 236
Synergismus 191
Syntropie 38, 86, 89, 98, 218
Syntropiestandard 218
Syntropievermögen 100
Syntropievorrat 220
Systemische Gewalt 51

Tauschmittel 226
Temperaturanstieg 133
Terms of Trade 26, 104
Thermische Verwertung 176
Thermodynamisches Gleichgewicht 71, 86, 204
Thermostat 202
Transaktionsmodell 24
Transaktionssystem 15
Transformation **126**
Transpersonale Ökologie 243
Treibhauseffekt 42, 49, 71, 117, **132**, 179, 193, 196, 202, 203, 209, 232

Überdüngung 148
Ulrich Bernd 76
Umbaupläne 99
Umschlagszeit 22
Umweltschutz 38, 101, 174
Unsichtbare Hand 25, 65, 214
Unterentwicklung 26
Urknall 69, 73, 74
Urvertrauen 186

Utilitarismus 120

Verantwortung **41ff**, 74, 145ff,
Verbrennungsanlagen 141, 161
Verbundstoffe 173
Verelendung 30, 41, 49
Verlagerung 100, 175, 176
Vernetzung 135
Verpackung 138
Verpackungsindustrie 141
Versalzung 118
Versumpfung 118
Verwertung 21, 37, 38, 91, 93, 99, 100, 114, 125, 175, 211, 218, 229
Verwertungsdrang 100, 157, 211
Verwertungsinteresse 44, 175
Verwertungsprinzip 79, 242
Verwertungszwang 22
Volkswirtschaftliche Gesamtrechnung 24, 94
Vollzugsdefizit 174
VW 14

Wahrnehmung 35, 45, 47, 74
Währungsreform 216, 218
Waldsterben 49, 165, 168, 174, 196
Wärmetod 69
Wasserhaushalt 70
Weizsäcker Carl Friedrich von 73, 240

Weizsäcker Ernst U. von 230
Weltbank 112
Weltklimafonds 236
Weltmarkt 104, **109**, 114, 119, 162
Weltwirtschaft 47
Weltwirtschaftsordnung 21, **26**, 27, 112, 114, 232, 234
Weltwirtschaftssystem 42
Werbung 78
Werckmeister Otto 75
Wertmaßstab 226
Wertschöpfung 25, 91, 219
Wertspeicher 226
Wettbewerb 21
Wiener Norbert 239
Wirkungsgrad 161
Wirtschaftlichkeit 216
Wohlfahrtsindikator 31
Wohlstandsfalle 35, 128
Wörgl 228
Wüsten 232
Wüstenbildung 118

Zerstörung sozialer Strukturen 118
Ziegler Wolfram 224
Zins 79, **226**
Zinseszinseffekt 24
Zukunftsgüter 166
Zuordnung 167